老北京岁时风物

《北平岁时志》注释

张次溪 纂

尤李 注

北京日报出版社

目 录

正 月

023

抽糖人

耍猴

跑旱船

吹糖人

卖仙鹤灯

耍耗子

二 月

130

剃头

踢毽

剃头放睡

宰羊

道士化缘

卖煎饼

三 月

148

高跷会

烧包袱

卖豆腐

打连湘

耍钹

卖豌豆糕

四 月
170

耍双石头

医道

蹬梯子

赶脚

耍坛子

串铃卖药

五 月

196

做席

插扇面

卖凉粉

卖吊炉烧饼

卖估衣

雨水泡

六　月

233

摆西瓜摊

过卖

打什不闲乞丐

唱大鼓书

贩骡马

舍冰水

七 月

256

点蒿子灯

蘸羊油烛

打糖锣

妇人卖花

卖玻璃镜

卖槟榔

21

八 月

281

卖茶汤

三棒鼓

卖大碗茶

卖鞋垫毡垫

卖小鞋

耍碗

九 月

卖鸭蛋

看西湖景

卖皮鞭子

箍桶

卖江米人

顶宝塔碗

十 月

312

卖蝈蝈

打蛋雀

放风筝

踢球

卖白薯

卖琉璃喇叭

十一月

326

卖零绸子

吞刀

做潮烟

卖鲜花

耍火流星

拉冰床

十二月

337

卖芝麻秸

冲石磨

卖糖瓜糖饼

打太平鼓

卖春联

攒香筱米

● 杂事

 收拾锡器

 撞钟

 钻火圈

 练皮条子

 焊水烟袋

 剁飞镖

瞧香

端技勇石

翻跟头

耍叉

劁猪

磨剪刀

张次溪简介

◇

张次溪（1909—1968），近现代著名史学家、方志学家。名涵锐、仲锐，字次溪，号江裁，广东东莞篁村水围坊人。他年少时随父母在北京生活。1923年，考入世界语专门学校，不久入孔教大学，获文学士学位。他曾先后应聘为《丙寅》杂志编辑、北京《民国日报》副刊编辑。1928年冬，赴天津，任职河北高等法院兼《民报》编辑。1929年，章太炎等组织国学会，张次溪被推举为理事。1930年12月，张次溪应国立北平研究院史学研究会聘任，调查北平（今北京）风土，专事纂修《北平志》，此事奠定了他一生研究史学、方志学的基础。在此时期，张次溪编著有《北平志》稿、《清代燕都梨园史料》（正续编），《北平岁时志》《北平天桥志》《北平庙宇碑刻目录》《陶然亭小记》等三十八种材料汇编。抗日战争爆发后，张次溪先后任职天津、南京、张家口等地，仍未停止史学研究，编纂《京津风土丛书》《江苏通志》《清代学人年鉴》等书刊。中华人民共和国成立之初，他入华北革命大学短期学习后，在辅仁大学历史系任资料员。1952年，张次溪将其父修建的北京龙潭湖袁督师庙捐赠给国家，该庙被列为北京市重点文物保护单位。1952年全国大专院校调整后，辅仁大学并入北京师范大学。张次溪在北京师范大学历史系参与辛亥革命历史资料丛刊的收集、整理、编辑工作。1957年，张次溪因脑出血致半身不遂，在家养病。次年8月，他将其父在京所建私宅"张园"十三间半房屋（今北京龙潭公园内）全部捐献给国家。卧病时，他还先后为广东省博物馆、北京市文物管理局撰写地方文史著作多种，撰写了《白石老人自述》和《莞乡烟水录》。1968年9月9日，张次溪病逝于北京东莞会馆。

《北平岁时志》序

林志钧

忆儿时读《诗·豳风》《礼·月令》，辄易成诵，岁时节物感人之深，则然也[1]。他如《大戴记·夏小正》《汲冢周书·时训解》《吕氏春秋·十二月纪》《淮南子·时则训》，又纬书中《易·通卦验》等，世所传纪候之书，语其大则体国经野、布政授时之所系，语其小则虫鱼鸟兽草木之化、工虞农圃之务，于以详纪[2]。唐以后犹有明堂读时令之礼，其关系人事也，讵不重哉[3]？其衍为宗懔《荆楚岁时记》诸书，则杂撷里间流俗、旧闻、故实，所涉弥广[4]。斯籍代有作者，迨于今而吾复见东莞张君次溪《北平岁时志》之作[5]。书得十二卷，卷以月分，史乘、笔记，旁征博采，称为赡洽[6]。每月兼及日次，以视《岁时广记》（宋·陈元靓撰）之仅纪嘉辰令节者为详[7]。一月分三十日，而不尽每日为记，其日次随事实为详略，则仍宗氏《荆楚岁时记》之例也。顾宗氏书间有缺略，如八月仅记一日、十四日，而独缺中秋（中秋节唐开元以前无闻，故宗氏书不之及）[8]。此书则中秋所记，多至二十三则，正可补前人所未备。又宗氏书记屠苏、辛盘、桃符、华胜、迎紫姑、斗百草、寒食禁火、曲水流杯诸故事，各地习见，非为荆楚所特有[9]。此书则所记如正月大小填仓、二月龙抬头之类，皆北平旧俗，异地罕睹[10]。即如端午、重阳，南北所同，而此书之端午游南顶，重阳登五塔金刚宝座台，则仍为北平所独[11]。似此之类，所载皆不伤泛滥。又如正月十九之为燕九节，而或曰"淹九"，曰"烟九"，曰"阉九"，曰"宴丘"，曰"筵九"，诸名杂出[12]。此书罗列群籍，作燕九者有《酌中志》《帝京景物略》《帝京岁时纪胜》《宸垣识略》《郎潜纪闻》《大兴县志》《北京指南》等，余如淹九诸名，皆片辞孤证，殆无可取[13]。又花朝有二月二日、十二日、十五日，各地不尽同[14]。此书据《帝京岁时纪胜》诸书，只记十二日及十五日，足知北平自来即无二月二日花朝之说。此皆有关考据者也。其不列闰月，则《日涉编》（明·陈堦撰）之例也[15]。不取绮靡词赋，则《玉烛宝典》（隋·杜台卿撰）之例也[16]。间亦列及诸神降诞之类，则《月令广义》（明·冯应京撰，戴任续）诸书，已开其先[17]。顾此虽民俗所关，而究属荒怪难信，是则可商者已。北平为元明以来旧都，其时节有关宫廷礼俗者，书中亦略有所纪。今者京师沦为边隅，盛典俱成陈迹[18]。而年时故俗之流行民间者，虽于夏时已革，大命方新之际，犹踵事循衍而不绝[19]。是则荐麦瓜于祖祢，取蝼蛄以治病，制圆剂，曝衣裳，凡诸习俗，所详载于《四民月令》（《四民月令》引见陈元靓《岁时广记》）者，今古初不慎相远，而其相沿广布，或较朝章典故，特为悠久也[20]。顾当兹四郊多垒，水旱迭乘，叹物候之推移，感韶华之并歇[21]。所谓岁时伏腊，斗酒相劳者，连年乱荒之余，能得此乐者，有几人哉[22]？昔东莱吕氏原明，在历阳时，与子孙讲诵，遇节日则休[23]。学者杂记风俗之旧，然后团坐饮酒以为乐，久之遂成《岁时杂记》一书[24]。先哲风规，承平气象，以今视昔，诚使人睹代序而兴身世之感[25]。次溪此编既成，征序于余，会有所触，书此归之，后之读者，其亦不能无慨于中也乎[26]？

民国二十五年六月

闽县林志钧时客北平[27]

【注释】

〔1〕《诗·豳风》：《诗经》的《国风》中的篇目。《诗》即《诗经》，中国汉族文学史上最早的诗歌总集，收入自西周初年至春秋中叶（前11世纪—前6世纪）五百多年间的诗歌，流传至今的诗歌有三百零五篇。另外还有六篇有题目无内容，即有目无辞，称为"笙诗"。先秦称这部诗歌总集为《诗》，或取其所收诗歌数目的整数称之为"诗三百"，分为《风》（即《国风》）《雅》《颂》三部分。西汉时，《诗》被尊为儒家经典，始称《诗经》，并沿用至今。汉朝毛亨、毛苌曾辑注《诗经》，因此又称《毛诗》。《诗经》中各篇的作者，绝大部分已经无法考证。《诗经》所收大部分为民歌，也有少部分贵族阶层的作品。《风》为地方民歌，《雅》为贵族宴会乐歌，《颂》多是宗庙祭祀用的乐曲，其中包含部分舞曲。《豳风》是《诗经》十五国风之一。"豳"同"邠"，古都邑名，相当于今陕西旬邑、彬县一带。《豳风》共有诗七篇，其中多描写农家生活、辛勤劳作的情景，是中国

最早的田园诗。

《礼·月令》：即《礼记·月令》。月令是古代一种文章体裁，按照一年十二个月的时令，记述政府的祭祀礼仪、职务、法令、禁令，并将它们归入五行相生的系统中。现存《礼记》中有一篇《月令》。吕不韦编《吕氏春秋》时，将其全文收录，作为全书之纲。汉初儒家又将它收入《礼记》中，其后遂成为儒家经典。按照《礼记·月令》的观念，四时各有气候特征，每个月又有各自的征候。与四时相对应，每时都有一班帝神，与时月、神的变化相对，每个月各有相应的祭祀礼制。五行与四时的运转相配合，春为木，夏为火，秋为金，冬为水，土被放在夏秋之交，居中央。四时的变化不仅受太阳的制约，还受五行的制约。人事活动，如生产、政令等要受到太阳、四时、月、神、五行各种力量的制约。政令应以生产规律为依据，应有益于生产的发展和正常的生活，不能站在它的对立面破坏它。

辄：立即，就。

〔2〕《大戴记·夏小正》：《大戴礼记》中的《夏小正》篇目。《大戴记》即《大戴礼记》，亦名《大戴礼》，为秦汉以前礼仪论著选集，相传由西汉末礼学家戴德（世称大戴）删定传授。戴德删削古礼二百零四篇，辑成八十五篇，即《大戴礼记》，今本仅存三十九篇。此书保存了不少先秦史资料，其中多数篇章记述从战国到汉代儒家学派的言论。《大戴礼记》中有《夏小正》一篇，系中国现存最古老的一部月令。《夏小正》分为"经"和"传"两部分，其中被学者称为"经"的文字，据说传自夏代，生动具体地反映了上古先民对一年十二个月天文星宿、气象物候的认识。

《汲冢周书·时训解》：《汲冢周书》中的《时训解》篇目。《汲冢周书》即《逸周书》。因为西晋时汲冢出土竹简中有《周书》，后遂误以为汉以来传世的《逸周书》得自汲冢。《逸周书》原名《周书》，晋代始称此名，相传乃孔子所删《尚书》百篇之余，故不入六经，其作者不详。此书经后代学者考定为先秦古籍，与《尚书》相类，是一部记录周朝诰誓辞命的史书，也是历史文献的汇编。今本全书十卷，正文七十篇，其叙事上起周文王、武王，下至春秋后期的灵王、景王。该书内容庞杂，体例不一，性质各异。由于《逸周书》的部分内容及思想与儒家道德理论相违背，其书至清代一直不甚为人所重。《时训解》为《逸周书》中的一篇。时训即关于时令的训教。《汲冢周书·时训解》共记述了二十四节气及七十二候。

《吕氏春秋·十二月纪》：《吕氏春秋》中的《十二月纪》篇目。《吕氏春秋》是战国末年秦国丞相吕不韦组织属下门客集体编纂的杂家著作，又名《吕览》。此书共分为十二纪、八览、六论，共二十六卷，一百六十篇，二十余万字。书中尊崇道家，肯定老子顺应客观的思想，但舍弃了其中消极的成分。同时，此书融合儒、墨、法、兵等众家之长处，在政治、经济、哲学、道德、军事各方面形成了独特的理论体系。吕不韦的目的在于综合百家之长，总结历史经验教训，为以后的秦国统治提供长久的治国方略。《吕氏春秋》的《十二月纪》为全书的大旨所在，是全书的重要部分，分为《春纪》《夏纪》《秋纪》《冬纪》。每纪都是五篇，共六十篇。本书在"法天地"的基础上编纂，而十二纪是象征"大圜"的天。所以，这一部分便使用十二月令来作为组合材料的线索。《春纪》主要讨论养生之道，《夏纪》论述教学道理及音乐理论，《秋纪》主要讨论军事问题，《冬纪》主要论述人的品质问题。

《淮南子·时则训》：《淮南子》中的《时则训》篇章。《淮南子》又称《淮南鸿烈》，在汉武帝时代，由淮南王刘安及其门客苏飞、李尚、左吴、田由、雷被、毛被、伍被、晋昌等人以及诸儒大山、小山等集体编撰而成。《淮南子》分为《内篇》《外篇》《中篇》，现仅存《内篇》。此书以道家学说为主，又兼采阴阳、儒、墨、名、法诸家，一般被认为是杂家著作。其部分内容也讲灾异祥瑞、天人感应，书中包含一些自然科学知识，其论"气"和"道"，涉及宇宙的发生、形成和万物的存在、变化。《淮南子》内篇卷五为《时则训》，记载气候、时令的变化。

纬书：此类书多是汉代的方士和儒生依托今文经义宣扬符箓（符箓最初指天命的降授，后来变成道教师徒之间的经典传授仪式，称"授符箓"，又用于皇帝从道士手中接受象征天命的道教受箓仪式）、瑞应、占验之书。其中的内容有的与经义在离合之间，有的则全无关系。因其与儒家的"经书"相对，故被称为"纬书"。

体国经野：把都城划分为若干区域，由官宦贵族分别居住或让奴隶平民耕作，后泛指治理国家。这一成语最初的记载见《周礼·天官·序官》。体，划分；经，丈量。"国"指王都、封国之都及古国之都，居住着大、小贵族和工商业者，称"国人"；"国"的四周称郊，居住着周近族成员，亦属于"国人"；郊之外称"野"或"遂"，居住着外族成员，称"野人"或"氓""萌"。

虞：古代掌管山泽的官。

圃：种植菜蔬、花草、瓜果的园子。

〔3〕明堂：古代天子宣明政教的地方，朝会、祭祀、庆赏、选士等大典，在此举行。

时令：季节，古代按季节制定有关农事的政令。

讵：岂，怎。

〔4〕衍：延长，延伸，开展。

宗懔（501—565）：南朝梁官员，学者。宗懔，字元懔，江陵（今湖北荆州）人，少年聪敏好学，昼夜不倦，善引典故，乡里称之为"童子学士"。梁武帝普通六年（525），宗懔举秀才。后来，湘东王萧绎镇江陵，宗懔经长史刘之遴推举往见，一夜写就《龙山庙碑》，深得萧绎赞赏。宗懔后来历任刑狱参军兼掌书记、临汝县（今江西抚州市临川区）县令、建成县（今江西高安）县令、广晋县（今江西波阳北境）县令。此后，萧绎在江陵即帝位，提拔宗懔为尚书侍郎，封信安县侯，食邑千户，后又累迁吏部郎中、吏部尚书。西魏攻陷江陵后，宗懔被俘虏，被押送至长安（今陕西西安），权臣宇文泰因为宗懔名重南土而对其厚礼相待。北周取代西魏后，北周孝闵帝宇文觉（542—557）对宗懔甚为器重，拜车骑大将军、仪同三司。北周世宗宇文毓（534—560）即皇帝位，宗懔又与王褒等在麟趾殿刊定群书。宗懔的著作甚多，其中最著名的是《荆楚岁时记》。

《荆楚岁时记》：中国现今保存最为完整的一部记录岁时节令、风物故事的笔记体散文著作。全书凡三十七篇，记载了自元旦（农历正月初一）至除夕的二十四节令和时俗，记述了荆楚地区（今湖北及其周边）的农事、治病、祭祀、婚嫁等民俗习惯和民间故事，记录了门神、木版年画、土牛、彩塑、剪纸、金箔雕刻、彩蛋画、印染、刺绣等传自远古的民间工艺美术及乐舞等。

撷：拾取，摘取。

里闾：里巷，乡里。泛指民间。

弥：更加。

〔5〕斯：指示代词，此。

迨：等到，达到。

〔6〕史乘：在春秋时期，晋国的史书叫"乘"。后世因此称史书为"史乘"。

赡洽：丰富广博。

〔7〕《岁时广记》：南宋陈元靓编纂的一部包罗岁时节日资料的民间岁时记，是研究古代岁时节日民俗的重要资料汇编。

陈元靓：生卒年不详。南宋末年至元朝初年文人，福建崇安（今福建武夷山）人，著有《事林广记》一书，还编有《岁时广记》《博闻录》等书。这三部书皆载有古代的生活百科知识。

令：善，美好。

〔8〕中秋：又称月夕、秋节、仲秋节、八月节、八月会、追月节、玩月节、拜月节、女儿节或团圆节，是流行于中国及东亚、东南亚诸国的传统文化节日，其时间在农历八月十五，因其恰值三秋之半，故名"中秋"。也有些地方将中秋节定在农历八月十六。中秋节始于唐朝，盛行于宋朝，至明清时，已经与元旦齐名而成为中国的主要节日之一。

开元：唐玄宗李隆基所用年号，从公元713年至741年，共计二十九年。开元元年，即公元713年。

〔9〕屠苏：药酒名。农历正月初一饮屠苏酒，系古代风俗。

辛盘：汉族民俗。农历正月初一，用葱、韭等五种味道辛辣的菜蔬置盘中供食，取迎新之意。

桃符：历史悠久的汉族民俗文化。古人在辞旧迎新之际，用桃木板分别写上"神荼"和"郁垒"二神的名字，或者用纸画上二神的图像，悬挂、嵌缀或者张贴于门首，意在祈福灭祸。据说桃木有压邪驱鬼的作用。后来，人们为了图省事就直接在桃木板上写上二神的名字。

华胜：即花胜，系古代妇女的一种花形首饰。

迎紫姑：汉族传统民俗活动。紫姑是汉族民间传说中一个善良、贫穷的姑娘。相传她为人家妾，为正妻所妒，正月十五日被害死于厕所中。天帝怜悯她，命她为厕神。百姓同情、怀念她，有些地方便出现了"正月十五迎紫姑"的风俗。每到这一天夜晚，人们用稻草、布头等扎成真人大小的紫姑肖像，妇女们纷纷站到紫姑常做活儿的厕所、猪圈旁边迎接她，真实反映了古代汉族劳动人民善良、忠厚、同情弱者的淳朴感情。

斗百草：也称斗草，汉族民间游戏。以花草名相对，如狗耳草对鸡冠花，以答对精巧者为胜。斗百草原为端午习俗。端午踏青归来，带回名花异草，以花草种类多、品种奇为比赛对象。此习俗早在南北朝时就已形成。后世由此衍生出不用实物，而以花草名相对。斗百草之戏之所以受欢迎，最初是因为汉族古俗认为五月为恶月、毒月，必须斗百草、采集百草来解厄，以渡过难关。到了六朝后期，斗百草逐渐成了一种汉族游戏习俗。自唐朝以来，斗百草愈渐成为妇女和孩童的游戏。斗草以后演变出专属妇女的斗花比赛，上至宫廷后妃，下至乡野村妇都热衷参与。汉族民间男女往往借此机会自由交往，选择心目中的情人。斗百草后来发展成为插花等装饰艺术。如今斗百草之俗仍在南方某些地区流行。

寒食禁火：寒食节的习俗。寒食节亦称"禁烟节""冷节""百五节"，在冬至后一百零五日，清明节前一或二日。在这一日，禁烟火，只吃冷食，所以称"寒食节"。在后世的发展中，寒食节逐渐增加了祭扫、踏青、秋千、蹴鞠、斗卵等风俗。寒食节前后绵延两千余年，曾被称为民间第一大祭日。

曲水流杯：古代到水边洗涤污浊、消灾祛病之俗。后来，这一习俗演变为临水饮宴娱乐的文人聚会，在农历三月第一个巳日进行，后来固定为三月初三。后人因引水环曲成渠，把装有酒的酒杯放入渠中，然后取渠中的酒杯而饮，相与为乐，称为"曲水"。

〔10〕正月大小填仓：填仓，意即填满谷仓。填仓节分为小填仓、大填仓两个节日，民间传说是为了纪念仓神的生日，又称"添仓节"或"天仓节"。小填仓为正月二十三日，大填仓为正月二十五日。如今不少地方不分大小，在正月二十三日一并过填仓节。在填仓节的黎明，家家户户都在自己的院子里或打谷场上，用筛过的炊灰，撒出一个个大小不等的粮囤形状，并在里面放一些五谷，象征五谷丰登。

二月龙抬头：龙抬头是每年农历二月初二，俗称"青龙节"，传说是龙抬头的日子，又称"龙头节"，是中国传统节日。民众庆祝"龙头节"，以示敬龙祈雨，让老天佑保丰收。

〔11〕端午：即端午节，每年农历五月初五。端午节最初是中国民众祛病防疫的节日。早在春秋时代，吴越之地就有在农历五月初五以龙舟竞渡的形式举行部落图腾祭祀的习俗，后因诗人屈原在这一天死去，端午便成了中国汉族人民纪念屈原的传统节日。端午节有吃粽子，喝雄黄酒，赛龙舟，挂菖蒲、蒿草、艾叶等习俗。

重阳：即重阳节，每年农历九月初九，又称"重九节""踏秋"，为汉族传统节日，也是中国传统四大祭祖的节日。重阳节早在战国时期就已形成，到了唐代，被正式定为民间的节日，此后历朝历代沿袭至今。庆祝重阳节一般包括出游赏景、登高远眺、观赏菊花、遍插茱萸、吃重阳糕、饮菊花酒等活动。

南顶：地名，位于今北京丰台区南部南苑大红门外，有当时北平著名的碧霞元君庙。碧霞元君即"东岳泰山天仙玉女碧霞元君"，为道教中的重要女神，系中国历史上影响最大的女神之一。其道场在中国五岳之尊的东岳泰山，位于今山东泰安。按照道教的理念，碧霞元君保佑众生和国家，统领神兵，体察人间善恶。南顶的碧霞元君庙建于明代，清康熙五十二年（1713）和乾隆三十八年（1773）重修。1900年，八国联军入侵，该庙遭破坏，后来逐步荒芜，现已无存。

五塔金刚宝座台：即北京五塔寺的金刚宝座塔。五塔寺原名"真觉寺"，后改名"大正觉寺"，因为寺内高台建有五座小塔的缘故，所以一般人又称它为"五塔寺"。五塔寺位于今北京海淀区白石桥东北，其中的金刚宝座台建造于明成化九年（1473），是一座保存完好的明代金刚宝座塔建筑，具有印度规制及汉藏文化交融的特点，是北京地区藏传佛教建筑的重要遗迹。金刚宝座代表佛教密宗金刚部的神坛。五座塔代表金刚界五部佛祖，中间为大日如来佛，东面为阿閦佛，南面为宝生佛，西面为阿弥陀佛，北面为不空成就佛。金刚宝座塔也是密宗坛城（即曼荼罗）的一种形式。

〔12〕燕九节：又称"烟九""筵九""宴九""宴丘"，汉族民俗以农历正月十九日为燕九节。这是纪念著名道士丘处机的节日。另外还有一种传说，即丘处机在正月十九日自宫。

〔13〕《酌中志》：记述晚明皇宫之事的著作，明代宦官刘若愚著。全书由二十四个各自独立的短篇构成，每篇一卷，共计二十四卷。该书的内容包括：《忧危竑议前纪》《忧危竑议后纪》《恭纪先帝诞生》《恭纪今上瑞征》《三朝典礼之臣纪略》《大审平反纪略》《先监遗事纪略》《两朝椒难纪略》《正监蒙难纪略》《逆贤乱政纪略》《外廷线索纪略》《各家经管纪略》《本章经手次第》《客魏始末纪略》《逆贤羽翼纪略》《内府衙门职掌》《大内规制纪略》《内板经书纪略》《内臣佩服纪

略》《饮食好尚纪略》《辽左弃地》《见闻琐事杂记》《累臣自叙略节》《黑头爱立纪略附》，另外，此书在正文之前还附有一篇《自序》，作者详细介绍了自己写作此书的缘由。《酌中志》是一部翔实可信的著作。书中详细记述了由明万历朝至崇祯初年的宫廷事迹。作者将自己在宫内多年所耳闻目睹的有关皇帝、后妃及宦官的日常生活，宫中规则、臣僚职掌以及饮食、服饰等，全都分别予以记录，给后人留下了一般著作中看不到的有关晚明时期皇帝、后妃、宫女、宦官宫中生活和统治阶层之间各种矛盾斗争的历史资料，颇具参考价值。

《帝京景物略》：明代刘侗、于奕正撰。帝京，即都城、首都。此书集历史地理、文化和文学著作三者于一体。此书首先应当作历史地理类著作来读，它详细记载了明代北京城的风景名胜、风俗民情，是不可多得的都市资料；其次应当作文化类著作来读，它对当时北京的园林文化、民俗、外国宗教在中国京城的传播等，都有较为具体的描述；再次应当作文学著作来读，体现了优美高雅的文风在地理游记著作中的具体运用。书中详细介绍了当时北京各地的寺庙祠堂、山川风物、名胜古迹、园林景观，甚至河流桥梁。许多今天闻名遐迩的历史古迹和山川名胜，诸如卢沟桥、白塔寺、天主堂、碧云寺、潭柘寺、鹫峰寺、卧佛寺、什刹海、海淀、玉泉山、西山等，我们都能从书中探寻到它们的渊源所自、本来状貌、风格特征和历史变迁。

《帝京岁时纪胜》：清代潘荣陛编撰。此书内容丰富，文笔优美，所记皆为作者耳闻目睹或亲身经历，属北京人记北京风土，资料翔实可信。此书是至今所见清代第一部北京风俗志书，对研究清代北京的社会生活和岁时风物均有重要史料价值。

《宸垣识略》：清代吴长元辑，为记载北京史地沿革和名胜古迹之书，系根据康熙年间（1662—1722）朱彝尊编辑的《日下旧闻》和乾隆皇帝敕编的《日下旧闻考》两书提要钩玄、去粗取精而成。《宸垣识略》的卷次分为：卷一，天文、形胜、水利、建置；卷二，大内；卷三、卷四，皇城；卷五至卷八，内城；卷九、卷十，外城；卷十一，苑囿；卷十二至卷十五，郊坰；卷十六，识余。《宸垣识略》记载了北京的历史沿革、名胜古迹、衙署府邸、名人故居、州县会馆等方面的情况，具有较高的史料价值。

《郎潜纪闻》：清末陈康祺（1840—1890）撰，内容多辑录清代纪闻、掌故、逸事，间及风土人情，有些可补正史之不足，纂述详尽，是有价值的史料。关于清代官场的相互倾轧，达官权贵的骄奢淫逸，清官廉吏、耿介文士的逸闻趣事，也写得具体翔实，反映出清代社会的一个侧面。

《大兴县志》：清代张茂节编纂的大兴地方志。此书是现存最早的大兴志书，在康熙年间由大兴县知县张茂节主持编修。此书始编于康熙二十二年（1683），二十三年（1684）完稿，经校正润色，于二十四年（1685）成书。《大兴县志》共六卷，分舆地、营建、食货、政事、人物、艺文六纲，设三十二目，约计十一万字。在清代，大兴县辖北京城区东部，县衙位于清代北京内城大兴胡同内，故该志偏重记述县域内城区事物，农村地区则嫌简略。张茂节（1622—1701），字蔚宗，沭阳县（今江苏沭阳新河镇）人，拔贡（科举制度中由地方贡入中央国子监的生员之一种）出身，曾于康熙十二年（1673）、十九年（1680）两度出任大兴知县。

《北京指南》：作者所引版本为民国十五年（1911）商务印书馆编，内容丰富，关于北京地理、风俗的信息众多，是研究北京历史、文化、民俗的重要参考书。

殆：大概，几乎。

〔14〕花朝：即花朝节，俗称"花神节""百花生日""花神生日""挑菜节"，为汉族由来已久的传统节日，流行于东北、华北、华东、中南等地，一般于农历二月初二、二月十二日或二月十五日举行。在节日期间，人们结伴到郊外游览赏花，称为"踏青"。姑娘们剪五色彩纸粘在花枝上，称为"赏红"。各地还有"装狮花""放花神灯"等风俗，以纪念百花的生日。

〔15〕《日涉编》：明代陈堦撰。此书杂采典故、诗歌，按季节编次，共十二卷，每一月为一卷，先叙月令、季节和气候，而三十日以次列之。该书以典故居前，诗歌居后，所采内容颇为庞杂。

〔16〕绮靡：精妙，华丽，浮艳。

《玉烛宝典》：记录古代礼仪及社会风俗的著作，原为十二卷，隋代杜台卿著。《玉烛宝典》以《月令》（参见注《礼·月令》）为主，博采诸书，旁及时俗。《玉烛宝典》中对礼仪、祭祀、岁时、饮食等方面的记录最详，其次是占卜、禁忌等。作者先做一些解释，接着征引《诗经》《周官》《易经》《春秋元命苞》《尚书大传》《国语》《史记》《列子》《左传》等书，将此月的所有风俗习惯资料汇集在一起，其中以皇帝和官吏的活动惯例为主。

杜台卿：生卒年不详，北朝及隋朝著名学者。杜台卿，字少山，博陵曲阳（今河北曲阳）人。他自幼好学，博览群书，曾在北齐任司空西阁祭酒、司徒户曹、著作郎、中书黄门侍郎。北周灭北齐时，他回到乡下，以《礼记》《春秋》讲授子弟。隋朝建立之后，台卿被征入朝。他根据《礼记·月令》篇体例，广泛收集风俗人情资料，汇集成《玉烛宝典》，上奏隋文帝，获赐绢二百匹。杜台卿耳聋，请修国史，得到文帝准许，拜著作郎。杜台卿于隋文帝开皇十四年（594）致仕，几年后去世。

〔17〕《月令广义》：明代冯应京撰，戴任续成，是中国古代最早的地理气候论著作。

冯应京（1555—1607）：明朝大臣。字可大，号慕岗，安徽泗州（今江苏盱眙）人。明万历二十年（1592），他考中进士。万历二十二年（1594），冯应京编撰《帝里盱眙县志》。万历二十八年（1600），他升为湖广佥事。后冯应京弹劾税监陈奉，反遭诬陷，被逮捕时，民众相率痛哭。几年之后，冯应京终被释放。

〔18〕隅：角落，靠边的地方。

俱：全，都。

〔19〕大命：天命；帝王的命令。

方：才。

踵：脚后跟，追随，继续。

〔20〕荐：进献，祭献。

麦瓜：南瓜。

祢：古代对已在宗庙中立牌位的亡父的称谓。

蝼蛄：一种大型、土栖昆虫。其触角短于体长，前足开掘式，缺产卵器，俗名拉拉蛄、土狗。蝼蛄有利水、通便的功效，主治水肿、石淋、大小便不通、牙齿疼痛、痈肿恶疮等。

凡：总括，概括。

《四民月令》：东汉大尚书崔寔模仿古时月令所著的农业著作，宋代时散佚。在古代，四民指士、农、工、商；月令是一种文章体裁，记述每年农历十二个月的季节、节气，以及政府执行的祭祀礼仪、职务、法令、禁令等。《四民月令》叙述田庄从正月到十二月的农业活动，对古代谷类、瓜菜的种植季节和栽种方法有详细叙述，亦有篇章介绍当时的纺织、印染、酿造和制药等手工业。

〔21〕迭：屡次，连着。

韶华：美好的时光，常指春光；或美好的岁月，指青年时期。

〔22〕伏腊：夏季的伏日（三伏中的祭祀之日）和冬季的腊日（农历十二月初八，是祭祀日），合称"伏腊"。

〔23〕东莱：地名，相当于今山东龙口一带。现也作为山东烟台的古称，或作为地理名词泛指烟台地区。

吕氏原明：即吕希哲（1039—1116），北宋教育家、官员。吕希哲，字原明，北宋寿州（治今安徽凤台）人，为名臣吕夷简之孙、吕公著的长子。他少年好学，以家世背景而进入仕途。但他长期在下级官僚阶层徘徊，管库近十年。宋哲宗元祐年间（1086—1094），哲宗赵煦的祖母高太后掌权，重用旧党人物，反对王安石的新法。元祐七年（1092），吕希哲因为范祖禹的推荐，被诏为崇政殿说书，升任右司谏。绍圣年间（1094—1098），哲宗亲政，重用支持王安石新法的大臣，吕希哲因为被划为守旧的"元祐党人"，接连被贬为地方官。宋徽宗赵佶即皇帝位之后，又召吕希哲为光禄少卿，后又将其贬为地方官。吕希哲秉承吕氏家学传统，不名一师，不私一说，著有《发明义理》《传讲杂记》。

历阳：地名，相当于今安徽和县。

〔24〕《岁时杂记》：吕原明所著，共两卷，记载北宋都城东京（今河南开封）的节日风俗。

〔25〕先哲：尊称已经死去的有才德的人；先世的贤人。

气象：事物的情况、态势，景色，景象。

诚：实在，的确。

〔26〕余：第一人称，我。

〔27〕闽县：地名，隶属于福建省，相当于今福建省福州市区和闽侯县的一部分。

林志钧（1878—1961）：近现代闽派著名诗人、法学家和哲学家。林志钧，字宰平，号北云，福建闽县人。他为清朝举人，在辛亥革命之前留学日本，曾任北洋政府司法部部长，后为清华国学研究院导师。中华人民共和国成立后，他担任国务院参事室参事。

《北平岁时志》序

郭家声

　　清修《四库全书》，史部以时令、地理为二类，而其间颇有相出入者[1]。如时令诸书，自以本天道之宜，立人事之节为正，而承流撰述者，乃以农家日用间阎风俗为多，与礼经所载，已属小异[2]。地理诸书以志方域山川，而风俗必详，又多假借夸饰。其杂记类所录岁时、风土诸记，与时令类所存广记、汇记诸书，体例乃无大殊异[3]。至孔东塘《节序同风录》，则直仿梁宗懔氏《荆楚岁时记》为之[4]。以十二月为纲，以佳辰令节分列为目，所载风俗事宜，尤为详备。然则二类之隶属，何去何从，诚目录学家待决之一问题矣。宗氏《岁时记》，为记岁时者最古之书。其自序谓："率为小说，以录荆楚岁时风物故事。自元日至除日，凡二十余事（二十字应作三十，见提要）。"[5]其后踵作者，如段公路《北户》之录，以载风土而兼物产[6]。莫休符《桂林》之记，以谱民风土产而或略岁时[7]。自余袭宗氏之例，而勒为成书者非一，尤以宋世孟元老、耐得翁、吴自牧、周密诸家，为能抒怀旧之蓄念，发思古之幽情，如班氏所云，而非徒以侈见闻、夸靡丽为事者比也[8]。仆生长旧京，自幼而壮而老，上下六七十年间，所历大劫者二，小劫者七八[9]。凡所见所闻所传闻，事变非一，皆历历悬诸心目间，尝思泚笔记其崖略[10]。然大而朝章国故，细而微物琐闻，苦于书不胜书，欲作旋辍[11]。共和以来，所阅时贤记载北平遗事及清室旧闻者，每多流闻失实，与吾所知见，相去绝远[12]。亦有数家之书，颇能翔实，间又语焉弗详，或不免一二讹误，辄为忾息者久之[13]。东莞张子次溪，绩学士也，生长旧京，多习往事，以任职北平研究院，尤勤考索[14]。其已卒业者，如《北平天桥志》《清代燕都梨园史料》诸书，皆几经搜讨，加以参稽，始成印本[15]。缪目仆为识途老马，辄以北平旧事，时时咨询，有所辑录，亦相商定[16]。嘉其载笔之勤，宅心之挚，每为倾筐倒箧以告语之[17]。盖虽不贤识小，亦思假以流布，免于坠地也[18]。近复出所纂《北平岁时志》十二卷见示，盖用宗氏之例，而以月为纲，以节为目，则近于东塘。月各一篇，先属词以寄意，复证实于群编，几无一字无来历焉。雏诵既周，间献所疑，用相质正[19]。惟出版期促，未获一一参订，乃叙而归之，尤觉感不绝于余心云。

武清郭家声 识[20]

【注释】

〔1〕《四库全书》：中国古代最大的一部丛书，系在清乾隆皇帝的主持下，由纪昀等三百六十多位高官、学者编撰，三千八百多人抄写，费时十三年编成。丛书分为经部（儒家经典及文字学方面的书）、史部（各种体裁的历史著作）、子部（诸子百家及艺术、谱录类书）、集部（历代作家的诗文和文学评论等书）四部，故名"四库"。《四库全书》共有三千五百种书，七万九千卷，三万六千余册，约八亿字，基本上囊括了中国古代所有图书，故称"全书"。乾隆皇帝命人手抄了七部《四库全书》，下令分别藏于全国各地。先抄好的四部分贮于紫禁城文渊阁、辽宁沈阳文溯阁、圆明园文源阁、河北承德文津阁珍藏，故称为"北四阁"。后抄好的三部分贮扬州文汇阁、镇江文宗阁和杭州文澜阁珍藏，故称为"南三阁"。《四库全书》在成书至今的二百年间，饱经沧桑，多份抄本在战火中被毁。其中文源阁本在1860年英法联军攻占北京、火烧圆明园时被焚毁。文宗阁、文汇阁本在太平天国运动期间被毁。1861年，杭州文澜阁藏书楼在太平军第二次攻占杭州时倒塌，所藏《四库全书》散落民间，后由藏书家丁氏兄弟收拾、整理、补抄，才抢救回原书的四分之一。在民国时期，文澜阁本又有二次补抄。1914年，在杭州图书馆第一任馆长钱恂的支持下，由徐锡麟的二弟徐仲荪及其学生堵福诜自费补抄，历时七年，史称"乙卯补抄"。1923年，时任浙江教育厅长的张宗祥得知徐仲荪、堵福诜的义举后，十分感动，但他知道"修补"量相当浩大，单靠几个人很难完成，必须由政府牵头。在他的推动下，补抄人员增加到百余人，费

用全部由浙江籍人募集，徐仲苏任总校，堵福诜任监理，历时两年，史称"癸亥补抄"。如今《四库全书》只存三套半，其中文渊阁本原藏北京故宫，后经上海、南京转运至台湾，现藏台北故宫博物院（也是保存较为完好的一部）。文溯阁本在1922年险些被卖给日本人，现藏甘肃省图书馆。文津阁本于1950年由中国政府下令调拨到中国国家图书馆。而文澜阁本则藏于浙江省图书馆。

史部：中国古代图书四部分类法（经部、史部、子部、集部，参见注《四库全书》）中的第二大类，专列各种体裁历史著作，也称"乙部"。史部又分为正史类、编年类、纪事本末类、别史类、杂史类、诏令奏议类、传记类、史钞类、载记类、时令类、地理类、职官类、政书类、目录类、史评类和汇编类。

〔2〕本：遵循、按照。

间阎：原指里巷内外的门、里巷，泛指平民老百姓。这一典故最初的记载见唐王勃撰《滕王阁序》。

礼经：古代礼学经典，常指《仪礼》。《仪礼》系"儒家十三经"（中国古代统治者先后将十三部儒家书籍"法定"为"经"，形成了具有特殊地位的"十三经"，分别为《诗经》《尚书》《周礼》《仪礼》《礼记》《周易》《左传》《公羊传》《谷梁传》《论语》《尔雅》《孝经》《孟子》）之一，是春秋、战国时代一部分汉族礼制的汇编，载有周代的冠、婚、丧、祭、乡、射、朝、聘等各种礼仪，其中以记载精英阶层的礼仪为主。

〔3〕杂记：记载杂项的笔记。

〔4〕孔东塘：即孔尚任（1648—1718），山东曲阜人，清代官员、学者、戏剧家。孔尚任，字聘之，又字季重，号东塘，别号岸塘，自署云亭山人，为孔子第六十四世孙。孔尚任幼年读书于曲阜北石门山中，在康熙六年（1667）考取秀才，以捐钱的方式成为国子监生。康熙二十三年（1684），康熙皇帝至曲阜祭拜孔子，听了孔尚任的讲经，对其十分赞赏，任命他为国子监博士。后他又历任户部主事、员外郎。康熙三十八年（1699），孔尚任所著名剧《桃花扇》上演，大获成功，但引起清廷不满，孔被免官归故里。《桃花扇》以著名文人侯方域和秦淮歌妓李香君的爱情故事为引线，描写南明弘光朝廷覆亡的历史，以抒发"兴亡之感"。作者突出了李香君为忠贞的爱情而献身，并且尖锐抨击弘光朝昏王当朝、权奸秉政的腐败政治，是一部具有爱国主义思想的优秀著作。

《节序同风录》：清朝孔尚任撰。节序，指节令的顺序。该书仿照《荆楚岁时记》（参见注《荆楚岁时记》），以十二月为纲，而以佳辰、节日分列为目，各载其风俗事宜，颇为详备。

〔5〕元日：农历正月初一，即春节。

除日：农历年最后一天，即农历腊月（十二月）三十日，俗称"年三十"，又称"除日""岁除""除夕"。

〔6〕段公路：生卒年不详，唐代学者，著有《北户录》。段公路的具体经历不可考，据《北户录》书首结衔，可知他曾任京兆万年县（今陕西西安）县尉。又据《北户录》书中出现唐懿宗咸通十年（869），可知他是唐懿宗时人。

《北户》：即《北户录》，也称《北向户录》《北户杂录》或《北户杂记》，段公路撰，崔龟图注，共三卷。该书以所记岭南地区为日南北向户之地，故名"北户录"。作者依据所见所闻，征引旧籍，详记岭南地区的风土与物产，共五十二条，具有较高的史料价值。《北户录》所记异兽、珍禽、水果、蔬菜等，多有参考价值。此书征引极博，保存古籍佚篇片段颇多。

〔7〕莫休符：生卒年不详，唐代官吏、学者，今广东封开县人。他历任银青光禄大夫、检校左散骑常侍、融州（治今广西融水）刺史、御史大夫，晚年辞官退居桂林。莫休符于唐昭宗光化二年（899）写成《桂林风土记》，将所见所闻录入书中。

《桂林》：即《桂林风土记》，是现存较早的有关桂林历史地理和风俗人情的风物志，也是桂林有史料记载的最早的地方志。此书专记桂林一地名胜古迹、山川城址、名人逸闻，并记有不少在桂林任职的唐代官员、隋唐之际桂林地方政局变迁。作者以诗文记游，文字典雅。《桂林风土记》曾被编入《四库全书》。原书三卷，宋时已佚失两卷。今存一卷，有四十二个条目。

〔8〕孟元老：生卒年不详，宋代文学家、史学家。孟元老，原名孟钺，号幽兰居士，东京人。他是北宋保和殿大学士孟昌龄的第四子，曾任开封府仪曹，北宋末叶在东京居住二十余年。后来，女真人在北方兴起，建立金国，南下攻灭北宋，孟元老被迫南渡。之后，他常忆东京之繁华，于南宋高宗绍兴十七年（1147）撰成《东京梦华录》十卷，自作序。该书追记北宋末年东京城的城市面貌、岁时物产、风土习俗、典章制度等，反映北宋城市经济的发达和市民文娱生活的方方面面，是研究北宋都城的重要资料，在中国文学史上也有一定的影响。

耐得翁：生卒年不详，姓赵，当为南宋宁宗年间（1195—1224）、理宗年间（1224—1264）人，其身世事迹无考。他曾寓游南宋都城临安（今浙江杭州），根据耳闻目睹的材料，于南宋理宗端平二年（1235）写成《都城纪胜》。此书内容分市井、诸行、酒肆、食店、茶坊、四司六局、瓦舍众伎、社会、园苑、舟船、铺席、坊院、闲人、三教外地，共十四门，记载临安的街坊、店铺、塌坊、学校、寺观、名园、教坊、杂戏等。其中"瓦舍众伎"一门内容充实，是宋代文艺、戏曲等方面的珍贵资料。《都城纪胜》为研究临安以及南宋社会和城市生活的重要文献。

吴自牧：生卒年不详，宋代文人、学者，约南宋度宗咸淳年间（1265—1274）在世，生平亦无考，今浙江钱塘人。他在南宋灭亡后追记南宋都城临安的盛况，作《梦粱录》二十卷。该书叙述了整个南宋时期临安的情况，其中记录了不少关于民俗和民艺的材料，是研究南宋城市史和社会史的重要文献。

周密（1232—1298）：南宋官员、学者。周密，字公谨，号草窗，又号四水潜夫、弁阳老人、弁阳啸翁，祖籍济南（今山东济南）。他生活在宋末元初，著有《齐东野语》等书。周密早年以家庭背景入仕，负责监督建康府（今江苏南京）都钱库。南宋理宗景定二年（1261），周密担任浙西安抚司幕僚。在南宋度宗咸淳初年为两浙运司掾属（即属员）。咸淳十年（1274），周密监丰储仓。他在南宋端宗景炎年间（1276—1278）担任义乌（今浙江义乌）县令。元朝灭南宋统一全国后，周密不愿意为官，于是在临安隐居，并著书记录南宋的各种事物，撰成《武林旧事》《癸辛杂识》。

蓄念：心中久有的念头。

幽情：深远高雅的感情。

班氏：即班固（32—92），东汉史学家、文学家。班固为史学家班彪之子，字孟坚，扶风安陵（今陕西咸阳市东北）人。班固十六岁时入雒阳（今河南洛阳）太学，二十三岁时因父亲去世而归故里。班固因其父所撰《史记后记》叙事未详，乃潜心继续撰述，力求精善。东汉明帝永平五年（62），班固被人诬告私撰国史，被捕下狱。后来，其弟班超辩明其冤，班固才得以出狱。班固出狱之后，担任兰台令史，奉命撰述东汉开国以来史事，与陈宗等撰成《世祖本纪》（记录东汉开国皇帝汉光武帝朝的历史）。班固又迁为郎，典校秘书，自撰功臣、平林、新市、公孙述等列传、载记二十八篇。汉明帝复命班固完成前所著书。班固决心撰写《汉书》，以记载西汉一朝的历史。在东汉章帝年间（76—88），班固以文才深见器重，升任玄武司马。汉章帝建初四年（79），章帝召集学者在白虎观讲论五经同异，命班固记述其事。班固以此为基础，撰成《白虎通德论》（一名《白虎通义》）。东汉和帝永元元年（89），班固跟随窦宪北击匈奴，为中护军，参与谋议。第二年，班固行中郎将事。永元四年（92），汉和帝着手清除外戚窦氏的势力，窦宪失势自杀。班固也受牵连，被免官、逮捕，死于狱中。班固所撰的《汉书》，资料丰富，组织精密，叙事得当，并开创断代修史之法，被后世奉为典范。后世史家递相仿效。班固又以文学著名，著有《两都赋》《典引》等四十余篇诗赋文章，后人编有《班固集》。

徒：空。

侈：浪费，用财物过度，夸大。

靡丽：华丽，极度浪费，奢华。

〔9〕旧京：指北平。民国时期，都城几经变动。1928年，随着国民政府北伐战争的节节胜利，国民政府将首都从北京迁至南京，改北京为北平。因此，北平成为旧都、旧京。

〔10〕历历：一个个清晰分明，非常清晰。

尝：曾经。

泚：用笔蘸墨。

崖略：指大略、梗概。

〔11〕旋：不久，很快地。

辍：中途停止，废止。

〔12〕共和：即共和制，或称共和民主制、民主国或民国，是人类社会的一种政体。相对于帝国及王国，共和的特色是国家元首并非世袭的皇权，国家的权力机关和国家元首由选举产生并有一定任期的政权组织形式。施行共和制的国家通常称作"共和国"。1911年10月，辛亥革命取得胜利，推翻清朝的君主专制统治。1912年，中华民国成立。学界通常将这一事件作为中国走向共和的标志。

〔13〕弗：不。

忾：叹息。

〔14〕子：古代对人的尊称；称老师或称有道德、有学问的人。

绩：功业，成果。

北平研究院：又称国立北平研究院，系1929年9月9日，中国国民政府在北平成立的学术研究机构。北平研究院隶属于教育部，下分行政事务与研究机构两部分。行政事务设总办事处，处理全院行政事务。研究机构分理化、生物和人地三部，设有物理、化学、镭学、药学、生理、动物、植物、地质、历史等九个研究所和测绘事务所。

〔15〕《北平天桥志》：张次溪撰写的一部反映北平地区民俗的作品。

《清代燕都梨园史料》：张次溪在20世纪30年代编纂而成。燕都即燕京、北京。张次溪以毕生之力，广搜博采，拾遗补阙，辑录清代有关戏曲的著述五十一种，对当时的戏曲演出活动、班舍沿革、名优传略以及戏园的逸闻掌故，搜罗备细。该书对研究戏曲剧种史、探究清代的民俗和文化具有珍贵的史料价值。

参稽：参酌稽考；对照查考。

〔16〕谬：错误的，不合情理的，差错。

〔17〕宅心：居心。

序

郭家声

《北平岁时志》注释

老北京岁时风物

019

箧：箱子一类的东西。

〔18〕假：借用。

〔19〕雒诵：反复诵读。雒，通"洛"。

周：普遍，全面，完备。

〔20〕武清：地名，即武清县，民国时期隶属于河北省，相当于今天津武清区。

郭家声（1869—1945）：字琴石，晚清进士，近代文学家、教育家。出生于北京，在清光绪二十九年（1903）考中进士，曾在清朝及北洋政府农工商部任职，长期从事教育事业，曾在北平辅仁大学任教，培养出众多文史人才。郭家声在中国古典文学、中国历史，特别是古典诗词创作方面造诣很深，他的《忍冬书屋诗集》和《忍冬书屋诗续集》在清末民初诗坛上具有很高的地位，堪称"诗史"。

凡例

一、本志采辽金以来谈北平风物之书，择其记述当地事物，有涉岁时者，依其月日，分条排比。

二、所采各书，以撰著之先后为序。如《辽史》为先，《金史》次之，《野获编》为明人所作，又次之[1]。

三、每月先抒己说，以为总述。次即诸家，逐日附载。

四、两书所载，即同属一事，亦并存之。以其所记，间有异同，亦足以事证事也。

五、岁时例期，多依原书。原书作某日，而不及前后各日者，本志即附入是日。若历期较长，则依其首日为断。如同一岁时，甲书记为初五，本志即以之拦入初五，乙书记为初六，或初七，则于初六、初七，亦各系录，从无割爱。又如某书云，十四日以后有某事，或某事为十四至十七日，本志则以之入十四日，以符首日之例。如同此岁时，而某书或又指定十五或十六一日而弗及他日者，本志系日，亦如其书。

六、岁时之有成例，而无定期者，本志各依其月，分系月尾，示与诸有定日者别。例如立春、春分、清明是。

七、应时庶事，如冠裳簪珥，嬉遨燕乐，以为月令点缀者，悉萃诸杂事一门，以志嘉兴[2]。

八、本志专志民间风俗，正史所载，自《辽史》《金史》偶有一二外，余皆国家大典，其涉及民间者盖寡，故弗录。

九、本志所采各书，既依著成之年月以为次第，则俗尚变迁之序，亦自如之[3]。故凡所征引，俱不复纯以类属。阅者可因时覆按也[4]。

十、所取各书，俱系节录，字句则一仍其旧，不稍增削，以存其真。

【注释】

[1]《辽史》《金史》：元代丞相脱脱等人所撰之纪传体史书，均列入中国历代官修正史"二十四史"。《辽史》记载上自辽太祖耶律阿保机，下至辽天祚帝耶

律延禧的辽朝历史，还兼及耶律大石所建之西辽的历史。《金史》是反映女真人所建金朝的兴衰始末的重要史籍。

《野获编》：即《万历野获编》，在明代笔记中堪称上乘之作，沈德符撰。其记述起于明初，迄于万历末年，内容包括明代典章制度、人物事件、典故遗闻、阶级纷争、族群关系、对外关系、山川风物、工艺技术、宗教神怪等诸多方面，为研究有明一代历史的重要史料。

〔2〕冠裳：指官吏的全套礼服，穿着官服。

簪珥：发簪和耳饰。古代多为高贵妇女的首饰。

萃：聚集。

〔3〕次第：依次，按照顺序或依一定顺序，一个接一个地。

〔4〕覆按：即"覆案"，又称"覆治""覆考"，或单称"覆"，均指复审案件。覆案乃秦制，汉代承袭，目的在于改正已判决的冤假错案。此处的"覆按"指检查、复查。

正月

总述

有所谓"龙䲢肇岁"，即有所谓"凤纪书元"[1]。人事天时，自相关合，伊古已然，不昉自今世也[2]。元月既属岁首，自必人所重视，而北平为尤甚。再远无论矣，千年以来，不乏可纪，旧历今虽废止，月令依然奉行，月月金同，非第斯月而已也[3]。兹既以月份为前后，亦并以成著为连锁，吾故循吾所考，而首及夫正月，较诸自余各月，且特予详尽焉。正月首重者何？一元旦，一灯宵耳[4]。羯鼓喧阗，巷祝衢讴，《西神脞说》诸书，可历案也[5]。

【注释】

〔1〕龙䲢：皇帝颁布的历法。

肇岁：一年之始。旧指农历正月。

凤纪书元：龙凤飞鸟为之记载。

〔2〕伊：文言助词。

昉：起始。

〔3〕旧历：农历，阴阳历的一种，系中国古代长期采用的一种历法，安排了二十四节气以指导劳动人民的农业生产活动，故称"农历"。

月令：上古一种文章体裁，按照一年十二个月的季节，记述政府的祭祀礼仪、职务、法令、禁令，并将其归纳于五行相生的系统中。

金：全，都。

〔4〕元旦：农历正月初一。

灯宵：元宵节，又称上元节、小正月、元夕。正月是农历的元月，古人称夜为"宵"，而正月十五日又是一年之中第一个月圆之夜。西汉文帝刘恒平定吕氏之乱后，下令将正月十五定为元宵节。汉武帝时，"太一神"（汉代国家祭祀的天帝、最高神）的祭祀活动定于此日。

〔5〕羯鼓：一种出自于北方族群的打击乐器，两面蒙皮，腰部细，形状像漆桶，演奏时横放在小牙床上，两手持杖敲击演奏。据说源于羯人（匈奴分支，原

本生活在北方草原，具有深目、高鼻、多须的特点，后进入中原，在东晋十六国时期建立了短暂的后赵政权），南北朝时从西域传入，唐代盛行。

阗：充满，填塞。

祝：向神灵祈祷。

衢：大路，四通八达的道路。

讴：歌唱。

《西神脞说》：清人严绳孙（1623—1702）撰写的民俗著作。

糯米和羊，为丸而掷，鸣铃执箭，饮宴歌呼，而以厥偶奇，较彼高下，窗帐之间，允饶骁勇，名之曰"惊鬼居"，实乃一尚武术[1]。夫元旦行乐，年只一日，一日之乐，且不许轻涉文靡[2]。辽本起自边塞，奚怪雄风若是，迄今遐想，虎虎犹有生气，此则殊俗，今所无也[3]。《辽史》所载，当不为诬。

【注释】

〔1〕厥：因而，因此，于是。

彼：那，那个，对方。

〔2〕靡：浪费，奢侈。

〔3〕奚：文言疑问词。哪里，什么，为什么。

至于初一才临，五更即起，以门摭或木杠，移诸院地，三度抛掷，而饰其号为"跌千金"[1]。此则明俗，今亦鲜闻，固犹是右武之义也[2]。《酌中志》乃明人著述，亦可自信。

【注释】

〔1〕五更：即凌晨三点至五点。古代把夜晚分成五个时段，用鼓打更报时，所以叫作五更、五鼓，或称五夜。

摭：同"闩"，指门关上后，插在门内使门推不开的木棍或铁棍。

〔2〕右：崇尚，重视。

《志》云：饮椒柏酒，吃水点心。水点心者，扁食也，一称未改，名到于今，北平所谓"煮饽饽"者，其别名耳[1]。若暗包财币，卜食者终年之吉，若以百事大吉盒，祝享者诸盘顺遂，则成习相沿，已无足异，除却《酌中》一志，即弗考他书，而耳濡目染，亦可历历置数；独以驴为鬼，以吃驴头为嚼鬼，隘盒相馈，其愚可哂，而俗之所尚，亦遂视同例行，在神权鼎盛之世，浸假而畏鬼成风，驴亦物尔，又安所恃以为祟，然福吉之求，人所同盼，事虽不经，义自有取，抑又不足重嗤也[2]。三百年前陋俗，今已阒然，《酌中志》不言，谁复言之，惜乎尔日之无人纠正也[3]。

【注释】

〔1〕椒柏酒：指椒酒（用椒浸制的酒）和柏酒（即柏叶酒）。饮椒柏酒是汉族民间风俗，农历正月初一用之祭祖或献之于家长以示祝寿、拜贺之意，并可辟邪。

水点心：即饺子。

饽饽：糕点或用杂粮面制成的块状食物。

〔2〕享：受用，贡献，上供。

耳濡目染：形容听得多了，见得多了，自然而然受到影响。这一成语最初的记载见唐代韩愈所撰《清河郡公房公墓碣铭》："耳濡目染，不学以能。"

隘：狭窄。

馈：进献，赠送。

哂：讥笑。

浸：逐渐，渐渐。

尔：语气词，通"耳"，相当于而已。

恃：依赖，仗着。

祟：指鬼神给人带来的灾祸，借指不正当的行动。

经：长久，正常。

嗤：讥笑，嘲笑。

〔3〕尔日：当日，当天。这一词语最初的记载见南朝宋刘义庆所作《世说新语·排调》。

五鼓之时，不卧而嚏，嚏则急起，或不及衣，不卧而语言，户外呼则不应，以为卧嚏者病，呼者乃鬼[1]。崇祯季年，此俗犹盛[2]。明人《帝京景物略》，载之綦详，此等迷信，吾姑不论。

【注释】

〔1〕五鼓：即五更。参见注五更。

〔2〕崇祯：即明思宗朱由检（1611—1644），明朝第十六位皇帝，也是最后一任皇帝，在位期间（1627—1644）以崇祯为年号，故又称崇祯皇帝。朱由检是明光宗朱常洛的第五子，明熹宗朱由校的异母弟，生母为淑女刘氏。朱由检在位

期间大力铲除宦官势力，勤于政事，节俭朴素，并六下罪己诏，是位年轻有为的皇帝。他在位期间，农民起义频繁，山海关外的满洲日益强大，明朝实际已经处于内忧外患交集的境地。1644 年，李自成农民起义军攻破北京后，朱由检在紫禁城后面的景山上自缢身亡，终年三十四岁，庙号思宗，后改为毅宗、怀宗，葬于明十三陵的思陵。

季：末了。

　　至如拜年辞岁，爆竹桃符，四境所同，何啻燕市[1]。然而璅闻杂事，今昔有异同焉；豪侈简陋，贵贱有差别焉[2]。自除夕接神，以及百官驱贺，百姓投刺互答之外，祀祖考，礼天地，簪彩胜，吃年糕，乃至竿标楼阁，松柏家家，澈月天灯，晶莹高照[3]。此在偏鄙，亦所恒睹，诸书所记，大抵无殊[4]。自《帝京景物略》《帝京岁时纪胜》而下，若《寓圃杂记》，若《宛署杂记》，若《藤阴杂记》，若《水东日记》，若《燕京杂记》，若《燕京岁时记》，若《天咫偶闻》，若《北京指南》皆是[5]。不过互征有无，互见详略而已。

【注释】
〔1〕四境：四方边境地区，引申指举国，四方疆界之内。

啻：仅仅，只有。

燕：此处指代北京，因为此地古时为燕国都城而得名。战国七雄中有燕国，是因临近燕山而得国名，其国都称为"燕都"。故此后在一些古籍中多用"燕都"或"燕京"作为北京的别称。

〔2〕璅：同"琐"，细小，零碎。

〔3〕除夕接神：中国古代民俗。传说中的年兽会在除夕夜十二点抢走各家的孩子，所以要守夜接神。接神为新旧年的分野，但接神时间亦不太统一，有的子时（晚十一点至一点）一到就开始举行仪式，有的到"子正"之时，即午夜零点开始接神，有的则在"子正"之后方接神。祭灶之后，诸神都回到天宫，不理人间俗事。到除夕子时后，即新的一年来临时，诸神又降临人间理事。接神仪式在天地桌前举行，由全家中的最长者主持。因为诸神（如财神、福神、贵神、喜神、太岁神）所居的天界方位不同，下界时来的方向自然也不同。至于接何神，神从何方来，要预先查好"宪书"，然后带领全家举香在院中按方位接神。按方位叩首礼毕后，肃立待香尽，再叩首，最后将香根、神像等取下，放入早已在院中备好的钱粮盆内焚烧。焚烧时同燃松枝、芝麻秸等。接神时鞭炮齐鸣，气氛极浓烈。

投刺互答：投刺，投递名片。投刺互答即拜年。

祖考：已故的祖父，祖先。

彩胜：各种颜色的丝绸。

澈：水清。

天灯：亦称孔明灯，相传由三国时期蜀汉丞相诸葛亮发明。天灯也被公认为是热气球的始祖，起初是为了传递讯息之用，但后来通常被当成节庆祈福许愿的工具。天灯是由铁丝或竹子制作底部框架，上面再粘上纸，底小顶大，避免热空气流失。其底架中间放置简单的油纸，点燃之后，由于里面的热空气较外面冷空气轻，所以就会冉冉上升。施放的人通常会在四面写下一些祝福或祈福的词句。孔明灯相传源自四川平乐古镇。在三国时代，此镇乃为军事重地，诸葛亮当时被司马懿围困，诸葛亮算准风向，制成纸灯笼系上求救信息放上天空，最终得以脱险。在宋朝，平乐镇更以造纸闻名。后人为纪念诸葛亮，放孔明灯渐渐变成节庆仪式。

〔4〕恒：经常的，普通的。

殊：不同，差别。

〔5〕《寓圃杂记》：记载明太祖（即朱元璋）洪武年间（1368—1398）至明英宗（即朱祁镇）正统年间（1436—1449）的朝野事迹的著作，尤详于江南地区的掌故。明王锜撰。王锜，字元禹，别号梦苏道人，长洲（今江苏苏州）人。此书多搜集琐屑之事，无关考据。

《宛署杂记》：记载北京历史文化的史书。作者明人沈榜，湖广临湘（今湖南长沙）人。明神宗万历十八年（1590），他任顺天府宛平县知县。在任期间，他留心时事，搜寻掌故，根据署中档案材料编著《宛署杂记》二十卷。此书记载了明代社会政治、经济、历史地理、风俗民情、人物遗文等资料，它实际上是宛平的县志，也是北京最早的地方志之一。《宛署杂记》成书于万历二十一年（1593），而在以后的几百年里，虽有《顺天府志》《帝京景物略》《春明梦余录》等转载《宛署杂记》的一些文字，却无人能出示其原著。直到中华人民共和国成立之后，才有学者在日本尊经阁文库发现这本书，经过艰难的协商才得以将此书摄影后带回中国，于1961年在北京出版社出版发行。

《藤阴杂记》：清代笔记著作，共十二卷，戴璐所撰。戴璐（1739—1806），字敏天，归安（今浙江湖州）人。他在乾隆年间（1736—1795）考中进士，历任工部郎中、太仆寺卿。他任职京城和地方四十年，晚年为扬州（今江苏扬州）梅花书院山长，对当时的典章制度、科举情况、文坛掌故等所知甚多。他生平好文史之学，治学谨严。他在《藤阴杂记》中对清代北京的五城沿革考证精审，并有陆续增辑，且录存了诸多当时名家诗词题咏，成书用时达数十年。

《水东日记》：明人笔记，四十卷，因成书于淞水之东，故名《水东日记》，明人叶盛（1420—1474）撰。叶盛，字与中，江苏昆山人，明英宗正统十年（1445）

考中进士，官至两广、宣府等处巡抚，升吏部左侍郎。《水东日记》一书主要记述明代前期典章制度。作者曾经监督粮饷，兼管军务，熟悉政事，故书中军政粮储、赋役官制、边陲地理、道路远近、置备设防等，皆言之甚详。该书也涉及不见于史传的一些逸闻，还博涉宋、元人行事及碑志，收录了一些宋、元、明人诗文奏议，有较高的史料价值。

《燕京杂记》：共一卷，约一万四千字，是记述北京风俗的文人笔记和专门书籍，佚名撰。该书共收北京四季风俗、名胜古迹、寺院僧侣、文人逸事、地理经济等资料一百六十条，对研究北京历史文化、民俗风情具有重要参考价值。

《燕京岁时记》：记叙清代北京岁时风俗的杂记。该书按一年四季节气时令顺序，记录清代北京的风俗、游览、物产、技艺等，共一百四十六条，其中有很多关于民俗学的资料。作者为富察敦崇（生卒年不详），字礼臣，北京人，满族。

《天咫偶闻》：清代北京风土掌故的杂记，共十卷，清末震钧撰。震钧（1857—1920），姓瓜尔佳氏，字在廷（一作亭），满族人，汉名唐晏，号涉江道人。他在清德宗光绪十五年（1889）考中举人，后任甘泉知县，1910年时执教于京师大学堂（后来的北京大学），不久又担任江宁将军铁良的幕僚、江宁八旗学堂总办。清朝灭亡后，他卜居南方以终。震钧一生著述颇丰。他所撰《天咫偶闻》一书按皇城、南城、东城、北城、西城、外城东、外城西、郊坰等地区分卷，分记北京皇宫、官衙、大臣府第、园林、寺庙及诸名胜的建置沿革与景观，每涉一处，兼述有关掌故风俗，是研究北京历史地理、社会文化的重要材料。

自元旦暨灯节，尽此一旬有半，吉语喧腾万方，亦不仅北平一隅也，然有万方所无，而在北平独著者焉[1]。看象舞，听韶乐，曹公观演教势，白塔寺打秋千，兔儿山，刘元塑"元都圣境"，玉蝀金鳌，南则万善殿，北则五龙亭，昭景门东，承光殿下，楼台隐约，宫阙巍峨，即元月之空闲，饱上林之眼福[2]。《纪胜》所记，斯为首胜。鼎革以还，象舞、韶乐，已归乌有，即使存在，奚裨民俗[3]。

【注释】

〔1〕暨：及，到，至。

灯节：即元宵节，灯宵。参见注灯宵。

喧腾：喧闹沸腾，形容声音杂乱。

〔2〕象舞：周代模拟用兵时的击刺动作，以象征其武功的一种乐舞。

韶乐：史称舜乐，系汉族传统宫廷音乐。韶乐起源于五千多年前，为上古舜帝之乐，是一种集诗、乐、舞为一体的综合古典艺术。韶乐是中国古代宫廷音乐中等级最高、运用最久的雅乐，由它所产生的思想道德典范和文化艺术形式，一直影响着中国古代文明，韶乐因而被誉为"中华第一乐章"。

白塔寺：即妙应寺，位于北京西城区阜成门内大街 171 号，是一座藏传佛教格鲁派（即黄教）寺院。该寺始建于元朝，初名"大圣寿万安寺"。寺内建于元朝的白塔是中国现存年代最早、规模最大的喇嘛塔。1961 年，这一白塔成为第一批全国重点保护文物。

兔儿山：又称兔园山，或称小山子，是元朝至清朝北京皇城内的一座小山，现已无存。兔园山建于元朝，用石头垒成。元朝人运奇石来到大都（今北京），堆筑此山。由于运奇石折费米粮，故人称这些奇石为"折粮石"。在明朝，兔儿山位于大光明殿南侧。山上有洞，有东西两道相通。山顶为清虚殿。清虚殿下暗设有大铜瓮，以山中之水灌注其中，最后流入池塘。池边多有奇石，称"小蓬莱"。其南为瑶景亭、翠林亭，掩映在古树之中。此处有石桥通东西两池。桥间为"旋磨台"，盘旋向上，顶部砌陶成池，如同一条真龙。相传明世宗嘉靖皇帝朱厚熜曾在此拜北斗。每逢九月初九重阳节，明朝皇帝必到万岁山（今北京景山）或兔儿山清虚殿登高。随行的近侍均着菊花补服，陪皇帝饮宴，名为"吃迎霜兔儿"，饮"菊花酒"。至清朝，兔儿山逐渐颓败，清朝皇帝遂不在此登高饮宴。

刘元（1240—1324）：中国古代著名雕塑艺术家。刘元，字秉元，又称刘銮，今天津宝坻刘兰庄人。他从小聪颖好学，后来考取了功名，官至昭文馆大学士、正奉大夫、秘书监卿等。他学识广博，擅长绘画、雕塑，尤其是他的雕塑作品十分传神，在元朝达到极高的水平，堪称一代典范。当时北京城许多庙观的塑像均出自刘元之手。

玉蛛金鳌：即金鳌玉蛛桥，又称北海大桥、金海桥、御河桥。这座桥位于今北京北海公园南门西侧，文津街东头，横跨于北海与中海之间。金鳌玉蛛桥始建于元世祖至元元年（1264），后经多次改建、维修，保持了原桥的风格，中间一孔用于通水，其余封堵作为装饰。这座桥的整个桥身如同一条洁白无瑕的玉带，是中国古老堤障式石拱桥的典型。

万善殿：北京城内著名佛殿，位于北京中海东岸，明代创建，原名崇智殿，清世祖顺治帝改名万善殿，清高宗在乾隆三十五年（1770）曾予大修，是供奉诸佛之所。万善殿的建筑南向，前为万善门，是寺庙的山门；门内即万善殿，房五间，重檐歇山顶，立于绕以石栏的台座上，雄伟端庄，殿内供奉三世佛像。万善殿后有千圣殿，上为圆顶，造型别具，殿内供奉七层千佛塔，殿额"普度慈航"，殿内供奉佛像。传说顺治皇帝体弱多病，加之国事缠身，遂信佛成迷，有了出家为僧的念头，后经孝庄皇太后（即博尔济吉特·布木布泰，为顺治帝的生母）劝阻未成。后顺治皇帝大修万善殿以延请他敬佩的高僧在此讲法。

五龙亭：位于今北京城北海北岸西部，建于明神宗万历三十年（1602），清代屡有修葺。此处原是明代泰素殿的旧址，清世祖顺治八年（1651）拆除泰素殿，改建为五座亭子，称"五龙亭"。五龙亭伸入水中，由五间亭子组成。五间亭子俱为方形，前后错落布置。五亭之间有桥与白玉石栏杆相连呈S形，如同巨龙，故称"龙亭"。中间亭子最大，称"龙泽亭"。其屋顶为重檐攒尖顶，下方上圆，寓意"天圆地方"，象征皇帝的权力至高无上。左边两亭名为"澄祥""滋香"。澄祥亭为重檐，滋香亭为单檐。右边两亭名为"涌瑞""浮翠"，建筑形式与左边相同。五龙亭的整组建筑以左右对称的方式排列，且不同建筑形式的设置也充分显示了等级的区分。五亭皆为绿琉璃瓦顶，黄瓦剪边，绚丽多彩，金碧辉煌。龙泽、滋香、浮翠三亭石岸下有单孔石桥一座，通向北岸，每座亭正面檐下各悬华带匾一方。当年，龙泽亭是专供帝后钓鱼、赏月、观焰火的地方，其余四亭是文武官员陪钓的地方。

昭景门：位于北京城北海公园内的团城。团城位于北海公园南门西侧，享有"北京城中之城"之称。团城东、西两侧城墙下各有随墙门一座（现因路面垫高，故墙门低凹），东为昭景门，西为衍祥门。

承光殿：今北京城北海公园内团城的主要建筑。承光殿为团城中心，殿南侧有玉瓮亭，殿北侧有敬跻堂，这三座建筑构成整个城台的中轴线。在这条中轴线的两侧对称地排列着几组建筑。东侧由南至北依次为：昭景门楼、东庑殿、古籁堂等；西侧由南至北依次为：衍祥门楼、西庑殿、余清斋等。

宫阙：宫，宫殿；阙，阙门。宫阙即古代帝王所居住的宫殿。

巍峨：高大壮观、雄伟矗立的样子。

上林：即上林苑，系古代皇家园林建筑。西汉武帝刘彻于建元三年（前138）在秦代的一个旧苑址上扩建成上林苑。这一皇家园林规模宏伟，宫室众多，拥有多种功能和游乐内容，现已无存。上林苑在西汉时期纵横三百里，既有优美的自然景物，又有华美的宫室组群分布其中，是秦汉时期汉族宫苑建筑的典型。上林苑亦是当时武帝尚武之地，在此处有皇帝的亲兵羽林军，并由大将军卫青统领。

〔3〕鼎革：特指改朝换代。在此处指清朝灭亡，中华民国建立。

乌有：虚幻，不存在。

奚：疑问代词，什么，哪里。

裨：增添，补助。

此外游琉璃厂甸，则自元日至十五日，趋白云观，则更至十九焉[1]。兹先沥述厂甸[2]。百货云集，万灯齐上，图书充栋，珍玩填街，香车宝马所驱，岁不乏秦楼楚馆之辈，商贾仕宦，悉所依依[3]。火神庙、土地祠，各极其胜。而初六日起，游者始众。庙祠棚贩，亦必自是日始，始陈列焉。彝鼎珠玑，足使目为之眩，而书籍法绘之所聚，近年则略有播迁[4]。书以海王村公园西邻为胜，画移和平门之外稍南地区[5]。公园以内，则食品居众，小型玩物亦夥[6]。此与吕祖祠前，皆童稚争鹜之所也[7]。公园之背，多货风筝，其面则豌豆豆汁，诸摊盘据，山查圈套、大糖葫芦各贩，且襄禀求购焉[8]。南新华街东西便路，膺鼎丛丛，破旧物品之冷摊无数，则又棋布星罗，匝地皆是矣[9]。

【注释】

〔1〕琉璃厂甸：即琉璃厂大街，位于北京和平门外，是北京重要的历史文化保护街区，有七百八十多年历史。琉璃厂从明朝初期就商货汇集。在清朝时期，各地来京参加科举考试的举人大多集中住在这一带，各地的书商也纷纷在这里设摊、建室、出售大量藏书。繁华的市井，便利的条件，形成了"京都雅游之所"，使琉璃厂逐渐发展成为京城最大的书市，形成了人文荟萃的文化街市，与文化相关的笔墨纸砚、古玩书画等，也随之发展起来。过年之时，琉璃厂甸举办庙会，简称"厂甸庙会"。在农历正月，琉璃厂甸宗教活动兴盛，商贩云集，是京城规模最大、最负盛名的庙会。

趋：快走。

白云观：位于北京城的著名道观。白云观始建于唐，为唐玄宗李隆基奉祀圣祖玄元皇帝——老子之圣地，初名"天长观"。在金世宗完颜雍统治时期，此道观大加扩建，更名"十方大天长观"，金末重建为"太极宫"。白云观内收藏着大量的珍贵文物，最著名的有"三宝"：明版《正统道藏》、唐石雕老子坐像及元大书法家赵孟頫的《松雪道德经》石刻和《阴符经》附刻（古籍中刻在他书的卷后，而其著作人又和所附之书的著作人不是一人，在著录时则另提出记其版本，称为"附刻本"）。现在，中国道教协会在白云观办公。

〔2〕沥述：详细陈述。

〔3〕充栋：形容藏书、著述之富，可以堆满屋子。这一词语最初的记载见宋朝诗人陆游的诗《冬夜读书》。

香车：泛指华美的车或轿。

秦楼楚馆：即青楼楚馆，指歌舞场所，亦指妓院。

商贾：在古代，贾特指囤积营利的坐商，而称行商为"商"，坐商为"贾"。后来，"商贾"泛指商人。

仕宦：官员。

悉：全。

依依：形容依恋不舍的样子。

〔4〕彝鼎：泛指古代祭祀用的鼎、尊等礼器。

珠玑：珠子。每个字都像珍珠一样。比喻说话、文章的词句十分优美。

眩：（眼睛）昏花；头晕目眩。

播迁：迁徙；流离。

〔5〕海王村公园：北京琉璃厂的文化街之一，以经营文化商品而著称。其商品包括新旧书籍（含刻版、印刷、装订等）、文房四宝（笔、墨、纸、砚等）以及古玩（古董）等。

和平门：北京城的一个城门，位于前门和宣武门之间，建于民国时期。和平门并非北京城的传统城门，而只是在城墙上开的两个拱形券洞，用来连通南新华街与北新华街。和平门初名"新华门"，1927年改名"和平"，以区别于中南海的新华门。张作霖时期此门曾改名为"兴华门"，后改回。和平门门洞高十三米，宽十米，各装两扇铁门。1958年将门洞拆除，改为豁口。

〔6〕夥：多。

〔7〕吕祖祠：即吕祖宫，位于今北京复兴门内北顺城街13、15号，是供奉道教神吕岩（即吕洞宾）的神庙。吕祖祠始建于清代，坐西朝东，山门的石门额上书"古刹火神庙"。这是一座现今保存较好的小型道教宫观，现为北京市重点文物保护单位。

鹜：鸭子。争鹜，比喻很多人争着去。

〔8〕山查：即山楂，为可食用植物，核果类水果，质硬，果肉薄，味微酸涩。

褏：古代同"袖"，长衣下垂的样子。

禀：赋予，给予。

〔9〕南新华街：位于北京西城区的街道，北起前门西大街，南至珠市口西大街，因位于新华门之南得名。自明清以来，这里为明沟。1924年，冯玉祥发动政变进驻北京，开始整修城墙、街道，填沟修路形成新华街。

便路：近便之路。

赝鼎：赝鼎，赝品，假货。

棋布星罗：即星罗棋布，也作"星罗云布"。罗，罗列。布，分布。星罗棋布指像天空中的星星和棋盘上的棋子那样罗列分布，形容数量多而密集。这一成语最初的记载见东汉班固所撰《西都赋》。

匝：遍。

吾统忆厂甸之会，盖以初十左右为全盛，其为期向达半月，十五已后，更有多延半日者，今则以易朔故，由新历年起，再益半月[1]。虽新旧各限，等量平分，而比岁所经，旧者实胜。是固积习为之，一时不易骤夺，此又诸书所未尽详，而重有待乎补苴者，吾固不惮其烦，而乐为之述也[2]。

【注释】

〔1〕朔：历法。易朔，即改变历法。

新历：即公历，也称西历。现行公历即格里历，亦译为额我略历、格列高利历、格里高利历，是由意大利医生兼哲学家里利乌斯改革儒略历制定的历法，由教皇格列高利十三世在1582年颁行。格里历是阳历的一种。1912年1月1日，中华民国成立时，政府以格里历取代传统的农历，定格里历为国历，但年份不使用公元纪年，另设民国纪年，以中华民国成立的1912年为首年，即民国元年等于1912年。

〔2〕比岁：近年。

积习：长久以来而形成的习惯。

骤：疾速，突然。

补苴：补缀，缝补，引申为弥补缺陷。

至所售各物，儿童玩具，自属常品，而一搬指，一翎管，值动万金，在昔豪富所为，亦殊无谓[1]。即此一端，他亦可想。然而语其奢靡，今或过昔，且亦不止北平也[2]。惟其地旧既有公艺一局，又曾设工商改进会、商品陈列所，历借年节点染，以引人注意国货，皇皇盛举，深示与岁俱新，原不必鼓舞游乐，意诚至善，今则并此而无，借曰有之，亦无如市面之萧瑟何也[3]。

【注释】

〔1〕搬指：又称扳指或班指，为射箭时戴在大拇指上钩弦用的工具，后多作为装饰品。搬指一般用铜、玉、翡翠制作，是清帝十分喜爱之物。

翎管：在清代，文官至一品镇国公、辅国公得用翠玉翎管；武官至一品镇国将军、辅国将军得用白玉翎管。故在清代，佩戴翠玉翎管和白玉翎管常为一品文武高官的象征。

无谓：不具备意义或结果。

〔2〕奢靡：挥霍浪费钱财，过分追求享受。

〔3〕点染：本来是指书画家挥笔作书作画。此指点缀、装点。

皇皇：大，美盛，显明。

萧瑟：形容景色凄凉。

寺宇则白云观以次，大钟寺会期较长，《燕京岁时记》则曰十日，《北京指南》则曰十五日，今多于昔也[1]。再次则东便门之三忠祠，东直门外之铁塔寺，东四牌楼之三官庙，北新桥之精忠庙[2]。虽均期止一日，然香火并盛。而号称"东

庙"之隆福寺，号称"西庙"之护国寺，自是月起，更属平民杂踏之所[3]。若曹公观，则自改建陆军大学，往时胜会，已付东流，而徒作故事传矣[4]。

【注释】

〔1〕大钟寺：北京城著名寺院。原名觉生寺，位于今北京海淀区北三环路联想桥北侧，因内藏明永乐大钟，故名"大钟寺"。大钟寺规模宏大，始建于清雍正十一年（1733）。寺内有山门、天王殿、正殿、后殿、藏经楼、大钟殿、配殿，原是皇帝祈雨和信徒朝圣的场所。

〔2〕东便门：明清北京外城东南端的一座小城门，位于北京城墙东南端角楼旁边。东便门是明清北京城保存下来的城门之一，主要由城楼和箭楼组成。

三忠祠：北京城的祠庙，坐落在北京东便门外，始建于明孝宗弘治年间（1488—1505），明神宗万历年间（1573—1619）重修。三忠祠内有正殿三间，并列供奉三位忠良之像，即三国时的诸葛亮、宋朝的岳飞和文天祥。每年农历正月初二日开庙一天，有售应节要货和地方风味小吃的摊贩到这里叫卖，香客游人多为东南郊农民。

东直门：位于明清北京城内城东垣北侧的一座城门，主要包括城楼、箭楼、闸楼和瓮城。

铁塔寺：北京城著名寺院。铁塔寺位于北京东直门外以东一里多之地，寺由铁塔而得名。铁塔寺殿内供奉一尊胡头陀，附近居民均称其为"肉胎佛"。每年正月初一、四月十八日，铁塔寺开庙接待香客，门前有卖应节要货和北京地方风味小吃的摊点。铁塔寺又于每年立春之日，在此举办迎春会。在这一天，庙前刨一坑，内放一卷席筒，筒内放上鸡毛，等立春时刻一到，凭借地气鸡毛从席筒内飞出，这时在场之人群起欢呼"春来了"，互相祝贺，随之蜂拥进至庙内拈香，以祈求一年的平安吉庆。随后，庙外广场上便开始风筝大赛，一时蝙蝠、蝴蝶、沙雁、黑锅底、八卦、龙井鱼、大蜈蚣等飞满天空，一些贫家小孩也扯着瓦片风筝跑着玩。当时有许多做买卖的，尤其是卖风筝的商贩云集于此，十分热闹，成为当时北京极具特色的庙会。

东四牌楼：北京城著名建筑。东四牌楼位于今北京东城区中部，元代称十字街，明代于十字路口四面各建一座四柱三楼式木牌楼，因位居皇城之东，故称东四牌楼，简称"东四"。东四牌楼每座牌楼的正间上各挂一白色石匾，两面雕刻着同样的字，跨南北街的牌楼为"大市街"，而东四牌楼名称则恰与西四牌楼相反，东牌楼为"履仁"，西牌楼为"行义"。东四牌楼于清康熙三十八年（1699）毁于大火，后曾照原样重修。1954年，东四牌楼被彻底拆除。

三官庙：北京城著名道观，位于北京东四东大街（今朝内大街）街北，其中供奉三官大帝。三官大帝即道教尊奉的三位天神——天官、地官和水官。在明清时代，这里常举行庙会，十分热闹。

北新桥：位于今北京东直门内大街与雍和宫大街的交会处。北新桥名字叫桥，可实际上并没有桥，更没有桥翅。

精忠庙：北京城著名祠庙，位于今北京北新桥以东路北。精忠庙在每年正月初一、正月十三至十七各开庙一次。精忠庙的大殿内供奉的岳飞像盔甲衣胄装束，面向左、作东视状。北京各庙的岳飞像都是右视，面向左的仅此一尊。在灯节期间，大殿外挂满绘有《精忠传》（又名《说岳》，评书传统书目，系艺人根据清代钱彩的小说《说岳全传》敷衍而成，叙述南宋时期岳飞精忠报国的故事）故事的灯笼。灯节期间开放的精忠庙庙会，白天并不热闹，夜间则热闹非凡，游人连逛灯带烧香，叫作"夜庙"。

〔3〕隆福寺：北京城著名寺庙，坐落在今北京东四北大街西，始建于明景泰三年（1452），清雍正九年（1731）重修。隆福寺在明代是北京城唯一的番（即喇嘛）、禅（即和尚）同驻的寺院，在清代成为完全的喇嘛庙。隆福寺曾经是朝廷的香火院之一，有京城著名的大庙会。隆福寺因坐落在东城，与护国寺相对，俗称"东庙"。在清代，农历每月逢一、二、九、十开庙，1930年改用阳历每月一、二、九、十开庙。每逢庙会，人流如潮，各阶层人士都来赶庙会。在这里可以买到各式各样的土特产品，品尝多种北京地方风味小吃，观赏北京的民间戏曲。

护国寺：北京城著名寺庙。护国寺原名崇国寺，始建于元代，为元代丞相脱脱的故宅所改，清康熙六十一年（1722）重修，改名护国寺。该寺坐落在西四护国寺街，与东城的隆福寺相对，故称之为"西庙"。护国寺原为农历每月逢七、八开放，自1922年改为阳历每月逢七、八开放。每次庙会期间，各种珍玩、生活用品在此销售。

〔4〕陆军大学：即北平陆军大学。陆军大学是中国近代唯一一所最高级别的军事学府。它历经四十四年之久，是近代中国军事院校中存在时间较长的一所。陆军大学对中国近代军事教育乃至中国近代军事史都产生了深远影响。陆军大学的创办是中国军事教育近代化的产物，也是清末袁世凯北洋教育体系中的重要一环。在清朝末年，袁世凯担任直隶总督，1906年在保定创立陆军大学。民国建立之后，1912年，陆军大学的校址由保定迁往北京，改隶参谋本部。1931年，陆军大学由北平迁往国民党政府的首都南京。南迁之后，由于国民党当局的重视，陆军大学又有较为充足的经费保证，学校有了很大的发展。抗日战争爆发后，由于受战争的影响，陆军大学屡次搬迁，从长沙到遵义再到重庆，至抗战胜利后，在1946年返回南京，直至1949年分崩离析。

徒：只，仅仅。

他如灯景之富丽，烟火之精巧，此则北平特长，外省或尽不及，独破五前禁妇女来往，恶俗所在，不易删除，他乡未必至此也[1]。初六归宁之例，现未尽破[2]。而是夜走桥摸锁，则以庚子岁正阳门被灾之故，其习全破[3]。

【注释】

〔1〕破五：指农历正月初五，为中国民间传统节日，也称"忌针节"。从除夕至正月初五为春节，这期间有许多规矩和禁忌，但到了初五，上述禁忌都打破了，有"破五"之称。在这一天，有一种叫作"赶五穷"的风俗。人们黎明即起，放鞭炮，打扫卫生。鞭炮从每间房屋里往外放，边放边往门外走，说是将一切不吉利的东西、一切妖魔鬼怪都轰出去。除此之外，这一天也是传说中财神的生日，也是迎财神的吉日。

〔2〕归宁：古代礼俗，又可称为做客、返外家，是指夫妻携礼前往女方家里省亲、探访，女方家人此时亦须准备宴客。这一宴会通常在中午举行，称"归宁宴"或"请女婿"。归宁结束之后，媒人的工作才算告一段落，男方须送礼给媒人表示谢意。

〔3〕庚子岁：这里指1900年，这一年恰好为干支纪年的庚子年。在这一年，因义和团运动，正阳门被焚毁，之后又重建。

正阳门：北京城著名城门。正阳门俗称"前门"，原名丽正门，位于今北京天安门广场南缘，前门大街北端，处在北京城的南北中轴线上，现存城楼与箭楼。正阳门至今已有五百多年的历史，是明清北京城内城正南方向的门。

初二祭财神，亦一通典，则以北平既商肆林立，故不但竞耀灯彩，同申庆祝之意，而求财之念，自亦万户雷同[1]。首祀财神，固其所也，恐更阅岁年，亦恐难予禁绝。而彰仪门外财神庙，是日香火尤盛，子夜候门，香争头股，虔诚所到，直欲斩关[2]。自翌晨以讫亭午，成人则元宝借得，小儿女则手执风车纸鱼，欢戴绒花而返[3]。彰仪门迄抵菜市，人马喧阗，盖香及元宝诸物，摊贩重重，近庙俱是，专所以供人还愿也[4]。过午则冷落矣。初七占晴，初八祭星，虽事出术数，无甚奥义[5]。而打鬼之俗，则番僧之特举也[6]。初九斋戒，胜朝则然[7]。官宴禁，馆戏止，此又不同今日者也。

【注释】

〔1〕财神：即财神爷，古代指掌管钱财的神。农历七月二十二日，相传是民间祭祀财神的节日，也就是俗称的"财神节"。民间通常挂灯笼、放鞭炮祭财神，以祈求来年丰收。这在农村比较盛行。关于财神爷，民间有诸多传说。著名的财神有刘海、钟馗、赵公明、龙五爷等。

商肆：商铺；商店。

〔2〕彰仪门：北京城城门。彰仪门即广安门，又称广宁门、张仪门。广安门建于明嘉靖年间（1522—1566），是北京老城二十座城门中的一座，位于外城西垣正中偏北，是外地各省进出京城的主要通道。广安门城楼已经不复存在。原来的城楼形制犹如内城，高两层，是重檐歇山顶三滴水楼阁式建筑，灰筒瓦绿琉璃瓦剪边顶。

财神庙：北京城著名祠庙，位于广安门（即彰仪门）外。此庙虽然不是大庙，但相当有名，始建于明英宗天顺二年（1458），清乾隆五十一年（1786）重修。重修之后，刊石立碑，残碑及拓片都在。该庙每年有五次庙会：农历正月初二、十六，三月十一、八月二十四、九月十七。每月的初二、十六，也是香火日。如果一年的第一个庙会能在这座财神庙烧上头炷香，吉利无比。大家都抢这个机会。大年初一夜里，就有人跑到广安门城门口等着开城门，为的是尽早到财神庙，烧头炷香、买纸元宝（参见注元宝）回来。

子夜：凌晨两点。

斩关：攻破城门，夺取关口。形容勇往直前，势不可挡。

〔3〕翌：明（天）。

亭午：正午，中午。

元宝：古代有特定形状的贵金属货币。元宝由贵重的黄金或白银制成，一般白银居多，黄金稀见。黄金制作的称金元宝，白银制作的称银元宝，是对金银货币约定俗成的通称。

〔4〕迳：直往。

〔5〕占晴：用龟壳、铜钱、竹签、纸牌或观测星象等手段来推断是不是晴天。

祭星：古代重要祭礼之一。通常设坛祭祀星辰。

术数：又称数术，是古代方术的重要内容。术数以阴阳五行的生克制化理论来推测自然、社会和人事的吉凶。

奥义：精深的义理，深奥的含义。

〔6〕打鬼：指藏传佛教的一种仪式，僧人扮成天神以驱逐邪魔。

番僧：西域（泛指玉门关、阳关以西广大地区）来的僧侣。文中专指藏传佛教僧侣。

〔7〕斋戒：一种与宗教有关的个人行为，其主要方式为对饮食和性生活的限制，一般分为长期斋戒和短期斋戒。

胜朝：已经灭亡的前一朝代。此处指清朝。

九曲之制，外省亦多；百戏之陈，诸县亦有〔1〕。僻壤间较诸北平，或竟具体而微〔2〕。十四日之束草姑娘，亦所以卜休咎，意则不恶，而心理之幼稚，则未免

见诮于人，或者前人留此，亦借作游戏之一欤[3]。

【注释】

[1] 百戏：古代民间表演艺术的泛称，尤以杂技为主。

[2] 具体而微：内容大体具备而形状或规模较小。这一成语最初的记载见先秦时孟轲所撰《孟子·公孙丑上》。

[3] 休咎：吉凶；善恶。

诮：责备。

欤：句末语气助词，此处表示感叹。

赏灯看火，并属殊恩，西苑则存，旷典则废，更非所语于今日也[1]。而灯市规模之大，悬灯处所之多，今且不逮昔焉[2]。其内臣宫眷，应节变换冠裳，此则前代独有，今所绝无[3]。元夕妇女群游，庚子以后，其风竟绝[4]。《帝京岁时纪胜笺补》且言之凿凿，而今则娱乐场所，名媛闺秀，几于无夕无之，又何限一元夕耶[5]？则是维新之中，反成复旧之举矣。

【注释】

[1] 西苑：即"山高水长"，又称"西厂""西厂子""西园"，位于清代北京皇家园林圆明园的西南角，为圆明园四十景之一。"山高水长"地域宽敞，地势平坦，南北长四百六十米，东西宽二百八十米，总占地近十三万平方米，是中国古代宫殿建筑和造园艺术中颇具北方游牧文化色彩和满族特色的一处景观。清帝设宴款待前来朝觐的外藩（即武帐宴）、侍卫的射击训练系西苑最主要的功能。西苑原本搭建了一些简单的建筑，并有清帝所题诗文，但经过 1860 年英法联军的焚毁和 1900 年八国联军的破坏，这一景观现在仅存遗址。

旷典：指清朝皇帝元宵节在圆明园内的"山高水长"举行"武帐（即露天设置的大蒙古包）宴"。武帐宴是蒙古族官员或使臣在京朝觐清朝皇帝的重要活动之一，包括朝贺、宴会、饮茶、看焰火、相扑（即摔跤）、较射、冰戏等内容，体现多元文化交融的特色，对清朝巩固统一的多民族国家具有特殊意义。

[2] 逮：到；及。

[3] 内臣：指古代帝王统治时，宫内所使用的官员、太监、护卫官长，还可以指权贵们的管家、侍卫之类的贴身人员。

宫眷：后妃的统称。

[4] 元夕：即灯节、元宵节。参见注灯节。

庚子：这里指 1900 年的"庚子国变"。在这一年夏天，中国与当时入侵中国的八国联合军队（英、法、俄、德、意、奥、美、日）之间爆发了一场战争，北京城遭到八国的洗劫，中国惨败，被迫议和，签订了屈辱的《辛丑条约》。

〔5〕《帝京岁时纪胜笺补》：对《帝京岁时纪胜》一书的考证、补充。参见注《帝京岁时纪胜》。

凿凿：确实。

总计元旦后两旬之内，城里繁盛，自不待言；城外集会，则仍无过白云观者。自明以来，王侯而下，倾城空巷而趋，而十三、四日始盛，十八、九日为极，盖厂甸毕会，游人乃逐渐移往也[1]。"燕九"一节，暨于今不少废[2]。而同一时节，一书所述，已多歧异；群籍所记，更难强同。或则云：火树星桥，甫收声采，称曰"烟九"，正以烟火得名[3]。或则云：灯事阑珊，不忍遽舍，取淹留之义，故又名"淹九"[4]。或则又云：丘道人以是日就阉，故复名"阉九"，此则见诸《野获编补遗》者也[5]。然《酌中志》《帝京景物略》亦并明代之作，则又均以"燕九"称之，而"宴丘"之别称，亦见诸《景物略》注，此外《大兴县志》也，《岁时纪胜》也，《宸垣识略》也，《郎潜纪闻》也，以至近人《北京指南》，亦靡不记以"燕九"，而《燕京岁时记》则又曰"筵九"[6]。独《天咫偶闻》，袭《野获编补遗》之旧，有俗称"阉九"之语，且证以群阉趋附云云，则更信而有征，补所未补者也[7]。

【注释】

〔1〕倾城：全城出动之意。

空巷：居民倾巷而出。

厂甸：即琉璃厂甸。参见注琉璃厂甸。

〔2〕燕九：即燕九节。参见注燕九节。

〔3〕火树星桥：星桥，鹊桥的别称。传说农历七月初七晚上，喜鹊在银河上搭桥，让牛郎、织女在桥上相会。火树星桥，形容节日的夜晚灯火辉煌。这一成语最初的记载见唐朝苏味道所作诗《正月十五夜》："火树银花合，星桥铁锁开。"

甫：刚刚，才。

烟九：即燕九节。参见注燕九节。

〔4〕阑珊：将尽；衰落。这一词语最初的记载见唐朝著名文学家白居易所作诗《咏怀》："白发满头归得也，诗情酒兴渐阑珊。"

遽：急，仓促。

淹留：逗留，留住。

淹九：即燕九节。参见注燕九节。

正月
总述
《北平岁时志》注释
老北京岁时风物
039

〔5〕丘道人：即丘处机（1148—1227），金代著名道学家、旅行家、养生学家和文学家。丘处机，字通密，道号长春子、长春真人，山东栖霞人。在道教历史和信仰中，丘处机被奉为全真道"北七真"之一以及龙门派祖师。农历正月十九日是丘处机的生日，称"燕九节"，道教中有关于他的种种灵迹的传说。

阉：割去男人的或雄性动物的生殖器。

阉九：即燕九节。参见注燕九节。

《野获编补遗》：对《万历野获编》一书的补充、考订之书。参见注《野获编》。

〔6〕宴丘：即燕九节。参见注燕九节。

《岁时纪胜》：即《帝京岁时纪胜》。参见注《帝京岁时纪胜》。

靡：不，无，没有。

筵九：即燕九节。参见注燕九节。

〔7〕阉：这里指太监、宦官。

趋附：迎合依附；趋炎附势。

信而有征：信，确实，可靠。征，验证。信而有征，确凿而有证据。这一成语最初的记载见春秋鲁国的左丘明所撰《左传·昭公八年》。

前代开印之期，靡有定日，例在十九以后，今亦徒成掌故矣[1]。二十三日之小填仓，仅见《纪胜笺补》，以前无考[2]。而按其节期，较外省似迟三日。二十五日之大填仓，无异外省[3]。《酌中志》既载，可知明代已然。《大兴县志》而下，各书所记，亦半相同，醉饱饮乐，则犹是古往遗意也。至于迎春立春、鞭春打春，意在劝农，古已行之，辽时其制独异[4]。《酌中志》所记特简，仪礼之隆，明或逊清。帝王所在，自非封疆僻境，所得拟其万一，此在昔日，久成惯例。而今则与帝祭各坛之礼，俱已一扫而空[5]。得见崇典者，且将日感其稀，有似晨星硕果矣[6]。咬春之俗，迄今仍在[7]。进春之典，则早削除[8]。而妇女食萝葡以却春困，语亦似乎不经，无足究也[9]。

【注释】

〔1〕开印：古代指官府于年底封印，次年正月开封用印，照常办事。泛指官吏办公。

〔2〕小填仓：参见注正月大小填仓。

《纪胜笺补》：即《帝京岁时纪胜笺补》。参见注《帝京岁时纪胜》。

〔3〕大填仓：参见注正月大小填仓。

〔4〕迎春立春：古代节日。从周代开始，直至清末民初，官方都将立春作为

重要节日，举行种种迎春的欢庆活动。在立春之日，东风解冻，正是劝农耕作之时。自古每年立春，上至朝廷天子，下至府县官员，都要举行隆重的迎春仪式。到了汉代，迎春已经成为一种全国性的礼仪制度。迎春方向选定东方，或出东门，或在东郊。迎春所祭之神为青帝句芒（即后文所说的勾芒），也叫芒神。相传句芒是古代主管树木的官，死后为木官之神，又称东方之神，也是司春之神。

鞭春打春：古代风俗，指立春那天用鞭子抽打泥制的"春牛"以祈丰年，或是敲打小锣、竹板等，唱着歌词，挨户索取钱财的习俗。

辽时其制独异：辽朝（907—1125）是北方草原游牧族群契丹建立的一个幅员广阔的少数民族政权，其疆土既包括草原地区，也包括一部分农耕区。辽朝的礼仪习俗在诸多方面与中原王朝相异。在辽代，国家的嘉礼中有"立春仪"。

〔5〕帝祭各坛之礼：明清帝王祭祀各座神坛的礼仪。明清帝王祭祀的神坛包括：北京的天坛、地坛、日坛、月坛、先农坛、社稷坛等。在明清时期，皇帝都要率领诸臣定期到这些地方举行隆重的祭祀活动。

〔6〕晨星：即水星，古名"辰星"。水星是太阳系里距离太阳最近的行星，从地球上观测水星时，它一般都出现在太阳的两侧，距太阳的距离总保持在三十度内。此处的"度"为中国古代的单位，三十度左右约为一"辰"，所以由运动距离来定水星之名为"辰星"。水星用肉眼比较难观测到，每年只有很少的几天能够成功用肉眼观测到。

〔7〕咬春：古代民俗，指立春日吃春饼。春饼是面粉烙制的薄饼，一般要卷菜而食，是立春日的主菜。民众在立春这一天要吃一些春天的新鲜蔬菜，既为防病，又有迎接新春的意味。

〔8〕进春：明清礼仪制度。在立春前一日，预设春山、宝座、芒神、土牛各案于礼部，各官员均穿朝服，生员均顶戴公服，由北京城的东长安左门、紫禁城的天安门、端门各中门入，至午门前，恭进于皇帝、皇后，称"进春"。

〔9〕萝葡：指萝卜。

足：值得。

自灵佑宫灯市罢后，金鱼池迤西之精忠庙，士女云集，是月烟火亦盛[1]。祭武穆，烧秦桧，忠佞之际，游者多厘然在怀[2]。此在今日，诚鼓舞国人之好俗，不能不郑重其事也。此外转糖盘，倒掖气，仅属儿戏；烧狮牙，散灯盏，亦甚无稽[3]。若灯谜，若商肆之自置金革丝竹，礼聘票友清唱，即闲暇之月，申庆祝之典，升平粉饰，亦成具文[4]。此等点缀，各省正多，不止北平，亦不自北平起也。

【注释】

〔1〕灵佑宫：位于北京城天桥（在北京城中轴线南部，前门至永定门的中段，现今天桥南大街北口的十字路口处）西北。在明清时期，天桥市场有为游人服务的茶肆、酒楼、饭馆等饮食摊点和为游人助兴的打拳、卖艺、说书、唱曲的娱乐场子。天桥西北的灵佑宫是天桥灯市的一部分。每年元宵节，这里游人云集，热闹非凡。

金鱼池：在今北京东城区天坛之北，最早形成于金代。当时因大兴土木取土烧砖，窑坑积水后形成许多池塘。

迤：延伸，向。

士女：泛指男女。

〔2〕武穆：即岳飞（1103—1142），这里以其谥号"武穆"称呼他。岳飞为南宋将领，中国历史上著名的军事家、战略家。岳飞，字鹏举，宋相州汤阴县永和乡孝悌里（今河南安阳汤阴县程岗村）人，官至少保、枢密副使，封武昌郡开国公。1127年，北宋被兴起于东北的女真所灭。岳飞力主抗金，在十余年间率领岳家军同金军进行了大小数百次战斗，所向披靡，升至将相。而当时的皇帝宋高宗赵构和宰相秦桧想与金朝议和。在宋金议和过程中，岳飞遭受秦桧、张俊等人的诬陷，被捕入狱。1142年，岳飞因"莫须有"的"谋反"罪名被朝廷杀害。后来，宋孝宗赵昚给岳飞平反昭雪，追谥武穆。后来的皇帝又陆续追赠他太师、鄂王，改谥忠武。

秦桧（1090—1155）：南宋权相，著名奸臣。秦桧，字会之，江宁（今江苏南京）人，宋徽宗政和五年（1115）考中进士，曾任太学学正，北宋末年任御史中丞。在金灭北宋之际，他曾经被金兵俘虏，后南归。他在南宋朝廷担任礼部尚书，两次担任宰相，前后执政长达十九年。他善于玩弄权术，积极削夺各路将领的兵权，将地方许多权力收归中央。他和宋高宗力主对金投降，君臣合计杀害岳飞。秦桧死后，宋高宗为了安抚南宋政府中的主和派，加其谥号为"忠献"。后来宋孝宗即位，振作图强，重审岳飞案，并为岳飞平反。在宋宁宗赵扩统治时期，将秦桧的谥号改为"缪丑"，以示侮辱。

厘然：清楚，分明。

〔3〕转糖盘：民间一种游戏，即在一个固定不动的圆盘上，盘上用线画有偶数个格子，按顺序编上号。圆盘中间伸出一根可以转动的轴，轴的上端向外垂直伸出一根悬臂，悬臂端吊一根绳子，绳子上有一根针。在偶数格子里各放一块糖，在奇数格子里分别放上值钱的物品。谁付钱，谁就可以转动悬臂一次。等停转后指针指到哪格，便依据该格的数，从下一格数起，数到哪一格，放在格子里的糖或别的物品就归谁。

倒掖气：玩具名。又称步步登、不不登、扑扑噔、响葫芦。用口吹吸能发出声响。

〔4〕清唱：不化妆、不穿行头，伴奏不一定齐全的戏曲演唱。

具文：空文；徒具形式而不起实际作用的规章制度。

至如跳百索，放纸鸢，蹴鞠，拔河，尽属运动，在今已不为奇，在昔则立意至美[1]。虽嬉戏，实佳课焉。

【注释】

〔1〕跳百索：又名"跳绳"，汉族民间游戏。跳百索花样繁多，分单人跳和多人跳等多种形式。单人跳时，双手摆绳，可前摆跳、后摆跳、双手交叉摆绳跳，也可带人跳、蹲跳、跑步快跳等。多人跳时，一般由两人摆绳，也可将绳一端系树上，由一人摆绳，其他人跳，跳法多种多样，边跳边唱。

放纸鸢：鸢，鹰科动物，即老鹰。放纸鸢，即放鸢形风筝，系阳春三月开始的活动。

蹴鞠：中国一项古老的体育运动，又名"蹋鞠""蹴球""蹴圆""筑球""踢圆"等。蹴，用脚踢。鞠，皮制的球。蹴鞠就是用脚踢球，类似现在的足球。

花市之假花，花厂之鲜花，乃至鲜蔬供馔，尤是北平妙品，输诸外市，厥值奇昂，甚非他处所得而产[1]。此在北平，亦早年所无。《燕京岁时记》谓为"预支月令，巧夺天工"，信非虚誉也[2]。当世农植专家，发明正夥，果以其旧术，勒为新著，极深研几之余，使妙用不穷，范畴扩大，由北平以推及天下，则裨益民生者，正未有艾，不止花木蔬菜然也[3]。

【注释】

〔1〕馔：饮食，吃喝。

厥：他的，那个的。

〔2〕巧夺天工：专指人工的精巧胜过天然制成，形容技艺十分高超。这一成语最初的记载见晋代郭璞的《葬书》。

〔3〕艾：止，绝。

妇女掷骰拈牌，在今日赌禁之下，予亦未尽访查，此风或可销减[1]。事虽消遣，亦关政令，无间男女，予固不得而苛言之矣[2]。

【注释】

〔1〕骰：骨制的赌具，正方形，用手抛，看落下后最上面的点数，俗称"色子"。

〔2〕予：我。

苛：过于严厉。

至于元旦不花钱，不吃油炸火烤之物，刀箭裁割，扫除倒水，禁忌既多，悉属无谓。而布一食品，且须以方言相叶，吉语频随[1]。一柿饼耳，则必曰："事事如意。"一核桃耳，则必曰："和和气气。"更合枣、栗、花生、桂圆，而曰："早生贵子。"意虽互祝，实则浮文，此与赐小儿压岁钱，其由来也固同久矣[2]。

【注释】

〔1〕叶：和洽，和。

〔2〕浮文：华而不实的文词。

压岁钱：汉族年俗，寓意辟邪驱鬼，保佑平安。压岁钱最初的用意是镇恶驱邪。人们认为小孩容易受鬼祟的侵害，所以用压岁钱压胜驱邪，帮助小孩平安过年，祝愿小孩在新的一年健康吉利。春节拜年时，长辈要将事先准备好的压岁钱放进红包分给晚辈。因为"岁"与"祟"谐音，晚辈得到压岁钱就能平平安安度过一岁。

旧俗初十以里，皆以晴朗为吉。此又源出东方曼倩，非北平所创[1]。独年礼一事，以处此海禁大开、交通特便之世，凡百新品，来自万国。北平既数百年首都，昔所留遗，已称隆盛。今所增益，更觉豪华，盖非五十年前比矣。统览诸家，除已援用者外，若《六帖》，若《谭往》，若《人海记》，暨《顺天府志》《日下旧闻考》所引群书，《璅谭》也，《事物原始》也，《甲乙剩言》也，《留青日记》也，《燕京游览志》也，虽历有繁简，而故实都关[2]。

【注释】

〔1〕东方曼倩：即东方朔，生卒年不详，西汉时期著名学者、大臣。东方朔本姓张，字曼倩，西汉平原厌次（今山东德州陵县）人。汉武帝刘彻即位，征四方士人。东方朔上书自荐，武帝诏拜为郎。后来，东方朔担任常侍郎、太中大夫等职。他性格诙谐，言辞敏捷，滑稽多智，常在武帝前谈笑取乐。他曾言政治得失，陈述农战强国之计，但汉武帝始终把他当以乐舞谐戏为业的艺人看待，不予

重用。东方朔一生著述甚丰，有《答客难》《非有先生论》等名篇，亦有后人假托其名所作之文。明人张溥将东方朔的文集汇编为《东方太中集》。

〔2〕《六帖》：即《白氏六帖》，全书共三十卷，唐朝著名文学家白居易撰。此书收录不少唐代文献，其中最可贵的是律（刑律）、令（与国家政权构成及其运作有关的各种规范和制度）、格（皇帝不断用制、敕的形式临时颁布的法令汇编）、式（政府机构办事的程序和操作细则）的若干法律、法规条文。律有擅兴律、贼盗律等；令有乐令、选举令、考课令、封爵令、丧葬令、户令、授田令、祠令、杂令等；格有仓部格、金部格、户部格、祠部格等；式有兵部式、祠部式、吏部式、考功式、户部式、主客式、水部式等。唐律尚存，而令、格、式则原书已佚，《六帖》所引虽是片段，仍可据以考知性质内容，且可以此为线索钩稽其他令、格、式遗文。

《谭往》：书名，应指后文所引用的文献《谈往》。

《人海记》：清代查慎行所撰笔记。该书是一部记载北京地方史和宫廷史的笔记，包括明清史事掌故、北京风土物产、南明政权逸闻以及作者在宫廷侍从和塞外随皇帝游猎避暑时的所见所闻。

暨：和，同。

《顺天府志》：这里指《光绪顺天府志》，清代周家楣著。《光绪顺天府志》在清光绪五年（1879）设局修纂，光绪十二年（1886）成书，计一百三十卷。书中用很大篇幅记叙了顺天府（今北京及附近地区）的水道、水利情况，沿革、官制等都从周代一直记载到清末，为晚清时的地方巨著。这套志书为后人提供了较为系统完备的北京历史资料，具有重要的实用价值。

《日下旧闻考》：全书名《钦定日下旧闻考》，共一百六十卷，清于敏中等奉乾隆皇帝之命编撰而成。此书是在清朱彝尊《日下旧闻》的基础上删繁补阙、援古证今、逐一考据而成，是迄今所见清代官修的规模最大、编辑时间最长、内容最丰富、考据最翔实的北京史志文献资料集。《日下旧闻考》始修于乾隆三十八年（1773），成书于乾隆四十七年（1782）。全书分为十八门，依次为：星土、世纪、形胜、国朝宫室、宫室、京城总纪、皇城、城市、官署、国朝苑囿、郊坰、京畿、户版、风俗、物产、边障、存疑及杂缀。本书参阅古籍近两千种，收集保存了大量有关北京史志，尤其是清代顺治、康熙、雍正、乾隆四朝中央机关及顺天府的官室、苑囿、寺庙、园林、山水、古迹诸方面的建置、沿革及现状的原始资料，具有很高的历史和学术价值。

《璅谭》：即《琐谭》。书名，该书现已不存。

《事物原始》：全名《新镌古今事物原始全书》，明代徐炬撰。这是一部带有百科全书性质的类书。

《甲乙剩言》：明代胡应麟所撰小说，共二十九篇，篇幅皆不长，或记人物逸闻，或述博物趣事，或考辨，内容较为驳杂，带有明显模仿六朝小说的痕迹。胡应麟（1551—1602），字元瑞，号少室山人，别号石羊生，系明朝著名学者、诗人和文艺批评家，在文献学、史学、诗学、小说及戏剧学方面都有突出成就。

《留青日记》：书名，又称《留青日札》，明代田艺蘅撰。田艺蘅，字子艺，浙江钱塘（今浙江杭州）人，为著名学者田汝成之子。他大约生活在明朝末年，天资聪颖，博览多闻，但科举不顺，后放浪西湖，游览山村，著述颇多，尤以《留青日札》最为著名。这部杂记性质的札记共三十九卷，包罗万象，上至天文，下至地理，社会风尚、民俗、掌故、传闻等，能够补正史之不足，为全面认识明朝社会面貌提供了丰富翔实的资料。

《燕京游览志》：书名。此书现已不存。

有若诸家所未及者，则菊部之岁时焉，吾是以补述梨园[1]。元旦既届，戏园向多一例开演[2]。故例，在是月内，所演剧目，不书于门，而元旦尤然。所写出者，亦只各样新戏数字，此三十年前旧规也。而时戏开以前，循例后台必击鼓鸣金。舞台之上，垒以两桌。桌上胪陈令箭、笔架及印匣诸事，其前悬以矮帐，而尖角绣龙之黑白青赤五大旗，亦同时插向台栏，并张以红黄宝伞各一，以壮观瞻，谓之"摆台"[3]。往代岁岁皆然，此固一年之始，而制则终岁不改者也。金鼓音节，率以高腔，少选更击，则易皮黄[4]。节奏微舒一度，即吹作《水龙吟》矣[5]。于时检场人上台，去其陈设，是曰"打通"，过此则日日然也[6]。三通告罢，厥戏乃开，凡坐客之于未通以前入者，例不出资，菊部所谓财神座也。此等优遇，平日不能，只元旦一日可耳。元旦首场乐具，先用者为走马锣鼓，且先露以净角，灵官盔靠，赤面三目，口必红须，胸必赤心忠良牌。灵官鞭到手，即跳跟勇舞而出，其所扮者，盖豁落火车正乙灵官王元帅也[7]。虽然，亦有不尽尔尔者，灵官盔甲，或有或无，脱无是焉，亦有所代，红色靠，紫金冠，邱、陈、钟、白、吴、鲁、桓、刘，分头扮演，于所谓王元帅者，均可以代之继之，第数必以五[8]。道家五灵官之说，此实遵之。跳罢灵官，加官随办，红服相貂，圭笏而至，而加官脸子，尤所必备，实乃一假面具耳[9]。装扮则老生，动作则似丑，手持红幅，大书"指日高升"，翻之则"天官赐福"[10]。略一现身，随即迤逦而入[11]。外此所见，则增福财神，而服饰容颜，毕异庙像。金花金面，副以蓝眉，系带绿袍，木盘在掌，盖所以贮金锭者，洪锣响奏，仪态万分，大吕黄钟，千夫倾耳[12]。场合更番，煞见得充满吉利[13]。此则在昔尤甚，而外省迄今，依然俗尚者也。财神出台之后，娇态层出不穷，巨金旋掷，直入后台，各伶伺接于下场门里，得者矜为大利[14]。财神行过檀波罗密，随有仙童一双，同行洒扫[15]。而天官赐福，亦遂接以登场矣。武行例演英雄会，借取吉意。正生正旦，则《打金枝》，或易以《御碑亭》[16]。未抵黄昏，即并止演，纵多名伶，绝少佳戏。是日各伶披青龙分，镇日所得，例止十钱耳[17]。此固往昔情况，今也则否。

【注释】

〔1〕菊部：戏曲界的雅称，又称"菊坛"。传说宋高宗赵构统治时期，宫廷内有菊夫人为歌舞伎的班首，她善歌舞，精音律，宫中称为"菊部头"，"菊部"之称源出于此。

梨园：唐代宫廷教练歌舞艺人的场所。唐中宗李显统治时，京城长安（今陕西西安）宫廷内有梨园亭，供帝后设宴款待侍臣、学士优游雅乐。唐玄宗李隆基知晓音律，喜爱戏曲，于开元二年（714）选子弟三百人教戏曲于梨园，号"皇帝梨园弟子"。这批梨园弟子专习歌舞和乐器演奏。另外又选宫女数百人，也为"梨园弟子"，居住在宜春北院。唐玄宗又在东都洛阳（今河南洛阳）置梨园新院，属太常寺（唐中央机构九卿之一，负责皇帝祭祀、音乐、医药、占卜等事务）管辖。后人因此称戏班为"梨园"，称戏曲演员为"梨园子弟"。

〔2〕届：到。

〔3〕胪陈：陈列。

令箭：也叫令旗。旧时军中发令所用的小旗，杆头加箭头，故称"令箭"。引申为号令，上司的指示。

〔4〕高腔：汉族戏曲四大声腔之一。高腔原被称为"弋阳腔"或"弋腔"，因为它起源于江西弋阳。其特点是表演质朴、曲词通俗、唱腔高亢激越、一人唱而众人和，只用金鼓击节，没有管弦乐伴奏。

皮黄：即京剧，曾称平剧，为中国五大戏曲剧种之一，腔调以西皮、二黄为主，用胡琴和锣鼓等伴奏，被视为中国国粹。自清高宗乾隆五十五年（1790）起，原在南方演出的三庆、四喜、春台、和春"四大徽班"陆续进入北京，他们与来自湖北的汉调艺人合作，同时接受了昆曲、秦腔的部分剧目、曲调和表演方法，又吸收了一些地方民间曲调，通过不断的交流、融合，最终形成京剧。京剧形成后在清朝宫廷内快速发展，直至民国空前繁荣。京剧为演绎、传播中国传统文化的重要手段，其分布地以北京为中心，遍及中国。

〔5〕《水龙吟》：曲调名，出自唐代大诗人李白的诗句"笛奏龙吟水"。《水龙吟》又名《龙吟曲》《庄椿岁》《小楼连苑》，气势雄浑，宜用以抒写激奋情思。

〔6〕检场人：以前在戏曲演出过程中，如果遇到换场需要更换道具时，由戏曲人物以外的工作人员上台搬换道具，这类工作人员称"检场人"。另外，以前

的检场还有一些其他的工作，如给在台上唱了一会儿、需要喝水的"角儿"递水。也有的检场还参与到剧情里，在剧一开场及演出过程中，到台口说一些穿针引线之语。

〔7〕灵官：道教的护法天神。道教有五百灵官的说法。其中最有名的是"王灵官"，很多道教官观镇守山门的灵官一般都是这位王灵官。

跳踉：亦作"跳梁"，跳跃。

豁落：道教的符箓。

正乙灵官王元帅：即正一灵官王元帅，系道教正一法的灵官。

〔8〕尔尔：如此，这样。

紫金冠：又名太子盔，多用于王子及年少的将领。

〔9〕圭：古代帝王或诸侯在举行典礼时拿的一种玉器，上圆（或剑头形）下方。

笏：古代大臣上朝拿着的手板，用玉、象牙或竹片制成，上面可以记事。

〔10〕老生：又称须生、正生或胡子生，是戏曲中的行当名称，是生的一类，一般指老年男性角色。

丑：这里指京剧丑角。丑角是中国戏剧的一种程序化的角色行当，一般扮演比较滑稽的角色，文丑以做工为主，武丑以武打为主。

天官：道教神灵。道教有天官、地官和水官。

〔11〕迤逦：曲折连绵。

〔12〕金锭：古代贵金属货币。锭，金属制成的块状物。金锭有黄金锭和赤金锭两种，有十两、五十两和一百两三种重量。

大吕黄钟：即黄钟大吕。黄钟，中国古代音韵十二律中六种阳律的第一律。大吕，六种阴律的第一律。黄钟大吕，形容音乐或言辞庄严、正大、高妙、和谐。这一成语最初的记载见《周礼注疏》卷二十二《春官宗伯·大司乐》。

〔13〕煞：极，很。

〔14〕层出不穷：层，重复。穷，尽。层出不穷，接连不断地出现，没有穷尽。

伶：旧时称以演戏为职业的人。

矜：炫耀，自夸。

〔15〕檀波罗密：佛教术语，即檀波罗蜜，六波罗蜜（即六度）的一种，指布施。波罗蜜意译为度，为到彼岸之意。六波罗蜜是菩萨的行为，即为达成理想、完成之意，乃北传佛教中菩萨欲成佛道所实践之六种德行：布施、持戒、忍辱、精进、禅定和智慧。

〔16〕正生正旦：正生指老生，正旦指青衣。

《打金枝》：戏曲名，又称《汾阳富贵》《福寿山》《百寿图》《醉打金枝》《满床笏》，是晋剧著名传统作品，后来更成了徽剧、汉剧、川剧、湘剧、婺剧、滇剧、桂剧、粤剧、同州梆子、秦腔、豫剧、河北梆子、越剧、评剧、京剧的剧目。该剧的剧情为：唐代宗李豫将女儿升平公主许配给名将汾阳王郭子仪的第六子郭暧为妻。时值汾阳王六十岁寿辰，其儿女、媳妇、女婿纷纷前往拜寿，唯独升平公主以"君不拜臣"为由，不去拜寿。这引起议论。郭暧怒而回宫，打了公主。公主哭诉父母，逼求唐代宗治罪郭暧。郭子仪绑郭暧上殿请罪。唐代宗明事理、顾全大局，责备升平公主，并加封郭暧。沈皇后亦劝婿责女，使这对小夫妻消除前嫌，和好如初。

《御碑亭》：京剧传统剧目，又名《王有道休妻》《金榜乐》。该剧的剧情为：在明代，书生王有道进京赴考，妻子孟月华回娘家，家中只有妹妹淑英一人。孟月华匆匆回家，途中遇雨，避于御碑亭。又来一秀才柳生春，立于亭外。二人终宵未交一语，雨停之后各自离去。月华感叹柳生春守礼，回家之后将此事告诉淑英。王有道考试结束之后回来，得知此事，心生疑虑，因而休妻。王有道考中之后，听柳生春说起御碑亭避雨之事，始知真相，急忙去岳父家向妻子请罪。月华责骂有道后，二人言归于好。王有道又将妹妹淑英许婚柳生春。

〔17〕青龙：传统信仰中的东方之神，属木，其色青，故称"青龙"，亦称"苍龙"。

镇日：整天，从早到晚。

初二日起，派戏虽无复禁忌，而是日武戏演《青石山》，亦几成定例[1]。盖戏园旧制，每于对台楼栏之上，龛祀所谓三财。三财者，左正乙龙虎玄坛金轮如意真君，右增福财神，其中则关圣帝君也[2]。《青石山》者，正乃关圣故事。北平市习俗，又奉关圣以为财神，故继元旦演之，以赓续吉意耳，此光绪以前例也[3]。光绪之后，各班或不娴习于《英雄会》，于是避生就熟，所谓《青石山》者，竟移演于元旦矣[4]。宣统辛亥，同庆部在广和楼，双庆部在文明园，均于元旦演此，即其创例[5]。灯节前厂甸之会，壬寅以后，各伶恒亦游到，以团拜之戏日稀，遂尔得此暇豫[6]。其自丽风雅者，每趋火神庙，选买书画古董，鉴别精者，几过士夫[7]。其下者，则土地祠前，席地露天而食，艾窝窝，糖煮豆，以迄灌肠，并若辈所喜也[8]。

【注释】

〔1〕《青石山》：京剧传统剧目。该剧讲述了在青石山风魔洞，九尾狐化身为美女迷惑周从纶，周的仆人请法师王半仙前往捉妖，反被妖狐所辱。王半仙急忙请来吕洞宾，吕也难降服妖狐，乃焚符请关帝（即关羽）。关帝命关平、周仓率天兵降妖，方才捉住了妖狐。

定例：常规，惯例。

〔2〕正乙龙虎玄坛金轮如意真君：即正一龙虎玄坛金轮如意真君，简称龙虎玄坛真君，系汉族民间所祀财神。龙虎玄坛真君姓赵名公明，因道教神话中封正一玄坛元帅，故名赵玄坛，又名赵公元帅。

增福财神：又称增服相公、文财神、福善平施公，是汉族民间信仰的一位财神。增福财神姓李名诡祖，淄川五松山人，生日九月十七，忌日七月二十二。北魏孝文帝时，李诡祖任河北曲周县县令，清廉爱民。他去世后，当地民众立祠祭祀。后唐明宗天成元年（926），李诡祖被赐封"神君增福相公"。在元代，他被赐封"福善平施公"。在民间，李诡祖逐渐演化为增福财神。

关圣帝君：东汉末年刘备手下关羽被神化、屡次加封而得之号。关羽在不断发展和建构过程中被赋予多重的神格，为儒、释、道兼供，但又往往被视为民间神灵，作为战神、雨神和财神等。

〔3〕赓：继续，连续。

光绪：即清德宗爱新觉罗·载湉在位期间（1875—1908）所用年号，共计三十四年。光绪帝为清朝第十一位皇帝，也是清军入关以来第九位皇帝。

〔4〕《英雄会》：戏剧名。该剧的剧情为：鸿蒙开化之初，中州大陆昆仑之巅的鸿钧上人创立道教，并收徒三人，各授以道门绝技，三徒皆修成混元大罗金仙万劫不坏之体，分别发展出道教的人道、阐教和截教三个分支。此三徒正是人道教主太上老君、阐教教主元始天尊和截教的通天教主。三教主秉承师父鸿钧上人教诲，广收门徒，将道教流传于世。此剧即讲述三教主之间的恩怨情仇。

〔5〕宣统辛亥：这里指清末代皇帝爱新觉罗·溥仪在位的第三年——宣统三年（1911）。这一年的干支纪年为辛亥年。

同庆部：戏班名。

广和楼：即广和剧场，为清代最著名的营业性戏楼，康熙年间也被称为"查楼"，在北京城前门外。广和楼始建于明朝末年，曾为京城最早、最出名的戏楼，民国时期与华乐楼、广德楼、第一舞台并称为"京城四大戏园"。

双庆部：戏班名。

文明园：北京城地名。具体位置待考。

〔6〕壬寅：这里指1902年。这一年在干支纪年中为壬寅年。

团拜：在新春佳节到来之际进行的活动，大家欢聚一堂，或清茶一杯，或佐以糖果，观看戏剧等表演，也是交流思想、联络感情的一种形式。

暇豫：亦作"暇誉"，悠闲逸乐，闲暇。

〔7〕风雅：文雅，端庄，高雅，尤指外貌或举止端庄或高雅。

士夫：读书人。

〔8〕艾窝窝：北京一款用糯米制作的清真风味小吃，其特色是色泽雪白，形

如球状，质地黏软，口味香甜。

灌肠：老北京特有的汉族风味小吃，传统做法是用猪大肠灌进淀粉、碎肉制成，切片煎熟后，蘸盐水蒜汁趁热食用。后随历史发展，制作工艺改变，改用淀粉加香料、红曲在猪小肠中成型。

若：你。

辈：等，类。

初九日之白云观道场，诸伶亦多参与，清末高仁侗主观时，到者尤夥，以伶人泰半属其弟子也[1]。观有特典，厥为祀星[2]。其礼多在正月，且必于太岁大殿[3]。伶人既多奉道教，往而祭者，遂甚络绎[4]。观外马道，旧有赛车之习。伶之豪奢者，亦每驰骤骏骡，或且躬执鞭揽辔之事，笑乐以骋，今则鲜矣[5]。灯节在三十年前，例无晚演，而十五一日，则必演灯彩，以应斯节令。往时所演如《甲子图》《跳骨牌》，并鱼龙曼衍，灯景辉煌，闻以科班童伶，为最合其度；至名班屏绌之伶，则恒趁正月，自组班社，初一甫开，十五以后即渐散[6]。间有勉力支撑，演过二月者，前者曰"元宵班"，后者则"青草班"也。北平商铺，向有行别。昔之各行，今之公会。财神而外，诸行各有主祀之神，以故行必献戏，戏必如期。此例迄今，未或少替也[7]。

【注释】

〔1〕高仁侗（1840—? ）：即高仁峒，为道教龙门派第二十代传戒律师，北京白云观第二十代方丈。高仁峒，法名明峒，字云溪，号寿山子，世居今山东地区，著有《云水集》。清光绪三年（1877），他任白云观监院，负责协助方丈管理观内事务。后来他继任方丈，维持观务，经营有方，百废俱兴，许多名人、官员前来造访，白云观一时成为名胜之地。光绪八年（1882），他开坛演戒百日，求戒者达四百余人。

泰半：即太半，大半，过半数。

〔2〕祀星：即祭星，参见注祭星。

〔3〕太岁：道教神名，又称太岁君。道书以六十年为一甲子，每岁轮值，掌理人间祸福之神，为值年太岁，俗称"太岁君"。

〔4〕络绎：连续不断，往来不绝。

〔5〕驰骤：驰骋，疾奔。

辔：驾驭牲口的嚼子和缰绳。

鲜：稀有的，罕见的。

〔6〕《甲子图》《跳骨牌》：灯彩戏名。

骨牌：即牌九、天九，一种汉族民间游戏用具、牌类娱乐用品。骨牌常用于赌博，用木、骨或象牙制成。

鱼龙曼衍：各种杂戏同时演出。

科班：中国古代培养戏曲演员的场所。科班本义是指古代学、演结合的戏剧班子，是成为演员的必须、也是唯一途径。

屏绌：即屏退绌除。屏退，排除，斥退。绌除，罢免，革除。

〔7〕少：稍稍，稍微。

北平元日，民户向多茹素[1]。而商肆在初五以前，其户牖例不得启[2]。即有关日用饮食之零货店铺，亦只门辟一洞，以出纳货财。昔年此例必循，近亦名存实改，为不碍营业计。初六内大事开放者，已属比比[3]。商民终岁栗鹿，或且胼胝手足，所得以稍资舒适者，只此五日之期，杜门休养，亦自人情[4]。比年穷困所极，竟并此微暇，多弗可得，货殖至此，亦诚苦已[5]。

【注释】

〔1〕向：从来，向来。

茹素：不沾油荤、吃素的行为。

〔2〕牖：古代建筑中室与堂之间的窗子，后泛指窗。

〔3〕比比：到处都是，形容极其常见。

〔4〕栗鹿：也作"栗陆""栗六"，即忙碌。

胼胝：俗称"老茧"。

杜：堵塞，关闭。

〔5〕比年：近年。

货殖：利用货物的生产与交换，进行商业活动，从中生财求利。

若乃童赛纸炮，户吃汤圆，十锦火锅，诸品茶盒，此并遐迩无殊，何限北平一市[1]。蜜供一事，虽北平所制独精，然并于宏旨无关，吾故述之稍后云[2]。

【注释】

〔1〕十锦：即什锦，指杂取同类诸物配成各种式样。

遐迩：远近。

〔2〕蜜供：北京传统油炸小吃，亦叫"蜜供尖"。

宏旨：主要内容。

总之计北平全市，互匝月之久，几日以粉饰往还，宴乐嬉遨为事[1]。元旦开始之后，新衣履，肃珮带，参药庙，谒影堂，自椒盘柏酒，百援故例而外，或山珍海错，或市点家肴，而鲜果名茶，尤力稍逮者所必具，纵非亲厚，亦行款洽[2]。若至戚忘情，更无妨烂醉[3]。富则鸣珂响屧，竟日追欢；贫亦遣闷排愁，终宵笑语[4]。走千家不如坐一家，正难怪有此流谚，实乃如斯，亦非《纪胜》诸书之故炫其说耳[5]。至于今昔之同异，贵贱之差别，愈经演变，愈无所逃于市肆之间者，则以民力日蔽，不景之气太深，于是乎有钱有闲两阶级，愈呈显著之象，而究之平等云者，名亦仅存，匪第此一月然也[6]。因念陵谷沧桑，代有迁变，十百年后，正不知伊于胡底，岁时亦然，吾所以必志也[7]。属辞既竣，附列群书，遂曰胪陈，而月以为例[8]。

【注释】

〔1〕匝月：满一个月。

嬉遨：嬉游。

〔2〕衣履：衣服和鞋，泛指衣着。

珮带：佩挂系戴之饰物。

谒：拜见。

影堂：供奉佛教禅宗历代祖师画像之堂。每年春节、冬至，影堂中多举行法会祭祀。

椒盘：盛有椒的盘子。古时正月初一日用盘进椒，饮酒则取椒置酒中。

柏酒：参见注椒柏酒。

山珍海错：各种海味。山野和海里出产的各种珍贵食品。泛指丰富的菜肴。

款洽：亲密；亲切。

〔3〕至戚：最亲近的亲属。

烂醉：沉醉，大醉。

〔4〕鸣珂：珂，玉名。鸣珂，显贵者所乘的马以玉为饰，行则作响，因名"鸣珂"。

屧：古代鞋的木底。泛指鞋。

竟日：终日；从早到晚。

〔5〕流谚：广泛流行的谚语。

《纪胜》：即《帝京岁时纪胜》。参见注《帝京岁时纪胜》。

〔6〕市肆：市场；市中店铺；泛指市镇。

蔽：通"敝"，破旧，敝陋。

匪：不，不是。

〔7〕陵谷沧桑：陵，山陵。谷，山谷。陵谷沧桑，丘陵变山谷，山谷变丘陵，比喻世事重大变迁。这一成语最初的记载见清代学者赵翼所撰《瓯北诗话·吴梅村诗一》。

伊于胡底：一种感叹，对一些不好的现象表示感慨，意思是究竟要到什么时候为止，意同不堪设想。这一成语最初的记载见《诗经·小雅·小旻》。

〔8〕竣：完毕，结束。

一日

正旦国俗，以糯饭和白羊髓为饼，丸之若拳，每帐赐四十九枚[1]。戊夜，各于帐内窗中掷丸于外[2]。数偶，动乐，饮宴。数奇，令巫十有二人鸣铃，执箭，绕帐歌呼，帐内爆盐，垆中烧地拍鼠，谓之"惊鬼居"，七日乃出[3]。（《辽史》五十三卷，第十二页）

【注释】

〔1〕国俗：这里指契丹的风俗。

帐：游动的帐篷。

〔2〕戊夜：五更的时候。夜有五更。黄昏为一更，一鼓，甲夜，指晚七点至九点。人定为二更，二鼓，乙夜，指晚九点至十一点。夜半为三更，三鼓，丙夜，指晚十一点至凌晨一点。鸡鸣为四更，四鼓，丁夜，指凌晨一点至三点。平旦为五更，五鼓，戊夜，指凌晨三点至早晨五点。

〔3〕地拍鼠：烟火的一种。

正月初一五更起，焚香放纸炮，将门撅或木杠于院地上抛掷三度，名曰"跌千金"。饮椒柏酒，吃水点心，即扁食也。或暗包银钱一二于内，得之者以卜一年之吉。是日亦互相拜祝，名曰"贺新年"也。所食之物，如曰"百事大吉盒儿"者，柿饼、荔枝、圆眼、栗子、熟枣，共装盛之[1]。又驴头肉亦以小盒盛之，名曰"嚼鬼"，俗称驴为鬼也。（《酌中志》卷二十，第一页）

【注释】

〔1〕圆眼：即龙眼，俗称桂圆。

五鼓时，不卧而嚏，嚏则急起，或不及衣，曰"卧嚏者病"也。不卧而语言，或户外呼，则不应，曰"呼者鬼"也。夙兴盥漱，啖黍糕，曰"年年糕"[1]。家长少必拜，姻友投笺互拜，曰"拜年"也[2]。烧香东岳庙，赛放炮仗，纸且寸[3]。东之琉璃厂店，西之白塔寺，卖琉璃瓶，盛朱鱼，转侧其影，小大俄忽，别有衔而嘘吸者，大声咏咏，小声哮哮，曰"倒掖气"[4]。旦至三日，男女于白塔寺绕塔[5]。旦至晦日，家家竿标楼阁，松柏枝荫之；夜灯之，曰"天灯"[6]。（《帝京景物略》卷二，第三十八页，春场二[7]）

【注释】

〔1〕夙：早。

盥漱：洗漱。

啖：吃，给人吃。

黍：古代专指一种籽实叫黍子的一年生草本植物，其叶线形，籽实淡黄色，去皮后称黄米，比小米稍大，煮熟后有黏性，可以酿酒、做糕等。

〔2〕笺：小幅华贵的纸张，古代用以题咏或写书信。

〔3〕东岳庙：北京城著名祠庙，祭祀泰山神东岳大帝。东岳庙位于今北京朝阳区朝阳门外大街的北侧，原是道教正一道在中国华北地区的一大道观，庙中供奉着东岳大帝。

〔4〕琉璃厂店：即琉璃厂甸。参见注琉璃厂甸。

琉璃：亦作"瑠璃"，为中国汉族传统手工艺品之一，系用各种颜色的人造水晶为原料，采用古代青铜脱蜡铸造法高温脱蜡而成的水晶作品。

俄忽：一会儿，极短的时间，突然间。

嘘：慢慢地吐气，呵气。

〔5〕旦：本义指旭日东升，早晨，天亮。这里指正月初一。

绕塔：佛教中通过绕行佛塔来礼佛、做功德的方式。绕塔与"绕佛"同义，皆表示对佛的恭敬仰慕之意。绕塔礼拜时，右绕为准，须低头视地，不得误蹈地上虫豸，不得左右顾视，不得于塔前之地唾吐，不得中途停顿与人语。

〔6〕晦日：农历每月的最后一天。

〔7〕春场：春季在郊外为射猎而整出的空地。

正月元旦，民间焚香礼天地，祀祖考，拜尊长及姻友，投刺互答曰"拜年"；放爆竹，点天灯，簪彩胜。（《大兴县志》，传抄本）

正月元旦，五鼓时，百官入朝行庆贺礼。民间亦盛服焚香礼天地，祀祖考，拜尊长及姻友，投刺互答拜年。比户放爆竹，彻昼夜，竿标灯楼，揭以松柏枝，

夜然之，曰"点天灯"[1]。市井男女，以松穿乌纸，画彩为闹蛾儿，簪之[2]。（《宛平县志》，传抄本[3]）

【注释】

〔1〕比户：家家户户，形容人多而普遍。

然：同"燃"。

〔2〕市井：街市；古代城市中集中买卖货物的场所。

乌纸：即乌金纸，是一种特制的黑色而有光泽的纸，多用于裱褙或包装。

闹蛾儿：亦称"夜蛾""蛾儿"，系中国古代汉族妇女的一种头饰，用丝绸或乌金纸制成花或草虫之形，然后用色彩画上须子、翅纹而成。

〔3〕《宛平县志》：清代王养濂纂修的一部宛平县（明清时隶属于顺天府，相当于今北京西城区、丰台区、石景山区、海淀区、门头沟区之全部或大部分）地方志。该志由当时的宛平县公署在民国时期出版，共十六册，内容包含宛平县的地理沿革、名胜古迹、历史人物等。此书目前有抄本流传。

除夕之次，夜子初交，门外宝炬争辉，玉珂竞响，肩舆簇簇，车马骈骈，百官趋朝，贺元旦也[1]。闻爆竹声如击浪轰雷，遍乎朝野，彻夜无停；更间有下庙之博浪鼓声，卖瓜子解闷声，卖江米、白酒击冰盏声，卖桂花头油摇唤娇娘声，卖合菜细粉声，与爆竹之声，互为上下，良可听也[2]。士民之家，新衣冠，肃佩带，祀神祀祖，焚楮帛毕，昧爽，阖家团拜，献椒盘，斟柏酒，饫蒸糕，呷粉羹[3]。出门迎喜，参药庙，谒影堂，具柬贺节。路遇亲友，则降舆长揖，而祝之曰："新禧纳福。"[4] 至于酬酢之具，则镂花绘果为茶，十锦火锅供馔[5]。汤点则鹅油方补、猪肉馒首、江米糕、黄黍饦；酒肴则腌鸡、腊肉、糟鹜、风鱼、野鸡瓜、鹿兔脯；果品则松榛莲庆、桃杏瓜仁、栗枣枝圆、楂糕耿饼、青枝葡萄、白子岗榴、秋波梨、苹婆果、狮柑、凤橘、橙片、杨梅，杂以海错山珍，家肴市点[6]。纵非亲厚，亦必奉节酒三杯，若至戚忘情，何妨烂醉！俗说新正拜节，走千家不如坐一家[7]。而车马喧阗，追欢竟日，可谓极一时之胜也矣。（《帝京岁时纪胜》，第一页，正月元旦）

【注释】

〔1〕夜子：即夜子时，晚上十一点至午夜零点。

玉珂：马络头上的装饰物，多为玉制，也有用贝制的。

肩舆：轿子。起初它只是作为山行的工具，后来走平路也以它为代步工具。

簇簇：一丛丛；一堆堆。

骃：古代骏马名。

〔2〕博浪鼓：即拨浪鼓，是一种玩具，带柄的小鼓，在来回转动时，两旁系在短绳上的鼓棒击鼓作声。

江米：又叫糯米，一般来说，北方称江米，而南方叫糯米，是家常食用的粮食之一。因其香糯黏滑，常被用以制成风味小吃。

冰盏：又名冰碗儿，是以生黄铜制成外面磨光的碟形碗两只，敲打时夹在手的中指、无名指中，小指拖住下面的碗底，不断挑动敲击下面的碗，使碗发出清脆的"嘀嘀嗒嗒"声，抑扬顿挫并有节奏。在京味吆喝的工具里，冰盏可以算是响器之王。

〔3〕楮帛：旧俗祭祀时焚化的纸钱。

昧爽：拂晓；黎明。

阖家：阖，也作"合"，指全。阖家，全家。

饫：饱食。

蒸糕：汉族传统糕点之一，以面粉、鸡蛋为原料，捏成团，蒸熟制成。

呷：喝，把液体或流食咽下去。

〔4〕舆：车中装载东西的部分，后泛指车。

揖：古代的拱手礼。

〔5〕酢：客人用酒回敬主人。

镂：雕刻。

〔6〕馒首：馒头。

饦：饼，面。

耿饼：一种小而厚的柿饼，因产于山东曹州耿庄（今山东菏泽耿庄）而得名，曾为贡品。

苹婆果：岭南特有的美味佳果，又称凤眼果、七姐果、富贵子等。

狮柑：即狮头柑，柑橘类稀有品种，数量较少，仅分布在陕西安康段汉江沿岸。

〔7〕新正：农历正月初一。

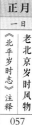

琉璃厂，在正阳门外西，厂制东三门，西一门[1]。街长里许，中有石桥，桥西北为公廨[2]。东北楼门上为瞻云阁，即窑厂之正门也。厂内官署、作房、神祠之外，地基宏敞，树林茂密，浓阴万态。烟水一泓，度石梁而西，有土阜高数十仞，可以登临眺远[3]。门外隙地，博戏聚焉[4]。每于新正元旦至十六日，百货云集，灯屏琉璃，万盏棚悬，玉轴牙签，千门联络，图书充栋，宝玩填街[5]。

更有秦楼楚馆遍笙歌，宝马香车游士女[6]。此外游览之地，如内城驯象所看象舞，自鸣钟听韶乐，曹公观演教势，白塔寺打秋千者，不一而足[7]。至若皇城内，兔儿山，大光明殿，刘元塑"元都圣境"，金鳌玉蛛，桥头南望万善殿，北望五龙亭，承光殿下，昭景门东，睹宫阙之巍峨，见楼台之隐约，如登海外三山矣[8]。（《帝京岁时纪胜》，第三页，琉璃厂店）

【注释】

〔1〕琉璃厂：即琉璃厂甸。参见注琉璃厂甸。

〔2〕公廨：官员办公的场所。

〔3〕阜：土山。

仞：古代计量单位。一仞相当于周尺八尺或七尺。周尺一尺约合二十三厘米。

〔4〕博戏：古代汉族民间的一种赌输赢、决胜负的游戏。

〔5〕玉轴：车、船。

牙签：系在书卷上作为标识，以便翻检的牙骨等制成的签牌。

〔6〕笙歌：合笙之歌。也可指吹笙唱歌或奏乐唱歌。这一词语最初的记载见《礼记·檀弓上》。

〔7〕内城：这里指明清北京城的内城。内城有城门九座，由朝阳门、崇文门、正阳门（即前门）、宣武门、阜成门、德胜门、安定门、东直门、西直门组成，故又名"内九城"。

〔8〕皇城：皇帝上朝、办公之地、中央各官衙署所在地，在皇室日常生活起居的宫城的南面。

大光明殿：北京城著名道观。其原址位于今北京西城区西安门大街路南、光明胡同（原光明殿胡同）以西。大光明殿始建于明世宗嘉靖年间，在雍正和乾隆年间经过重建和修缮，成为皇家专用的道观。1900年，大光明殿毁于八国联军侵华战争。

金鳌玉蛛：参见注玉蛛金鳌。

海外三山：这里指道教传说中的海上三座仙山——蓬莱、瀛洲和方丈。

元旦不食米饭，惟用蒸食米糕汤点，谓一年平顺，无口角之扰；不洒扫庭除，不撮弃渣土，名曰"聚财"[1]。（《帝京岁时纪胜》，第九页，禁忌）

【注释】

〔1〕庭除：庭前阶下，庭院。

撮：用手指捏取细碎的东西。

京师风俗，每正旦主人皆出贺，惟置白纸簿并笔砚于几。贺客至，书其名，无迎送也。(《寓圃杂记》，见《日下旧闻考》卷一百四十七，风俗，第五页)

燕城元日，以阡张供祖考之前，三日后撤而焚之[1]。佛前则供以果面阡张，至元宵后乃焚之。阡张凿纸为条，与冥钱同类[2]。(《宛署杂记》，见《日下旧闻考》卷一百四十七，风俗，第六页)

【注释】

〔1〕燕城：即燕都、燕京，今北京。

阡张：也写作"千张"。阡张象征钱贯，其实是叠起来的纸钱。按照北京春节习俗，在正月初一，祭祀神及先祖，剪纸不断至丈余，制成纸钱，供于祖前，谓之"阡张"，并焚烧。

〔2〕冥钱：汉族民间祭祀时用以礼鬼神、葬礼及扫墓时供死者享用的冥币之一，又称纸钱、冥纸、冥钞、冥币、金纸、银纸、阴司纸等。一般是将白纸剪成铜钱的形状，或抛撒于野外墓地，或焚化给死者。

京师元旦贺岁，奔忙可笑，然礼设已久，台垣虽门贴"概不贺节"公约，而不能止也[1]。(《藤阴杂记》卷五，中城、南城，第八页)

【注释】

〔1〕台垣：古代官职名。明清时，中央的都察院、六科给事中并称"台垣"，为监察、谏官机构。都察院为全国最高监察机构，负责纠劾百官、辨明冤枉、监察各地。而六科给事中简称"六科"，负责侍从、规谏、补阙、拾遗，分别监察吏、户、礼、兵、刑、工六部之事，纠其弊端、错误。

不问贵贱，奔走往来者数日。(《水东日记》，见《顺天府志》卷十八，第七页)

贵戚家悬神荼、郁垒，民间插芝梗、柏叶于户，小儿女剪乌金纸作蝴蝶戴之，名曰"闹嚷嚷"[1]。(《北京岁华记》，见《顺天府志》卷十八，第七页[2]。又《顺天府志》案曰：《余氏辨林》：今京师凡孟春之月，儿女多剪彩为花，或草虫之类，插首曰"闹嚷嚷"，即古所谓"斗装"也[3]。嚷与装音相近，故讹也。唐白乐天诗"贵主冠浮动，亲王簪闹装"是已[4]。)

〔1〕贵戚：帝王本姓的亲族。

神荼、郁垒：汉族民间信奉的两位门神。神荼一般位于左边门扇上，身着斑斓战甲，面容威严，姿态神武，手执金色战戟；而郁垒则位于右边门扇上，一身黑色战袍，神情显得自适，两手并无神兵或利器，只是探出一掌，轻抚着坐立在他身旁巨大的金眼白虎。

梗：芝茎。

闹嚷嚷：即闹蛾。参见注闹蛾儿。

〔2〕《北京岁华记》：明代陆启浤所著，是目前所知唯一存世的、以"岁华记"命名的明代岁时节日民俗文献，曾有学者认为已经亡佚，后于上海图书馆寻到手抄本。

〔3〕《余氏辨林》：即《丽事馆余氏辨林》，明人余懋学所撰笔记，共五卷。余懋学，字士雅，生卒年不详，曾为盐官，丽事馆为其读书之所。该书记载有一些典故，多释字词之误。

孟春：农历春季的首月。

〔4〕白乐天：即白居易（772—846），唐代伟大的现实主义诗人，字乐天，号香山居士，又号醉吟先生，祖籍太原（今山西太原），官至翰林学士、左赞善大夫。他有《白氏长庆集》传世，代表诗作有《长恨歌》《卖炭翁》《琵琶行》等。

贵主冠浮动，亲王辔闹装：出自白居易的诗《渭村退居寄礼部崔侍郎翰林钱舍人诗一百韵》。贵主，尊贵的公主。亲王，唐朝最高等级的爵位。闹装，亦作"闹妆"，指用金银珠宝等杂缀而成的腰带或鞍、辔之类的饰物。

元旦祀神及先祖，剪纸不断至丈余，供于祖前，谓之"阡张"，焚之。正月初旬，拜年者踵门，疾呼接帖，投一名刺，匆匆驰去，多不面晤主人[1]。司阍者，记其姓名于册，多有不识者[2]。倘无司阍者，客到嫌于启门，贴一纸囊于门外，外写"请留尊柬"四字，拜者投刺于中即去[3]。浮文无当，一至于此。又元旦至初五日无屠炙，初六日始有卖物者[4]。（《燕京岁时记》，第一页）

【注释】

〔1〕名刺：又称"名帖"，为拜访时通姓名用的名片，是清代官员交际不可缺少的工具。

晤：遇，见面。

〔2〕司阍者：阍，门。司阍者，守门人。

〔3〕启：打开。

囊：口袋。

投刺：投递名片。

〔4〕炙：烤。

京师谓元旦为大年初一。每届初一，于子初后焚香接神，燃爆竹以致敬，连霄达巷，络绎不休[1]。接神之后，走谒亲友，谓之"道新喜"。亲者登堂，疏者投刺而已。是日，无论贫富贵贱，皆以白面作角而食之，谓之"煮饽饽"。富贵之家，暗以金银小锞及宝石等藏之饽饽中，以卜顺利[2]。家人食得者，则终岁大吉。（《燕京岁时记》，第一页，元旦）

【注释】

〔1〕子初：晚十一点。

焚香接神：参见注除夕接神。

〔2〕锞：小块的金锭或银锭。

白云观在阜成门外西南五六里，其基最古，自金元以来即有之，观内"万古长春"四字尚存，为邱长春所书[1]。每至正月，自初一日起，开庙十九日，游人络绎，车马奔腾，至十九日为尤盛，谓之"会神仙"。相传十八日夜内必有仙真下降，或幻游人，或化为乞丐，有缘遇之者，得以却病延年[2]。故黄冠羽士，三五成群，跌坐廊下，以冀一遇，究不知其遇不遇也[3]。观内老人堂一所，皆道士之年老者居之。虽非神仙，而年过百龄者，时所恒有，亦修养之明征也。观后有亭园一区，乃近年所构，其先无之。（《燕京岁时记》，第十一页，白云观）

【注释】

〔1〕阜成门：明清北京内城的古城门。阜成门位于明清北京内城的西垣南侧，元时名"平则门"，明英宗正统四年（1439）重修，改名"阜成门"，为通往京西之门户。明清及后来很长时间，城内所需煤炭皆由此运入。

邱长春：即丘处机。丘处机号长春真人。在清代，为避孔子的名字孔丘之讳，"丘"改作"邱"。参见注丘道人。

〔2〕仙真：道教称升仙得道之人。

〔3〕黄冠：道士之冠。亦借指道士。

羽士：道士或神仙常常身穿羽衣，因此又称其为羽士。

跌坐：结跏跌坐。这是坐法之一，即互交二足，将右脚盘放于左腿上，左脚盘放于右腿上的坐姿。

冀：希望，期望。

曹老公观在西直门内路北，每至正月，自初一日起，开庙半月，游人亦多[1]。惟殿宇坍塌，墙垣不整[2]。（《燕京岁时记》，第十二页，曹老公观儿）

【注释】

〔1〕曹老公观：北京城著名道观。曹老公观在今北京西直门内大街路北，原为崇玄观，由明英宗时大太监曹吉祥创建。在明代，该道观规模极大，观前有山门。这座道观在清乾隆三十二年（1767）重修之后，易名"崇元观"。在明清两代，每年正月初一至十五，曹老公观有庙会半月。在正月十五日元宵节，曹老公观晚间还办有大型灯会。至清末，该观倾倒成为废墟，庙会亦随之冷落。

西直门：明清北京内城的九大古城门之一，位于明清北京城内城西垣北侧，主要包括城楼、箭楼和瓮城等。西直门在元代为大都城和义门所在地，是除正阳门（参见注正阳门）外规模最大的一个城门。西直门自元朝开始就是京城及附近地区的重要通行关口。另外，西直门还是明清两代自西北郊的玉泉山向皇宫送水的水车必经之门，因此有"水门"之称。

〔2〕垣：矮墙。

厂甸在正阳门外二里许，古曰"海王村"，即今工部之琉璃厂也[1]。街长二里许，廛肆林立，南北皆同[2]。所售之物，以古玩、字画、纸张、书帖为正宗，乃文人鉴赏之所也。惟至正月，自初一日起，列市半月。儿童玩好在厂甸，红货在火神庙[3]。珠宝晶莹，鼎彝罗列[4]。豪富之辈，日事搜求，冀得异宝。而红货之内，以翡翠石为最尊，一搬指翎管，有价至万金者[5]。翡翠之外并重料壶，然并须官窑古月轩者，方为上品，新料不足道也[6]。盖玩好之物，风尚不同，乾隆间重珊瑚，贱碧霞玺，后又重碧霞玺，近更重翡翠石及料壶[7]。风雅之士亦间有重旧玉者，笛头剑隔，古色盎然，而真伪殊不易辨[8]。故予尝曰"物而能言，免去许多聚讼"，盖指此也[9]。至于旧磁一类，甚属寥寥，已多为外洋买去矣[10]。（《燕京岁时记》，第十二页，厂甸儿）

【注释】

〔1〕海王村：即海王村公园。参见注海王村公园。

工部：清代工部是管理全国工程事务的机关，凡全国之土木、水利工程，机器制造工程（包括军器、军火等），矿冶、纺织等官办工业无不综理，并主管一部分金融货币和统一度量衡。

〔2〕廛：古代城市平民的房地。

〔3〕红货：古代称珠宝玉器一类的贵重物品。

〔4〕鼎彝：古代祭器，上面多刻着表彰有功人物的文字。

〔5〕翡翠：玉的一种，也称翡翠玉、翠玉、硬玉、缅甸玉。翡翠是在地质作用下形成的达到玉级的石质多晶集合体。

〔6〕料壶：瓷器的一种。

古月轩：清代官窑，始于清圣祖康熙年间。古月轩陶瓷的特点是以珐琅彩在玻璃胎上施以彩绘，经高温烧制而成。过去因其工艺难度极高，所以只在皇家御窑中制作极小的器具，如鼻烟壶（盛鼻烟的容器，小可手握，便于携带）、烟碟等。

〔7〕乾隆间：清高宗爱新觉罗·弘历在位期间（1736—1795）所用年号，共计六十年。

〔8〕盎然：形容气氛、趣味等洋溢的样子。

殊：特别，很。

〔9〕聚讼：众人争辩，是非难定。这一词语最初的记载见南朝宋范晔的《后汉书·曹褒传》。

〔10〕磁：同"瓷"。

寥寥：形容数量少。

大钟寺，本名觉生寺，以大钟得名，盖岁时求雨处也。每至正月，自初一日起，开庙十日。十日以内，游人丛集，女士如云[1]。长安少年，多驰骤车马以为乐，超尘逐电，劳瘵不辞[2]。一骑之费，有贵至数百金者，岂犹有金台市骏遗风欤[3]！（《燕京岁时记》，第八页，大钟寺）

【注释】

〔1〕丛：聚集，聚积。

〔2〕长安少年：古代指都城里豪奢轻狂的贵家子弟。

超尘逐电：腾空而行，追逐电光，形容奔驰的速度很快。

劳瘵：因辛劳过度而致身体衰弱。

〔3〕金台市骏：即千金市骨，不惜以高价买养骏马。此语出自《战国策·燕策一》所载燕昭王筑黄金台招贤的故事。

正月元日至五日，俗名"破五"。旧例食水饺子五日，北方名"煮饽饽"；今则或食三日二日，或间日一食，然无不食者，自巨室至闾阎皆遍，侍客亦如之[1]。又有蜜供，则专以祀神，以油面作荚，砌作浮图式，中空玲珑，高二三尺，五具为一堂，元日神前必用之[2]。果实、蔬菜等亦叠作浮图式，以五为列，此人家所同也。(《天咫偶闻》卷十，第十五页)

【注释】

〔1〕巨室：名望高、势力大的世家大族，这一意义最初的记载见《孟子·离娄上》；也指富家，这一意义最初的记载见明代刘基所作《郁离子·灵丘丈人》。

〔2〕浮图：又作浮头、浮屠、佛图，即佛陀或佛，也将佛教建筑概称为浮图。后来，浮图专指高塔。

旧俗元日至上元，各店例闭户半月，小肆亦闭五日[1]。此五日中，人家无从市物，故必于岁底烹饪，足此五日之用，谓之"年菜"。近年各肆多不如前，初二日即交易，或初一日即然，谓之"连市"。然不开门，买者叩门而入。盖此半月中，贾人或拜年，或出游，肆中人少在者故尔[2]。(《天咫偶闻》卷十，第十一页)

【注释】

〔1〕上元：即上元节、灯节。参见注灯节。

〔2〕贾人：商人。

正月初一日，子刻后祀神，谓之"接神"；遍至戚友家，拜于堂，谓之"拜年"[1]。(《天咫偶闻》卷十，第十一页)

【注释】

〔1〕子刻：即子时，夜晚十一点至凌晨一点。

戚友：亲戚朋友。

人家元日，陈几于庭上，列素肴干果之属，名曰"天地桌"[1]。或五日而撤，或半月始撤。内城家家如是，不知何所起。(《天咫偶闻》卷十，第八页)

【注释】

〔1〕天地桌：拜祭天地时陈设香烛、供品的桌子，主要是为接神使用。这是一个临时性的供桌，是除夕专设之桌。

琉璃厂，元日开始，任人游览；若古董字画，须过初三后，陈列始多。厂系辽海王村故址，因窑制琉璃得名，俗又呼曰"厂甸"〔1〕。今则仅存其名，窑已无遗迹，惟书肆林立，陈设古董字画而已。内务部就厂中隙地，建海王村公园，为附近儿童游戏之场〔2〕。一年中，最热闹为新春正月。近虽改用阳历，此风犹不稍衰。近年较往年，益形宽阔〔3〕。昔之土地祠、高等师范等处，皆已拆让一半，北至西河沿，盖预备建筑南通香厂大路也；故厂甸四通八达，竟变为中心点，每届新年，倾城仕女、香车宝马，群向此中心点而来〔4〕。厂中各处，多有变更，惟工艺局洋楼独存，现改为工商改进会商品陈列所〔5〕。每逢年节，门前扎五彩牌楼，上嵌"通商惠工"等字，盖借游乐之中，以引起注意国货之观念，其意良善。开放三日，不取票资，由是观者如堵，拥挤不堪。门两侧，搭有席棚，陈卖各物，以人造花卉，最能销售，然较儿童玩物，尚不及百之一也。露天茶桌，因地势宽广，较昔增加，除有棚之茶肆两座外，余皆搭一二尺高之木板，且划分地界，有如井田，四周皆可通行，上标男女分座，实则杂乱无章〔6〕。一棚之内，妇女逾多，生意愈盛，茶之佳否，则置诸不问。而茶役则高立板上，大声疾呼："这里得瞧，这里瞧得清楚。"〔7〕无意识之言，不绝于耳。其间妇女来游者固多，而茶棹上，陆离光怪，以出风头者，仍属青楼姊妹，良家尚不多见〔8〕。间有本地住户，亦属寥寥。因不如公园幽雅，故来者周游即去，咸不愿在此喝西北风也〔9〕。厂之东侧有吕祖祠，香火最盛。祠中道士，以正月为进款最多时节，手持香盘，追求游人布施〔10〕。厂西隅为杂耍场，内有变戏法者，有唱嘣嘣戏者，有列奇禽异兽以供人观览者，锣鼓喧天，异常热闹〔11〕。口外有出售梅花兰花之花担，惟佳品甚少，不如各处庙会，盖游者非为购花而来，卖者亦知其心理，不为供过于求，故贩来亦不多〔12〕。厂向为古董、字画、书籍之荟萃地，每届新年，字画为大宗售品。土地祠、火神庙皆悬挂无余地，人至此间，目为之眩。一般考古家、文学家，咸集于此，品评真伪。其间固不乏佳者，然以俗品及赝鼎为多〔13〕。（《北京辀轩录》，稿本〔14〕）

【注释】

〔1〕辽海王村：参见注海王村公园。

〔2〕内务部：官署名。1912年，清朝灭亡之后，中华民国南京临时政府始设内务部，由清末民政部所改，受大总统管辖。内务部的主管为总长，以次长为佐官，下设承政厅，由秘书长掌管。内务部又设民治、警务、礼教、土木、疆理、卫生六司，各设司长。

〔3〕阳历：参见注新历。

〔4〕西河沿：即西河沿街，位于今北京西城区，东起上斜街东口，西至顺河三巷，因沿护城河而得名。自明成祖永乐十九年（1421）建北京南城墙后，此街成为护城河沿，称西河沿街，清代改称后河沿，民国时沿用。

仕女：古代美丽聪慧的女子，或指贵族官僚家庭的妇女。

〔5〕工艺局：即直隶工艺总局，于清德宗光绪二十九年（1903）九月开办，得到北洋大臣袁世凯的支持，由周学熙创办并担任总办，其宗旨是振兴直隶（今河北）全省的工艺。工艺总局地址初在北京草厂庵，四年后迁至玉皇阁。

〔6〕井田：即井田制，是中国先秦时代的土地国有制度，西周时盛行。因为当时道路和渠道纵横交错，把土地分隔成方块，形状像"井"字，因此称作"井田"。井田属周王所有，分配给奴隶主使用。奴隶主不得买卖和转让井田，还要交一定的贡赋。

杂乱无章：形容乱七八糟，没有条理。这一成语最初的记载见唐代文学家韩愈的《送孟东野序》："其为言也，乱杂而无章。"

〔7〕茶役：茶馆中的仆役。

〔8〕棹：同"桌"，高的几案。

陆离光怪：形容现象奇异，色彩繁杂。

青楼：原指青漆涂饰的豪华精致的楼房，后指妓院。

良家：古代指清白人家。

〔9〕喝西北风：原作"吸风"，本指道教所宣扬的一种境界，即不食人间烟火，只靠呼吸空气生存。后指没有东西吃。

〔10〕香盘：焚香用具。

〔11〕嘣嘣戏：形成于北京门头沟雁翅镇淤白村的一种地方戏。嘣嘣戏原来叫"半班戏"，演出时家当少，唱戏不用搭棚，都是走街串村演出。戏文是一些爱憎分明、弘扬正义、鞭挞邪恶的民间传说。

〔12〕担：挑东西的用具，多用竹、木制成。

〔13〕赝鼎：伪造的鼎，泛指赝品。这一典故最初的记载见《韩非子·说林下》。

〔14〕《北京辀轩录》：书名。现已不存。

白云观每届旧历元旦，辄开庙以招游人，至二十日而毕；士女摩肩接毂，比之厂甸，殆犹过之[1]。正月十七、八两日，为极盛之期。盖厂甸自年初一至十六为会集期，白云观则自初一直至二十；故十六以后，既无厂甸可游，而游人遂争趋白云观矣。且十七日观中于夜间行打鬼之礼，而十八日则为神仙大会，尤观中全盛之日也。十八日，观内方丈，预先招集道教会二三百人，于夜十二钟，开神仙大会，分班诵经[2]。（道上谓天上神仙，亦于是日同时降临，故曰"神仙大会"。）而夜间壁上遍悬画灯，光耀如昼，经声琅琅，杂以铙鼓，尤使人别有洞天之感[3]。观有养老堂，堂中小室内，有老道卧床上，床前置一破篮，乞人赐钱，妇女多有掷钱于此篮内者。又有养豕之所，豕甚多，乡民相指告曰："此豕不可食，食之造孽。"[4] 其愚真不可及也。又大门内牌楼之后，大庭之中，有一石桥，桥左右各有池一方，池已涸，而墙壁两面中空，各有一道士，闭目静坐[5]。又制大纸钱数个，悬于墙壁及池上，游人争以铜元掷此钱，能中者，即为今年佳运之兆，故掷钱者颇多，而掷中者极少，愈不能中则愈欲掷，必中而后已；于是争前投掷，而池中铜板铿然，不可数矣[6]。观右京汉铁路堤下，有地可跑马，故此期内跑马者甚多，马走如飞，旁观者多为喝彩[7]。跑马处两旁皆搭茶棚，士女啜茗，凭栏而观，亦足乐也[8]。（《北京辋轩录》，稿本）

【注释】

〔1〕摩肩接毂：毂，车轮中心的圆木。摩肩接毂，肩挨着肩，车轮挨着车轮。形容人多拥挤。这一成语最初的记载见明代地理学家徐弘祖（即徐霞客）的《徐霞客游记·游嵩山日记》。

〔2〕方丈：原为道教固有的称谓。在道教中，讲人心方寸，天心方丈，方丈是对道观中最高领导者的称谓，亦可称"住持"。佛教传入中国后，借用"方丈"这一称呼，佛寺住持（出家僧团的领导者）也称为方丈。

〔3〕琅琅：象声词，金石相击的声音，此处形容响亮的诵经声。

铙鼓：泛指打击的响器。铙，又称钲、执钟，系古代汉族使用的青铜打击乐器之一，其最初的功能为军中传播号令之用，流行于商代晚期，周初沿用。

洞天：道教术语，指神道居住的名山胜地。洞天就是地上的仙山，包括十大洞天、三十六小洞天，构成道教地上仙境的主体部分，又称"洞天福地"。历代道士多在洞天建宫立观，精勤修行，留下不少人文景观、历史文物和神话传说。

〔4〕豕：猪。

〔5〕涸：水干。

〔6〕铿然：形容敲击金石所发出的响亮的声音。

〔7〕京汉铁路：原称卢汉铁路，1906年4月1日正式通车，起点为北京，终点为湖北汉口。

走：跑。

〔8〕啜：饮，吃。

茗：茶。引申为由嫩芽制成的茶。

居民有于五更即起而祀神者，焚香，放鞭爆，供饺子，事毕阖家食团圆饭，饮柏酒[1]。（饭即面角，并备干鲜果品肴馔以佐酒；而杂拌一项，尤不可少，盖杂合各干果及糖蜜食品，盛于一盘，年终，即有售者[2]。）是晨，食黍糕，佛前亦供之，曰"年年糕"。信佛者至东岳庙拈香，归而祀祖；供品多用饺子，祀毕焚纸锞。阖家互拜新年，乃出而贺人，见则一揖，亦有屈一膝为礼者（旗礼）[3]。更以新禧新禧、多多发财、顺顺当当、一顺百顺、吉祥如意等吉语相祝。于至戚至友，则登堂叩头，主人饷以百事大吉盒，中置柿饼、荔枝、桂圆、核桃、枣、栗等品[4]。每布（赠人食物，平谬曰"布"）一品，必佐以吉语[5]。柿饼曰"事事如意"，核桃曰"和和气气"，更合枣、栗、花生、桂圆，而曰"早生贵子"。卑幼拜尊长，则与之钱，曰"压岁钱"。是日禁刀剪裁割、扫除倾水等事，肴馔大率为素[6]。（《北京指南》第二编，礼俗，第四页）

【注释】

〔1〕鞭爆：鞭炮。

〔2〕肴馔：丰盛的饭菜，菜肴。

〔3〕旗礼：这里指八旗的礼仪。

〔4〕饷：招待，供给或提供（吃喝的东西）。

〔5〕谬：错误的，不合情理的。

〔6〕大率：大概，大致。

正月初一日，东便门外三忠祠，东直门外铁塔寺，东四牌楼三官庙，北新桥精忠庙，均开庙一日，香火极盛。德胜门外大钟寺，开庙十五日，寺有高楼，楼有悬钟，即华严钟也[1]。钟纽下有眼，悬小锣，以钱投之，中者声铿然，曰"打金钱眼"，游人争登楼，掷钱击之。寺外多驰车赛马之少年。西便门外白云观，开庙十九日，至十八日，游人尤盛，谓之"会神仙"，亦曰"燕九"[2]。西直门内曹老公观，亦开庙十五日，昔甚繁盛，儿童玩物及各种杂技皆集此。内城居民，率以此为娱乐之所。今即其址建陆军大学，庙会已无。初一日至十七日，琉璃厂甸，盛列儿童玩物，而琉璃喇叭、沙雁为尤多[3]。近并设临时茶肆，妓女亦有至者。（《北京指南》第二编，礼俗，第九页）

〔1〕德胜门：明清北京城城门。德胜门始建于明英宗正统二年（1437），为明清北京城内城九门之一，是由城楼、箭楼、闸楼和瓮城等组成的群体军事防御建筑，为出兵征战之门，意为"以德取胜"。

〔2〕西便门：明清北京外城西南角的城门，位于北京城墙西南端角楼旁边，主要由城楼、箭楼、瓮城组成。西便门是明代北京修建较晚的城门。关于西便门名称的由来有两种说法：一是便于南北方向出入，工程简便，并非大兴土木；二是依据此门所处位置，以"偏"命名，别称"西偏门"，久而久之，便读作"西便门"。

〔3〕沙雁：即雁，因为雁常栖息于江湖沙渚（水中小块陆地）中，故称"沙雁"。

二日

初二日，致祭财神，鞭炮甚夥，昼夜不休。（《燕京岁时记》，第二页，祭财神）

广宁门外财神庙报赛最盛[1]。正月二日、九月十七日，倾城往祀，商贾及勾阑尤夥[2]。庙貌巍焕，甲于京师[3]。庙祝更神其说，借神前纸锭怀归，俟得财，则十倍酬神[4]。故信从者益多，而庙祝之利甚溥[5]。（《天咫偶闻》卷九，第三页）

【注释】

〔1〕广宁门：即彰仪门。参见注彰仪门。

报赛：古代农事完毕后举行谢神的祭祀。

〔2〕勾阑：又作勾栏或构栏，是一些大城市固定的娱乐场所，也是宋元戏曲在城市中的主要表演场所，相当于现在的戏院。

〔3〕巍焕：亦作"巍奂"，盛大光明，高大辉煌。

甲：居于首位的，超过其他的。

〔4〕庙祝：寺庙中管香火的人。这一词语最初的记载见南宋诗人陆游的《老学庵笔记》卷二。

纸锭：亦作"纸铤"，系用锡箔糊制成银锭状的冥钱。人们认为纸锭焚化给死者或者神灵，可供其当钱用。

俟：等待。

〔5〕溥：广大，普遍。

按广宁门外之财神庙，香火最盛，嘉庆六年俞梦厂蛟所撰《春明丛说》中之《五哥庙记》，述当时情景甚详[1]。文曰："彰义门外有神祠三楹，俗呼'五哥庙'，塑五神列坐，皆擐甲持兵，即南方之五通神也[2]。好事者高其闬闳，廓其廊宇，以纸作金银锭，大小数百枚，堆累几上[3]。求富者斋戒沐浴，备牲醴，而计其所求之数而怀纸锭以归，谓之'借'[4]。数月后，复洁牲醴，更制纸锭倍前所借之数，纳诸庙中，谓之'还'。或还或借，趾错于途，由来久矣[5]。一日余执途中奉纸锭赴庙者而问之曰：'所借得乎？'曰：'未也。''未得何以还？'曰：'未得而还，神或鉴其诚，可冀他日之得；倘以未得，遂吝牲醴之献，是心存观望，与神斤斤较有无也，恐终身无所得也。'[6]余笑曰：'子之说诚然，而子之心苦矣。'有陈姓者，屡祷于神，经岁无所得，而诚不杀。夜梦五哥语之曰：'求富之诚遍京国，莫子若矣；倘不为子谋，人将疑予之无灵，且笑子之愚也。子试于某日赴庙，必遂所欲。'如期而往，徘徊顾盼，至日中，有群妇入庙，拜毕，坠钗于地，陈曰：'此神之赆我也。'[7]私拾而归，售之，核一年祷祝之费，微有羡焉[8]。嗟乎，举世孰不愿图利以致富，倘尽祷于神而可得，则天下皆丰衣足食，无啼饥号寒者矣[9]。语曰：'富贵在天，五哥何神而能主之乎。乘人之遗，使拾之以塞责，伎俩亦可知矣[10]。而鹿鹿终年，一无所拾者何限，又将何以为情耶[11]？'余羡五哥享无功之祀，而又悯世人求富之愚也，故记之。"观夫此，则当时笃信五哥之灵者，已如是矣。

【注释】

〔1〕嘉庆：清仁宗爱新觉罗·颙琰在位期间（1796—1820）所用年号，共计二十五年。嘉庆六年，即公元 1801 年。

俞梦厂蛟：即俞蛟，生卒年不详，字青源，号梦厂居士，清代著名画家。俞蛟为会稽山阴（今浙江绍兴）人，自幼失学，一生不得志，著有《读画闲评》。

《春明丛说》：清代笔记。作者俞蛟在乾嘉年间曾辗转各地为幕僚，奔走四方，见闻较广，留意于笔端，撰成笔记，总称《梦厂杂著》，《春明丛说》即其中一种。《春明丛说》共二十九则，为作者所闻所见，主要记述官衙内幕、市井百态、琐事逸闻。

《五哥庙记》：书名。现已不存。

〔2〕彰义门：即彰仪门。参见注彰仪门。

楹：量词，古代计算房屋的单位，一说一列为一楹，一说一间为一楹。

五哥庙：即五显财神庙，俗称"五哥庙"，为北京城著名的财神庙。该庙始建于明朝，位于今北京莲花池附近，其中供奉了五位结拜兄弟。春节时到五显财神庙祈福借元宝是很多老北京人的重要活动。正月初二一大早，人们就从菜市口及广安门，乘牲畜拉的车或骑毛驴赶往财神庙，去争烧第一炷香。

摜甲：摜，穿。摜甲，身披铠甲，指准备战斗。这一词语最初的记载见《左传·成公二年》。

五通神：又称"五郎神"，是横行乡野、淫人妻女的妖鬼，因专事奸恶，又称"五猖神"。五通神来历复杂，一说指唐代柳州（今广西柳州）之鬼；一说是明太祖朱元璋祭奠战亡者，以五人为一伍；一说为元明时期骚扰江南、烧杀奸淫的倭寇。总之，五通神为一群作恶的野鬼。人们为免患得福，福来生财，遂将五通神当作财神祭之。

〔3〕闾阎：里巷的大门，住宅的大门。

廓：开拓，扩大。

〔4〕牲醴：祭祀用的牲畜和甜酒。

〔5〕趾错：履迹交错，比喻人来往很多。

〔6〕鉴：观察，审察。

斤斤：对无关紧要的事过分计较。

〔7〕贶：赐，赏赐。

〔8〕羡：有余，剩余。

〔9〕丰衣足食：穿的吃的都很丰富充足，形容生活富裕。这一成语最初的记载见五代王定保的《唐摭言》卷十五。

啼饥号寒：因为饥饿寒冷而哭叫，形容挨饿受冻的悲惨生活。这一成语最初的记载见唐代文学家韩愈的《进学解》。

〔10〕伎俩：手段，花招。

〔11〕鹿鹿：忙碌。

是日晨，居民商店，均祀财神，焚香放爆，以羊、鸡、鱼供之，曰"三牲"；又燃火酒杯中以供神，燃尽，奉财神马（以纸绘神像，曰"神马"）出庭，置松柏枝于芝麻秸上，加黄钱、阡张、元宝而焚之[1]。有诣财神庙焚香借元宝者，谓之"借"，则财旺，次年倍还之[2]。（《北京指南》第二编，俗礼，第六页）

【注释】

〔1〕黄钱：汉族民间用黄纸制成的祭祀用品，是用黄表纸折成，焚化给鬼神的纸钱。

〔2〕诣：前往，去到。

初二日祭财神，是日多吃馄饨，谓之"元宝汤"。(《帝京岁时纪胜笺补》，稿本)

彰仪门外有财神庙，每年正月初二日开庙，有庙会，是日游人极多。所谓"借元宝"者，其人在财神前焚香祈祷后，偷取神前之纸元宝，包回家中，用红绸或红布、红纸包之，藏佛龛中，或床上。俟发财后，择日还元宝若干，并上供焚香，亦有俟次年正月初二日还愿者，无一定也。(《帝京岁时纪胜笺补》，稿本)

三日

初三日至十七日，陈百货于琉璃厂，书画、金玉、骨董，均设地摊，而火神庙尤甚，游人杂沓，名曰"逛厂"[1]。(《藤阴杂记》，见《顺天府志》卷十八，第七页，按原书无此条)

【注释】
〔1〕金玉：珍宝的通称。
骨董：古董、古玩，珍贵罕见的古器物。
沓：多。

五日

初五日谓之"破五"。破五内，不得以生米为炊，妇女不得出门。(《燕京岁时记》，第二页，破五)

初五日名"破五"，以前五日，禁妇女往来。(《天咫偶闻》卷十，第十一页)

初五日谓之"破五"，妇女自元旦至是日不出门。(《北京指南》第二编，礼俗，第六页)

六日

初六日则王妃贵主以及各宦室等，冠帔往来，互相道贺[1]。新嫁女子，亦于

是日归宁。春日融和，春泥滑泎，香车绣幰，塞巷填衢，而阛阓诸商亦渐开张贸易矣[2]。(《燕京岁时记》，第二页，破五)

【注释】

〔1〕宦室：官员的女眷，指女性眷属，泛指男人的母亲、妻子、姐妹和女儿等女性家庭成员。

冠帔：冠，帽子。帔，披肩。冠帔，古代妇女之服饰。

〔2〕泎：滑。

幰：车上的帷幔。

阛阓：阛，环绕市区的墙。阓，市区的门。在古代，城市道路就在墙与门之间，所以通称市区为"阛阓"。

初六日归宁，琉璃厂开市。(《天咫偶闻》卷十，第十一页)

初六日，妇女始出门贺亲友。(《北京指南》第二编，礼俗，第六页)

初六日，家家接姑奶奶归宁，并请吃春酒，是夕有放烟火者[1]。近年市面困难，只有酒食，而无烟火之娱乐矣。(《帝京岁时纪胜笺补》，稿本)

【注释】

〔1〕姑奶奶：父亲的姑姑。

春酒：又称春茗、新年会，在春节之后，与亲友相聚品茶、用点心或聚餐。

七日

人日，凡正月之日，一鸡、二狗、三豕、四羊、五马、六牛，七日为人[1]。其占，晴为祥，阴为灾。俗煎饼食于庭中，谓之"薰天"。(《辽史》卷五十三，第十二页)

【注释】

〔1〕人日：又称人节、人庆节、人口日、人七日等，时间为每年农历正月初七。传说女娲初创世，在造出了鸡、狗、猪、羊、马、牛等动物后，于第七天造出了人，所以这一天是人类的生日。自汉朝开始有人日节俗，当天佩戴被称作

"人胜"的头饰。魏晋之后,人日越来越受重视。

初七日,人日,吃春饼和菜[1]。(《酌中志》卷二十,第二页)

【注释】

〔1〕春饼:面粉烙制的薄饼,一般要卷菜而食。

和菜:即合菜,将韭黄、肉丝、粉丝、豆芽、嫩菠菜炒在一起,便是"合菜"。合菜上若再盖一张摊鸡蛋饼,即北京名吃"和菜戴帽儿",北京人则称之为"金银满堂"。

人日,天气晴明,出入通顺,谓一年人口平安。(《帝京岁时纪胜》,第九页,禁忌)

初七日,谓之"人日"。是日天气清明者,则人生繁衍[1]。(《燕京岁时记》,第二页,人日)

【注释】

〔1〕清明:清澈明朗。

繁衍:繁殖衍生;逐渐增多。

八日

八日至十八日,集东华门外,曰"灯市"[1]。贵贱相遐,贫富相贸易,人物齐矣[2]。妇女着白绫衫,队而宵行,谓无腰腿诸疾,曰"走桥"。至城各门,手暗触钉,谓男子祥,曰"摸钉儿"。击太平鼓,无昏晓;跳百索,无稚壮;戴面具耍大头和尚,聚观无男女[3]。有以诗隐物,幌于寺观壁者,曰"商灯",立想而漫射之,无灵蠢。(《帝京景物略》卷二,第三十九页,春场三)

【注释】

〔1〕东华门:北京城紫禁城的东门,始建于明成祖永乐十八年(1420)。东华门面向东,门外设有下马碑石,门内金水河南北流向,上架石桥一座,桥北为三座门。东华门平面呈矩形,红色城台,白玉须弥座,当中辟三座券门,券洞外方内圆,城台上建有城楼,黄琉璃瓦重檐庑殿顶,基座围以汉白玉栏杆。城楼面

阔五间，进深三间，四周出廊，梁枋绘有墨线大点金旋子彩画。在清初，东华门只准内阁官员出入，至乾隆朝中期，特许年事已高的一、二品大员出入。清代大行皇帝、皇后、皇太后的梓宫（即皇帝、皇后、皇太后的棺材）皆由东华门出，民间俗称它为"鬼门""阴门"。紫禁城的四个城门中，午门（南边的门）、神武门（北边的门）、西华门（西边的门）的门钉均为纵九横九，只有东边的东华门门钉为纵九横八，内含阴数，相传也与此有关。

〔2〕遝：通"沓"，众多，重叠。

〔3〕太平鼓：属于曲种，又称单鼓、腊鼓，为汉族民间岁时娱乐习俗。太平鼓流行于北京、河北等地区。它在唐代便已出现，本为乐舞，后为腊鼓，宋代称为打断，民间改名太平鼓，于新年花会等活动中演出，以祈太平，故名"太平鼓"。

昏晓：晨昏，早晚。

大头和尚：亦称大头舞、跳罗汉、罗汉舞，流行于中国各地，多在节日或喜庆活动时表演。表演者套大光头面具，着僧服、便裤、山袜与和尚鞋，手拿佛珠，扮成出家人模样；或扮成女性，穿上旧时大襟镶边衣裤和圆口鞋，手拿芭蕉扇进行表演。

聚观：群聚观看。

太祖初建南都，盛为彩楼，招徕天下富商，放灯十日[1]。今北都灯市，起初八，至十三而盛，迄十七乃罢也[2]。灯市者，朝逮夕，市；而夕逮朝，灯也。市在东华门东，亘二里[3]。市之日，省直之商旅，夷蛮闽貊之珍异，三代八朝之骨董，五等四民之服用物，皆集[4]。衢三行，市四列，所称九市开场，货随队分，人不得顾，车不能旋，阗城溢郭，旁流百廛也[5]。市楼南北相向，朱扉，绣栋，素壁，绿绮疏，其设罭𦄼帘幕者，勋家、戚家、宦家、豪右家，眷属也[6]。向夕而灯张（灯则烧珠、料丝则夹画、堆墨等，纱则五色明角，及纸及麦秸，通草则百花、鸟兽、虫鱼及走马等），乐作（乐则鼓吹、杂耍、弦索，鼓吹则橘律阳、撼东山、海青、十番，杂耍则队舞、细舞、筒子、筋斗、蹬坛、登梯，弦索则套数、小曲、数落、打碟子，其器则胡拨四、土儿密失、义儿机等），烟火施放（烟火则以架以盒，架高且丈，盒层至五，其所藏械：寿带、葡萄架、珍帘、长明塔等）[7]。于斯时也，丝竹肉声，不辨拍煞，光影五色，照人无妍媸，烟冒尘笼，月不得明，露不得下[8]。永乐七年，令元宵节，赐百官假十日[9]。今市十日，赐百官假五日。内臣，自秉笔篆近侍，朝臣，自阁部正，外臣，自计吏，不得过市，犹古罚罴幕盖帷意[10]。其他，例得与吏士军民等，过市，楼而檐齐，衢而肩踵接也。市楼价高，岁则丰，民乐。楼一楹，日一夕，赁至数百缗者[11]。童子捶鼓，傍夕向晓，曰"太平鼓"。二童子引索略地，如白光轮，一童子跳光中，曰"跳白索"[12]。妇女相率宵行，以消疾病，曰"走百病"，又曰"走桥"[13]。金元时，三日放偷，偷至，笑遣之，虽窃至妻女不加罪，夷俗哉[14]。（《帝京景物略》卷二，第二十二页，灯市一）

【注释】

〔1〕太祖：即明太祖高皇帝朱元璋（1328—1398），为明朝的开国皇帝。朱元璋为濠州钟离（今安徽凤阳）人，幼时贫穷，曾入皇觉寺当和尚。后来，他参加郭子兴领导的红巾军反抗元朝，逐步确立领袖地位，并结束元朝在中国的统治。1368年，朱元璋称帝，国号"大明"，年号"洪武"。

南都：明朝初年定都南京（今江苏南京），明成祖永乐十八年（1420）迁都北京，南京作为陪都，被称为南都。

招徕：招引，延揽。

〔2〕北都：今北京。

〔3〕亘：空间和时间上延续不断。

〔4〕省直：即直省，指清代直隶地区（今河北省）和各省。直，直隶地区。

蛮夷闽貊：蛮夷，汉族之外的民族。闽，中国东南某些地区的少数民族的泛称。貊，古代汉族对东北地区少数民族的一种称呼。蛮夷闽貊，泛指少数民族。

五等：五个等级的爵位，公爵、侯爵、伯爵、子爵和男爵。

四民：士、农、工、商。

〔5〕郭：在城的外围加筑的一道城墙，即外城。内城叫城，外城叫郭。

〔6〕扉：门扇，引申为屋舍。

绮疏：雕刻成空心花纹的窗户。

氍毹：同"氍毹"，表示原料毛、未经加工处理的毛，或用原料毛编织的织物，纯手工制作的地毯。古代演剧多在地毯上，因此"氍毹"又用来代指舞台。

豪右：原指西汉时期出现的占有大量田产的豪族。此处指地方有权有势的家族。

〔7〕料丝：制作工艺品的一种丝状原料。因其系煮料抽丝而成，故称"料丝"。

明角：古代汉族民间使用的灯具，又称"羊角""明角灯"，流行于中国大多数地区。明角的上面可写字绘画，能防风雨。

鼓吹：即鼓吹乐，古乐的一种，指古代的一种器乐合奏，用鼓、钲、箫、笳等乐器合奏。

杂耍：古代娱乐形式之一，包括杂乐、歌舞戏、傀儡戏等，又称"杂伎"。

其间有一部分节目为故事表演，但掺杂有舞蹈在内。

弦索：乐器上的弦，多用作弦乐器的总称，另外也可表示弹奏弦乐。金元以来，常称用琵琶、三弦等弦乐伴奏的戏曲、曲艺为"弦索"，一般多指北曲。

橘律阳、撼东山、海青、十番：均为元宵灯节上演奏的乐曲。

细舞、筒子：均为杂技的一种。

筋斗：此处指翻跟斗。

蹬坛、登梯：均为杂技的一种。

套数：戏曲或散曲中连贯成套的曲子。

数落：戏曲的一种。

打碟子：把数首节奏、旋律、情绪及音乐风格等完全不同的舞乐或歌曲连接得天衣无缝，并且对这些舞曲进行编辑加工。

胡拨四：乐器名，即火不思，蒙古族弹拨乐器，四弦、长柄、无品、音箱梨形。

土儿密失、义儿机：均为乐器名。

且：将要，将近。

寿带、葡萄架、珍帘、长明塔：均为烟火的一种。

〔8〕丝竹：汉族传统的弦乐器和竹制管乐器的统称，亦泛指音乐。

肉声：泛指肉体。

煞：凶神恶鬼。

妍媸：美和丑。

尘笼：尘世的羁束。

〔9〕永乐：明成祖朱棣在位期间（1403—1424）所用年号，共计二十二年。永乐七年，即公元1409年。

〔10〕秉笔：这里指明代司礼监的秉笔太监。在明初，司礼监与各监主管设"太监"等宦官职位。司礼监以"掌印太监"为首，下设几名"秉笔太监"，首席秉笔主管东厂、诏狱等特务刑讯机构，其他秉笔分管各监各司局。

篆：官印的代称，也借指官职。

近侍：亲近帝王的侍从之人。

朝臣：朝廷官员。

阁部：明清时内阁的别称，或明清时内阁大臣的别称。内阁最初是明成祖朱棣的秘书机构，仅备顾问兼协理章奏，并不参与决策。后内阁权力日益增大，万历早期臻于鼎盛。

外臣：地方官吏。

计吏：古代地方掌簿籍并负责上计的官员。上计，古代地方官府定期向中央呈报施政情况，作为官吏考核的依据。

古罚辔幕盖帷：此处"辔"同"帛"，即小帐幕。《周礼·地官》写道："夫人

过市，罚一幕；世子过市，罚一帟；命夫过市，罚一盖；命妇过市，罚一帷。"古代市场是"市井小人"的活动场所，又是刑场，所以朝廷不准达官贵人随便进入，入者要遭受处罚。

〔11〕赁：工钱，给受雇人的报酬。

缗：古代钱的计数单位。用绳（缗）穿连成串的钱，即贯钱。一缗钱即一贯钱，或称一吊钱，相当于一千文铜钱。

〔12〕略：掠，轻轻地拂过或擦过。

跳白索：即跳百索。参见注跳百索。

〔13〕相率：相继；一个接一个。

〔14〕放偷：金元时期的一种风俗，指农历正月十六日不禁止偷窃。

八日至十七日，商贾于市，集灯花百货，珠石罗绮，古今异物，贵贱杂遝，贸易，曰"灯市"[1]。元宵前后赏灯，夜饮，金吾禁弛[2]。民间击太平鼓，跳百索，妇女结伴游行，过津梁，曰"走百病"[3]。以诗词隐语黏于屋壁，曰"商灯谜"[4]。以小盏点灯，遍散井灶门户，曰"散灯"[5]。（《大兴县志》，传抄本）

【注释】

〔1〕罗绮：轻软有稀孔的丝织品。

〔2〕金吾：古代官名，负责皇帝大臣警卫、仪仗以及巡视京师、掌管治安的武职官员，其名称、体制、权限历代多有不同。此处泛指这类警卫。

〔3〕津梁：渡口和桥梁。

〔4〕黏：粘贴。

〔5〕井灶：井与灶。

八日至十六日，商贾于市，集灯花百货，珠石罗绮，古今异物，贵贱杂遝，贸易，曰"灯市"。旧在东华门外灯市街，今散置正阳门外，及花儿市、菜市、琉璃厂甸诸处，惟猪市口南为盛[1]。元宵前后，金吾禁弛，赏灯饮，火树银花，星桥铁锁，殆古之遗风云[2]。民间击太平鼓，跳百索，耍月明和尚[3]。男女率于是夕结伴游行，亲邻相过从，至城门下摸钉儿，过津梁，曰"走桥儿"，又曰"走百病"。数日中，有以诗词隐语，黏于屋壁，令人破其谜，曰"商灯"。至夜，各家以小盏点灯，遍散井灶、门户、砧石，曰"散灯"[4]。（《宛平县志》，传抄本）

【注释】

〔1〕猪市口：清代北京城街道名。在清代，猪市口是专门从事生猪交易的市

场。后来，该地名雅化为"珠市口"。这条街位于今北京西城区，东起广渠门内大街，西至珠市口西大街。

〔2〕火树银花：火树，火红的树，指树上挂满灯彩。银花，银白色的花，指灯光雪亮。火树银花形容张灯结彩或大放焰火的灿烂夜景。这一成语最初的记载见《南齐书·礼志上·晋傅玄朝会赋》。

星桥铁锁：星桥在此处指灯光。星桥铁锁指游人之盛。

〔3〕月明和尚：即"月明和尚逗柳翠""大头娃娃"，这是一种特殊的社火表演形式。月明和尚的表演舞步没有严格的规定，一般走扭秧歌的步子，用锣鼓点的乐曲伴奏，过去只是二人表演。

〔4〕砧石：捶、砸或切东西的时候，垫在底下的器具。砧石多用来捶衣服，也叫捣衣石。

京师灯市，始正月八日，至十三而盛，十七而罢，市规也，张灯亦如之。张灯之地，以正阳桥西廊房为最，巷有五圣祠，康熙癸卯，里人然灯祀神，来拜观者如堵，因广衍为阛巷之灯[1]。巷隘而冲，不容并轨，车旋辔马；仕商经之者，十率八九[2]。向夕灯悬，远近游观，不下万人[3]。施放烟火，鼓吹弦索，走桥，击唱秧鼓，妆耍大面具，舞龙灯诸戏，亦趁喧杂，蚁聚蜂屯，纷沓尤甚[4]。巷多楼居，灯影上下参差，辉灿如昼[5]。灯之类，流珠料丝，画纱五色明角，麦秸通草，百花鸟兽，虫鱼水墨，及走马鳌山等，巧变殆尽[6]。又巷俱业贸迁者，日则交易百货，夕即戏以所业，剪纸为灯，悬门楣记焉[7]。更阑后，他巷陌游人散尽，独此烛影歌声，沉沉昧旦也[8]。余家此逾三十年，岁睹其盛，会占一联："宝炬曙阳春，现北阙深云西山雾雪之画图，点缀太平帝里；衢歌彻夜月，祝东郊甘雨南圃和风之景兆，偕游熙皞尧天。"[9]附著以博大雅之粲[10]。（《都门元夕张灯记》，见《宛平县志》，传抄本[11]）

【注释】

〔1〕正阳桥：明清北京城的著名桥梁，为北京城正阳门外跨护城河之桥。桥南有牌楼一座，额题"正阳桥"，因其面阔五间，俗称"五牌楼"。它们是国门礼仪组群的重要组成部分，也是北京城中轴线上重要的景观标志。1955年时正阳桥及五牌楼被拆除。

廊房：明成祖永乐十八年（1420）建都北京，在皇城四门、钟鼓楼等处修建几千间民房和铺房，召民、商居住或居货，谓之"廊房"。

五圣祠：清代北京城正阳桥西的五圣祠，为宗教寺庙。其中祭祀山神、土地、花神、药王和龙王五圣。

康熙癸卯：即康熙二年（1663）。康熙，清圣祖爱新觉罗·玄烨在位期间（1662—1722）所用年号，共计六十一年。

里：居民居住区。

〔2〕率：比值，两数之比。

〔3〕向夕：傍晚。

〔4〕秧鼓：乐器名。唐代称腰鼓，宋代称杖鼓，乃以一杖击打的细腰鼓。

舞龙灯：即舞龙，是一种非常古老的汉族民俗活动。

蚁聚蜂屯：聚集，像蚂蚁、螽斯一般集聚，比喻集结者之众多，形容成群的人聚集在一处。

纷沓：纷冗繁杂。

〔5〕参差：长短、高低不齐的样子。这一词语最初的记载见《诗经·关雎》。

〔6〕鳌山：宋元时习俗，指元宵节用彩灯堆叠成的山，像传说中的巨鳌形状，即堆成巨鳌形状的灯山。

〔7〕贸迁：贩运买卖。

〔8〕更阑：更深夜残。

巷陌：街巷的通称。

昧旦：天将明未明之际。

〔9〕北阙：古代宫殿北面的门楼，是臣子等候朝见或上书奏事之处；或用为皇宫或朝廷的别称。

霁：雨雪停止，天放晴。

帝里：帝都、首都。

衢歌：街头巷尾的歌谣，民歌。

觞：古代一种盛酒的器具，外形椭圆、浅腹、平底，两侧有半月形双耳，有时也有饼形足或高足，考古界亦称其为"耳杯"。觞也作动词，为进酒、劝饮之意。

东郊：古代中国的祭郊礼仪之一。中国古代在东郊祭祀太阳。

南囿：地名，位于北京城南的南苑，又叫南海子，为明清皇家狩猎之苑。南囿和风，即南囿秋风，为明清时代"燕京十景"之一。

皥：明亮。

尧天：传说古代圣君尧能法天而行教化，后世因此以"尧天"称颂帝王盛德和太平盛世。

〔10〕粲：鲜明的样子。

〔11〕《都门元夕张灯记》：书名，清人杨文长撰。该书现已不存。

灯市向设于五凤楼前，后徙东华门外灯市，先为灯设也[1]。正月起于初八，至十八再过晚始散，灯贾大小以几千计，灯本多寡以几万计。自大内两宫，与东西两宫，乃秉刑司礼世勋现戚，文武百僚，莫不挟重资往，以买之多寡较胜负，百两一架，廿两一对者比比[2]。灯之贵重华美，人工天致，必极尘世所未有，时年所未经目者，大抵闽粤技巧，苏杭锦绣，洋海物料，选集而成[3]。若稍稍随俗，无奇不敢出也。至珠宝古玩，香绸磁锦等货，贸易售市，动经千百，豪华局面，富贵气象，人钦帝都如此。自世道变古，将三厘银置一盏梅花纸灯，堂前清供，家无优宴，夜不设席，自以为道心不乱，冰操可掬；灯贾由是解体，灯本逢此亏折，皇店酒楼，气索神冷，止舞大头和尚，以闹街遣兴，此非朴茂，乃衰薄也[4]。所谓金吾不禁彻夜游行之事无有矣；灯市穷，京师遂愀然无色[5]。（《谈往》，第六十页，灯庙二市[6]）

【注释】

〔1〕五凤楼：午门。午门是北京紫禁城的正门，位于紫禁城的正南方，其东、西、北三面城台相连，环抱一个方形广场，北面门楼，面阔九间，重檐黄瓦庑殿顶，东、西城台上各有厢房十三间，从门楼两侧向南排开，形如雁翅，也称"雁翅楼"。东、西雁翅楼南北两端各有重檐攒尖顶阙亭一座。威严的午门宛如三峦环抱，五峰突起，气势雄伟，故俗称"五凤楼"。五凤楼始建于明成祖永乐年间（1403—1424），后来清朝重建。

〔2〕两宫：指太后和皇帝或皇帝和皇后。亦指太上皇和皇帝或两后。因其各居一宫，故称"两宫"。

司礼：即司礼监。参见注秉笔。

〔3〕尘世：人间，俗世。

〔4〕厘：重量单位，两的千分之一。

清供：室内放置在案头供观赏的物品摆设，主要包括各种盆景、插花、时令水果、奇石、工艺品、古玩、精美文具等，可以为厅堂、书斋增添生活情趣。

道心：追求世间法则至理之心。

冰操：高尚纯洁的操守。

可掬：可以用手捧住，形容情状明显。

本：此处指成本。

亏折：损失本钱。

皇店：明代皇帝私人开设的店铺。店房或来自查抄的权贵店铺，或来自官店，或为强拆民房后所建，经营管理者由皇帝直接委派。

朴茂：质朴厚重。

衰薄：衰败浇薄，常指世风道德。

〔5〕愀然：形容神色变得严肃或不愉快。

〔6〕《谈往》：书名，一卷，有大学士英廉家藏本，属于史部杂史类著作，所记皆为明朝末年的逸闻，共二十七条，对研究明末社会有参考价值。

初八日，传为诸星下界，然灯为祭，然数以百有八盏为率，有四十九盏者，有按《玉匣记》本命星灯之数者；于初更设香楮，陈汤点，然而祭之[1]。观寺释道，亦将施主檀越年命星庚记注，于是夕受香仪，代具纸疏云马，为坛而祭，习以为常[2]。（《帝京岁时纪胜》，第三页，星灯）

【注释】

〔1〕诸星下界：每年农历正月初八日为诸星君聚会之期，又传为"诸星下界"之日，故人们在这天祭祀星君，便有可能获得星君的垂佑。

《玉匣记》：书名，系集中各类占卜之术的代表作，亦称《玉匣记通书》《万全玉匣记》，相传为东晋道士许真人所著，一般假托诸葛孔明、鬼谷子、张天师、李淳风等先贤之名而作。此书迎合了中国人"贵中求和，近利远害"的心理，无论从政、经商、求学、出行、婚丧嫁娶、行猎打鱼甚至剃头理发都想找"黄道吉日"，因此颇受欢迎。

本命星：即本命星信仰。道教认为星宿掌管人的生死祸福，本命星信仰是生肖与道教信仰融合的表现。本命星也叫本命元辰。道教认为人的魂魄与归宿均在"斗府"。斗即是人的本命元辰，每个人出生之年分属北斗七星所辖，如属鼠之人属贪狼星君；属牛、猪之人属巨门星君；属虎、狗之人属禄存星君；属兔、鸡之人属文曲星君；属龙、猴之人属廉贞星君；属蛇、羊之人属武曲星君；属马之人属破军星君。逢本命年的人们在立春之日（现在多改为正月初一）遥望本命元辰礼拜，祈求吉祥如意。

香楮：祭神鬼用的香和纸钱。

汤点：茶点。

〔2〕释：即释教，指佛教。中国信徒认为佛祖释迦牟尼姓"释"，遂称佛教为释教。

檀越：施主，即施与僧众衣食，或出资举行法会等之信众。檀越音译为陀那钵底、陀那婆，梵汉兼举称作檀越施主、檀越主、檀那主、檀主。

记注：记述，记录，注释。

疏：僧道拜忏时所焚化的祝告文。

云马：纸印的太阳神像。

初八日，弘仁寺打鬼[1]。其制以长教喇嘛，披黄锦衣，乘车持钵，诸侍从各执仪仗、法器拥护[2]。又以小番僧名班第者，衣彩胄，带黑白头盔，手执彩棒，随意挥洒白沙，前以鼓吹道引，众番僧执曲锤柄鼓，鸣锣吹角，演念经文，绕寺周匝，迎祥驱祟[3]。（《帝京岁时纪胜》，第三页，喇嘛打鬼）

【注释】

〔1〕弘仁寺：北京藏传佛教寺院，俗称"旃檀寺"，位于北京城西安门内。其址明朝时为"清馥殿"，清康熙四年（1665）改建为佛教寺庙，西单鹫峰寺内的一尊旃檀佛被移入弘仁寺中。1900年，弘仁寺在八国联军进攻北京时被焚毁，旃檀佛下落不明。寺庙今已无遗迹存在。

〔2〕长教：疑当作"掌教"，主管教务之意。

喇嘛：藏传佛教术语，意为上师、上人，为对藏传佛教僧侣之尊称，长老、上座、高僧之称号。

钵：洗涤或盛放东西的形状像盆而较小的一种陶制器具。钵一般泛指僧人所用的食器，有瓦钵、铁钵、木钵等。僧人用钵向人乞食，一钵之量刚够一僧食用。

〔3〕柄鼓：西藏宗教寺院的主要乐器之一，与钹（铜质圆形的打击乐器）和其他寺院乐器配合，应用于各种宗教仪轨活动和神舞羌姆的伴奏。柄鼓和钹也是藏戏唯一的两件伴奏乐器。柄鼓两面蒙皮，可用坐式和站式两种形式演奏。

灯市在东华门王府街东，崇文街西，亘二里许，南北两廛，凡珠玉宝器以逮日用微物，无不悉具，衢中列市棋置，数行相对，俱高楼，楼设锦毹帘幕，为宴饮地，一楼每日赁直至有数百缗者，夜则然灯于上，望如星衢[1]。市自正月初八日起，至十八日始罢，鬻灯在市西南，有冰灯，细剪百彩，浇水成之[2]。按宋时灯市，乃从九月菊灯始，今止正月内数日耳。（《燕都游览志》，见《日下旧闻考》卷四十五，第五页[3]）

【注释】

〔1〕王府街：即今北京王府井大街。在辽、金时期，王府井只是一个不出名的村落，元世祖忽必烈定都大都之后，小村落热闹起来，并有了"丁字街"的称呼。明永乐年间，因这一带建造了十个王府，便改称"十王府"或者"十王府街"。清光绪、宣统年间，街旁摊贩和店铺林立，渐趋繁华。1915年，北洋政府内政部绘制《北京详图》时，把这条街分成三段：北街称王府大街，中段称八面槽，南段由于有一眼甜水井（井址在大街的西侧，今大甜水井胡同而称王府井

大街。后来，人们逐渐用"王府井"称呼整条街。

　　崇文街：即今北京崇文门内外大街。

　　直：同"值"，价值。

　　〔2〕鬻：卖。

　　〔3〕《燕都游览志》：书名，元人孙国敉作。该书是中国历史上第一部描写古代北京风光的散文集，有四十卷，现已失传。

　　初八日黄昏之后，以纸蘸油，然灯一百零八盏，焚香而祀之，谓之"顺星"；十三日至十六日，由堂奥以至大门，然灯而照之，谓之"散灯花"，又谓之"散小人"，亦辟除不祥之意也[1]。（《燕京岁时记》，第二页，顺星）

【注释】

　　〔1〕堂奥：厅堂和内室。

　　辟：排除，排斥。

　　初八日夜，以油灯百八盏祀星。（《天咫偶闻》卷十，第十一页）

　　初八日为顺星日，薄暮祭星神，供元宵（亦有兼供面角者）[1]。又有以绵纸拈成花形，拌以油，曰"灯花"，祭时散置庭户而然之，光花四散，满地皆星，谓之"散星"。乃奉星神马出庭，置松柏枝于芝麻秸上，加黄钱、阡张、元宝而焚之。（《北京指南》第二编，礼俗，第六页）

【注释】

　　〔1〕薄暮：傍晚。

　　元宵：此处指元宵节的节日食品。

九日

　　初九日之后，即有耍灯市买灯，吃元宵；其制法用糯米细面，内用核桃仁、白糖为果馅，洒水滚成如核桃大，即江南所称"汤团"者[1]。（《酌中志》卷二十，第二页）

【注释】

　　〔1〕江南：在人文地理概念中特指长江中下游以南。

汤团：汤圆。

初九日为天诞，禁屠宰，大高玄殿建皇坛，各道观设醮拜朝天忏，锡福解厄[1]。（《帝京岁时纪胜》，第三页，天诞）

【注释】

〔1〕天诞：即玉皇天诞。正月初九是天日，传说此日为天界最高神祇玉皇大帝的生日，俗称"天公生"。

大高玄殿：明清北京城的皇家道庙古建筑，位于北京皇城之内，北海公园之东，景山之西，始建于明世宗嘉靖二十一年（1542）。因大高玄殿临街大门是并排的三座门，此地又俗称"三座门"。

皇坛：道教中祭祀天地、祈福消灾、炼度幽灵或做法事的场所。

醮：道士设坛祭祀。

锡：同"赐"，赐给。

人家用粉糁，寒具馈送，遍市鬻之，五花帘为号[1]。宴席间尚王瓜、豆荚，一瓜之值三金，豆一金；点茶用椿芽、蒲笋，发之冰下[2]。牡丹、芍药、蔷薇俱有花，较春时薄小，一瓶值数千钱。贵戚倡家插茉莉花[3]。（《北京岁华记》，见《顺天府志》卷十八，风俗，第八页）

【注释】

〔1〕糁：谷类制成的小渣。

寒具：饼的一种，以糯米粉和面，加少许盐，揉搓后捻成环状，油煎来吃。在冬春季节，寒具可贮存数月，到寒食禁烟时当干粮用。

〔2〕王瓜：葫芦科多年生草质藤本植物，块根纺锤形，肥大，茎细弱，多分枝，具纵棱和槽，被短茸毛。

椿芽：也叫香椿头，是香椿树的嫩叶尖，香味浓郁，营养丰富。

蒲笋：蒲菜，俗称草芽，为香蒲的嫩茎。

〔3〕倡家：古代指从事音乐歌舞的乐人。

清时，是日斋戒，官禁宴会，戏馆停演。（《帝京岁时纪胜笺补》，稿本）

十日

正月十日至十六日，结灯者各持所有，货于东安门外，名曰"灯市"，价有至千金者[1]。商贾辏集，技艺毕陈，冠盖相属，男妇交错，市楼赁价腾涌[2]。十四日夜试灯，十五日正灯，十六日罢灯。（《宛署杂记》，见《日下旧闻考》卷一百四十七，风俗，第六页）

【注释】

〔1〕东安：清朝北京皇城的东门，皇城四个大门之一。其他三个大门为天安门（皇城南门）、地安门（皇城北门）及西安（皇城西门）。东安门位于今北京南、北河沿大街东侧，与东华门大街交会处。

〔2〕辏：本义指车轮的辐聚集到中心，引申为聚集。

毕：完全。

冠盖：古代官吏的帽子和车盖，借指官吏。

相属：相接连；相继。

腾涌：比喻物价腾贵。

十一日

十一日至十六日，乡村人缚秫秸作棚，周悬杂灯，地广二亩，门迳曲黯，藏三四里，入者误不得迳，即久迷不出，曰"黄河九曲灯"也[1]。（《帝京景物略》卷二，第三十九页，春场三）

【注释】

〔1〕迳：同"径"，狭窄的道路，小路。

十三日

十三日，家以小盏一百八枚，夜灯之，遍散井灶、门户、砧石，曰"散灯"也。其聚如萤，散如星，富者灯四夕，贫者灯一夕止，又甚贫者无灯。小儿共以绳系一儿腰，牵焉，相距寻丈，迭于不意中，拳之以去，曰"打鬼"；不得为系者儿所执，执者，哄然共捉代系，曰"替鬼"[1]。更系更击，更执更代，终日击，不为代，则佻巧矣。又绳以为城，二儿帕蒙以摸，一儿执敲城中，辄敲一声，而

辄易其地以误之，为摸者得，则蒙执敲儿，曰"摸虾儿"。(《帝京景物略》卷二，第四十页，春场四)

【注释】
〔1〕寻：古代的长度单位，一寻等于八尺。
送：轮流。

自十三日至十五日四永夕，金吾不禁，悬灯胜处，则正阳门之东月城下，打磨厂、西河沿、廊房巷、大栅栏为最[1]。至百戏之雅驯者，莫如南十番，其余装演大头和尚，扮稻秧歌，九曲黄河灯，打十不闲，盘杠子，跑竹马，击太平神鼓，车中弦管，木架诙谐，细米结作鳌山，烟炮攒成殿阁，冰水浇灯，簇火烧判者，又不可胜计也[2]。然五夜笙歌，六街骄马，香车锦辔，争看士女游春，玉佩金貂，不禁王孙换酒，和风缓步，明月当头，真可谓帝京景物也[3]。(《帝京岁时纪胜》，第四页，上元)

【注释】
〔1〕永夕：长夜，通宵。
胜处：美好的地方。
月城：又称瓮城、曲池，是古代城池中依附于城门，与城墙连为一体的附属建筑，多呈半圆形，少数呈方形或矩形。
廊房巷：即廊房。参见注廊房。
大栅栏：即大栅栏街道，为北京前门外一条著名的商业街。
〔2〕雅驯：文辞优美，典雅不俗。
南十番：属清代宫廷音乐，即清代承德避暑山庄后宫的娱乐性音乐——清音十番。
盘杠子：在单杠上做各种翻腾的动作。
太平神鼓：即太平鼓。参见注太平鼓。
不可胜计：不能全部计算完，形容数量极多。这一成语最初的记载见西汉刘向等整理的《战国策·韩策一》。
〔3〕五夜：即五更。参见注五更。
骄马：健壮的马。

正月
十三日
《北平岁时志》注释
老北京岁时风物
087

十三日至十六日，内城衙署悬灯，而户兵二部尤甚[1]。外城廊房胡同及各大街，均有灯彩、流星、花爆之属[2]。(《都门杂记》，见《顺天府志》卷十八，风

俗，第八页[3]）

【注释】

〔1〕户兵二部：清朝中央的官署户部和兵部。户部掌管户籍和财经，兵部掌管军事。

〔2〕胡同：北京城的一大特色，也叫"里弄""巷"，指城镇或乡村里主要街道之间的、比较小的街道，一直通向居民区的内部，它是沟通当地交通不可或缺的一部分。

花爆：花炮。

〔3〕《都门杂记》：书名，系记述北京风俗掌故之书，现存清刻本。

自十三以至十七日，均谓之"灯节"。（《燕京岁时记》，第四页，灯节）

十三日试灯，黄寺打鬼[1]。（《天咫偶闻》卷十，第十一页）

【注释】

〔1〕黄寺：北京城著名藏传佛教寺庙，位于今北京安定门外黄寺大街，包括东黄寺和西黄寺，故称"双黄寺"。东黄寺又名普净禅林，建于清世祖顺治八年（1651）。西黄寺建于顺治九年（1652），藏传佛教活佛五世达赖喇嘛在当年十二月来京时住此。清高宗乾隆四十五年（1780），藏传佛教活佛六世班禅额尔德尼来京，乾隆指定把五世达赖曾经住过的西黄寺作为他的安禅之所。

十三日至十七日为灯节，商店庙宇，咸悬画灯，上绘小说及神怪故事；工至精细，或以冰成之山石、人物、楼阁、瓜果，然灯于中，曰"冰灯"。又有以麦苗和棉絮扎成人物、鱼龙，上置灯烛，曰"麦灯"。清光绪庚子以前，官署亦悬灯五日，以户部、兵部、工部之彩灯为最[1]。此五日中，每薄暮，游人杂沓，谓之"逛灯"。（《北京指南》第二编，礼俗，第六页[2]）

【注释】

〔1〕光绪庚子：即清德宗光绪二十六年，这一年恰为庚子年，相当于公元1900年。

〔2〕《北京指南》：作者原稿中为《北平指南》，疑为笔误。民国时期《北京指南》除作者所引商务印书馆版本外，还有1916年中华图书馆出版的版本，而《北平指南》为李炳衡撰，1919年北平民社出版，均系不同图书。

十四日

望前后夜，妇女束草人，纸粉面，首帕衫裙，号称"姑娘"，两童子掖之，祀以马粪，打鼓，歌马粪芗歌，三祝，神则跃跃，拜不已者，休，倒不起，乃咎也，男子冲而仆^[1]。（《帝京景物略》卷二，第四十页，春场四）

【注释】

〔1〕芗歌：中国传统曲艺中鼓曲类杂曲的一种。

咎：灾祸。

西苑张灯，至正月十四夜起，至十六夜止，癸未上元前二日，有旨：查升、查慎行、汪灏自明日为始，连夕俱至西厂看放烟火^[1]。至十四夜酉刻，内侍一人，导余辈三人自小南门入，沿河北行里许，经勤政楼下，穿纲城，西渡板桥，宽数百亩，壤平如削；当楼之正面，设灯棚一架，高起六丈余^[2]。稍南为不夜城，中列黄河九曲灯，缚秫秸作坊巷胡同，径衔回复，往往入而易迷^[3]。灯之数不知其几，每一灯旁植一旗，五采间错。日初落，数千百灯，一时先然，其北列栅，方广约五六里，散植烟火数百架。黄昏上御楼，西向坐，先放高架烟火，谓之"合子"，最奇者为千叶莲花合子，既毕，人气尤静^[4]。须臾，桥东爆竹发，药线从隔河起，飞星一道，倒曳有声，倏上倏下，列入栅中，纵横驰突^[5]。食顷，火光远近齐著，如蛰雷奋地，飞电掣空^[6]。此时月色天光，俱为烟气所蔽，观者神移目眩，震撼动摇，不能自主，移时烟焰尽消，而九曲黄河灯犹荧荧如繁星也^[7]。内官舞龙灯者，至楼前伺候，余辈乃出宫，漏下二鼓矣^[8]。十五、十六两夜皆然，其后岁以为常，但取道苑北门，不复从南门入矣。（《人海记》卷下，第七十六页，西苑烟火）

【注释】

〔1〕癸未：这里当指清圣祖康熙四十二年，这一年恰为癸未年，相当于公元1703 年。

查升（1650—1707）：清朝大臣，著名文士。查升，字仲韦，号声山，海宁袁花（今浙江海宁袁花镇）人。康熙二十七年（1688），他考中进士，选翰林院庶吉士，被授予编修之职。后入值紫禁城南书房多年，累迁至少詹事，著有《淡远堂集》。

查慎行（1650—1727）：清朝大臣、著名文士。查慎行，字悔余，一字查田，号初白，浙江海宁人。他在康熙年间考中举人，赐进士出身，应召入值紫禁城内南书房，担任编修书籍之职。雍正年间（1723—1735），他受弟弟株连，下狱，后赦归，著有《敬业堂诗集》《补注东坡编年诗》《黔中风土记》《庐山游记》等。

汪灏：生卒年均不详，清代大臣，字文漪，一字天泉，山东临清人。康熙二十四年（1685），他考中进士，官至内阁学士、礼部侍郎、湖南巡抚。

西厂：即西苑。参见注西苑。

〔2〕酉刻：下午五点至七点。

内侍：太监，在宫中供使唤的仆人。

勤政楼：清代北京西北郊的皇家园林圆明园西南角的山高水长的建筑，其具体位置和陈设布局待考。

〔3〕衖：古同"巷"。

〔4〕御楼：此处指圆明园西南角山高水长的建筑"山高水长楼"，又称"御园引见楼"。山高水长楼有西向卷棚歇山楼九间。楼内东南和东北角设楼梯，楼后有院，设南北配殿各三间，清朝皇帝和后妃常在楼上观赏火戏。

〔5〕须臾：极短的时间，片刻，忽然。

倏：极快地。

〔6〕食顷：大约吃一顿饭所用的时间，形容较短时间。

著：显明，显出。

蛰雷：惊醒蛰虫之雷，谓初发的春雷。

奋：振动。

掣：闪过，形容非常迅速，像风吹电闪一样。

〔7〕荧荧：光闪烁的样子。

〔8〕内官：国君左右的亲近臣僚，或皇宫中的女官属，或皇宫中的太监。

漏：这里指漏壶，系古代计时器，铜制有孔，可以滴水或漏沙，有刻度标志以计时间。

十四至十六日，朝服三天，庆贺上元佳节；是以冠盖蹁跹，绣衣络绎，而城市张灯[1]。（《帝京岁时纪胜》，第四页，上元）

【注释】

〔1〕朝服：又称"具服"，是古代举行重大典礼时使用的礼服，其基本样式是衣裳制。古人上身穿衣，下身穿一种类似裙子一样的"裳"。衣裳制是中华文明中服饰礼仪规格最高的形式。

燕都灯市，十四日，群儿牵绳为圆城，空其中方丈，城中，两儿轮以帕蒙目，一儿持木鱼，时敲一声，旋易其地以误之；蒙目者听声猜摸，以巧遇夺鱼为胜，则拳击执鱼者，出之城外，而代之[1]。执鱼又轮一儿，入摸之名曰"摸瞎鱼"。至十六日，小儿群集市中为戏，首以一人为鬼，系绳其腰，群儿共牵之，相去丈余，轮次跃而前，急击一拳以去，名曰"打鬼"。若为系者所执，谓为被鬼执，欣然共笑，捉以代系者，名曰"替鬼"[2]。又有以长缍丈许，两儿对牵，飞摆不定，令难凝视，若百牵然，其实一索也，群儿乘其动时，轮跳其上，以能过者为胜，否或为索所绊，听掌绳者以绳击之，示罚，名曰"跳百索"[3]。其夜妇女群游，祈免灾咎，前一人持香辟人，名曰"走百病"，凡有桥处，三五相率以过，谓之"度厄"[4]。（《宛署杂记》，见《日下旧闻考》卷一百四十七，风俗，第八页）

【注释】

〔1〕燕都：参见注燕。

木鱼：打击乐器。佛教、道教通用之木鱼，与铜磬为一对不可分离之通神乐器，皆系仪案上必备之法器。木鱼的大小、形式、材质不一，唯须与铜磬大小相称。

〔2〕欣然：非常愉快的，自然的高兴的样子。这一词语最初的记载见《史记·吕太后本纪》。

〔3〕缍：粗绳索。

〔4〕灾咎：祸殃。

十五日

十五日曰"上元"，亦曰"元宵"，内臣宫眷皆穿灯景补子蟒衣[1]。（《酌中志》卷二十，第二页）

【注释】

〔1〕补子：又称"胸背"，简称"补"，指中国明清时期的官员服装上，位于胸前和背后的方形装饰。不同等级的官员补子的图案不同，文官的补子的图案用飞禽，武将的补子用猛兽。绣在官服上的补子，是识别官员等级的一种标识。

蟒衣：明代创制的一种绣蟒的官服，也称为"蟒袍"。蟒指巨蛇，形似龙而少爪，一般以金线绣于衣上。蟒衣在明初只限于皇帝左右宦官及得宠亲信人臣所服。至清代，蟒衣正式定为官服。皇帝以下，七品以上文武官，俱可服蟒。蟒数九至五，按品级为差。在清代，蟒袍的服用范围较广，命妇（指受帝王封号的妇女）、喇嘛，或是官员的父母、子弟也可穿。

灯市旧在内城东华门外，今移正阳门外灵佑宫旁；至期结席舍，悬灯高下，听游人昼观，盖京师坊巷，元夕不放灯也。（《人海记》卷下，第十七页，灯市）

烟火花炮之制，京师极尽工巧，有锦盒一具，内装成数出故事者，人物像生，翎毛花草，曲尽妆颜之妙[1]。其爆竹，有双响震天雷、升高三级浪等名色。其不响不起盘旋地上者，曰"地老鼠"；水中者，曰"水老鼠"。又有霸王鞭、竹节花、泥筒花、金盆捞月、叠落金钱，种类纷繁，难以悉举。至于小儿顽戏者，曰"小黄烟"；其街头车推担负者，当面放大梨花、千丈菊；又曰"滴滴金、梨花香，买到家中哄姑娘"，统之曰"烟火"。勋戚富有之家，于元夕，集百巧为一架，次第传爇，通宵为乐[2]。（《帝京岁时纪胜》，第五页，烟火）

【注释】

〔1〕像生：仿天然产物制成的工艺品，旧时多用绫绢、通草制成花果人物等形状。

翎毛：羽毛，或指鸟翎与兽毛，以鸟兽为题材的中国画。

〔2〕勋戚：有功勋的皇亲国戚。

爇：点燃，焚烧。

元夕妇女群游，祈免灾咎，前一人持香辟人，曰"走百病"[1]。凡有桥处，三五相率以过，谓之"度厄"，俗传曰"走桥"。又竞往正阳门中洞摸门钉，识宜男也。（《帝京岁时纪胜》，第六页，走桥摸钉）

【注释】

〔1〕辟：躲开，避开，同"避"。

元宵杂戏，剪彩为灯，悬挂则走马盘香，莲花荷叶，龙凤鳌鱼，花篮盆景；手举则伞扇幡幢，关刀月斧，像生人物，击鼓摇铃；迎风而转者，太极镜光，飞轮八卦；系拽而行者，狮象羚羊，骡车轿辇，前推旋斡为橄榄，就地滚荡为绣球[1]。博戏则骑竹马，扑蝴蝶，跳白索，藏朦儿，舞龙灯，打花棍，翻筋斗，竖蜻蜓[2]。闲常之戏则脱泥钱，踢石球，鞭陀罗，放空钟，弹拐子，滚核桃，打杂杂，踢毽子[3]。京师小儿语："杨柳青，放空钟；杨柳活，抽陀罗；杨柳发，打杂杂；杨儿死，踢毽子。"都门有专艺踢毽者，手舞足蹈，不少停息，若首，若面，若背，若胸，团转相击，随其高下，动合机宜，不致坠落，亦博戏中之绝技矣。（《帝京岁时纪胜》，第七页，岁时杂戏）

【注释】

〔1〕盘香：又称环香，也指香品的一种形状。

鳌鱼：古代汉族神话传说中的动物。相传在远古时代，金、银色的鲤鱼想跳过龙门，飞入云端升天化为龙，但是它们偷吞了海里的龙珠，只能变成龙头鱼身，称为"鳌鱼"。

伞扇：古代的两种仪仗物，均有长柄，上端分别为伞形和扇形。

幡：用竹竿等挑起来直着挂的长条形旗帜。

幢：原指支撑帐幕、伞盖、旗帜的木杆，后借指帐幕、伞盖、旗帜。

关刀：又称"长刀""大刀"，系一种长柄大刀，多为马战使用。

月斧：即修月之斧。在神话传说中，月亮由七宝合成，常有八万二千户用斧子等修之，故有此称。

太极：中国文化史上的一个重要概念、范畴，初见于《庄子》。太极在道家中一般是指宇宙最原始的秩序状态，出现于阴阳未分的混沌时期（无极）之后，而后形成万物（宇宙）的本源。

八卦：古代汉族的基本哲学概念，属于阴阳学说。所谓八卦就是八个卦相。八卦起源于伏羲，表示事物自身变化的阴阳系统，用"—"代表阳，用"--"代表阴，用阴阳符号，按照大自然的阴阳变化平行组合，组成八种不同形式，叫作八卦。

辇：古代用人拉着走的车子，后多指天子或王室成员坐的车子。

旋斡：运转。

〔2〕打花棍：一种体育锻炼项目。打花棍由三根六十厘米长的直棍组成，其中左、右手各握一根称为手杆，剩下的一根称为花棍，并在花棍上用同等距离标注三个圆环线。人们用手里的两根手杆分别击打花棍的不同部位，使花棍的运动轨迹发生改变，高抛低挑，上下翻飞，左右旋转，做出各种花样动作以达到锻炼身体的目的。

竖蜻蜓：一种杂戏，即倒立。其动作为头脚倒竖，用双手支撑全身。

〔3〕泥钱：用钱作模，压泥而成的钱形玩物。

陀罗：即陀螺，是汉族民间最早的娱乐工具，其形状上半部分为圆形，下方尖锐。玩时可用绳子缠绕，用力抽绳，使陀螺直立旋转，或利用发条的弹力旋转。

放空钟：又称"放空竹""抖空竹"，是一种古老的汉族民间游艺活动。这一活动流行于华北、东北等地。它以竹木为材料制成，中空，因而得名，俗称"响葫芦"，江南又称之为"扯铃"。拽拉抖动空竹时，各哨同时发音，高亢雄浑，声入云表。

尜尜：一种汉族民间传统的儿童玩具，流传甚广。尜尜两头尖，中间大，也叫"尜儿"。

上元设灯谜，猜中以物酬之，俗谓之"打灯虎"，语甚典博，上自经文，下及词曲，非学问渊深者弗中[1]。（《燕京杂记》，第一页）

【注释】

〔1〕典博：典雅，宏博。

经文：这里指儒家经书。

词曲：词是一种配乐歌唱的诗体。曲也是和乐演唱的一种韵文形式，但句法比词更为灵活。词的鼎盛时期出现在宋代，曲在元代最为盛行，故有"宋词元曲"之称。

燕京上元节，用乌金纸剪成飞蛾，以猪鬃尖分披片纸贴之，或五或七，下缚一处，以针作柄，妇女戴之，名曰"闹蛾儿"，此古之遗俗也。（《璩谭》，见《顺天府志》卷十八，风俗，第九页）

每至灯节，内廷筵宴，放烟火，市肆张灯；而六街之灯，以东四牌楼及地安门为最盛，工部次之，兵部又次之，他处皆不及也（兵部灯于光绪九年，经阁文介禁止）[1]。若东安门、新街口、西四牌楼，亦稍有可观[2]。各色灯彩，多以纱绢、玻璃及明角等为之，并绘画古今故事，以资玩赏[3]。市人之巧者，又复结冰为器，栽麦苗为人物，华而不侈，朴而不俗，殊可观也。花炮棚子，制造各物烟火，竞巧争奇；有盒子花盆、烟火杆子、线穿牡丹、水浇莲、金盘落月、葡萄架、旗火二踢脚、飞天十响、五鬼闹判儿、八角子、炮打襄阳城、匣炮、天地灯等名目，富室豪门，争相购买，银花火树，光彩照人，车马喧阗，笙歌眛耳[4]。自白昼以迄二鼓，烟尘渐稀，而人影在地，明月当天，士女儿童，始相率喧笑而散。市卖食物，干鲜俱备，而以元宵为大宗，亦所以点缀节景耳。又有卖金鱼者，以琉璃瓶盛之，转侧其影，大小俄忽，实为他处所无也。谨按《日下旧闻考》称：

灯市自初八日起，至十八日止，乃十日非五日也。至百货坌集，乃合灯与市为一处；今则灯归城内，市归琉璃厂矣。(《燕京岁时记》，第四页，灯节)

【注释】

〔1〕内廷：即内朝，为天子日常生活起居之处，相对于外朝而言。外朝是天子处理朝政之处。清代内廷指紫禁城乾清门内，为皇帝召见臣下、日常起居之所。

筵宴：宴会，酒席。

地安门：明清北京城中轴线上的重要标志性建筑之一，是皇城的北门，天安门则是皇城的南门。天安门与地安门南北互相对应，寓意天地平安，风调雨顺。

阎文介：即阎敬铭(1817—1892)，清朝末年著名清官。阎敬铭，字丹初，晚年自号"无不悔翁"，陕西朝邑(今陕西大荔)人。他任山东巡抚期间，告病回乡休养，侨居山西永济虞乡屯里村，设学堂收徒讲学。光绪十七年(1891)，阎敬铭去世，谥号"文介"。

〔2〕新街口：北京市区街道。

西四牌楼：西四牌楼位于今北京西城区。西四牌楼处为东、西、南、北相通的十字路，每个路口各建一座四柱三楼式描金、油漆彩画、木结构的牌楼，檐下有如意斗拱。西四牌楼南、北路口的牌楼上都书"大市街"，东路口牌楼上书"行义"，西路口牌楼上书"履仁"。

〔3〕纱绢：挺括细薄的丝织品的通称。

〔4〕旗火：旗花、烟火、炮仗之属。

炮打襄阳城：烟花名。此烟花之名取自宋元之间的一场重要战役"襄阳之战"，是元朝统治者消灭南宋、统一中国的一次重要战役。

匣炮：一种带响的烟火。

银花火树：即火树银花。参见注火树银花。

眊：视，看。

每上元五夕，西马市之东，东四牌楼下，有灯棚数架；又各店肆高悬五色灯球，如珠琲，如霞标，或间以各色纱灯，由灯市以东，至四牌楼以北，相衔不断[1]。每初月乍升，街尘不起，士女云集，童稚歌呼，店肆铙鼓之声如雷霆；好事者然水浇莲、一丈菊各火花于路，观者如云，九轨之衢，竟夕不能举步，香车宝马，参错其间，愈无出路，而逾进不已，盖举国若狂者数日[2]。此外，地安门、东安门外，约略相同。六部皆有灯，惟工部最盛，头门之内，灯彩四环，空其壁，以灯填之，假其廊，以灯幻之，且灯其门，灯其室，灯其陈设之物，是通一院皆为灯也，此皆吏胥匠役辈为之，游人阗咽，城内外士女毕集，限为之穿[3]。近日物力消耗，渐不如前，灯景游尘，皆为减色矣[4]。（《天咫偶闻》卷三，第十七页）

【注释】

〔1〕西马市：位于北京东四牌楼附近的马市。

店肆：中国古代各类商店建筑的泛称，又称店铺、铺席、店、铺、肆等，有临街商店和院落型商店两类建筑形式。

珠琲：珠串。

霞标：高峻的挺立之物。

纱灯：又称灯笼，为汉族特色手工艺品，起源于西汉时期。

四牌楼：此处指东四牌楼。参见注东四牌楼。

相衔：前后连接。

〔2〕乍：刚，起初。

九轨：可容九辆车并列行驶的路面宽度，指城中大道，泛指大路。

参错：参差交错。

〔3〕六部：指清代中央政府中的六部，即吏部、户部、礼部、兵部、刑部和工部。吏部掌管官员选拔、考核，户部掌管户籍、财政，礼部掌管典礼事务与学校、科举，兵部掌管军事政令、武官选授，刑部掌管刑罚政令及审核刑名，工部为管理全国工程事务的机关。

头门：即正门，建筑物正面的大门。

假：借用，利用。

吏胥：地方官府中掌管簿书案牍的小吏。

匠役：给官府或官宦人家服役的工匠。

阗咽：喧闹的样子。

〔4〕物力：可供使用的全部物资。

游尘：浮扬的灰尘，亦比喻轻贱的人或物。

查初白诗云："才了歌场便卖灯，三条五剧一层层。东华旧市名空在，灵佑宫前另结棚。"[1]此国初事也。盖内城分住八旗，将灯市移于灵佑宫前，后又移于琉璃厂[2]。今此两处皆无灯，鬻灯者在廊房头条胡同[3]。然止日间有之，不复放灯于夜[4]。（《天咫偶闻》卷七，第四页）

【注释】

〔1〕查初白：即查慎行。查慎行，号初白。参见注查慎行。

才了歌场便卖灯，三条五剧一层层。东华旧市名空在，灵佑宫前另结棚：查慎行所作《凤城新年词》中的词句。这首诗意在体现老北京庙会的热闹场面，反映自清康熙后期，灯市不再设在灯市口，而是迁往前门以外，天桥西北的灵佑宫又成为一处热闹的灯市。

〔2〕内城分住八旗：此系清代北京城的居住格局。八旗为满洲的社会生活军事组织形式，由清太祖努尔哈赤创建。丁壮平时为民，战时皆兵，具有极强的战斗力。满洲入关、统一中国后，八旗兵在京城与各地驻防。1644年，清摄政王多尔衮统清兵入北京城，清世祖顺治帝宣布定都北京。清廷规定：北京兵民，分城居住，八旗兵居内城，汉民住外城。为控制汉民，清廷在街巷设防，并有巡逻兵巡视。外城东、西、南、北、中，有五城御史管辖。八旗兵居内城的分布格局，即正黄旗，德胜门内；镶黄旗，安定门内；正红旗，西直门内；镶红旗，阜成门内；正蓝旗，崇文门内；镶蓝旗，宣武门内；正白旗，东直门内；镶白旗，朝阳门内。

〔3〕廊房头条胡同：清末民初各地商家在北京城寄宿和聚集的场所。廊房头条胡同位于今北京西城区前门大街路西，其间建筑形式以中西合璧建筑居多，与南边廊坊二条商业繁华区相通，东起前门大街，西至煤市街。过去廊房头条被称为"灯街"，有华美斋、文盛斋、秀珍斋等二十来家灯笼铺。

〔4〕止：通"只"。

十五日为元宵，薄暮，居民供元宵于佛前，阖家食之，并放烟火，清时是夕童子多擂太平鼓，鼓乃一大铁圈，上蒙以皮，柄有环十余，擂时摇柄，环鼓皆响，今则无之。（《北京指南》第二编，礼俗，第六页）

十五日乃上元节日，上自大内，下至王公百官绅民，皆于是夕供元宵于神佛，及祖先前〔1〕。自大内以及富商，皆放烟火：花炮盒子、花盆、蒲桃架、八角太平花、手把花。如大洋货店、茶叶铺、绸缎铺，放花炮者亦多。大内各宫有灯，工部、吏部、兵部，皆有灯，尤以工部为最精巧〔2〕。京中各人家及店铺，皆悬灯。前门大街，后门大街，东、西华门大街，东四、西单牌楼之大街，观音寺，大栅栏各铺之灯，争奇斗胜；西四、东单两大街次之，至廊房头条、二条胡同，皆出售纱灯之处，无不利市三倍也〔3〕。（《帝京岁时纪胜笺补》，稿本）

〔1〕绅民：绅士与民众。

〔2〕吏部：清代中央政府六部之一。参见注六部。

〔3〕前门大街：北京著名商业街，明清以及民国时期也被称为"正阳门大街"，1965年正式定名为"前门大街"。前门大街位于北京城中轴线，北起前门月亮湾，南至天桥路口，与天桥南大街相连。在明世宗嘉靖二十九年（1550）北京建外城前，前门大街是皇帝出城赴天坛、山川坛祭祀之路，建外城后为外城主要南北街道。

后门大街：即地安门西大街。北京俗称地安门为"后门"，故称地安门西大街为后门大街。地安门西大街处于明清时北京皇城北墙外侧，明代称皇城北大街。

东、西华门大街：明清北京紫禁城东面的东华门、西面的西华门向外延展的大街。东华门大街是位于今北京东城区西部的一条大街。这条大街东起东安门大街西端的东安门，西到紫禁城的东华门，因东华门而得名。西华门大街东起西华门，西到西苑门，因为位于紫禁城西华门外，故定名为"西华门大街"。1965年，北京市整顿地名时，将邻近该大街的水轮胡同并入，仍然称为"西华门大街"。西华门大街是以传统居住形态为主的北京历史文化保护街区，是明清皇城传统风貌的重要组成部分。

东四、西单牌楼之大街：北京城东四牌楼、西单牌楼附近的大街。参见注东四牌楼。西单牌楼位于今北京西单。早在明成祖永乐年间，这里就修建了一座四柱三间冲天式木牌楼，因为只有单独一座牌楼，故该地被称为"西单牌楼"。西单牌楼匾额上书"瞻云"两字，与东单牌楼的"就日"相对，意为东边看日出，西边望彩云。1916年，袁世凯当政时，将匾额上的"就日"和"瞻云"改为"景星"和"庆云"，以突出祥端之意。1954年，因道路扩建需要，西单牌楼被拆除，但是作为地名，"西单"一直沿用至今。

西四、东单两大街：北京的西四牌楼、东单牌楼附近的大街。参见注西四牌楼。东单牌楼位于今北京东城区长安街、东单北大街、建国门内大街之间的十字路口，在今东单体育场东侧，南北向，因昔日在此处有一座牌坊而名。东单牌楼与西单牌楼的形式相同，东单牌楼的牌坊也称为"就日坊"。

廊房头条、二条胡同：北京城的廊房头条胡同和廊房二条胡同。参见注廊房头条胡同。在历史上，廊房二条以经营古玩、玉器闻名，有"玉器古玩街"之称。

大内之灯，由造办处造，花炮则由花炮局造，亦有向商店购买者，亦新奇之品[1]。（《帝京岁时纪胜笺补》，稿本）

【注释】

〔1〕造办处：此处指清代内务府的造办处。清廷的内务府下设有造办处，位于内务府北侧。造办处在最鼎盛时，下设四十二个作坊，荟萃了全国各地的能工巧匠。

花炮局：又称"花炮作"，隶属于清代内务府，负责制造清宫燃放的烟花。

　　烟火之盛，莫如京城，而最盛莫如慈禧太后垂帘时代[1]。盖彼时正值嵩申师曾立山始为总管内务府大臣，逢迎上意，令造办处、花炮局向江西招工来京督造，自此遂有南式花盒[2]。又在交民巷德商祁罗福订购外洋花炮[3]。每年灯节，在中海冰上然放；是日，王大臣及蒙古王公，皆有蒙恩赐宴，及赏看烟火、入座观戏者[4]。（《帝京岁时纪胜笺补》，稿本）

【注释】

〔1〕慈禧太后：即清代孝钦显皇后（1835—1908），姓叶赫那拉氏，咸丰帝的妃嫔，同治帝的生母。1861年咸丰帝崩逝后，她与慈安太后（即咸丰帝的皇后钮祜禄氏）两宫并尊，称"圣母皇太后"，上徽号"慈禧"，之后长期独掌清政府大权。慈禧居住在紫禁城西六宫之一的长春宫，故也被称为"西太后"。1908年，慈禧太后去世，葬于菩陀峪定东陵。

垂帘：殿上用帘子遮隔，皇后或太后在帘后临朝听政，管理国家政事。垂帘始于武则天，但此制源自西汉。

〔2〕嵩申（？—1891）：清朝末年大臣，满洲镶黄旗人，字犊山。清穆宗同治年间（1862—1874），他考中进士，累迁内阁学士。清德宗光绪九年（1883），嵩申迁礼部右侍郎，不久任户部右侍郎，第二年改为户部左侍郎。光绪十四年（1888），他升为理藩院尚书，调任工部尚书。光绪十六年（1890），他调任刑部尚书、内务府大臣，不久病死。

总管内务府大臣：清朝内务府的长官，简称"内务府大臣"或"总管大臣"，满语称"包衣按班"或"包衣大"。内务府的全称为"总管内务府衙门"，由皇帝从满洲王公、内大臣、尚书、侍郎中特简，或从满洲侍卫、本府郎中、三院卿中升补。内务府辖广储司、会计司、掌仪司、都虞司、慎刑司、营造司、庆丰司和上驷院、武备院、奉宸院，分别负责具体的物资出纳、宫廷礼乐、兵器、禁卫扈从、宫女、大内匠役的惩处，以及宫苑的管理和修缮等事务，又特设敬事房专门管理太监。

〔3〕交民巷：地名，即北京的东交民巷，位于今北京东城区的一条胡同。这条胡同西起天安门广场东路，东至崇文门内大街，全长近三公里，是北京最长的

一条胡同，元、明、清时期也被称为"江米巷"。1900年，清廷与列强签订《辛丑条约》，规定将东交民巷划为外国使馆区，受特殊保护，不准中国人居住。

〔4〕中海：今北京西城区的一座湖泊，开辟于金元时代，为皇家园林。中海北连北海，南连南海，与南海并称"中南海"，并与北海和南海并称"三海"。中海的主要建筑是水云榭，为水中凉亭，亭中有《太液秋风》碑，是"燕京八景"之一。此外有紫光阁、蕉园等，山石花草，楼阁亭台，拥水而居，秀美宜人。

元夕妇女群游，祈免灾咎，自咸丰庚申以后行之者少，至庚子后，此风竟绝[1]。（《帝京岁时纪胜笺补》，稿本）

【注释】

〔1〕咸丰庚申：咸丰为清文宗爱新觉罗·奕詝在位期间（1851—1861）所用年号，共计十一年。咸丰庚申年即咸丰十年（1860）。在这一年，英法联军入侵北京，并焚毁了北京西郊的皇家园林——圆明园。

竟：终了，完毕。

元宵杂戏，今昔不同。走马灯之外，有马尾提线灯、近时船灯、飞艇灯、火车灯、麦子龙灯、水月电灯、活动电灯、手提电灯，又有泥作之鹤儿，从口中吐火作青光[1]。小儿玩物，有轻气球，有空竹，有地空竹，有猴儿扒杆、飞蝴蝶，下有小鼓、轮动鼓，响纸球，亦能拍掷，转铁环，跳绳，吹琉璃喇叭、哺哺等；又有倒流手弹者，有口琴，滚桃核，今改为弹琉璃球，转糖得彩，吹糖人，抽糖人，抽糖葫芦；若打太平鼓，解九连环，解万寿字，近则无买之者矣[2]。（《帝京岁时纪胜笺补》，稿本）

【注释】

〔1〕走马灯：汉族特色工艺品，古称蟠螭灯、仙音烛、转鹭灯和马骑灯，亦是传统节日玩具之一，属于灯笼的一种。走马灯常见于元宵、中秋等节日。灯内点上蜡烛，蜡烛产生的热力造成气流，令轮轴转动。轮轴上有剪纸，烛光将剪纸的影投射在屏上，图像便不断走动。因多在灯各个面上绘制古代武将骑马的图画，而灯转动时看起来好像几个人你追我赶一样，故名"走马灯"。

马尾提线灯：汉族特色工艺品，属于灯笼的一种。此灯常见于元宵、中秋等节日。

〔2〕空竹：即空钟。参见注放空钟。

抽糖人：用白糖做成人物禽兽，售卖时用竹签三十二根上刻骨牌点，装入竹筒供人抽取。如成副则为赢，不成副则为输，糖物上拴挂牌点名色，对点即赢。

九连环：一种流传于汉族民间的智力玩具，包含九个相同的圆环及一把长形环柄，目的是把九个圆环全套上或卸下。解此环，需要不断地把环在环柄中穿上穿下，但每解一环，下一环解法次数便增加一倍，九个圆环全部解开则需要几百个步骤。

解万寿字：一种解说文字的结构和意义的智力游戏。

十六日

灯市至十六更盛，天下繁华，咸萃于此；勋戚内眷登楼玩看，了不畏人。（《酌中志》卷二十，第二页）

正月十六日夜，妇女俱出门走桥，不过桥者，云不得长寿；手携钱，贿门军，摸门锁，云即生男[1]。（《北京岁华记》，见《日下旧闻考》卷一百四十七，第七页）

【注释】
〔1〕门军：守门的士兵。

十六夜，女子出游，谓之"走百病"；烧金鳌玉蛛石狮牙，以疗牙痛。（《郎潜纪闻》卷十二，第四页）

十七日

十七日至十九日，御前安设各样灯，尽撤之也[1]。（《酌中志》卷十二，第四页）

【注释】
〔1〕御前：皇帝跟前。

十九日

京师正月灯市，例以十八日收灯，城中游冶顿寂[1]。至次日，都中士女倾国出城西郊所谓"白云观"者，联袂嬉游，席地布饮，都人名为"耍烟九"，意以为火树星桥，甫收声采，而以烟火得名耳[2]。既见友人柬中称为"淹九"，或云，灯事阑珊，未忍遽舍，取淹留之义，似亦近之。既得之都下耆旧，则云全真道人邱元清以是日就阉，故名"阉九"[3]。邱初从黄得祯出家，洪武初，以张三丰荐，为五龙宫主持；有司又以贤才荐为御史矣，上以二宫人赐之，邱度不能辞，遂自宫[4]。今观其遗像，真俨然一妪也[5]。后转太常卿，封三代，殁于京师[6]。邱之事迹甚著，但自宫之日月不可考。然京都是日不但游人塞途，而四方全真道人，不期而集者不下数万，状貌诡异，衣冠瑰僻，分曹而谈出世之业，中贵人多以是日散钱施斋[7]。闻京师无赖，亦有趁此时腐其童稚者，则阉九之说，亦似不安。全真有南北二宗，起于海陵王中孚，其后有谭马邱刘之属，其教始盛，大抵以收摄精气为主，今并阳具去之，不知何以谋长生也[8]？京师自此日后，冠绅闺阁寻春选胜，继以上冢踏青，宝马钿车，更番杂沓，竞出西阛，水边林下，壶榼无虚日，至端午射柳南郊，而游事渐歇矣[9]。（《野获编补遗》卷三，第十五页，淹九）

【注释】

〔1〕游冶：出游寻乐。

〔2〕倾国：形容女子美丽或花色艳丽，又有全国出动之意。

联袂：手拉着手，比喻一同（来去等），衣袖相联，喻携手偕行。

〔3〕耆旧：年高望重者。

全真道：又称全真教、全真派，系道教的一个宗派。该教创立于金代，元代建立后，成为北方道教的主要派别，明清时期逐渐衰微。

邱元清：即丘玄清（1327—1393）。清代为避孔子之名丘，遂改丘为邱；为避康熙帝玄烨之讳，改玄为元。丘玄清为元末明初武当山的全真道士，又作邱元靖，是西安富平（今陕西富平）人，因志趣游身云谷，故自号"云谷"。他幼年拜入全真派。明太祖洪武四年（1371），丘玄清在武当山被道士张三丰收为徒弟，后被张三丰派往五龙宫（参见注五龙宫）主持修整庙宇。洪武十四年（1381），经过选拔举荐，丘玄清被直接提拔到朝廷任职，官拜监察御史，又晋升为太常寺卿，诰封三代。每遇祭祀天地，明太祖朱元璋均会向丘玄清询问晴雨之事。丘玄清卒于洪武二十六年（1393），朱元璋专门派人向丘玄清致以皇帝的文告祭礼。

〔4〕洪武：明太祖朱元璋在位期间（1368—1398）所用年号，共计三十一年。

张三丰：生卒年不详，元明时代著名道士。张三丰名通，又名全一，字君实，号玄玄子。张三丰为辽东懿州（今辽宁彰武西南）人，又传为张天师的后裔。他多次往来武当山中修炼丹道，并预言此山日后必将大兴，嘱咐其弟子善守香火。明太祖洪武十七年（1384），张三丰撰《无根树丹词》。朱元璋称帝后，曾经派人四处寻三丰，竟然毫无踪影。明成祖朱棣在永乐年间大修武当山，专门为张三丰修建"遇真宫"，并几次遣使寻访，也未能如愿。明英宗天顺三年（1459），皇帝下诏封张三丰为"通微显化真人"。

五龙宫：道教圣地武当山的著名道观，位于武当山天柱峰以西的五龙峰山麓灵应峰下，前为金锁峰，右绕磨针涧，地势清幽。五龙宫是武当山最早的八宫之一，历经唐、宋、元、明几代修缮，共建有宫观庙宇八百多间，规模一度庞大，但现在仅存宫门、红墙、碑亭及泉池、古井等。

有司：官吏和官署的泛称。古代设官分职，各有专门的衙署，故称有司。

御史：这里指明代的御史。明太祖洪武年间，设都察院为御史府，以御史大夫为长官，从一品，负责官员的监察和弹劾。

上：此处指明太祖朱元璋。参见注太祖。

度：推测，猜测。

宫：阉割男性生殖器。在早期道教中，房中术是修行方式之一。后来，道教才逐渐将房中术排除。

〔5〕俨然：形容特别像。

妪：年老的女人。

〔6〕太常卿：即太常寺卿，明代太常寺的长官，正三品，总管本寺的相关事务。

殁：死。

〔7〕京都：此处指北京。

不期而集：即不期而会，未经约定而意外地遇见，未经约定而自动聚集。这一成语最初的记载见《春秋谷梁传·隐公八年》："不期而会曰遇。"

瑰僻：奇异少见。

曹：分科办事的官署。

出世：古代一种对世俗之事不关注的思想。

中贵人：帝王所宠幸的近臣，专称显贵的侍从宦官。

〔8〕全真有南北二宗：全真道在发展过程中形成的两支宗派。在元代，人们将并入全真道的张伯端一系所创立的以内丹修炼为主的金丹派（主要是陈致虚）称为"南宗"，而将王重阳所传称为"北宗"。元朝统一中国后，南宗与北宗合并，仍称全真道，为后世道教的主要宗派。后来，全真道内部又衍化出众多支派，如南宗有清修派和双修派，北宗全真七子（即王重阳的七名弟子，参见注王中孚）亦各传一派，其中丘处机所传全真龙门派最为昌盛。

海陵：此处指金海陵王完颜亮统治时期（1150—1161）。完颜亮（1122—1161），金朝第四位皇帝，字元功，本名迪古乃，金太祖完颜阿骨打的庶长子完颜宗干的第二子。1149年末，完颜亮杀金熙宗完颜亶，自立为帝，改年号为天德。完颜亮登上皇位后，大杀功臣和皇亲，多用汉人、契丹人和渤海人掌朝政。贞元元年（1153），完颜亮将金朝的都城从上京会宁府（今黑龙江阿城）迁移至中都（今北京），这是北京首次成为独立政权的首都。大定元年（1156），完颜亮仿照中原制度，颁布"正隆官制"，进一步完善中央集权。他还大量印钞铸钱，使南迁的女真人与汉人杂处耕作。正隆六年（1161）六月，完颜亮率领大军攻宋，十一月，被部将耶律元宜等刺杀。金世宗完颜雍在大定二年（1162）降封完颜亮为海陵郡王，谥号炀。大定二十一年（1181），金世宗再降封完颜亮为海陵庶人。

王中孚：即王重阳（1112—1170），宋金之际著名道士，全真派道教的创始人。他原名中孚，字允卿，又名世雄，字德威，入道后改名王喆，字知明，道号重阳子，故称王重阳。他在山东等地宣讲教法，先后收马钰、孙不二、谭处端、刘处玄、丘处机、郝大通、王处一为弟子。这七名弟子即后世所称"全真教七真人"。

谭马邱刘之属：指全真教的谭处端、马钰、丘处机和刘处玄等著名的全真道士，王重阳的弟子。

摄：吸引。

精气：道教的内炼名词，指一种精灵细微的物质。古人将精气看作自然万物以及生命和智慧的根源。

阳具：男性的阴茎，是生殖器官。

〔9〕冠绅：戴帽束带，比喻官员。

闺阁：内室小门，特指女子卧室，比喻女子。

选胜：寻游名胜之地。

冢：坟墓。

踏青：春日郊游，也称"踏春"，一般指初春时到郊外散步游玩。

钿：以金、银、贝等镶嵌的饰物。

阇：城防工事的门，城门外的曲城。

榼：古代盛酒的器具，泛指盒一类的器物。

十九日，名"燕九"是也，都城之西南有白云观者，云是胜国时邱真人成道处；此日僧道辐辏，凡圣溷杂，勋亲内臣凡好黄白术者，咸游此访丹诀焉[1]。（《酌中志》卷二十，第三页）

【注释】

〔1〕胜国：亡国，已经灭亡的前一个朝代。

邱真人：即丘处机。参见注丘道人。

溷：混杂。

黄白术：道教炼丹术的重要组成部分，为神仙方技之一。古代以黄喻金，以白喻银，总称"黄白"。道士试图通过药物的点化，变贱金属（铜、铅、锡等）为金黄色或银白色的假金银，又称"药金"或"药银"，其外表与黄金、白银相似，而性质不同。这种制取"黄白"的方技，即称"黄白术"。

丹诀：养生名词，泛指炼丹的方法。

十九日集白云观，曰"耍燕九"，弹射走马焉。（《帝京景物略》卷二，第四十页，春场四）

白云观，元太极宫故墟，出西便门下上古隍间一里，麦青青及门楹者，观也〔1〕。中塑白皙皴皱无须眉者，长春真人像也〔2〕。观右有阜，藏真人蜕〔3〕。真人名处机，字通密，金皇统戊辰正月十九日生〔4〕。今都人正月十九日，致浆祠下，游冶纷沓，走马蒲博，谓之"燕九节"（又曰"宴丘"）〔5〕。相传是日真人必来，或化冠绅，或化游士冶女，或化乞丐；故羽士十百，结园松下，冀幸一遇之〔6〕。（《帝京景物略》卷三，第七十八页，白云观一）

【注释】

〔1〕太极宫：指元代大都城的太极宫，为著名道观。最初唐朝在此处建天长观，后逐渐衰败被毁。金大定七年（1167），金世宗下诏复建天长观。天长观后为金朝皇家御用道观，全真教七真王处一、丘处机、刘处玄都多次奉诏进京，入住观中，为皇帝主持道教仪式。金章宗泰和二年（1202），天长观毁于大火，第二年重建，改名"太极宫"。其后，金朝在蒙古的压力下放弃中都南迁，太极宫遂告荒废。1224年，全真教第五任掌教丘处机入住太极宫，自此全真教入主观中。1227年，蒙古因丘处机字号为"长春真人"，遂改太极宫名为"长春宫"。丘处机命弟子王志瑾主领重建，金末以来衰败的长春宫焕然一新。自此至元末，长春宫即为全真教权力中心、掌教驻地，皇家重要道教仪式多在观中举行。丘处机去世后，全真道掌教尹志平改建长春宫东部建筑物为白云观，以安葬丘处机。在元末，长春宫毁于兵火，未能恢复。其东侧白云观在明初得到燕王朱棣的支持而重建，代替长春宫成为全真教祖庭。

隍：本义城墙，引申为没有水的护城河。

麦青：麦叶，是一种类似小麦的植物。麦青长势不高，也没果实，但汁浓液多，散发出缕缕清香。

〔2〕长春真人：即丘处机。参见注丘道人。

〔3〕真人蜕：即真人遗蜕，道教信徒认为死是遗其形骸而化去，故称其尸体为"遗蜕"。

〔4〕金皇统戊辰：皇统，金熙宗完颜亶所用年号，从公元1141年至1148年，共计八年。皇统戊辰，即皇统八年，公元1148年。

〔5〕蒲博：赌博。

〔6〕游士冶女：参见注游冶。

十九集白云观，弹射走马，曰"耍燕九"。（《大兴县志》，传抄本）

白云观建于金，旧为太极宫，元改名曰"长春宫"，明正统间重修，改名"白云观"，出西便门一里，观中塑邱真人像，白晳无须眉[1]。考元大宗师长春真人邱处机赴元太祖召，拳拳以止杀为戒；时有事西征，则云一天下在不嗜杀人；大猎山东，则云天道好生，数畋猎非宜；念西河流徒，则持牒招来，全活不下三万人[2]。本朝有圣祖御题额四，曰"紫虚真气"，曰"大智宝光"，曰"驻景长生"，曰"琅简真庭"，其所以受国朝之旌祀而立庙貌于无穷者，岂异说纷纭，飞升黄白之流可拟比于万一也[3]！真人生于宋绍兴戊辰正月十九日，故都人至正月十九日，致酹祠下，为燕九节[4]。车马喧阗，游人络绎，或轻裘缓带簇雕鞍，较射锦城濠畔，或凤管鸾箫敲玉版，高歌紫陌村头；已而夕阳在山，人影散乱，归许多烂醉之神仙矣[5]。（《帝京岁时纪胜》，第八页，燕九）

【注释】

〔1〕长春宫：参见注太极宫。

明正统间：明英宗朱祁镇在位期间（1436—1449）所用年号，共计十四年。

〔2〕元太祖：即成吉思汗（1162—1227），蒙古帝国的缔造者。成吉思汗为蒙古乞颜部人，姓孛儿只斤，名铁木真。金泰和六年（1206），铁木真在斡难河（今鄂嫩河）畔召开忽里台大会（即部落和各部联盟的议事会，用于推举首领、决定征战等大事），建立蒙古国，即大汗位，加号成吉思，颁布法典，建立军队、官僚机构。他即汗位的第十四年（1219），率领二十万骑兵西征中亚，占领中亚大片土地，并于即汗位的十八年（1223），率军返回。1227年，成吉思汗病死于六盘山。元世祖忽必烈登上帝位后，在至元二年（1265）给成吉思汗上庙号太祖，称元太祖，第二年追上谥号圣武皇帝，元武宗至大二年（1309）加谥为法天启运

圣武皇帝。

拳拳：恳切诚挚。

有事西征：这里指成吉思汗即汗位之后的第十四年（1219）至第十八年（1223）率军西征。参见注元太祖。

嗜：喜欢，爱好。

山东：这里指金代的山东东路和山东西路。山东东路治益都府（今山东青州），辖境相当于今山东泰山以北，沾化、商河、禹城、长清、沂源、蒙阴、平邑、苍山和今江苏新沂、沭阳等市县以东，淮河以北地区。山东西路治东平府（今山东东平），辖境相当于今山东泰山、高唐以南，龟蒙山以西，聊城、阳谷等市县以东，金乡以北和今江苏泗阳以西。

畋猎：打猎。

西河：此处指西北地区南北流向的黄河。

牒：官府的文书。

〔3〕圣祖：即清圣祖爱新觉罗·玄烨（1654—1722），又称康熙帝，是清世祖爱新觉罗·福临的第三子，八岁便登上皇位，年号为康熙。康熙帝亲政以来，擒鳌拜、平三藩、收复台湾，击败准噶尔、挫败沙俄对东北的入侵，使国家经济文化得以发展。康熙六十一年（1722），玄烨病逝于北京西北郊的畅春园，葬景陵，庙号圣祖，谥仁皇帝。

国朝：此处指清朝。

旌祀：表彰与祭祀。

飞升：得道飞上天，登天界。道教称之为升天成仙。

黄白：即黄白术。参见注黄白术。

〔4〕宋绍兴戊辰：绍兴，宋高宗赵构所用年号，从公元1131年至1162年，共计三十二年。绍兴戊辰，即绍兴十八年，相当于公元1148年。

酹：把酒浇在地上，表示祭奠。

〔5〕轻裘：轻暖的皮衣。

缓带：宽束衣带，形容悠闲自在、从容不迫。

雕鞍：刻饰花纹的、华美的马鞍。借指坐骑。

濠：底部安放有竹刺的护城河。

凤管：笙箫或笙箫之乐的美称。

鸾箫：箫的美称。

玉版：亦作"玉板"，特指上有图形或文字，象征祥瑞盛德或预示吉凶的玉片。

白云观在西便门外一里，元太极观故墟，中塑丘真人像，白皙无须眉[1]。

都人正月十九日致醮祠下，谓之"燕九节"。(《宸垣识略》卷十三，第十五页，郊坰二[2])

【注释】

〔1〕太极观：即太极宫。参见注太极宫。

丘真人：即丘处机。参见注丘道人。

〔2〕坰：都邑的远郊。

十九日，集邱长春庙，谓之"燕九"[1]。(《郎潜纪闻》卷十二，第四页)

【注释】

〔1〕邱长春庙：即北京的著名道观太极宫、白云观。参见注太极宫、注白云观。

十九日谓之"筵九"。每至筵九，皇上幸西厂子小金殿筵宴，看玩艺贯跤，蒙古王公请安告归[1]。臣工之得着貂裘者，尽于是日脱去，改穿白锋毛矣[2]。民间无事可纪，游赏白云观者，谓之"会神仙"焉。(《燕京岁时记》，第六页，筵九)

【注释】

〔1〕西厂子：即西苑、圆明园的景观山高水长。参见注西苑。

小金殿：此处指清帝在圆明园山高水长举行宴会时临时搭建的大蒙古包。

贯跤：摔跤。

〔2〕貂裘：用貂的毛皮制作的衣服。

开印之期，大约于十九、二十、二十一，三日之内，由钦天监选择吉日吉时，先行知照，朝服行礼[1]。开印之后，则照常办事矣。(《燕京岁时记》，第六页，开印)

【注释】

〔1〕钦天监：官署名，掌管观察天象、推算节气和制定历法之事。

知照：通知。

白云观，元之长春宫也，昔在城中，今则为城外巨刹，犹冠京师[1]。正月十九日，俗称"阉九"，前数日即游人不绝，士女昌丰，而群奄尤趋附，以邱长春乃自宫者也[2]。(《天咫偶闻》卷九，第九页，郊坰)

【注释】

〔1〕刹：梵语"刹多罗"的简称，指寺庙、佛塔、佛寺。

〔2〕奄：此处同"阉"。

邱长春：即丘处机。参见注丘道人。此处称丘处机曾经自宫，乃是将丘玄清之事移花接木至丘处机身上。参见注邱元清。

十九日为燕九节，人家食品，或面角，或春饼。西便门外白云观，走马博塞，游事最盛[1]。富家士女，多留宿者，曰"会神仙"，盖以是夕有神仙下降，度化凡人，所幻之状，男女贵贱均有之，迷信者冀得一遇也。(《北京指南》第二编，礼俗，第六页)

【注释】

〔1〕博塞：古代汉族博戏，属于棋类游戏。

二十三日

德胜门外黑寺，自二十三至二十五日打鬼[1]。届期商贾纷集，士女杂沓，亦有走马驰车以为乐者[2]。(《北京指南》第二编，礼俗，第九页)

【注释】

〔1〕黑寺：清代北京城著名寺庙。黑寺位于今北京德胜门外马甸，北京海淀区东升乡马甸村西。黑寺按方位分为前、后寺。两寺因覆以黑瓦，故俗称"黑寺"。前后两寺以一街相隔。两寺与附近的黄寺同为藏传佛教寺庙。前黑寺原名"慈度寺"，建于清朝初年，坐北朝南，有殿五重，民国年间烧毁。后黑寺原名"察罕喇嘛庙"，为察罕呼图克图（即活佛）于清世祖顺治二年（1645）募化创建。此寺坐北朝南，原有殿三重，寺门额曰"大清古刹"。

〔2〕届期：到预定的日期。

俗传二十三日为"小填仓"。(《帝京岁时纪胜笺补》，稿本)

二十五日

二十五日日"填仓"，亦醉饱酒肉之期也。(《酌中志》卷二十，第四页)

二十五日，大啖饼饵，日"填仓"[1]。(《大兴县志》，传抄本)

【注释】

[1]饼饵：饺子。

念五日为填仓节，人家市牛羊豕肉，恣餐竟日，客至苦留，必尽饱而去，名日"填仓"[1]。惟是京师居民不事耕凿，素少盖藏，日用之需，恒出市易，当此新正节过，仓廪为虚，应复置而实之，故名其日日"填仓"[2]。今好古之家，于是籴米积薪，收贮煤炭，犹仿其遗意焉[3]。(《帝京岁时纪胜》，第九页，填仓)

【注释】

[1]念五日：此处指廿五日，即二十五日。

恣：放纵，无拘束。

[2]耕凿：耕田凿井，泛指耕种、务农。

盖藏：储藏，储藏的东西。

仓廪：仓，谷藏。廪，米藏。仓廪，贮藏米谷的仓库。

[3]籴：买米，引申为买入之意。

薪：柴火。

二十五日谓之"填仓日"，大小之家，俱治具饱食[1]。(《郎潜纪闻》卷十二，第四页)

【注释】

[1]治具：办席。

每至二十五日，粮商米贩致祭仓神，鞭炮最盛。居民不尽致祭，然必烹治饮食，以劳家人，谓之"填仓"。(《燕京岁时记》，第八页，填仓)

二十五日粮商祭仓神，居民亦均治饮食，谓之"大填仓"。(《北京指南》第二

编，礼俗，第六页）

二十五日为"大填仓"，京中人是日宴乐而已。若在乡农，则购米面入囤，犒长工，杀猪羊，敲年鼓，醉饱而歌，尽欢而散[1]。（《帝京岁时纪胜笺补》，稿本）

【注释】

〔1〕囤：盛放粮食的器物，用成条的薄竹片、荆条等编成或用席箔等围成。
犒：用酒食或财物慰劳。

立春

妇人进春书，刻青绘为帜，像龙御之，或为蟾蜍画帜，曰"宜春"[1]。（《辽史》卷五十三，第十二页）

【注释】

〔1〕春书：汉族民俗文化，是一种立春日剪贴在宫中门帐上的书有诗句的帖子。
绘：彩绣。
蟾蜍：蛤蟆。

立春之前一日，顺天府于东直门外迎春[1]。凡勋戚内臣、达官武士，赴春场跑马，以较优劣[2]。至次日立春之时，无贵贱皆嚼萝卜，曰"咬春"，互相请宴，吃春饼和菜，以绵塞耳，取其聪也。（《酌中志》卷二十，第二页）

【注释】

〔1〕顺天府：此处指顺天府的官员。顺天府的辖区在清初多有变化，清高宗乾隆八年（1743）开始固定下来，共领五州十九县，即通、蓟、涿、霸、昌平五州，大兴、宛平、良乡、房山、东安、固安、永清、保定、大城、文安、武清、香河、宝坻、宁河、三河、平谷、顺义、密云、怀柔十九县，又混称为顺天府二十四州县，相当于今北京及天津、河北的一部分。
〔2〕达官：显贵的官吏。

东直门外五里，为春场，数内春亭，万历癸巳府尹谢杰建也[1]。故事先春一日，大京兆迎春，旗帜前导，次田家乐，次勾芒神亭，次春牛台，次县正佐耆老、学师儒，府上下衙，皆骑，丞尹舆，官皆衣朱簪花；迎春，自场入于府[2]。是日，塑小春牛芒神，以京兆生异入朝，进皇上春，进中宫春，进皇子春[3]。毕，百官朝服贺，立春候，府县官吏，具公服，礼勾芒，各以彩仗鞭牛者三，劝耕也；退各以彩仗赠贻所知[4]。按造牛、芒法，日短至，辰日，取土、水、木于岁德之方，木以桑柘，身尾高下之度，以岁八节四季，日十有二时，踏用府门之扇，左右以岁阴阳，牛口张合，尾左右缴，芒立左右，亦以岁阴阳[5]。以岁干支纳音之五行，三者色，为头身腹色，日三者色，为角耳尾，为膝胫，为蹄色[6]。以日支孟仲季，为笼之索，柳鞭之结子，之麻苎丝；牛鼻中木，日"拘脊子"，桑柘为之，以正月中宫色，为其色也[7]。芒神服色，以日支受克者为之，克所克者，其系色也，岁孟仲季，其老壮少也；春立旦前后五日中者，是农忙也；过前农早忙，过后农晚闲也[8]。而神并乎牛，前后乎牛分之，以时之卯后八日燠，亥后四日寒，为黿耳之提且戴[9]。以日纳音，为髻平梳之，项耳前后，为鞋袴行缠之悬着有无也，田家乐者，二荆笼，上着纸泥鬼判头也；又五六长竿，竿头缚脬如瓜状，见僧则捶，使避匿，不令见牛芒也，又牛台上，花绣衣帽，扮四直功曹立，而儿童瓦石击之者，乐工四人也[10]。考汉《郊祀志》，迎春，祭青帝勾芒，青车旗服，歌《青阳》，舞《云翘》，立青幡，百官衣皆青，郡国县官，下至令史，服青帻；今者朱衣，唐制，立春日，郎官、御史长贰以上，赐青罗幡胜，宰臣、亲王、近臣，赐金银幡胜，入贺，带归私第[11]。民间剪彩为春幡簪首[12]。（《帝京景物略》卷二，第三十七页，春场二）

【注释】

[1] 万历癸巳：万历，明神宗朱翊钧在位期间（1573—1620）所用年号，共计四十八年。万历癸巳，即万历二十一年，公元1593年。

府尹谢杰（？—1604）：指明代的顺天府尹谢杰。谢杰，字汉甫，福建长乐人。明神宗万历二年（1574），他考中进士，授行人，出使琉球（今日本冲绳），历任两京太常寺少卿、南京五府金书、顺天府尹。谢杰敢于任事，为官廉洁，著有《天灵山人集》《棣萼北窗吟稿》《白云编》诸书。

[2] 大京兆：这里指首都北京城及周边地区。

勾芒神：古老的神话传说中的人物。勾芒是伏羲氏的四个儿子重、该、修、羲中的老大。伏羲氏将重（即勾芒）委派到东方来主持木星的观测，东方属木，为青色，因而又称木官、木帝、苍帝、青帝，也是春官。

春牛：立春日的汉族传统风俗之一。春牛即立春日劝农春耕的象征性的牛，用泥捏纸粘成，也叫"土牛"。古人在立春日要进行迎春仪式，由人扮成主管草木生长的"勾芒神"，鞭打春牛；由地方官吏行香主礼，叫作"打春"或"鞭春"。

正佐：长官的辅佐官。

耆老：老年人。

学师儒：古代指教官或学官。

丞：此处指顺天府丞。明清时代的顺天府置府丞，为顺天府尹的副职，正四品，兼管学校。

尹：此处指顺天府尹，为明清时代首都北京的治安与政务的最高行政长官，相当于现今的北京市市长，为正三品。

〔3〕芒神：即勾芒神。参见注勾芒神。

京兆：首都所在地区，首都地区的衙门。

舁：抬，带，载。

中宫：皇后居住的宫殿，亦用以代称皇后。

〔4〕赠贻：赠送，亦指赠送之物。

〔5〕造牛、芒法：此处指造春牛、勾芒神的方法。参见注春牛、注勾芒神。

辰日：中国天干地支纪日法中地支为辰的日子。辰在五行上属土，居中，色黄，辰日一共有五个：戊辰、庚辰、壬辰、甲辰、丙辰。

取土、水、木于岁德之方：从德运来讲，土属于中央，水属于北方，木属于东方，火属于南方，金属于西方。

桑柘：桑木与柘木，指农桑之事。

八节：这里指一年中的八个重要节日，即元旦（农历正月初一）、元宵（农历正月十五）、清明（冬至后第一百零七日）、端午（农历五月初五）、中秋（农历八月十五）、重阳（农历九月初九）、冬至（农历十一月二十二）、除夕（农历腊月三十）。

缴：缠绕，扭转。

〔6〕岁干支：以天干、地支搭配纪年。

纳音之五行：古人以五音（宫、商、角、徵、羽）、十二律（黄钟、太簇、姑洗、蕤宾、夷则、无射、大吕、夹钟、仲吕、林钟、南吕、应钟）相合为六十音，与天干、地支相配而成的六十甲子相配合，按金、火、木、水、土五行之序旋相为宫，称为"纳音"。纳音又与五行相配，称"纳音之五行"。

〔7〕日支：用干支纪年法表示日期的地支。

孟：最大的，开头的。

仲：第二，在当中的。

季：最小的，末了。

索：大绳子或大链子。

麻苎：多年生草本植物，茎皮含很多纤维质。

〔8〕克：制伏。

〔9〕卯：这里指卯日。卯是十二地支之一，卯日就是地支为卯的日子。卯日共有五个：乙卯、丁卯、己卯、辛卯、癸卯。每隔十二天出现一个卯日。卯日的五行属木，为阴木，位于正东方，色青。

煖：暖，热。

亥：这里指亥日。亥是十二地支之一，亥日就是地支为亥的日子。亥日共有五个：乙亥、丁亥、己亥、辛亥、癸亥。天子于每年农历正月之亥日亲耕。其日占卜必须为吉，故称"吉亥"。先占卜上旬之亥日，如不吉，则再占卜中旬和下旬。

幎：覆盖，掩盖。

〔10〕髻：盘在头顶或脑后的发结。

袴：同"裤"。

行缠：裹足布；绑腿布。古代男女都用行缠，后只有兵士或远行者用。

荆笈：荆棘所编之笼子。

胈：膀胱。

四直功曹：即四值功曹。四值功曹是汉族民间信仰和道教所奉的天庭中值年、值月、值日、值时四神，相当于天界的值班神仙。这四神分别是值年神李丙、值月神黄承乙、值日神周登和值时神刘洪。四值功曹的主要工作是考察记录功劳，掌管功劳簿，还兼作守护神将。

〔11〕《郊祀志》：东汉史家班固所撰《汉书》中的《郊祀志》，这一篇章记述的是国家的礼仪制度。

青帝勾芒：即勾芒神。参见注勾芒神。

《青阳》：古代春天郊祀歌名。

《云翘》：古代祭祀中的乐舞名。

令史：官府中胥吏的通称。胥吏即地位、品秩较低的为官府做事之人。

帻：古代的头巾。

郎官：官名。此处指唐朝中央尚书省所辖左、右司及六部的郎中、员外郎。郎官具体负责各部的各项事务。

御史：自隋唐以来，御史是对国家最高监察机构御史台下设三院（即台院、殿院和察院）的侍御史、治书侍御史、殿中侍御史和监察御史等官的统称。御史具体负责各类监察事务。

长贰：官的正副职。

罗：一种较为轻薄透孔的丝织物，其外表特点是稀疏、有空隙，并有皱感，通过绞纱与平纹交替，经丝互相纠结，呈现条状孔路，其孔眼疏朗、稳定，不会产生滑移。

幡胜：汉族民间风俗，指一种用金银箔或罗绢剪裁制作的装饰品，有的形似旗帜，故名"幡胜"。

〔12〕春幡：春旗。旧俗于立春日或挂春幡于树梢，或剪成小旗子，缀簪于首，以示迎春之意。

立春前一日迎春于东郊，次晨鞭土牛，遵古送寒气之意也；具小芒神土牛，官生舁献，曰"进春"〔1〕。（《大兴县志》，传抄本）

【注释】

〔1〕小芒神：即勾芒神。参见注勾芒神。

立春前一日迎春于东郊春场，鼓吹旗帜前导，次田家乐，次勾芒神亭，次春牛台；引以耆老师儒、县正佐官，而两京兆列仪从其后。次晨鞭土牛，遵古送寒气之意也。是日五鼓，具数小芒神土牛，官生舁献大内诸宫，曰"进春"。（《宛平县志》，传抄本）

立春日，各省会府州县衙遵制鞭春〔1〕。京师除各署鞭春外，以彩绘按《图经》制芒神土牛，舁以彩亭，导以仪仗鼓吹；交春之刻，京兆尹帅两学诸生，恭进大内〔2〕。（《帝京岁时纪胜》，第二页，进春）

【注释】

〔1〕鞭春：参见注鞭春打春、注春牛。
〔2〕《图经》：又称《图籍》《图志》《图记》，是介于地方志和地图之间的一种地方性文献。图经的体例是一图一说或图说并举。

舁：疑应为"舁"。

交春：立春。

京兆尹：此处系引用西汉和唐代首都的行政长官京兆（今陕西西安）尹来指代明清时期首都北京的行政长官顺天府尹。参见注尹。

帅：同"率"。

两学诸生：明清时期国子监和太学的学生。

新春日献辛盘，虽士庶之家，亦必割鸡豚，炊面饼，而杂以生菜、青韭芽、羊角葱，冲和合菜皮，兼生食水红萝卜，名曰"咬春"[1]。（《帝京岁时纪胜》，第二页，春盘）

【注释】

[1] 士庶：士人和普通百姓，亦泛指人民、百姓。

鸡豚：鸡和猪，为古时农家所养禽畜。

立春日，都人多买萝卜生食之，谓之"咬春"，又作春饼。（《燕京杂记》，第一页）

打春即立春，在正月者居多。立春先一日，顺天府官员至东直门外一里春场迎春。立春日，礼部呈进春山宝座，顺天府呈进《春牛图》，礼毕回署，引春牛而击之，曰"打春"[1]。是日，富家多食春饼，妇女等多买萝卜而食之，曰"咬春"，谓可以却春困也。谨案《礼部则例》载：立春前一日，顺天府尹率僚属，朝服迎春于东直门外，隶役舁芒神土牛，导以鼓乐，至府署前，陈于彩棚[2]。立春日，大兴、宛平县令设案于午门外，正中，奉恭进皇帝、皇太后、皇后，芒神土牛，配以春山，府县生员舁进，礼部官前导，尚书、侍郎、府尹及丞后随，由午门中门入，至乾清门、慈宁门恭进，内监各接奏，礼毕皆退，府尹乃出土牛环击，以示劝农之意[3]。（《燕京岁时记》，第三页，打春）

【注释】

[1] 礼部：参见注六部。

《春牛图》：古代一种用来预知当年天气、降雨量、干支、五行、农作收成等资料的图鉴。

[2] 则例：以法令或成案作为条例。

[3] 大兴、宛平县令：大兴县和宛平县的行政长官。这两县均属于明清顺天府所辖。

午门：即五凤楼。参见注五凤楼。

生员：秀才。

尚书、侍郎：此处指礼部尚书、侍郎，分别为礼部的长官和副官。参见注六部。

府尹及丞：这里指顺天府尹及丞。参见注尹、丞。

乾清门：北京紫禁城内廷的正宫门，是连接内廷与外朝往来的重要通道。乾清门始建于明成祖永乐十八年（1420），清世祖顺治十二年（1655）重修。乾清门内有高台甬路连接乾清宫月台。乾清门东为内左门及九卿值房，西为内右门及军机处。

慈宁门：北京紫禁城内廷外西路慈宁宫的正门，乾隆年间改建慈宁宫时一并拆建。慈宁门前是一东西狭长的广场，东出永康左门可至隆宗门，西为永康右门。广场南侧与慈宁门相对的长信门为通往慈宁宫花园之门户。清代每逢皇太后圣寿节（即生日）时，在慈宁门内外陈设仪仗，皇帝、皇后分率大臣、命妇等在此行礼朝贺。

内监：宦官、太监。古时宫廷又称"大内""内府""内廷"，所以宦官、太监又称为"内监"。

立春日多食春饼（备酱熏及炉烧盐腌各肉，各色炒菜，如菠菜、韭菜、黄芽菜、干粉、鸡蛋等，而以面粉烙薄饼卷而食之，故又名薄饼）。妇女多食萝卜，曰"咬春"，谓可却春困也。（《北京指南》第二编，礼俗，第六页）

杂事

斯时所尚珍味：则冬笋、银鱼、鸽蛋、麻辣活兔，塞外之黄鼠、半翅、鹖鸡，江南之密罗柑、凤尾橘、漳州橘、橄榄、小金橘、风菱、脆藕，西山之苹果、软子石榴之属，水下活虾之类，不可胜计[1]。本地则烧鹅、鸡、鸭、猪肉、冷片羊尾、爆炒羊肚、猪灌肠、大小套肠、带油腰子、羊双肠、猪臂肉、黄颡管儿、脆团子、烧笋鹅、鸡、炸鱼、柳蒸煎燝鱼、卤煮鹌鹑、鸡醇汤、米烂汤、八宝攒汤、羊肉、猪肉包、枣泥卷、糊油蒸饼、乳饼、奶皮[2]。素蔬则滇南之鸡㙡，五台之天花羊肚菜、鸡腿、银盘等蘑菇，东海之石花、海白菜、龙须、海带、鹿角、紫菜，江南蒿笋、糟笋、香蕈，辽东之松子，苏北之黄花金针，都中之山药、土豆，南都之苔菜，武当之鹰嘴笋、黄精、黑精，北山之榛、栗、梨、枣、核桃、黄连茶、木兰芽、蕨菜、蔓菁，不可胜数也[3]。茶则六安、松萝、天池、绍兴岕茶、径山虎邱茶也[4]。凡遇雪，则暖室赏梅，吃炙羊肉、羊包肉、浑酒、牛乳[5]。（《酌中志》卷二十，第二页）

【注释】

〔1〕银鱼：一种可以生活于近海的淡水鱼，因体细长似鲑，细嫩透明，色泽

如银而得名。古人又把它喻为玉簪、银梭，俗称面丈鱼、炮仗鱼、帅鱼、面条鱼、冰鱼、玻璃鱼等。

黄鼠：属啮齿目，松鼠科，别名达乌尔黄鼠、蒙古黄鼠、草原黄鼠、大眼贼、豆鼠子、禾鼠等。

半翅：鸟名，即沙鸡，或指像沙鸡的一种鸟。

鹖鸡：雉属，较雉为大，黄黑色，头有毛角如冠，性猛好斗，至死不却。

密罗柑：即金华佛手，又名佛手香橼、王指针等，系枸橼的变种。

凤尾橘：橘的一种。

菱：菱科，属一年生浮水水生草本。

西山：此处指北京西山，系太行山的一条支脉，古称"太行山之首"，又称"小清凉山"。

〔2〕膂：脊柱两旁的肌肉。

黄颡：即黄颡鱼。

熸：同"煎烩"，把已熟的蔬菜或肉类，调和浓汁煎炒而成。

〔3〕鸡㙡：真菌的一种，菌盖圆锥形，中央凸起，熟时微黄，可食用。

五台：即五台山，位于今山西忻州，为中国佛教名山，文殊菩萨的道场，拥有众多佛塔宝刹。

鸡腿、银盘：指鸡腿菇、银盘菇。

石花：中草药名，即梅花衣，以叶状体入药，四季可采，晒干，生用。

海白菜：为藻类植物石莼科孔石莼的藻体，又名海菠菜、海莴苣、海条、青苔菜等，学名"石莼"。

龙须：又称翠云草，为多年生草本植物，茎伏地生长，极细软，分枝处常生不定根，多分枝，小叶卵形，孢子叶卵呈三角形。

糟笋：即糟冬笋，菜肴名。

香蕈：又叫香菇，是一种寄生于栗、槲等树上的真菌，具有很高的食用价值，在民间素有"山珍"之称。

苏北：江苏北部地区的简称。

黄花：百合科萱草属多年生草本宿根植物的花蕾。

金针：中国历史悠久的食物之一。金针原产于中国、西伯利亚、日本和东南亚地区。中国人食用经常是将其花干燥之后，煮汤。金针的根茎是中药药材，可消肿退火。金针花属凉性食材，有润肺功能，铁质相当丰富。金针的叶子则往往用来制纸，称为"萱纸"。

苔菜：属于绿藻类，一般生长在中潮带石沼中，中国沿海皆有分布。

武当：即武当山，又名太和山、谢罗山、参上山、仙室山，为道教圣地，位于今湖北西北部的十堰、丹江口市境内。

鹰嘴笋：笋的一种，武当山特产。

黄精：又名鸡头黄精、黄鸡菜、笔管菜、爪子参、老虎姜、鸡爪参，为黄精属植物。

黑精：此处指黑玉芝，为道教服食药物，芝草的一种，味甘酸，上有二小枝重生，其色黑，相传傍有黑虎守之，其状如此。

木兰芽：为野生灌木，长于向阳山坡、谷雨前后。

蕨菜：又叫拳头菜、猫爪、龙头菜，喜生于浅山区向阳地块，多分布于稀疏针阔混交林，其食用部分是未展开的幼嫩叶芽。

蔓菁：别名芜菁、诸葛菜、圆菜头、圆根、盘菜，为二年生草本植物。

〔4〕六安：即六安茶，明清时为贡茶。明代许次纾在《茶疏》中解释，六安为郡名，六安茶其实是指产于安徽省霍山县大蜀山的茶。

松萝：即松萝茶，属绿茶类，创于明初，产于安徽省黄山市休宁县休歙边界黄山余脉的松萝山，系中华传统历史名茶。

天池：即天池茶，系历史名茶。明代谢肇淛《五杂俎》中提及，松萝、虎丘、罗岕、龙井、阳羡、天池均为茶中之上品。

绍兴：地名，相当于今浙江绍兴。

岕茶：中国历代名茶，明清时代的宫廷贡茶。岕茶色白，香气扑鼻，为茶中极品。

径山：佛教名山，位于今浙江杭州城西北五十公里处。

虎邱茶：即虎丘茶。清代为避孔子之名孔丘的讳，改"丘"为"邱"。虎丘茶为产于今浙江杭州、江苏苏州地区的名茶。

〔5〕浑酒：即稠酒，是陕北汉族特色的农家自酿酒。

十五日上元，七月中元，十月下元，为三官圣诞，曰"天官赐福，地官赦罪，水官解厄"，设坛致祭[1]。有素食者，正、七、十，斋居三月。（《帝京岁时纪胜》，第五页，三元）

【注释】

〔1〕中元：道教节日，俗称"鬼节""七月半"，系中国民间最大的祭祀节日之一。中元节在农历七月十五日，有若干农作物成熟，民间按例要祀祖，用新米等祭供，向祖先报告收成。因此每到中元节，家家祭祀祖先。后来，道教将中元地官的生日和相应祭祀日期定于七月十五日。传说该日地府放出全部鬼魂，民间普遍进行祭祀鬼魂的活动。凡有新丧的人家，例要上新坟。所以，中元节是以祀鬼为中心的节日。

下元：道教节日，在农历十月十五日，为水官解厄之辰。在这一天，水官根据考察，录奏天庭，为人解厄。在民间，还有工匠祭祀炉神的习俗。炉神就是太上老君，源于道教用炉炼丹。下元节也是一年中最后一个月亮节。在此月圆之际，人们要进行最重大的祭祖活动。

三官：此处指道教中的三位天神——天官、地官和水官。汉末道教的重要派别五斗米道崇奉天官、地官和水官，并以三元配三官，说上元天官正月十五日生，中元地官七月十五日生，下元水官十月十五日生。这样，道教把一年中的正月十五称为上元节，七月十五称为中元节，十月十五称为下元节，合称"三元"，以庆贺三官诞生。

服制之家，不登贺，不立门簿，虽有亲宾来拜谒者，亦不答拜，初五后，始往叩谢，名曰"过破五"[1]。春戊寅日为天赦，新葬坟墓，于戊寅前期祭扫，谚云"新坟不过赦"[2]。正月不迁居，不糊窗槅，为善正月[3]。谚云："正五九，没处走。"（《帝京岁时纪胜》，第九页，禁忌）

【注释】

〔1〕服制：死者的亲属按照与其血缘关系的亲疏和尊卑，穿戴不同等差的丧服制度。这是中国古代社会以丧服规定亲属范围、指示亲等即亲属关系亲疏远近的制度。

门簿：来客登记簿，留名簿。

〔2〕春戊寅日：此处指农历正月十五日。在中国古代的历法中，甲、乙、丙、丁、戊、已、庚、辛、壬、癸被称为"十天干"，子、丑、寅、卯、辰、巳、午、未、申、酉、戌、亥叫作"十二地支"。天干和地支按固定的顺序互相配合，组成了干支纪年、纪月、纪日、纪时法。在此处，戊寅日是干支历法中的第十五天。

〔3〕槅：门窗上用木条做成的格子，也指房屋或器物的隔板。

正月荐新品物，除椒盘、柏酒、春饼、元宵之外，则青韭卤馅包、油煎肉三角、开河鱼、看灯鸡、清海螺、雏野鹜、春橘金豆、斗酒双柑[1]。至于梅萼争妍，草木萌动，迎春、探春、水仙、月季，百花接次争艳矣。（《帝京岁时纪胜》，第十页，时品）

【注释】

〔1〕开河鱼：河面冰封消融时所捕的越冬之鱼。

雏：幼小的鸟，生下不久的。

春橘：一种柑橘。

金豆：油炸过的呈金黄色的豆。

余尝于灯市见一灯，皆以卵壳为之，为灯、为盖、为带、为坠，凡计数十百枚，每壳必空四门，每门必有榱栱窗榠，金碧耀耀，可谓巧绝，然脆薄无用，不异雕冰画脂耳[1]。（《甲乙剩言》，见《日下旧闻考》卷一百四十七，风俗，第九页）

【注释】

〔1〕榱：椽子。

栱：斗拱。

榠：古代房屋的窗格。

金碧：中国画颜料中的泥金、石青和石绿。

耀耀：光芒，光辉，明亮的样子。

今时小儿以铅锡为钱，装以鸡羽，呼为"毽子"，三四成群，有里外廉、拖枪、耸膝、突肚、佛顶珠、剪刀抛之名色，亦蹴鞠之遗事也[1]。（《事物原始》，见《日下旧闻考》卷一百四十七，风俗，第九页）

【注释】

〔1〕毽子：毽子。

纸鸢，古传韩信所作[1]。按《六帖》云，五代汉季李业与隐帝为纸鸢，于宫外放之，今春时小儿纸鹞是也[2]。（《事物原始》，见《日下旧闻考》卷一四十七，风俗，第九页）

【注释】

〔1〕韩信（约前231—前196）：西汉开国功臣，淮阴（今江苏淮阴）人，中国历史上杰出的军事家，与萧何、张良并称"汉初三杰"。在汉高祖刘邦消灭项羽、统一天下的战争中，韩信善于用兵，屡建奇功。同时，他作为军事理论家，与张良整理兵书，并著有兵法三篇。后来韩信为刘邦、吕后所猜忌，被诱杀。

〔2〕隐帝：即五代中的后汉隐帝刘承祐（930—951），后汉的第二位皇帝，

为后汉高祖刘知远的次子。刘承祐在位期间（948—950）大权旁落，内政纷乱，后诛杀权臣，引发郭威叛乱。乾祐三年（950），叛军攻入京城，刘承祐奔逃后被杀，后汉亡。

鹘：一种凶猛的鸟，样子像鹰，比鹰小，捕食小鸟，通常称"鹘鹰""鹘子"。有时亦把类似鹘的鸢称为鹘鹰。

今小儿两头曳索，而对挽之，力强者牵弱者而仆，以为胜负笑乐，此唐清明节拔河之戏也[1]。（《留青日记》，见《日下旧闻考》卷一百四十七，风俗，第九页）

【注释】

〔1〕唐清明节：唐代不注重清明节，而重视寒食节。参见注寒食禁火。清明节的主要内容是祭扫坟墓。在宋元时期，清明节逐渐由附属于寒食节的地位，上升到取代寒食节的地位。不仅上坟扫墓等仪式多在清明节举行，就连寒食节原有的风俗活动如冷食、蹴鞠、荡秋千等，也都被清明节收归所有。

李绅《周员外席上观柘枝诗》："画鼓拖环锦臂攘[1]。"今京师年鼓制施两铜环，以手擎之高下，环声索索，鼓声相间，疑即其遗制[2]。（《西神脞说》，见《日下旧闻考》卷一百四十七，风俗，第九页）

【注释】

〔1〕李绅（772—846）：唐代宰相、著名文学家。李绅，字公垂，亳州谯县（今安徽亳州谯城区）人，生于乌程（今浙江湖州），为中书令李敬玄的曾孙。他一生的主要成就在于诗歌，是在文学史上产生过巨大影响的新乐府运动的参与者，作有《乐府新题》二十首，已经散佚。《全唐诗》存其诗四卷。

员外：正员以外的官员。按唐朝制度，在官僚正规编制之外置员外官。员外官加同正员，则唯独不给职田（又作职分田、公田、禄田，指依据官职品级所授予的田地，作为官员俸禄的补充），其俸禄、赏赐与编制内的正官相同。如果只是员外官，则俸禄为正官的一半。

柘枝：柘枝舞的省称。柘枝舞是从西域传入中原的著名健舞。唐诗中对《柘枝舞》的描述，与如今新疆流行的《手鼓舞》有许多相似之处。

画鼓拖环锦臂攘：出自唐人张祜的诗歌《周员外席上观柘枝》："画鼓拖环锦臂攘，小娥双换舞衣裳。金丝蹙雾红衫薄，银蔓垂花紫带长。鸾影乍回头并举，凤声初歇翅齐张。一时欹腕招残拍，斜敛轻身拜玉郎。"《日下旧闻考》所引《西神胜说》称李绅作《周员外席上观柘枝》，有误。

〔2〕擎：举。

索索：形容细微的声音。

燕城烟火诸制：有声者曰"响炮"，高起者曰"起火"，起火中带炮连声者曰"三汲浪"，不响不起、旋绕地上者曰"地老鼠"。筑打有虚实，分两有多寡。有花草人物等形者，花儿名百余种，别以泥函者"砂锅儿"，以纸函者曰"花筒"，以筐函曰"花盆"，统名曰"烟火"。勋戚家有集百巧为一架，分次第传爇，通宵以为乐。（《宛署杂记》，见《日下旧闻考》卷一百四十七，第十页）

金鱼池西精忠庙，祀岳忠武，自灵佑宫灯市罢后，庙设烟火，人竞往观[1]。又土塑秦桧，以煤炭爇之至尽，曰"烧秦桧"，盖仿火判之形也[2]。（《藤阴杂记》卷五，中城、南城，第九页）

【注释】

〔1〕岳忠武：即岳飞。参见注武穆。

〔2〕爇：焚烧，烤。

火判：指火判官，也称"火判儿"，即道教里面的"火德星君""火神"，也被认为是"钟馗"。火判官为中空、表面有许多小孔的泥像，里面放置点燃的线香，香烟从小孔冒出，小型的可当孩童的玩具。

上辛日，朝廷祈谷至天坛，御辇高丈余，十六人舁，以象驾器[1]。（《燕京杂记》，第一页）

【注释】

〔1〕上辛日：农历每月的第一个辛日。中国古代以天干地支计日，每十日必有一个辛日。其中每年正月上辛日，为帝王祈求丰年之日。清代沿袭中原礼制，每年正月上辛日于南郊举行皇帝祈谷以求丰收的祭祀活动。若遇特殊情况，如国家有丧事等，则由皇帝降旨，可予改期，于正月的次辛日或下辛日举行。

天坛：在北京紫禁城的东南方，是明清朝两代帝王冬至日时祭皇天上帝和正月上辛日行祈谷礼的地方。

每至元旦，凡内廷行走之王公大臣，以及御前侍卫等，均赏八宝荷包，悬于胸前[1]。部院大臣不预此例[2]。（《燕京岁时记》，第一页，八宝荷包）

〔1〕御前侍卫：清代皇家侍卫。

八宝荷包：内盛金银玉八宝等物的荷包。

〔2〕部院大臣：称谓名，为明代大学士、尚书、左都御史、内阁学士、侍郎、左副都御史的统称。

打鬼本西域佛法，并非怪异，即古者九门观傩之遗风，亦所以禳除不祥也[1]。每至打鬼，各喇嘛僧等扮演诸天神将，以驱逐邪魔[2]。都人观者甚众，有万家空巷之风[3]。朝廷重佛法，特遣一散秩大臣以临之，亦圣人朝服阼阶之命意[4]。打鬼日期，黄寺在十五日，黑寺在二十三日，雍和宫在三十日[5]。(《燕京岁时记》，第七页，打鬼)

【注释】

〔1〕九门：古代宫室制度中，天子设九门。后用九门称宫门或皇宫。

傩：古代腊月驱逐疫鬼的仪式。

禳：古代以祭祀、祈祷消除灾祸的一种活动。

〔2〕喇嘛僧：藏传佛教僧人，参见注喇嘛。

〔3〕万家空巷：即万人空巷，成千上万的人涌向某处（参加盛典或看热闹），使里巷空阔冷落，多用来形容庆祝、欢迎的盛况或新奇事物轰动居民的情景。这一成语最初的记载见宋代著名文学家苏轼的《八月十七复登望海楼》。

〔4〕散秩：闲散而无一定职守的官位。

阼阶：封建帝王登大堂前东面的台阶以主持祭祀。

〔5〕雍和宫：北京城著名藏传佛教寺院。清康熙年间为雍亲王胤禛的王府，乾隆皇帝即出生于此。胤禛登基为雍正皇帝后，此王府改为皇帝行宫。乾隆九年（1744），乾隆皇帝将此处改为藏传佛教寺庙。

西庙曰"护国寺"，在皇城西北，定府大街正西[1]。东庙曰"隆福寺"，在东四牌楼西，马市正北。自正月起，每逢七、八日开西庙，九、十日开东庙。开庙之日，百货云集，凡珠玉绫罗、衣服饮食、古玩字画、花鸟虫鱼，以及寻常日用之物，星卜杂技之流，无所不有，乃都城内之一大市会也[2]。两庙花厂尤为雅观，春日以果木为胜，夏日以茉莉为胜，秋日以桂菊为胜，冬日以水仙为胜。至于春花中如牡丹、海棠、丁香、碧桃之流，皆能于严冬开放，鲜艳异常，洵足以巧夺天工，预支月令，其于格物之理，研求几深，惜未有著书者耳[3]。(《燕京岁时记》，第十三页，东西庙)

【注释】

〔1〕定府大街：明清北京城街道。因明初攻克元大都的大将徐达之子而得名。明代永乐年间，徐达之子徐增寿被追封为"定国公"，以后世代定居于此，故其府邸所在街巷被命名为"定府大街"，现代被称为"定阜街"。

〔2〕绫罗：泛指丝织品。

星卜：根据星象、相貌和卦象预测人事吉凶。

〔3〕碧桃：又名"千叶桃花"，是桃树的一个变种，属于观赏桃花类的半重瓣及重瓣品种。

洵：诚然，确实。

格物：探究事物的道理、纠正人的行为。"格"在此有"穷究"之意。

土地庙在宣武门外土地庙斜街路西，自正月起，凡初三、十三、二十三有庙市[1]。市无长物，惟花厂、鸽市差为可观。（《燕京岁时记》，第十四页，土地庙）

【注释】

〔1〕土地庙：又称福德庙、伯公庙，是汉族民间供奉土地神的庙宇。北京的土地公庙始建于元代，位于今宣武门外下斜街（原名槐树街）南口内路西。农历每月逢三开庙，民国后改为用阳历。在庙会期间，土地庙有曲艺演出，是北京五大庙会之一。

宣武门：明清时期北京内城九门之一，后演化为地片名，泛指宣武门东、西大街，宣武门内、外大街附近。宣武门位于今北京西城区，建于明代，初称"顺承门"，明英宗正统四年（1439）改称"宣武门"，为内城南门之一。内城南面东边之门称崇文门，西边之门称宣武门。崇文门与宣武门的命名遵循了古代"左文右武"的礼制，两门一文一武对应，取"文治武安，江山永固"之意。

土地庙斜街：明清北京城街道，位于今北京宣武门附近。这条街道北起上斜街，南至长椿街，呈东北向西南倾斜走向，故称斜街。又因其北端有上斜街，北部称上，此街在上斜街南部，故称下斜街。

庙市：又称"庙会"或"节场"，是中国民间广为流传的一种传统民俗活动，一般在春节、元宵节等节日举行，也是集市贸易形式之一。

花儿市在崇文门外迤东，自正月起，凡初四、十四、二十四日有市，市皆日用之物[1]。所谓"花市"者，乃妇女插戴之纸花，非时花也；花有通草、绫绢、绰枝、摔头之类，颇能混真[2]。花市之外，亦有鸽市，在廛北小巷内。（《燕京岁时记》，第十五页，花儿市）

【注释】

〔1〕崇文门：原为元大都的十一个城门之一，是南城三道门中最东的一个。崇文门在元代称"文明门"，俗称"哈德门""海岱门"。明朝改建北京城，将元大都的十一门改为九门；文明门的位置虽然未动，但改名为崇文门。清朝沿用此名，直到今天。在明清时代，北京城东南面的崇文门成为街道店铺、住户人家集中之处，出入此门的官吏、商人日益增多。

〔2〕绰枝、捧头：假花的一种。

小药王庙在东直门内路北[1]。北药王庙在旧鼓楼大街[2]。自正月起，每朔日、望日有庙市；市皆妇女零用之物，无甚可观[3]。（《燕京岁时记》，第十六页，小药王庙、北药王庙）

【注释】

〔1〕小药王庙：又称东药王庙，专为祭祀药王孙思邈。今北京东直门内大街（即簋街）东路北侧有一座红墙绿瓦的山门，门额上书有"敕建福世普济药王庙"，有庙门但没庙。山门旁有一座经过整修但字迹不清的残碑在围栏中矗立着，旁边有一株古槐树。

〔2〕北药王庙：位于今北京西城区旧鼓楼大街北口西侧的道教宫观，祭祀药王孙思邈。在旧鼓楼大街北口西侧，娘娘庙、大觉寺、北药王庙三座庙宇自东向西并列，均坐北朝南。旧鼓楼大街北段，清朝时称"药王庙街"，北药王庙在该街北端路西，今北京地铁鼓楼大街站南侧。北药王庙建于明嘉靖年间，有清顺治朝的大学士洪承畴撰文的石碑。

旧鼓楼大街：位于今北京西城区北部的一条大街。旧鼓楼大街在元朝时便已存在，类似于驰道，南端有鼓楼，名为"齐政楼"，用以报时。明朝以后，齐政楼塌毁，乃于其东侧，即今鼓楼的位置兴建鼓楼。齐政楼相对于明朝的鼓楼，为旧物，故称"旧鼓楼"，其下的街道便称为"旧鼓楼大街"。另一说认为，该大街位于今鼓楼以西，鼓楼前面的大街，清朝时称"鼓楼大街"，鼓楼以西的大街，相对于其时的鼓楼大街，已为旧物，故加"旧"字以示区别。

〔3〕朔：农历每月初一。

望：指月光满盈时，即农历每月十五日。

京师谓鼠为耗子。耍耗子者，木箱之上，缚以横架，将小鼠调熟，有汲水钻圈之技，均以锣声为起止。耍猴儿者，木箱之内藏有羽帽乌纱，猴手自启箱，戴而坐之，俨如官之排衙；猴人口唱俚歌，抑扬可听，其余扶犁跑马，均能听人指

挥，扶犁者以犬代牛，跑马者以羊易马也[1]。苟利子，即傀儡子，乃一人在布帷之中，头顶小台，演唱打虎跑马诸杂剧[2]。跑旱船者，乃村僮扮成女子，手架布船，口唱俚歌，意在学游湖而采莲者，抑何不自丑也[3]！凡诸杂技，皆京南人为之，正月最多，至农忙时，则舍艺而归耕矣。（《燕京岁时记》，第十六页，耍耗子、耍猴儿、耍苟利子、跑旱船）

【注释】

〔1〕羽帽：两旁有翅的官帽。

乌纱：古代帽的一种。"乌纱帽"一称在隋唐时出现。明朝以后，乌纱帽才正式成为做官的代名词。

俨如：宛若，好像。

排衙：古代衙署中下属依次参谒长官的仪式。

俚歌：民间的通俗歌谣。

〔2〕苟利子：傀儡，木偶人。

〔3〕僮：同"童"，指封建时代受奴役的未成年人。

是月也，富贵妇女，以掷骰拈牌，及食瓜子、糖品为乐；而风筝、口琴、琉璃喇叭，更为应时玩物[1]。风筝之大者，上缚弓弦锣鼓，风激之则声响齐发，真疑为天上奏乐也。商店于元旦闭户，初六始开，间有迟至元宵者；此半月以内，非贺年游玩，即于肆中敲锣击鼓以为乐。填仓以后，居民辄以佛前供品相馈送，其品或蜜供或月饼，谓之"送供尖"[2]。（《北京指南》第二编，礼俗，第六页）

【注释】

〔1〕掷骰：即掷骰子、投色子，为一种娱乐形式。

〔2〕供尖：供品的顶端部分。僧尼用以馈人，表示祝福。

京俗元旦不花钱，日用流水账簿，必须写有："前账移来，下存银钱若干。"新年门簿第一页用红纸，其第一行写吉利语，如利见大人、指日高升、富贵吉祥、一品当朝、吉星高照等字。是日不吃油炸火烤之物，蒸煮皆可。（《帝京岁时纪胜笺补》，稿本）

初一至初十日，皆以天气清朗，无风无雪为吉；如遇大风大雪，则于其日之所主不宜，说见东方朔岁占，一鸡，二犬，三猪，四羊，五牛，六马，七人，八

正月

杂事

《北平岁时志》注释

老北京岁时风物

127

谷，九果，十菜[1]。（《帝京岁时纪胜笺补》，稿本）

【注释】

〔1〕东方朔岁占：即占岁，汉族民间以农历正月初几日的天气阴晴来占卜本年年成。此源于古代汉族人民对星辰的自然崇拜，其说始于西汉东方朔的《岁占》。东方朔即东方曼倩，参见注东方曼倩。

新年送礼，近则比前五十年不同，如稻香村所卖苏州年糕、板鸭、火腿，复有罐头食物、洋酒、纸卷烟、吕宋烟、各种洋点心、洋糖、果子酱，山货有鹿肉、山鸡、石鸡、沙鸡、野兔、野猪、黄羊，松花江之白鱼、鲟黄鱼，此数种则从前亦有也[1]。（《帝京岁时纪胜笺补》，稿本）

【注释】

〔1〕稻香村：北京知名食品。稻香村本是长江中下游地区食品店常见的字号。清德宗光绪二十一年（1895），握有稻香村食品制作绝技和经营谋略的南京人郭玉生带着几个伙计来到北京，在前门观音寺打出了"稻香村南货店"的字号，自此，稻香村落户京城，是北京第一家生产经营南味食品的商铺。

吕宋烟：即雪茄烟，因菲律宾吕宋岛所产的雪茄烟质量好而得名。吕宋烟是用经过风干、发酵、老化后的原块烟叶卷制出来的纯天然烟草制品。

近六十年来，丰台花匠，以暖室熏黄瓜、扁豆、茄子、冬瓜、香椿、水红莱菔[1]。铁路交通既便，南方之冬笋、橙柑、香蕉、柚子、椰子，皆能输入[2]。至轮船入口，则有黄花鱼、海蛎、蚶子、青蛤，山东福山之苹果、香梨，天津之银鱼、子蟹[3]。点缀年景，唐花中则牡丹、腊梅、山茶、海棠、木笔、榆叶梅、红梅、白梅、粉梅、小松树、小竹子、天竺豆、春兰[4]。民国以来，花厂筑有玻璃温室，东西洋花木，亦可种植，如四季海棠、文竹、电线草，则早年所无也[5]。（《帝京岁时纪胜笺补》，稿本）

【注释】

〔1〕丰台：北京的一个区，也是北京四个近郊区之一，位于今北京南部，东面与朝阳区接壤，北面与东城区、西城区、海淀区、石景山区接壤，西北面与门头沟区，西南面与房山区，东南面与大兴区接壤。

莱菔：萝卜，又名罗服、萝蔔。

〔2〕冬笋：立秋前后由毛竹（楠竹）的地下茎（竹鞭）侧芽发育而成的笋芽。

〔3〕黄花鱼：又名黄鱼，生于东海中，鱼头中有两颗坚硬的石头，叫鱼脑石，故又名"石首鱼"。

海蛎：即牡蛎，又称海蛎子。

蚶子：蚶类动物的总称。

青蛤：一般指环文蛤，贝类动物。

福山：今山东烟台市辖区，位于今胶东半岛东北部、黄海之滨。

子蟹：螃蟹的一种。

〔4〕山茶：又名茶花，是山茶科山茶属植物，古名海石榴，喜温暖、湿润的环境。

木笔：原名紫玉兰，木兰科木兰属植物，落叶灌木，高达三米，常丛生，树皮灰褐色，小枝绿紫色或淡褐紫色。

榆叶梅：又叫小桃红，因其叶片像榆树叶、花朵酷似梅花而得名。

春兰：又名朵兰、扑地兰、幽兰、朵朵香、草兰，多年生常绿草本植物，是中国兰花中栽培历史最为悠久的种类之一。

〔5〕四季海棠：别名四季秋海棠、蚬肉海棠，属秋海棠科秋海棠属肉质草本，是秋海棠植物中最常见和栽培最普遍的种类。

文竹：又称云片松、刺天冬、云竹，攀缘植物，高可达数米。

电线草：即龟背竹、蓬莱蕉。龟背竹为常绿藤本植物，茎粗壮，幼叶心形无孔，长大后成广卵形、羽状深裂，叶脉间有椭圆形的穿孔，叶具长柄，深绿色。

二月

总述

正月告终，诸月随至，中和一节，实有以承启之[1]。制出唐代，辽亦沿袭，语其倡始，于北平无与也。是日祭太阳，久属通典，太阳宫盛会，全境终岁，只此一日[2]。太阳既称重焉，太阳鸡糕，亦遂通衢达巷，售者络绎矣[3]。太阳之外，厥祀惟井，赏犒水夫，尤为惯例；一日之内，祀事孔繁，教曰多神，信不虚已。

【注释】

〔1〕中和一节：即中和节，每年农历二月初一。这一天是太阳的生日，需要祭祀太阳。这一节日始于唐德宗贞元五年（789）。在唐中叶以前，二月没有节日。唐德宗时，李泌上书，建议以二月初一为中和节，以示务农。唐德宗李适赞同，命"以二月初一为中和节"。在这一天，官员休假一天，汉族民间则以青布口袋盛百谷果实，互相赠送，号称"献生子"。当时的京城长安还以糯米制成糕，叫"太阳糕"，用来祭祀太阳。

〔2〕太阳宫：位于北京左安门内大街，始建于明嘉靖年间，为明清两代祭祀太阳星君的寺庙。按照传统习俗，每年农历二月一日中和节，人们要在此举行庙会。

〔3〕太阳鸡糕：即太阳糕，为中和节的食品，也是祭祀太阳的供品，在北京地区多见，有"太阳高"的寓意。太阳糕一般使用糯米加糖制成，上面用红曲水印昂首三足鸡星君（即金鸡）像，或在上面用模具压出"金乌圆光"，代表太阳神。

通衢：四通八达的道路，宽敞平坦的道路。

初二熏虫之俗，他处少闻，若群籍所记，亦互有出入，"龙抬头"之谚，创者未尝无义，导之以"引龙回"，殿之以食且饮，凡品上口，名悉以龙，此等附会，乡曲亦所恒有[1]。意者，寒尽暖来，风雪渐化雷雨，借点清时令之言，寓风调雨顺之祝，斯旨也，容或有之[2]。独怪万夫吞噬，初不惜食罄全龙，而闺阃针黹之禁，则又以恐伤龙目，伤者必瞽为戒[3]。若按图索骥，并其所食所护而揆察焉，则似既指龙矣，忽又指人，人即龙欤，龙即人欤，矛盾混淆，莫此为甚，俗之所演，竟使人百思而不得解也[4]。"占鳌头"一语，偷懒之中，颇存鼓舞意，往代虚荣，今且不论[5]。而卢师山登眺，亦即日行之，北平游览之所，固有累月难穷者矣[6]。

【注释】

〔1〕乡曲：乡里，亦指穷乡僻壤，形容识见寡陋。

〔2〕风调雨顺：形容风雨适合农作物生长，亦可喻指天下安宁。这一成语最初的记载见《六韬》。

旨：意旨，意图。

〔3〕罄：本义为器中空，引申为尽，用尽。

阃：门。

针黹：缝纫、刺绣等针线工作。

瞽：目盲。

〔4〕按图索骥：按照图上画的样子去寻找好马，比喻按照线索寻找，也比喻办事机械、死板。这一成语最初的记载见《后南柯·访旧》。

揆：度量，考察。

〔5〕占鳌头：俗称科举时状元及第。

〔6〕卢师山：又称青龙山，位于今北京石景山区，是北京西山南麓的一座小山。相传隋唐时期，浙江有卢姓居士，建造一小舟，顺流而下，在桑干河（今北京永定河上游）上岸，到尸陀林（今证果寺）居住。这位卢姓居士被称作"卢师"。尸陀林附近的青龙潭内，有大青、小青两条龙，曾危害百姓，被大禹驱逐，潜于此潭。卢师收服此二龙，令其在旱季降雨，为百姓造福。这就是卢师山的由来。

初三祭文昌，民国以来，外省犹行者不乏，北平祀典，则首先废除，此则几与科第相终始也[1]。

【注释】

〔1〕文昌：即文昌帝君，是汉族民间和道教尊奉的掌管人们功名、俸禄和官爵之神。

祀典：祭祀的仪礼。

科第：科举考试。

涿州进香，成俗已渺[1]。昔年车马之盛，原自可惊，亦北平重典也。佛诞之说，虽仅见《辽史》，而虔诚顶礼，则环市皆然[2]。更朔以来，其茶香诸会，迄少零落，甚或衰者重兴，兴者益盛[3]。而道家坛坫，在北平亦不为弱，太清道院，特其首著者耳[4]。即胜朝末禩，而斋戒之牌，虽上至帝室，犹所必备，大内以次，更无待言[5]。而屠宰牛羊，并干例禁，教力之大，从可遐思，而今固开放矣[6]。北平寺观，本可以千百数，佛宇之外，观音寺实居大部。今不特经会依然，人家妇女之信持斋戒者，且比比是，男子更勿论矣。北平释道之盛，洵可纪述。

【注释】

〔1〕涿州：民国时代的涿县所改，隶属于河北省，相当于今河北涿州。涿州位于今北京西南部，为京城的南大门。

渺：遥远，微小。

〔2〕佛诞：佛祖释迦牟尼的生日。佛祖的生日有农历四月初八和农历二月初八两种说法。一说二月初八是佛祖出家之日。但《辽史·礼志》取"二八"佛诞说。

〔3〕更朔：改朝换代。

零落：不景气，衰落。

〔4〕坛坫：举行法事的坛场。

太清道院：道教宫观名。道教祀老君之庙，多以"太清"命名。

〔5〕禩：同"祀"，此处意指年。

〔6〕遐思：悠远地思索或想象，深长的思念。

花朝令节，古只一日，北平市则有两日，不知何昉。岁值早春，秾葩艳绽，不须剪彩，已足醉倒流霞[1]。地本文雅之薮，觞咏所荟，花事频番，香冢累累，更不少异时胜迹，红粉髑髅，落英伴瘗，竟可同一不朽矣[2]。今岁所流连，或即他年所凭吊[3]。幡铃矜护，我亦同情，一调《清平》，正不恤留作《花史》观也[4]。因念一墙之茨，且到于今，金带玉环，穷乡亦产，借曰绝世，谁复传之，花亦有幸有不幸耳[5]。

【注释】

〔1〕秾：艳丽，华丽，花木繁盛的样子。

流霞：传说中天上神仙的饮料，泛指美酒。

〔2〕薮：人或东西聚集的地方。

红粉髑髅：美女的贬称。红粉髑髅是以无常的眼光看待美女，打碎人们迷恋美色的迷梦，警醒人们美女最终也会化成髑髅。

落英：落花。

瘗：埋葬，掩埋。

〔3〕流连：依恋、舍不得离去。这一词语最初的记载见《孟子·梁惠王下》。

〔4〕矜：怜悯，怜惜。

《清平》：清平调，为乐府调名。

《花史》：书名。在明思宗崇祯年间（1628—1644），吴彦匡著《花史》，记述了百余种植物的品种、种植、产地，以及相关植物的著述、逸闻、药用价值等内容，是一部花卉的历史，也是有关中国古代植物栽培学、花卉种植学的重要历史资料。

〔5〕茨：用芦苇、茅草盖的屋顶。

金带：金饰的腰带。古代帝王、后妃、文武百官所服腰带，有革、金、玉、银等差别，其制度各代不同，亦多变易。

玉环：古玉器的一种，为一种圆形而中间有孔的玉器，形状与镯类似，其孔径大于边缘，也有与边缘相等的。玉环流行于新石器至明清时代，一般用作佩饰，也是重要的礼器。

宫中祠庙，前代于春分前后，祀典虽多，现已寂然[1]。世族祭宗祠，此则人情所系，繁简复称其有无，不易废也[2]。

【注释】

〔1〕春分：二十四节气之一，每年农历二月十五日前后（公历大约为 3 月 20 日至 21 日期间）。春分是春季九十天的中分点，太阳位于黄经零度（春分点），在这一天，太阳直射地球赤道。

寂然：安静的样子。

〔2〕世族：世代相沿的家族，先世有功之官宦家族。

宗祠：古代供奉祖宗的房屋。

自余杂事所具，并可摘要而谭[1]。清明倘在是月，上冢自如成例[2]。芦芽

汤，桃花鲊，一饮一啄，时令攸关，由明以迄今，兹要不必家家若此也[3]。舍命吃河豚，有河豚处，人所易晓，此与煮过夏酒，兼涉常识[4]。杨柳各谣，陀螺诸玩，既征天籁，亦见天真，数百年来，留存未失，古风所在，犹令人遐想升平，事虽儿戏，都足以活泼性灵，创此术者，讵无义耶[5]。

【注释】

〔1〕谭：通"谈"，谈论，说。

〔2〕清明：参见注寒食禁火、注唐清明节。

〔3〕芦芽：芦苇的芽，即芦笋。

鲊：用米粉、面粉等加盐和其他佐料拌制的切碎的菜，可以贮存。

一饮一啄：饮，喝水。啄，鸟类吃食。一饮一啄，原指鸟类要吃就吃，想喝就喝，生活自由自在，后也泛指人的饮食。这一成语最初的记载见《庄子·养生主》。

攸：所。

〔4〕河豚：即河豚鱼，学名为河鲀，肝脏、生殖腺及血液含有毒素，经处理后，方可食用。自古以来，中国食用的河豚皆生息于河中，因捕获出水时发出类似猪叫的唧唧声而得名"河豚"。

〔5〕陀螺：即陀罗。参见注陀罗。

天籁：自然界的声音，物自然而然发出的声音。

惜字首次之会，例在此月[1]。献戏拈香，人辄千万，其称盛也，无判今昔；至若踏青斗草，士女酣嬉，弄乐听莺，肩毂摩动[2]。王孙以降，一样流连，在昔建都之世，治安既久，必有胜于今日者矣；此外腾空旋舞，杂技惊人，此在曩时，却为高梁桥生色不少，其所以求神人共悦者，要自无微不至，此一例也[3]。

【注释】

〔1〕惜字：即惜字会，或称"文昌会""惜字局""惜字社"，源于明清时期儒家文人对文昌君的信仰。在每年二月初三文昌君生辰之日，一些文人士子便组织惜字会，通过募捐筹得善款，雇人定时收拾废弃字纸，或建烧纸炉。

〔2〕斗草：即斗百草。参见注斗百草。

酣嬉：沉湎于嬉游。

〔3〕曩：以往，过去。

高梁桥：又称高亮桥，是北京历史上一座名桥，位于今北京西城区和海淀区的交界处，原来处在高梁桥路横跨南长河之处。高梁桥始建于元世祖至元二十九年（1292），桥下有闸，桥西南有船坞，桥东北有绮虹堂。

乳鸡乳鸭，北平巨产，鱼虾、蛤蛎、笋、蔗，逐一齐来。土菜之外，外蔬亦到，富者尽可尝之，贫者谈何容易。然而统核全境，窭人正多，即使年事已高，饫闻鲜美，而生计所迫，苦谋啖饭之不暇，又奚暇目击甘旨，一一求详，而强作老饕之幻想耶[1]？充饥画饼，吾觏已多，回思廿年前之熙来攘往于北平市上者，真要羡若天上神仙，而直替无量数人痛哭矣[2]。

【注释】

〔1〕核：仔细地对照、考察。

窭：贫穷。

啖：吃，或给人吃。

甘旨：美味的食品。

老饕：极能饮食，贪食。

〔2〕充饥画饼：画个饼子来解饿，比喻虚有其名而无补于实际，也比喻用空想来安慰自己。这一成语最初的记载见元代宋方壶的《醉花阴·走苏卿》。

觏：遇见，看见。

熙来攘往：形容人来人往，非常热闹拥挤。这一成语最初的记载见西汉史家司马迁的《史记·货殖列传》：“天下熙熙，皆为利来；天下攘攘，皆为利往。”

无量：没有止境的，无法计算的。

佛事自二月起，渐见其盛，香火饱受，初由于我佛慈悲，然而生佛即在，恐亦不奈此芸芸万家之无地立锥何也[1]？

【注释】

〔1〕生佛：活佛。

奈：对付，处置。

芸芸：形容众多。

无地立锥：穷得连插下锥子那样小的地方都没有。

故俗，各戏馆一入此月，例都开始贴戏。题彼剧目，榜诸门首，为广招来，亦无他义，所谓贴戏，如是而已。此在今日，已成通例。而尔日之名班伟社，则非所屑为；即班份藐小，剧目之外，亦鲜书及其他，闻自庚子而后，方增写脚色[1]。

故老所谓猛一着眼，恍若泥金喜报者，今固人所毕睹，靡足称怪，不但园门也，比年海报满街，不又行者所共谂耶[2]？其元旦贴戏之例，据各家所述，则肇自壬子年云[3]。

【注释】

〔1〕名班伟社：著名的戏班子。

屑：认为值得（做）。

脚色：中国戏曲特有的表演体制，或作角色行当，史称部色，昆曲称家门，简称行。

〔2〕泥金：用金粉或金属粉制成的金色涂料，用来装饰笺纸或调和在油漆中涂饰器物。唐代开始用泥金涂饰在笺简上，作为进士及第到家报喜所用。

谂：知道。

〔3〕肇：开始，初始，发生。

壬子年：这是干支纪年法，此处指1912年。

一日

二月一日中和节，国舅族萧氏设宴，延国族耶律氏，岁以为常[1]。（《辽史》卷五三，第十二页）

【注释】

〔1〕国舅族萧氏：指辽朝（又称契丹）后族萧氏。与辽朝皇族耶律氏通婚的部落皆姓萧氏。

延：请。

国族耶律氏：指辽朝皇族耶律氏。辽朝国家的建立者阿保机（即辽太祖）出自迭剌部的耶律氏家族，因此辽朝建国后，耶律氏成为皇族，以耶律氏为国姓。

初一日为中和节，传自唐始，李泌请以二月朔为中和节，赐民间囊盛百果谷瓜李种，相问遗，号献生子，令百官献农书，京师于是日以江米为糕，上印金乌圆光，用以祀日，绕街遍巷，叫而卖之，曰"太阳鸡糕"[1]。其祭神云马，题曰"太阳星君"[2]。焚帛时，将新正各门户张贴之五色挂钱，摘而焚之，曰"太阳钱粮"[3]。左安门内有太阳宫，都人结侣携觞，往游竟日[4]。考春分祭日，秋分祭月，乃国之大典，士民不得擅祀[5]。若以照临恩，当思报之，习俗云可。（《帝京

岁时纪胜》，第十页，二月中和节祀日）

【注释】

〔1〕李泌（722—789）：唐肃宗、代宗朝大臣。李泌，字长源，京兆人。唐玄宗天宝中，他上书论施政方略，深得唐玄宗李隆基的赏识。玄宗令他与太子李亨结交。后来，他为权相杨国忠所忌而归隐。安禄山叛乱，李亨即位灵武（今宁夏吴中），是为唐肃宗。肃宗召李泌参谋军事，对他非常信任。唐代宗李豫即位，召李泌为翰林学士，负责起草皇帝的重要诏书、参与决策。

〔2〕太阳星君：又称太阳菩萨、日神，是汉族民间信仰和道教尊奉的太阳神，主掌太阳，道教尊称为"日宫炎光太阳星君"，又称"大明之神"，俗称"太阳帝君""太阳公"。人们把每年农历二月初一定为太阳星君的生日。

〔3〕帛：此处指祭祀时焚化的纸钱。

挂钱：中国北方地区汉族民众贴在门楣、房檐上的一种传统剪纸艺术，又称"挂签""挂千""吊钱""过门笺"或"门吊子"，是汉族民间刻（剪）纸艺术品中的一种。由于其图案清晰绚丽，花纹细腻精美，又因图案多为古钱状，故古人将其称"挂钱"。

〔4〕左安门：明清北京外城南侧的三个城门之一，位于永定门东面。

〔5〕春分祭日：天子于每年春分（农历二月十五日前后）设大坛祭祀日神。祭日是古代重要祭礼之一。

秋分祭月：天子于每年秋分（农历八月中旬）设坛祭祀月神。祭月亦是古代重要祭礼之一。

二月初一日，街上卖太阳糕，岁一次，买之以祀日也[1]。（《燕京杂记》，第一页）

【注释】

〔1〕太阳糕：即太阳鸡糕。参见注太阳鸡糕。

二月初一日，市人以米面团成小饼，五枚一层，上贯以寸余小鸡，谓之"太阳糕"。都人祭日者，买而供之，三五具不等。（《燕京岁时记》，第十六页，太阳糕）

二月一日，太阳宫进香，人家以米糕祀日，糕以彩面作鸡形。（《天咫偶闻》卷十，第十一页）

二月初一日，市人以米粉团之成小饼，上贯寸余小鸡，曰"太阳糕"，居民以之为祭日供品；是日崇文门外太阳宫开庙。（《北京指南》第二编，礼俗，第六页）

二月初一日祭太阳，北平旧家尚沿此例。各水屋挑水者，祭井泉龙王，水屋掌柜，犒劳水夫[1]。（《帝京岁时纪胜笺补》，稿本）

【注释】

〔1〕井泉龙王：中国民间传说中统领井泉之水的神灵。

二日

二月初二日，各宫门撤出所安彩妆[1]。各家用黍面枣糕，以油煎之，或曰面和稀，摊为煎饼，名曰"熏虫"。（《酌中志》卷二十，第四页）

【注释】

〔1〕妆：装饰物。

二月二日曰"龙抬头"，煎元旦祭余饼，熏床炕，曰"熏虫儿"，谓引龙，虫不出也[1]。（《帝京景物略》卷二，第四十页，春场四）

【注释】

〔1〕炕：北方用砖、瓦等砌成的睡觉的台，下面有洞，连通烟囱，可以烧火取暖。

二月二日，因荐韭之余，家各为荤素饭饻，以油烹食，曰"熏虫儿"。（《大兴县志》，传抄本）

【注释】

〔1〕饻：饼。

二月二日，曰"龙抬头"，因荐韭之余，家各为荤素饼饻，以油烹而食之，曰"熏虫儿"，谓引龙以出，且使百虫伏藏也。（《宛平县志》，传抄本）

二日为"龙抬头"日，乡民用灰，自门外蜿蜒布入宅厨，旋绕水缸，呼为"引龙回"[1]。都人用黍面、枣糕、麦米等物油煎为食，曰"熏虫"。小儿辈懒学，是日始进书房，曰"占鳌头"。士民又于是日栉薙，盖取"龙抬头"之意云[2]。（《帝京岁时纪胜》，第十一页，熏虫）

【注释】

〔1〕蜿蜒：弯弯曲曲的延伸的样子。

缸：此处应指水缸。

〔2〕栉薙：理发。

都人呼二月二日为"龙抬头"。乡人用灰，自门外蜿蜒布入宅厨，旋绕水缸，呼为"引龙回"。（《宛署杂记》，见《顺天府志》卷十八，第九页）

二日，南北二城游卢师山，如燕九节。（《析津志》，见《顺天府志》卷十八，风俗，第十页[1]）

【注释】

〔1〕《析津志》：最早记述今北京地区的一部专门志书，元朝人熊梦祥撰，因北京在元代以前被称为析津，故此书得此名。熊梦祥，字自得，江西丰城人，人称松云道人。在元末，熊梦祥在元大都任职期间，接触大量皇官的内府藏书和文献资料，周览京城及所属地区的山川名胜，对当地进行实地考察，晚年致仕后，撰写了《析津志》一书。《析津志》对元大都的城池、坊巷、官署、庙宇、人物、风俗、学校等都有较详细的记载，是研究北京地理、历史的宝贵资料。可惜原书约于明末散佚，20世纪80年代由北京图书馆善本组在前人工作的基础上，从《永乐大典》等古籍中辑佚出共计十万字内容，即1983年北京古籍出版社出版的《析津志辑佚》。

二月二日，古之中和节也，今人呼为"龙抬头"。是日食饼者，谓之"龙鳞饼"，食面者，谓之"龙须面"。闺人停止针线，恐伤龙目也。（《燕京岁时记》，第十七页，龙抬头）

初二日，俗呼"龙抬头"，人家各治饮食，食面角，曰"吃龙耳"，食春饼，曰"吃龙鳞"，食面条，曰"吃龙须"。是日闺禁治针黹，谓恐伤龙目也，伤之则

謩。(《北京指南》第二编，礼俗，第六页）

二月二日，为"龙抬头"，北平风俗，是日以吃喝为事。吃薄饼，曰"龙鳞"；吃面，曰"龙发"；吃饭，曰"龙子"；吃馄饨，曰"龙耳"；吃水角，曰"龙牙"；饮龙井茶[1]。妇女放工，曰"忌针"[2]。(《帝京岁时纪胜笺补》，稿本）

【注释】

〔1〕水角：水饺。

龙井茶：中国传统名茶，著名绿茶之一。龙井茶得名于龙井，龙井位于西湖之西，翁家山西北麓的龙井茶村。

〔2〕放工：休工。

三日

二月初三日，为文昌帝君圣诞，开庙演戏[1]。清代帽儿胡同之文昌庙，廷派大臣致祭[2]。民国后，此礼已废。(《帝京岁时纪胜笺补》，稿本）

【注释】

〔1〕文昌帝君：参见注文昌。

〔2〕帽儿胡同：地名，位于今北京东城区西北部，东起南锣鼓巷，西至地安门外大街。在明朝时，此地称为梓潼庙文昌宫，清朝时称为帽儿胡同。

文昌庙：又称文昌帝君庙、梓潼庙、文昌宫，位于今北京东城区帽儿胡同21号，坐北朝南。文昌帝君庙始建于明宪宗成化年间（1465—1487），清仁宗嘉庆六年（1801）重修。文昌帝君庙为祭祀梓潼帝君或文昌司禄宏仁帝君之庙，古代士人多祭祀之，以求保佑功名。

五日

初五、十五两日，居人多往涿县碧霞元君庙进香[1]。(《北京指南》第二编，礼俗，第九页）

【注释】

〔1〕涿县：后改为涿州。参见注涿州。

碧霞元君庙：此处指位于今河北涿州的碧霞元君庙。其中祭祀的主神为碧霞元君。

八日

二月八日，为悉达太子生晨，京府及诸州，雕木为像，仪仗百戏导从，循城为乐[1]。悉达太子者，西域净梵王子，姓瞿昙氏，名释迦牟尼，以其觉性，称之曰佛[2]。（《辽史》卷五十三，第十二页）

【注释】

[1]悉达太子生晨：悉达太子，即佛祖释迦牟尼。生晨，即生辰。佛祖的生辰有农历二月八日和四月八日两种说法。参见注佛诞。

净梵王：即净饭王，佛教人物，为佛祖释迦牟尼的父亲，古印度迦毗罗卫国的国王。

[2]释迦牟尼（约前623—前543）：佛教的创立者。本是古印度迦毗罗卫国的王太子，父名净饭（或称净梵），母名摩耶。

十二日

十二日，传为花王诞日，曰"花朝"，幽人韵士，赋诗唱和[1]。春早时赏牡丹，惟天坛南北廊、永定门内张园及房山僧舍者最胜；除姚黄、紫魏之外，有夭红、浅绿、金边各种，江南所无也[2]。（《帝京岁时纪胜》，第十一页，花朝）

【注释】

[1]幽人：幽隐之人，隐士。

韵士：风雅之士。

唱和：本指唱歌时此唱彼和，互相呼应。后来"唱和"也作为彼此以诗词赠答的代词。一个人作诗或词，其他人只作诗酬和，不用被和诗原韵。

[2]永定门：明清北京城门，位于北京左安门和右安门中间，是老北京外城七座城门中最大的一座，也是从南部出入京城的要道。永定门始建于明世宗嘉靖年间，城楼形制一如内城，为重檐歇山三滴水楼阁式建筑。

张园：老北京城内私家园林，位于永定门内。

房山：今北京房山区，地处华北平原与太行山交界地带，西部和北部是山地、丘陵，东部和南部为沃野平原。

姚黄、紫魏：紫魏即魏紫。姚黄和魏紫是牡丹中的名品，有"牡丹花王，姚黄为王，魏花为后"之说。姚黄，千叶黄花，出于民姚氏家。魏紫，千叶红花，出于魏相（仁溥）家。

夭红：牡丹花的异种。

二月十二日，亦为花朝。早年妇女，多于是日剪彩为花，插于各树，并挂金铃彩幡，此即护花铃、护花幡也。是日忌针。（《帝京岁时纪胜笺补》，稿本）

十五日

十五日"花朝"，小素缀树，花信始传，市所卖花，出自窖藏，已烂缦矣[1]。（《大兴县志》，传抄本）

【注释】

〔1〕素：颜色单纯、朴素。

烂缦：光彩四射、色泽绚丽，形容草木茂盛。

十五日，曰"花朝"，小素缀树，花信始传，骚人韵士，唱和以诗[1]。（《宛平县志》，传抄本）

【注释】

〔1〕骚人：狭义为多愁善感的诗人，泛指忧愁失意的文人。

十五日为太上玄元皇帝诞辰，禁止屠割，太清观道院立坛设醮，谈演《道德宝章》[1]。（《帝京岁时纪胜》，第十一页，道诞）

【注释】

〔1〕太上玄元皇帝诞辰：即道教始祖老子的生日。在唐高宗李治统治时期，朝廷采取一系列崇奉道教的政策，其中之一便是在乾封元年（666），唐高宗下诏追尊道教始祖李耳（即老子）为"太上玄元皇帝"。

太清观：即太清道院。参见注太清道院。

《道德宝章》：一部关于《道德经》（又称《老子》）的注疏，南宋道士白玉蟾

（1134—1221）撰。《道德宝章》对《道德经》的注释颇具特色，突出特点是以心性学说解释老子之道，反映了儒、道、佛三教合流的思想倾向。

十五日之道诞，昔禁屠宰；大内皇帝有斋戒牌，中外各大小公署，亦一律有之，至民国则全行开禁[1]。中国从前禁宰耕牛，今此禁亦废矣。（《帝京岁时纪胜笺补》，稿本）

【注释】

〔1〕斋戒牌：中国古代行斋戒礼时所置警示牌。明太祖洪武五年（1372），皇帝朱元璋令诸衙门制作木斋戒牌，刻文于上，文为"国有常定，神有鉴焉"，凡行祭祀则设置。清沿明制，凡皇帝致祭的祭祀礼仪，事前应斋戒，由太常寺进斋戒牌。斋戒牌为木质，饰以黄纸，以满汉文书写斋戒日期。皇后行亲蚕礼，亦进斋戒牌，由太常寺进递。各衙门官员斋戒，大型祭祀在官衙行祀，于大堂正中设案置斋戒红牌；中型祭祀在私宅行祀。在行祀之日，参与人员各佩斋戒牌，不理刑名，不宴会，不作乐，不入内寝，不问疾吊丧。

公署：古代公务人员办理政事的处所，负责处理国家某方面事务的机关。

十九日

十九日为观音大士诞辰，正阳门月城内观音庙，香火极盛[1]。城内外白衣庵、观音院、大悲坛、紫竹林，庙宇不下千百，皆诵经聚会。（《帝京岁时纪胜》，第十二页，观音会）

【注释】

〔1〕观音大士诞辰：即观世音菩萨生日。观世音菩萨有三个生日，分别是农历二月十九、六月十九和九月十九。观音菩萨诞辰日为农历二月十九，是她为人的生日，这天她成了三公主。她的成道生日为农历六月十九，是证得果位（修佛所达到的境界）的日子。农历九月十九是她出家的日子。在这三个纪念日中，妇女们结伴前往观音殿烧香，顶礼膜拜。同时，在纪念日当天，寺院都会比其他时间更早开启大门，迎接来寺进香祈福、纪念观音节日的信徒，并与广大佛教信众共同举行大型的观音菩萨纪念活动。这些宗教活动称为"观音会"。

十九日之观音会，北平各庙宇典礼仍都如故，但无专请善者。而今佛教较

盛，人家妇女之信佛者，亦大半是日持斋[1]。（《帝京岁时纪胜笺补》，稿本）

【注释】

〔1〕持斋：遵行戒律不吃荤食。这是佛教修行制度之一。

春分

春分前后，官中祠庙，皆有大臣致祭。世家大族，亦于是日致祭宗祠，秋分亦然[1]。（《燕京岁时记》，第十七页，春分）

【注释】

〔1〕世家大族：即世族。参见注世族。

秋分：农历二十四节气中的第十六个节气，时间一般为每年公历的 9 月 22 日或 23 日。太阳在这一天到达黄经一百八十度，直射地球赤道，因此这一天昼夜均分。

杂事

是月分菊花、牡丹，凡花木之窖藏者，开隙放风。清明之前，收藏貂鼠帽套、风领狐狸等皮衣。食河豚，饮芦芽汤，以解其热。各家煮过夏之酒，比时吃鲊，名曰"桃花鲊"也。（《酌中志》卷二十，第四页）

小儿以木二寸，制如枣核，置地而棒之，一击令起，遂一击令远，以近为负，曰"打栿栿"，古所称"击坏"者耶[1]。其谣曰："杨柳儿活，抽陀螺；杨柳儿青，放空钟；杨柳儿死，踢毽子；杨柳发芽儿，打栿儿。"空钟者，刳木中空，旁口，荡以沥青，卓地如仰钟，而柄其上之平，别一绳绕其柄，别一竹尺有孔，度其绳而抵格空钟，绳勒右却，竹勒左却，一勒，空钟轰而疾转，大者声钟，小亦蛁蟧飞声，一钟声歇时乃已[2]。制径寸至八九寸，其放之一人至三人。陀螺者，木制如小空钟，中实而无柄，绕以鞭之绳而无竹尺，卓于地，急掣其鞭，一掣，陀螺则转，无声也；视其缓而鞭之，转转无复住，转之疾，正如卓立地上，顶光旋旋，影不动也[3]。（《帝京景物略》卷二，第四十一页，春场五）

【注释】
〔1〕柭：木棒。
〔2〕刳：从中间破开再挖空。

卓：高而直。

蜣蜋：亦作"蜣螂"，系一种昆虫，通体黑色，背有坚甲，胸部和脚有黑褐色的长毛，会飞，吃粪屎和动物的尸体，常把粪滚成球形，产卵其中。
〔3〕旋旋：缓缓，陆续，逐渐。

菠薐于风帐下过冬，经春则为鲜赤根菜，老而碧，叶尖细，则为火焰赤根叶，同金钩虾米以面包合，烙而食之，乃仲春之时品也[1]。至若丁香紫、寿带黄、杏花红、梨花白，所谓"万紫千红总是春"[2]。元鸟至，则高堂画栋，衔泥结草以居，至秋社，城村燕各将其雏于采育东土阜，名"聚燕台"，呢喃竟二日而后去[3]。（《帝京岁时纪胜》，第十二页，时品）

【注释】

〔1〕菠薐：菠薐菜。古人称菠菜为菠薐菜。

风帐：古代菜农用以防风保温、维护植物生长的一种设备。

仲春：春季的第二个月，即农历二月。因该月处春季之中，故称"仲春"。

〔2〕"万紫千红总是春"：诗歌名句，出自南宋著名思想家朱熹的《春日》："胜日寻芳泗水滨，无边光景一时新。等闲识得东风面，万紫千红总是春。"

〔3〕元鸟：玄鸟，燕的别名。

高堂：高大的厅堂。

栋：屋的正梁。

秋社：汉族节日。这一节日始于汉代，后世将立秋后的第五个戊日、新谷登场的八月视为"秋社"。官府与民间皆于此日祭神报谢。

香会，春秋仲月极胜，惟惜字文昌会为最，俱于文昌祠、精忠庙、金陵庄、梨园馆及各省乡祠，献供演戏，动聚千人[1]。（《帝京岁时纪胜》，第十一页，惜字会）

【注释】

〔1〕香会：又称幡会，是一种古老的汉族民俗及民间宗教文化活动。香会作为庙会的衍生物，是百姓专为赶庙会而组成的民间临时性组织，庙会结束后则自行解散。

仲月：每季的第二个月。

惜字文昌会：又称"惜字会"或"文昌会"。参见注惜字。

文昌祠：即文昌庙。参见注文昌庙。

乡祠：各乡祭祀圣贤之人的地方。

是月，北城官员士庶、妇人女子多游南城，爱其风日清美而往之，名曰"踏青斗草"。若海子上，车马杂沓，绣毂金鞍，珠玉璀璨，人乐升平之治，官无风埃之虞，政简吏清，家给人足[1]。上自内苑，中至宰执，下至士庶，俱立秋千架，日以嬉游为乐，红女之事殆庶几焉[2]。然醉卧隔帘，香风并架，花靴与绣鞋同蹴，锦带与珠襦共飘，纵河朔之娉婷，散闺闱之旖旎，此游赏之胜事也[3]。（《析津志》，见《日下旧闻考》卷一百四十七，第十二页）

【注释】

〔1〕海子：大片水域。

虞：忧虑。

家给人足：家家衣食充裕，人人生活富足。这一成语最初的记载见《淮南子·本经训》："衣食有余，家给人足。"

〔2〕内苑：皇宫内的庭园，亦指皇宫之内。

宰执：宰相与执政合称"宰执"。宰相是辅佐天子、总理百官、治领万事的最高行政长官。副宰相通常称为"执政"。

红女：古代指从事纺织、缝纫等工作的女子。

庶几：或许，可以，表示希望或推测。

〔3〕珠襦：贯珠为饰的短衣。

河朔：古代泛指黄河以北地区。

娉婷：形容女子姿态美好，亦借指美人。

二月，高梁桥踏青，万柳堂听莺，弄箜篌，涿州岳庙进香迎驾[1]。（《郎潜纪闻》卷十二，第四页）

【注释】

〔1〕万柳堂：古代北京别墅名。此处指今北京海淀区钓鱼台的万柳堂。此万柳堂以荷花见长。

箜篌：中国汉族古老的弹弦乐器。

二月，都人进香涿州碧霞元君庙。不论贵贱男女，额贴金字，结亭如屋，坐神像其中，绣旗瓶炉前导，从高梁桥归。有杂伎人，腾空旋舞于桥岸，或两马相奔，人互易之，或两弹追击，迸碎空中[1]。（《北京岁华记》，见《顺天府志》卷十八，第十页）

【注释】

〔1〕杂伎：即杂耍。参见注杂耍。

迸：爆开，溅射。

二月下旬，则有贩乳鸡、乳鸭者，沿街吆卖，生意畅然[1]。盖京师繁盛，鸡鹜之属，日须数万只，是皆以人力育之，非自乳也。执此业者，名曰"鸡鸭房"，在齐化门、东直门一带[2]。（《燕京岁时记》，第十八页，卖小油鸡、小鸭子）

【注释】

〔1〕畅：没有阻碍地，痛快地，尽情地。

〔2〕齐化门：即明清北京城东面的朝阳门。该门元代称"齐化门"，是粮食出入的城门。每逢京城填仓之节日（参见注正月大小填仓），往来朝阳门的粮车连续不断。

时品中，今则更有黄牙韭、蓟菜、琇球白菜、苇笋，筒子河白虾、天津海口大对虾、青蛤、白蛤、海蛎、石首鱼；南方春笋、甘蔗、外洋菜花、生菜、偏口鱼，较前增多矣[1]。（《帝京岁时纪胜笺补》，稿本）

【注释】

〔1〕蓟菜：多年生草本植物，春天发芽，茎叶有刺和白色软毛，花紫红色。

苇笋：即芦苇笋。

筒子河：明清北京城内皇宫紫禁城的护城河，以神武门、午门为南北轴线，东、西华门为东西轴线，筒子河划为西北、东北、西南、东南四部分。筒子河除了防卫之外，还有防火和为紫禁城提供水源之用。

三月

总述

三月在北平，亦香火称盛之月。潭柘寺之幽洁芊丽，蟠桃宫之杂遝喧庞，都可记载，东岳庙胜迹，尤使人向往，无怪远近具瞻，竟似鱼龙趋大壑也[1]。禅尘一会，良足播传，妙峰山进香之际，供张尤盛[2]。竖寺以习于豪侈之身，出主斯会，当年声势之雄，亦自可见。虽官祀久湮，第流风所染，至今未浣[3]。

【注释】

〔1〕潭柘寺：北京著名寺庙。潭柘寺位于今北京西部门头沟区东南部的潭柘山麓，距市中心三十余公里。潭柘寺始建于西晋怀帝永嘉元年（307），寺院初名"嘉福寺"，是北京地区最早修建的一座佛寺，在北京民间有"先有潭柘寺，后有北京城"的谚语。清圣祖康熙皇帝赐这座寺庙名为"岫云寺"，但因寺后有龙潭，山上有柘树，故民间一直称之为"潭柘寺"。潭柘寺的主要建筑可分为中、东、西三路。在中路，潭柘寺的主体建筑有山门、天王殿、大雄宝殿、斋堂和毗卢阁。东路有方丈院、延清阁、行宫院、万寿宫和太后宫等。西路有愣严坛（现已不存）、戒台和观音殿等，庄严肃穆。此外，还有位于山门外山坡上的安乐堂和上、下塔院，以及建于后山的少师静室、歇心亭、龙潭、御碑等。塔院中共有七十一座埋葬和尚的砖塔或石塔。

幽洁：幽雅清静。

芊丽：细巧绮丽。

蟠桃宫：北京城知名道观，位于今北京崇文门东大街东口，其正名叫"护国太平蟠桃宫"，简称"太平宫"或"蟠桃宫"，其中供奉道教神灵西王母。相传农历三月初三日为西王母诞辰，当天西王母大开盛会，以蟠桃为主食，宴请众仙，众仙赶来为她祝寿，称为"蟠桃会"。明清两代直至民国年间，每年农历三月初一至初三日在北京蟠桃宫举行庙会，称"蟠桃盛会"。

喧庞：声音杂乱。

壑：坑谷，深沟。

〔2〕掸：用力拂去，用力除去。

妙峰山：北京城著名景区、宗教圣地。妙峰山位于今北京西部门头沟区，距市中心五十余公里，面积二十平方公里，以"古刹、奇松、怪石"而闻名。妙峰山传统庙会始于明代。每年农历四月初一至十五，来自全国各地的几十万善男信女，几百档民间花会汇聚妙峰山，朝顶进香，进行宗教活动，施粥布茶，舍馒头，场面之壮观，信众之虔诚实属罕见。妙峰山庙会期间，北京城成千上万的民众涌向此地，其规模堪称华北之首。

供张：亦作"供帐"，指陈设供宴会用的帷帐、用具、饮食等物，亦指举行宴会。

〔3〕官祀：官方的祭祀、祭典。

湮：淹没，散失。

第：但。

涴：玷污，污染。

清明一节，恒值是月。上冢携家，通行海内，固无待乎觍缕矣[1]。然而数百年来，区本首善，典型既存，景行行止[2]。曩岁家君子捐建袁督师庙于北平左安门里，倡议集粤东乡谊，清明致祭，由是岁著为例[3]。而赣人之于文相国天祥，冀人之于杨员外椒山，蜀人之于秦少保良玉，各省人士之于各乡贤，是日亦并有其禋礼[4]。奕奕轮奂，祀事孔明，樽俎之荐，北平实与有荣焉[5]。清明在北平之所以特重，较诸上冢踏青之尤为可述者，此也。若其郊原饮瞩，簪柳盘桓，上巳抒怀，犹循古制[6]。所异者，时地多感困穷，王孙半嗟末路，今世风即奢靡，究有逊于往代者矣。

【注释】

〔1〕觍：害羞，不自然。

〔2〕首善：形容能够起到表率作用，最优秀的，最好的。这一词语最初的记载见《史记·西南夷列传》："滇王始首善。"

景行行止：景行，即大路，比喻行为光明正大，高尚的德行。这一词语最初的记载见《诗经·小雅·车辖》："高山仰止，景行行止。""景行行止"意为大道可供人们行走。

〔3〕袁督师庙：北京城纪念明代名将袁崇焕的祠庙，亦称袁祠，位于今北京龙潭公园西湖畔的翠柏丛中。袁督师庙有屋三间，坐西朝东，庙内有袁崇焕石像和他的部分手迹石刻。其正门上有康有为的手书"袁督师庙"。庙门两旁刻有康

有为亲笔题写的对联，庙内明间正壁上，镶嵌着袁督师的石像，两壁和两侧次间中有《明袁督师庙记》《袁督师庙碑记》《佘义士墓志铭》等石刻作品。

〔4〕文信国天祥：即文天祥（1236—1283），南宋末年政治家、文学家、爱国诗人，抗元名臣，民族英雄。文天祥，初名云孙，字宋瑞，一字履善，自号文山、浮休道人，江西吉州庐陵（今江西吉安）人，官至右丞相，封信国公。在蒙古大军压境的情形下，文天祥力主抗击，并亲自组织抵抗蒙古军，后来兵败被俘。他屡经威逼利诱，但誓死不屈。元世祖至元十九年（1282）十二月（公历1283年1月），文天祥从容就义。他的著作经后人辑为《文山先生全集》。

杨员外椒山：即杨椒山（1516—1555），明朝大臣。杨椒山，原名杨继盛，号椒山。杨椒山曾进京任兵部员外郎，因上《请诛贼臣疏》奏劾权臣严嵩的十大罪状，被削职下狱，后被杀于西市（今北京西四）。

秦少保良玉：即秦良玉（1574—1648），明朝末年著名女将。秦良玉，字贞素，四川忠州（今重庆忠县）人。秦良玉率领兄弟秦邦屏、秦民屏先后参加抗击清军、张献忠之乱等战役，战功显赫，被明朝廷封为二品诰命夫人。

禋礼：升烟祭天之礼仪。

〔5〕奕奕：精神饱满，高大美好。

轮奂：形容屋宇高大众多。

孔明：即诸葛亮（181—234），三国时期蜀汉丞相，杰出的政治家、军事家、散文家、书法家和发明家。诸葛亮，字孔明，号卧龙（也作伏龙）。东汉末年，诸葛亮辅佐刘备占据蜀地，建立蜀汉政权，诸葛亮被拜为丞相、录尚书事。刘备病危，命诸葛亮辅佐其子刘禅。诸葛亮为政严明，与东吴通好，率军南征、进攻曹魏，后病死于军中。

樽：商周时代的一种大中型盛酒器。青铜器樽的形制为圈足，圆腹或方腹，长颈，敞口，口径较大。樽盛行于商代至西周时期，春秋后期已经少见。

俎：古代汉族祭祀时放置牛羊等祭品的器具。

〔6〕盘桓：盘旋，徘徊，逗留。

上巳：农历三月初三。古代以此日在水边洗濯污垢，祭祀祖先，叫作祓禊、修禊。魏晋以后把"上巳节"固定为农历三月初三，此后这天便成了水边饮宴、郊外游春的节日。

赦孤济孤之会，迹涉迷信，情则恻隐，果充其善量，移死于生，不尤实惠耶[1]？生死人而肉白骨，固天下极仁至慈之事，只变而通之，已足为北平造福。

【注释】

〔1〕赦孤济孤之会：旧时北京普济堂、育婴堂每年清明收无主尸骸放进棺材

下葬、度荐亡魂的活动。

恻隐：对受苦难的人表示同情；心中不忍。

衡是月也，其在北平，有今昔殊致者矣[1]。玉簪凉帽，行将绝迹；宫眷罗衣，亦成旧话；而秋千彩架，则赋入子虚矣；射虎分朋，则拦入史实矣[2]。故都之所以为故，此其一欤。

【注释】

〔1〕殊致：不相同，不一致。

〔2〕玉簪：首饰，玉制的簪子，又名"玉搔头"。

凉帽：清代官员夏日所用官帽。凉帽无檐，形如圆锥，俗称"喇叭式"。凉帽多为藤、竹制成，外裹绫罗，多用白色，也会用湖色、黄色等，上缀红缨顶珠。顶珠是区别官职的重要标志。

罗衣：轻软丝织品制成的衣服。

子虚：虚构或不真实的事。这一词语最初的记载见西汉文学家司马相如所作《子虚赋》。

分朋：分群，分组。

修禊之举，岁则有之，远且勿论矣，胜朝遗老，若王小航、陈散原诸公，或上江亭，或十刹海，雅集高吟，夙称胜事[1]。然萃彼耆彦，仅若三五晨星，是于凡夫无与也[2]。

【注释】

〔1〕修禊：古代汉族民俗，即在春季的第三个月，官吏及百姓都到水边嬉游，以消灾祈福，后来演变成中国古代诗人雅聚的方式。

遗老：改朝换代后仍忠于前一朝代的老年人。

王小航：即王照（1859—1933），近代拼音文字提倡者、"官话字母"方案的制订人。王照，字小航，号芦中穷士，又号水东，直隶宁河县（今天津）人。清朝末年，他在天津创制"官话字母"，并写成《官话合声字母》，此书成为中国第一套汉字笔画式的拼音文字方案。1913年，他任读音统一会副会长，后辞职。他晚年研究经学，主张教育救国。

陈散原（1853—1937）：清朝大臣，清末民初著名文人。陈散原，字伯严，号散原，江西义宁州（今江西修水）人，其父是曾任湖南巡抚的陈宝箴，其子陈寅恪是中国著名的历史学家。清光绪八年（1882），陈散原考中进士。他结交康

有为、梁启超等维新派人物，创办时务学堂。光绪二十四年（1898），陈宝箴、陈散原父子被革职。中华民国成立后，他移居上海，与一些清朝遗老时相过从。后来，因儿子陈寅恪执教于北京清华园，陈散原便到北京颐养。1937年秋，抗日战争爆发，北平沦陷，陈散原拒绝效忠日伪政权，绝食五日而死。

十刹海：湖名，又称什刹海，为北京名胜之一。什刹海位于今北京西城区，毗邻北京城中轴线，与中南海水域一脉相连，是北京内城唯一一处具有开阔水面的开放型景区。什刹海包括前海、后海和西海（又称积水潭）三个水域及临近地区，俗称"后三海"。

雅集：指文人雅士吟咏诗文、议论学问的集会。

夙：旧年，早年。

〔2〕耆彦：年高望重的人。

蓟菜生日，虽难稽证，壶芦种期，尚关农学[1]。然必尽以初三日者，殊弗可解。吃烧笋鹅，暨雄鸭腰子，俗即未必为豪，要非贫户可办；富贵之所聚处，百金一饭，原亦寻恒，小品区区，在有力者又何足恤[2]。然在北方，与食天坛龙须菜，固俱以北平为首妙矣[3]。此外诸色鲜品，无间土产远来，出也聚也，北平固两足兼之[4]。即此一月，通岁可谂[5]。

【注释】

〔1〕稽证：查考证明。

壶芦：亦作"壶卢"，即葫芦。

〔2〕区区：形容数量少或不重要。

〔3〕龙须菜：学名芦笋。因其嫩茎，形似龙须，故俗称"龙须菜"。龙须菜是素菜之珍，有清脑醒神之功用，今河南郑州、商水等地均有出产。

〔4〕诸色：各色，各种（事或物）。

〔5〕谂：同"审"，仔细思考，反复分析、推究。

是月蟠桃宫会，以门临护城河，故有仄艇往来，送迎游众[1]。穷者或麇集其上，借浮曲俚调，以丐取货财[2]。五年以前，会场且有跑马之俗；今则并归乌有矣。每届会期，优伶游者亦夥，并于初三日特演《蟠桃会》[3]。三十年前，福寿部则演《安天会》[4]。十八日集祀祖师，例尤固定。昆弋中之《封相召登》亦例于祀期扮演，而戏院之戏则停[5]。旧不许旦角主祭，今其习久革，且有女伶主祀时矣[6]。先期班主束告群伶，伶欲益其俸者，亦必于是日提请，倘无束到，则已被绌[7]。科第时代，仕宦之团拜戏，入此月尤胜。

【注释】

〔1〕蟠桃宫会：亦称蟠桃盛会。参见注蟠桃宫。

护城河：古时由人工挖凿，环绕整座城、皇宫、寺院等主要建筑的河，具有防御作用，可防止敌人或动物入侵。

仄：狭窄。

〔2〕麇集：聚集，成群。

浮曲：空虚的、不切实的曲子。

俚调：民间的、通俗的调子。

丐取：强取，勒索。

〔3〕优伶：古代称以演戏为职业的人。

《蟠桃会》：根据中国古典名著《西游记》而改编的戏剧。相传农历三月初三日为西王母诞辰。西王母开蟠桃会时未邀请孙悟空参加，他心中愤怒，偷喝了酒，吃了蟠桃，大闹蟠桃会，后被如来压在五指山下。

〔4〕福寿部：戏班名。

《安天会》：根据中国古典名著《西游记》的前几回改编的戏剧，主要描写孙悟空大闹天宫和被收伏的故事。

〔5〕昆弋：戏曲中的一种唱腔。

〔6〕旦角：戏曲中的女性形象，可分为青衣、花旦、刀马旦、武旦、老旦和彩旦等类别。

〔7〕班主：旧戏班的领班人。

柬：信件、请帖等。

一日

蟠桃宫在东便门内，河桥之南，曰"太平宫"，内奉金母列仙[1]。岁之三月朔至初三日，都人治酌呼从，联镳飞鞚，游览于此[2]。长堤纵马，飞花箭洒绿杨坡；夹岸联觞，醉酒人眠芳草地[3]。（《帝京岁时纪胜》，第十三页，蟠桃宫）

【注释】

〔1〕太平宫：即蟠桃宫。参见注蟠桃宫。

金母：即西王母，尊称王母娘娘，系民间宗教和道教的尊神。在道教神仙体系中，西王母是天宫所有女仙及天地间一切阴气的首领，为护佑婚姻和生儿育女之事的女神。

〔2〕酌：酒。

镳：马嚼子，指马口中所衔铁具露出在外的两头的部分。

鞚：带嚼子的马笼头。

〔3〕夹岸：水流的两岸。

朝阳门外二里许，延祐中建庙，以祀东岳天齐仁圣帝[1]。明正统中，改拓其宇，两庑设地狱七十二司；殿后为穿堂寝殿，神像为正奉刘元手塑，寝殿设浴盆二，受水数十石，道士赞目疾入洗[2]。龛前悬金钱一，人争以钱击之，中者宜子[3]。殿前丰碑数十统，内三碑：一为《天师神道碑》，元赵文敏书；一为《仁寿宫碑》，虞文靖集隶书；一为《昭德殿碑》，赵士延书[4]。岁之三月朔至二十八日设庙，为帝庆诞辰，都人陈鼓乐旌旗，结彩亭乘舆，导驾出游，观者塞路，进香赛愿者络绎不绝[5]。南城右安门内横街之东，亦有庙祀，两庑为十地阎君之殿，凡有向涿鹿东山进香者，预期致祭于此，名曰“发信”[6]。各庙游人了香愿毕，于长松密柳之下取醉而归[7]。（《帝京岁时纪胜》，第十四页，东岳庙）

【注释】

〔1〕朝阳门：即齐化门。参见注齐化门。

延祐：元仁宗孛儿只斤·爱育黎拔力八达所用年号，从公元1314年至1320年，共计七年。

东岳天齐仁圣帝：即东岳泰山天齐仁圣大帝，简称东岳大帝。东岳大帝又称泰山神，为五岳山神之首。在汉族民间传说中，东岳大帝原名黄飞虎，主管世间一切生物（植物、动物和人）的出生大权。泰山神作为泰山的化身，是上天与人间沟通的神圣使者，是历代帝王受命于天、治理天下的保护神，又成为汉族民间宗教信仰之一。东岳大帝另执掌阴间地府十八重地狱，总管天地人间吉凶祸福。

〔2〕庑：高堂下周围的廊房、厢房。

地狱七十二司：即东岳七十二司。东岳大帝下属有七十二司，即七十二个专职衙门，分别为掌生天、掌催生、掌不公、掌索命、掌福、掌财帛、掌修功德、掌长寿等衙门。

正奉刘元：参见注刘元。刘元官至正奉大夫，此处以官职来称呼他。

石：中国古代重量单位，一石合十斗，即一百二十斤。

赞：导引。

〔3〕宜子：女子富有生育能力。

〔4〕统：犹如“通”。

隶书：亦称汉隶，是汉字中常见的一种庄重的字体。

〔5〕旌旗：旗帜的总称。

乘舆：古时天子的车称“乘舆”，此处泛指车马。

赛：古代祭祀酬报神恩的活动。

络绎不绝：形容行人车马来来往往，接连不断。这一成语最初的记载见《后汉书·南匈奴传》。

〔6〕右安门：又名南西门，原是明清北京外城的七门之一，明世宗嘉靖四十一年（1562）建成，位于今北京西城、丰台两区交界处。右安门是北京外城南城墙三门中最西边的一道门。由于正对内城的宣武门，在建成之初叫作“宣武外门”，后才改称“右安门”。

横街：从主要干道分岔出来的街道。

十地阎君：即十殿阎君。第一殿，秦广王蒋；第二殿，楚江王历；第三殿，宋帝王余；第四殿，五官王吕；第五殿，阎罗王包；第六殿，卞城王毕；第七殿，泰山王董；第八殿，都市王黄；第九殿，平等王陆；第十殿，转轮王薛。

涿鹿：即涿鹿县，隶属于今河北张家口。

〔7〕香愿：信徒烧香时对神佛祈求所许下的心愿。

太平宫在东便门路南，门临护城河，因庙内有西王母之像，故曰“蟠桃宫”。每届三月，自初一日起，开庙三日，游人亦多；然较之白云观，则繁盛不如矣。（《燕京岁时记》，第十八页，蟠桃宫）

潭柘寺在浑河石景山西、栗园庄北，去京八十余里，每至三月，自初一日起，开庙半月，香火甚繁[1]。在万山中，九峰环抱，中有流泉，蜿蜒门外而没。有银杏树者，俗曰“帝王树”，高十余丈，阔数圈，实千百年物也。其余玉兰、修竹、松柏、菩提等，亦皆数百年物，诚胜境也[2]。其先戒律极严，荤酒莫入，近则酒炙纷腾，无复向时清净矣[3]。有灵蛇二，曰“大青”“小青”，与秘魔崖相仿佛，殊不知一是二。所谓柘木者，仅存数尺，与元妙严公主拜佛砖同为古迹[4]。凡至寺者，必观此数事焉。（《燕京岁时记》，第二十页，潭柘寺）

【注释】

〔1〕浑河：即北京永定河，是北京地区最大的河流，海河五大支流之一。永定河位于今北京的西南部，发源于山西宁武县管涔山，经北京转入河北，在天津汇于海河，至塘沽注入渤海。永定河古称“㶚水”，隋代称“桑干河”，金代称“卢沟”，旧名“无定河”。

石景山：位于今北京市区西部，有“燕都第一仙山”之称。

栗园庄：即栗园庄村，位于今北京门头沟区永定镇东南部，原属戒台寺的佃户村，其南为戒台寺东部的低山丘陵地区，村西古庙"奉福寺"为戒台寺的下院。栗园庄因村西古庙旁为栗树而得名。

〔2〕菩提：此处指菩提树，又称觉树、道树、道场树、毕钵罗树、思惟树、佛树。佛祖释迦牟尼即于古印度摩揭陀国伽耶城南菩提树下证得无上正觉。

〔3〕戒律：教徒必须遵守的生活准则。

炙：烤肉。

纷腾：杂乱喧腾。

向时：先前。

〔4〕柘木：又名黄金木，指桑科植物柘树的树干部分，为历史上著名木料。

妙严公主：元世祖忽必烈的女儿，生卒年不详，是一位虔诚信佛的公主。她为了替其父赎罪，到大都潭柘寺出家，后终老于寺中。

三日

三月三日为上巳，国俗刻木为兔，分朋走马射之。先中者胜，负朋下马，列跪进酒，胜朋马上饮之。（《辽史》卷五十三，第十三页）

三月三日，风和景丽，载酒出野，临流醉歌，有修禊流风焉。（《大兴县志》，传抄本）

俗谓"栽壶芦"者，必于三月三日下种，否则结实不繁。（《燕京岁时记》，第十八页，三月三日）

太平宫在东便门内，庙极小，岁上巳三日，庙市最盛，盖合修禊、踏青为一事也。地进河壖，了无市聒，春波泻绿，软土铺红，百戏竞陈，大堤入曲，衣香人影，摇飏春风，凡三里余[1]。余与续耻庵游此，辄叹曰："一幅活《清明上河图》也。"[2]按：查昌业诗有云："正是兰亭休禊节，好看曲水丽人行[3]。金梁风景真如画，不枉元宫号太平。"国初已然矣。（《天咫偶闻》卷六，第三十二页）

【注释】

〔1〕壖：余地，隙地。

聒：声音吵闹，使人厌烦。

飏：同"扬"，飞扬，飘扬。

〔2〕《清明上河图》：北宋时代的风俗画，中国十大传世名画之一。《清明上河图》生动记录了北宋都城东京的城市面貌和当时汉族社会各阶层人民的生活状况。《清明上河图》所描绘的当时清明时节的繁荣景象，是汴京当年繁荣的见证，也是北宋城市经济状况的写照。

〔3〕兰亭：著名书法圣地，位于今浙江绍兴西南的兰渚山下，是东晋著名书法家王羲之的寄居处。东晋穆帝永和九年（353），大书法家王羲之邀请四十二位文人雅士，在兰亭举行曲水流觞的修禊盛会，并写下被誉为"天下第一行书"的《兰亭集序》，这也是王羲之的代表作。王羲之被尊为"书圣"，兰亭也因此成为书法圣地。

休禊：即修禊。参见注修禊。

三月初三日为上巳，居民多食豌豆黄，好游者，出城踏青[1]。（《北京指南》第二编，礼俗，第六页）

【注释】

〔1〕豌豆黄：传统小吃，北京春夏季节一种应时佳品，分宫廷和民间两种。豌豆黄的成品色泽浅黄、细腻、纯净，入口即化，味道香甜，清凉爽口。

三月三日起，蟠桃宫开庙三日。相传早年天气晴暖，游人戴马连坡草帽，穿两截衫，或单绸衫，挥小扇，赛马城根[1]。五十年来，北方气候骤冷，至三月尚穿棉衣。今昔相较，则大异矣。（《帝京岁时纪胜笺补》，稿本）

【注释】

〔1〕马连坡草帽：产于马连坡的大草帽，因此得名。该草帽用马连草编织。马连坡的具体地点待考。

城根：城脚，靠近城墙的地方。

三月三，为荠菜生日，是日多食荠菜角子，谚云："年年三月三，荠菜开花赛牡丹。"[1]（《帝京岁时纪胜笺补》，稿本）

【注释】

〔1〕角子：饺子。

四日

三月初四日，宫眷内臣，换穿罗衣。（《酌中志》卷二十，第四页）

十五日

东岳庙在朝阳门外二里许，除朔望外，每至三月，自十五日起，开庙半月，士女云集，至二十八日为尤盛，俗谓之"掸尘会"，其实乃东岳大帝诞辰也[1]。庙有七十二司，司各有神主之[2]。相传速报司之神为岳武穆，最著灵异，凡负屈含冤、心迹不明者，率于此处设誓盟心，其报最速。阶前有秦桧跪像，见者莫不唾之，已不辨面目矣。后阁有梓童帝君，亦著灵异，科举之年，祈祷相属[3]。神座右有铜骡一匹，颇能逾人病，病耳者则摩其耳，病目者则拭其目，病足者则抚其足。阁东有甲胄之像，大半身没于地中，俗传为杨家将云云，究不知其何神也[4]。庙中道教碑，乃元翰林院承旨赵孟𫖯所书，字画虽真，丰神已失，想为俗工凿治矣[5]。（《燕京岁时记》，第十九页，东岳庙）

【注释】

〔1〕东岳大帝：即东岳天齐仁圣帝。参见注东岳天齐仁圣帝。

〔2〕七十二司：即东岳七十二司、地狱七十二司。参见注地狱七十二司。

〔3〕梓童帝君：即梓潼帝君、文昌帝君。参见注文昌。

〔4〕甲胄：盔甲衣胄。

杨家将：北宋著名军事家族。杨业（？—986）为五代北宋时期名将，北宋麟州（今陕西神木北）人，本名重贵，一名继业，其家世代为麟州土豪。北汉灭亡之后，他归附北宋。杨业在北宋率军与北方的契丹（又称辽朝）作战，多次击败契丹军，威震边陲。宋太宗雍熙三年（986），宋太宗赵光义亲自率军北征，杨业跟随。在与契丹作战过程中，杨业寡不敌众，没有援兵，重伤被擒，不食三日而死。杨业死后，其妻佘赛花和儿女、儿媳、孙子等继续率军戍守北疆，为国尽忠。杨门将领精忠报国的事迹被后世演绎为"杨家将"故事。

〔5〕元翰林院承旨：即元朝的翰林学士承旨，为翰林兼国史院、蒙古翰林院的长官。元代设六员翰林学士承旨，从一品，蒙古翰林院设七员，亦从一品，负责撰拟皇帝的诏令、纂修国史，并备皇帝咨询。

赵孟𫖯（1254—1322）：宋元时代著名文学家、书画家。赵孟𫖯为湖州归安（今浙江湖州）人，字子昂，自号松雪道人，为宋太祖赵匡胤的第十一世孙。南宋灭亡之后，赵孟𫖯居家。元世祖至元二十三年（1286），赵孟𫖯被朝廷召至京城大都，授予兵部郎中之职，官至翰林学士承旨。他对篆书、隶书、行书、草书等，无不精通，擅长画山水、木石、花竹、人马。他死后谥号"文敏"，著有《松雪斋集》。

十五日至二十八日，游东岳庙。(《天咫偶闻》卷十，第十二页)

每年三月十五日起，东岳庙有掸尘会；自二十八日，由庙起马，至妙峰山进香，此会乃太监为首。东岳庙例有香会，每年各铺户月助一大盘，共十二盘，闰月则进十三盘[1]。近年十二盘香，往往点之不尽，此则日行月差故也。(《帝京岁时纪胜笺补》，稿本)

【注释】

〔1〕铺户：商店，店铺。

十八日

天台山在京西磨石口，车马可通，即翠微山之后山也[1]。每岁三月十八日开庙，香火甚繁。寺门在南山之麓，寺在北山之巅，相去几至里许，沿山有流泉三四，涓涓不穷[2]。所谓魔王者，语多荒诞不经，无从考其出处矣[3]。(《燕京岁时记》，第二十一页，天台山)

【注释】

〔1〕天台山：此处指北京佛教著名圣地，位于今北京石景山区中部的磨石口。磨石口是一个隘口，因盛产磨石而得名。

翠微山：北京郊区名山。翠微山位于今北京石景山区与海淀区交界处，山顶有"翠微绝顶"题字，为香峪大梁东南坡的山峰之一，北与香山遥相对应。翠微山的山势和缓，原名平坡山，因唐建平坡寺得名，明仁宗洪熙元年（1425）改为翠微山。翠微山南麓多古寺，有长安寺、灵光寺、三山庵、大悲寺、龙泉庵、香界寺、宝珠洞、证果寺等依山而建，合称"八大处"，为京郊著名游览区。

〔2〕麓：本义指生长在山脚的林木，引申为山脚下。

涓：细小的流水。

〔3〕荒诞不经：荒诞，荒唐离奇，极不真实；不经，没有引经据典。荒诞不经，少有的、典籍中也没有的（事），形容不合常理，不合情理，虚妄离奇。

十八日，戏园皆辍业，优伶祭精忠庙，休息游乐，曰"戏子会"。(《北京指南》第二编，礼俗，第六页)

二十八日

二十八日，东岳庙进香，吃烧笋鹅，吃凉饼，糯米面蒸熟，加糖、碎芝麻，即糍粑也[1]。吃雄鸭腰子，大者一对可值五六分，云传食之补虚损。(《酌中志》卷二十，第四页)

【注释】
[1]凉饼：凉拌的面食。

二十八日，东岳仁圣帝诞，倾城趋齐化门，鼓乐旗幢为祝，观者夹路。(《帝京景物略》卷二，第四十二页，春场六)

二十八日，太常寺致祭东岳庙[1]。民间结会，盛陈鼓乐，旗幢前导，观者夹路。(《大兴县志》，传抄本)

【注释】
[1]太常寺：中央机构，负责宗庙、礼乐、祭祀、天文等事务。

二十八日，东岳诞辰，太常寺致祭。民间多结香会，盛陈鼓乐，旗幢前导；亦有装小儿为故事，名曰"台阁"者，以彰祭祀之仪，观者夹道[1]。(《宛平县志》，传抄本)

【注释】
[1]台阁：此处指官府。

二十八日，赛东岳庙。(《北京岁华记》，见《顺天府志》卷十八，第十页)

二十八日，燕京祭岳庙，集众为香会，有为首者掌之[1]。盛设鼓乐旗幡，戴甲马，群迎神以往，男妇有跪拜而行者，名曰"拜香"[2]。(《宛署杂记》，见《日

下旧闻考》卷一百四十七，第十三页）

【注释】

〔1〕岳庙：即东岳庙。参见注东岳庙。

〔2〕甲马：又名纸马或甲马纸，系汉族民间祭祀财神、月神、灶神、寿星等神灵时所使用的物品。

清明

清明，则秋千节也，带杨枝于鬓，坤宁宫后及各宫，皆安秋千一架[1]。凡各宫之沟渠，俱于此疏浚之；竹篾排棚大木桶，及天沟水管，俱于此时油艌之，并铜缸亦刷换，以新汲水[2]。凡内臣院大者，即制席箔为凉棚，以绳收放取阴也。圣驾幸回龙观等处，赏海棠[3]。窖中花树尽出，园圃台榭药栏等项，咸此月修饰[4]。富贵家，咸赏牡丹花，修凉棚。（《酌中志》卷二十，第四页）

【注释】

〔1〕坤宁宫：在北京紫禁城内交泰殿后。坤宁宫广九楹，有东、西二暖殿，在明代为皇后居处，在清代为皇帝大婚的洞房，也是举行满洲传统祭祀活动之地。

〔2〕疏浚：疏通、扩宽或挖深河湖等水域。

竹篾：成条的薄竹片。

艌：用桐油和石灰填补缝隙。

〔3〕圣驾：皇帝或临朝皇后的车乘，亦借指皇帝或皇后。

回龙观：北京城著名道观，为明代皇帝前往十三陵谒陵后，回京途中小歇之处。道观自明孝宗弘治十七年（1504）始建，明武宗正德十年（1515）建成，并最终改名为"玄福宫"。玄福宫成为明朝中后期的一座皇家道观，兼有明帝谒陵时往来途中行宫的功能。玄福宫建成后，明朝皇帝到天寿山拜谒皇陵，回京途中多在此停歇。久而久之，玄福宫又俗称"回龙观"。

〔4〕园圃：种植果木菜蔬的田地。

台榭：中国古代将地面上的夯土高墩称为"台"，台上的木构房屋称为"榭"，两者合称为"台榭"。在古代，台榭是宫室、宗庙中常用的一种建筑形式，供眺望、宴饮、行射之用，具有防潮和防御的功能。

药栏：芍药之栏，泛指花栏。

三月清明日，男女扫墓。担提尊榼，轿马后挂楮锭，粲粲然满道也[1]。拜

者、酹者、哭者、为墓除草添土者，焚楮锭，次以纸钱置坟头。望中无纸钱，则孤坟矣。哭罢，不归也，趋芳树，择园圃，列坐尽醉。有歌者，哭笑无端，哀往而乐回也[2]。是日簪柳，游高粱桥，曰"踏青"。多四方客未归者，祭扫日感念出游。(《帝京景物略》卷二，第四十一页，春场五)

【注释】

〔1〕尊：今作樽，参见注樽。

楮锭：即楮钱、纸锭，指旧俗祭祀时焚化的用锡箔糊制成的银锭状的冥钱。古人认为焚化楮钱给死者，可供其当钱用。

粲粲：鲜明貌。

〔2〕无端：无缘无故，没有由来。

清明男女簪柳，出扫墓，担樽榼，挂楮钱；既而寻芳择地，欢饮而归。(《大兴县志》，传抄本)

清明日，男女簪柳，出扫墓，担樽榼，挂纸钱。拜者，酹者，哭者，为墓除草添土者，以纸钱置坟巅；既而趋芳树，择园圃，列坐馂余而后归[1]。(《宛平县志》，传抄本)

【注释】

〔1〕馂：吃剩下的食物，熟食。

清明扫墓，倾城男女，纷出四郊，担酌挈盒，轮毂相望，各携纸鸢线轴[1]。祭扫毕，即于坟前施放较胜。京制纸鸢极尽工巧，有价值数金者，琉璃厂为市易之。清明日，摘新柳佩带，谚云："清明不带柳，来生变黄狗。"又以柳条穿祭余蒸点，至立夏日油煎，与小儿食之，谓"不蟪夏"[2]。(《帝京岁时纪胜》，第十二页，三月清明)

【注释】

〔1〕挈：提起，携带。

〔2〕立夏：一年中二十四节气中的第七个节气，更是干支历辰月的结束以及巳月的起始，太阳到达黄经四十五度时。立夏在农历上的日期并不固定，为每年四月初一前后，在公历5月5日至6日之间。在天文学上，立夏表示即将告别

春天，是夏天的开始。人们习惯上把立夏当作温度明显升高、炎暑将临、雷雨增多、农作物进入旺季生长的一个重要节气。

齼：牙齿接触酸味时的感觉，畏怯。

广宁门外普济堂收养异乡孤贫疾瘵人，冬施粥饘，夏施冰茶；育婴堂收养弃掷婴儿[1]。两堂清明日检拾暴露骸骨及幼殇小儿殓葬，或化而瘗之，复延僧众施食度荐，名曰"赦孤"[2]。又祭厉鬼者，是日设仪仗，陈鼓吹前导，界请城隍圣像出巡，于城南隙地奏乐荐享，中设神位，傍列孤魂棚座祭赛，焚其楮帛，名曰"济孤魂会"，盖仿古厉坛之遗意焉[3]。（《帝京岁时纪胜》，第十三页，赦孤）

【注释】

〔1〕普济堂：俗呼"老人堂"，是清末民初民间救济性的会社组织。

瘵：疾病的总称。

饘：稠粥。

育婴堂：古代一种慈善性收养孤儿的会社组织。凡地方贫户生育子女无力抚养者，可以投育婴堂，由堂收养，代请乳娘。等孩子长大，仍可叫生身父母领回。如孩子无家可归，则转送孤儿院或贫民习艺所，接受教育，学习技艺，以谋自立。

〔2〕殇：没有成年就死去。

殓：给尸体穿衣下棺。

施食：布施饮食。佛教中流行的施食，一般是指布施给饿鬼道众生。

度：超度。

〔3〕城隍：又称"城隍爷"，是产生于古代祭祀而经道教演衍的地方守护神，大多由有功于地方民众的名臣英雄充当，是汉族民间和道教信奉的守护城池之神。另外，城隍也被视作冥界的地方官，职权相当于阳界的市长。在唐宋时代，城隍神信仰开始兴盛，至宋代列为国家祀典，元代封之为"佑圣王"。在明初，皇帝大封天下城隍神爵位，分为王、公、侯、伯四等，每年祭祀，分别由王及府州县守令主之。

荐享：祭献，祭祀。

厉坛：祭天祀鬼神的场所。

清明寒食，宫庭于是节最为富丽，起立彩索秋千架，自有戏蹴秋千之服，金绣衣襦，香囊结带，双双对蹴，绮筵杂进，珍馔甲于常筵[1]。中贵之家，其乐不减于宫闱，达官贵人豪华第宅悉以为除被散怀之乐事，然有无各称其家道也[2]。

（《析津志》，见《日下旧闻考》卷一百四十七，第十三页）

【注释】

〔1〕寒食：即寒食节。参见注寒食禁火。

襦：短衣，短袄。

香囊：古代汉族劳动妇女创造的一种民间刺绣工艺品。香囊以锦制作，又称锦囊或锦香袋、香包、香缨、佩帏、容臭等，今人称荷包、耍货子、绌绌，一般系于腰间或肘后之下的腰带上，也有的系于床帐（挂在床上的帐子）或车上。

绮筵：华丽丰盛的宴席。

〔2〕宫闼：皇宫的门，亦借指宫中。

祓：古代为除灾求福而举行的一种仪式。

清明日，各宫安秋千架。（《芜史》，见《日下旧闻考》卷一百四十七，第十三页[1]）

【注释】

〔1〕《芜史》：明代宦官刘若愚所撰的笔记。该书现已不存。刘若愚还撰有另外一部笔记《酌中志》。参见注《酌中志》。

都人谓清明日风作，则一月内无日不风，亦无日不沙矣。戊寅清明日风作，余验之良然[1]。（《燕京杂记》，第三页）

【注释】

〔1〕戊寅：即戊寅年，干支纪年中的一个。此处指清仁宗嘉庆二十三年，即1818年。

清明，人家上坟，于市上买盒子菜以祀之，即南边之馔盒也。（《燕京杂记》，第一页）

三月上巳日，上土谷祠[1]。清明日始卖冰，以两铜盏合而击之。次日花木皆出窖，播瓜菜种于地。后三日，新茶从马上至，至之日，官价五十金，外价三二十金，不一二日即二三金矣。（《北京岁华记》，见《顺天府志》卷十八，第十页）

【注释】

〔1〕土谷祠：即土地庙，北京城祠庙。"土"指土地神，"谷"指五谷神。土谷祠位于今北京西城区西黄城根，是供奉土地神、五谷神的祠庙。

清明即寒食，又曰"禁烟节"，古人最重之，今人不为节，但儿童戴柳，祭扫坟茔而已[1]。世族之祭扫者，于祭品之外，以五色纸钱制成幡盖，陈于墓左，祭毕，子孙亲执于墓门之外而焚之，谓之"佛多"，民间无用者[2]。（《燕京岁时记》，第十七页，清明）

【注释】

〔1〕清明即寒食：这种说法不准确。参见注寒食禁火、注唐清明节。
茔：坟地，坟墓。
〔2〕幡盖：幡幢华盖之类。

清明日，南城城隍庙厉坛，人家上冢。（《天咫偶闻》卷十，第十二页）

清明前后，上冢者多，车马往来，不绝于道，辄插柳车棚以归。小儿则以柳枝编圈戴之，谣曰："清明不戴柳，死后变黄狗。"（《北京指南》第二编，礼俗，第六页）

清明节气有早晚，谚云："二月清明花开早，三月清明花不开。"在昔太平盛世，清明例有踏青之举，近则城外匪多，游人裹足矣[1]。（《帝京岁时纪胜笺补》，稿本）

【注释】

〔1〕裹足：此处指游人停止出行。

清明节，民国改名植树节，各公署学校，均给假三日，并在天坛及马路道旁添植新树。此新例，昔所无也。（《帝京岁时纪胜笺补》，稿本）

清明前一日，曰"寒食节"[1]。此风山西最盛，往时北京人家亦有行之者。（《帝京岁时纪胜笺补》，稿本）

〔1〕寒食节：参见注寒食禁火。

清明济孤之举，近年仍有，但不若从前之盛。京中富户日少，则捐助之款亦少故也。（《帝京岁时纪胜笺补》，稿本）

北平各大庙宇，至清明皆有济孤焰口，夜间施食[1]。（《帝京岁时纪胜笺补》，稿本）

【注释】

〔1〕焰口：系根据佛教经典《救拔焰口饿鬼陀罗尼经》而举行的一种佛事仪式，属于施饿鬼法的仪轨。施食焰口即救济鬼魂，给予法食令其饱满。

杂事

是月，小儿以钱泥夹穿而干之，剔钱，泥片片钱状，字幕备具，曰"泥钱"。画为方城，儿置一泥钱城中，曰"卯"；儿拈一泥钱远掷之，曰"撒"；出城则负，中则胜，不中而指权相及，亦胜，指不及而犹城中，则撒者为卯，其胜负也以泥钱。别有"挑"用苇，"绷"用指者，与撒略同。有撒用泥丸者，与钱略同，而其画城廓远[1]。（《帝京景物略》卷二，第四十二页，春场六）

【注释】

〔1〕城廓：城墙。城指内城的墙，廓指外城的墙。

三月采食天坛之龙须菜，味极清美。香春芽拌面筋，嫩柳叶拌豆腐，乃寒食之佳品[1]。黄花鱼，即江南之石首。至于小葱炒面条鱼，芦笋脍鲚花，勒鲞和羹，又不必忆蒪鲈矣[2]。至若桃花历乱，柳絮飞残，红白灿苹婆，荷包挂牡丹，曰"西府"，曰"铁梗"，曰"垂丝"，海棠之妙，韦公寺、慈仁寺，可为甲于天下矣[3]。冀门烟柳，为金台八景之一。吏部藤花，乃明少宰吴宽之手植也[4]。（《帝京岁时纪胜》，第十五页，时品）

【注释】

〔1〕香春芽：参见注香椿。

〔2〕面条鱼：即银鱼。参见注银鱼。

鳜花：即鳜鱼，又叫鳌花鱼，肉食性，有鳞鱼类，属于脂科鱼类。

鲞：即鲞鱼，主产于中国沿海，如黄海、东海等，属近海中上层鱼类，中国北方习惯称之为"脍鱼""白鳞鱼"。

〔3〕韦公寺：北京城寺庙，位于明清北京城东南左安门外。韦公寺内有三株奇树，海棠、苹婆（参见注苹婆果）和柰子（即沙果树）。

慈仁寺：北京城著名寺庙，即大报国慈仁寺，位于今北京西城区广安门内大街路北。这座寺庙始建于辽代，在明代塌毁，明宪宗成化二年（1466）重修，改名"慈仁寺"，俗称"报国寺"，清高宗乾隆十九年（1754）重修，更名为"大报国慈仁寺"。

〔4〕少宰：官名，明清时代吏部侍郎的别称。明代吏部设左、右侍郎各一人，为吏部的副官，正四品，辅佐吏部的长官吏部尚书进行官吏选拔、考核等事务。

吴宽（1435—1504）：明朝大臣、文学家、书法家。吴宽为苏州长洲人，字原博。明宪宗成化八年（1472），他任东宫讲官，成为当时的皇太子朱祐樘（即后来的明孝宗）的老师。朱祐樘即皇帝位后，吴宽迁左庶子，预修《宪宗实录》，累迁掌詹事府事，后入东阁，专掌皇帝颁布的各类诏书，进礼部尚书。他去世后赠太子太保，谥号"文定"。他善诗文，兼工书法，著有《家藏集》等。

每至三月换戴凉帽，妇女皆换玉簪。（《燕京岁时记》，第二十二页，换季）

京师三月有黄花鱼，即石首鱼。初次到京时，由崇文门监督照例呈进，否则为私货，虽有挟带而来者，不敢卖也[1]。（《燕京岁时记》，第二十二页，黄花鱼、大头鱼）

【注释】

〔1〕崇文门监督：官名，负责掌管北京城崇文门税关，征收入京商税及田、房契税与其他商税。崇文门监督分正、副，另有左、右翼，由内务府大臣及尚书、侍郎兼充。在明清时代，朝廷在北京城的崇文门设立税关，对来往的商人征收赋税。这就是崇文门监督的由来。参见注崇文门。

三月清明后，家家晾干菠菜，谷雨则开花结子，老而不堪食矣[1]。所晾之干菜，可以蓄之来春。用时，取开水浸之，加油肉作馅，蒸包子，煮角子，皆别有风味也。（《帝京岁时纪胜笺补》，稿本）

〔1〕谷雨：一年二十四节气中的第六个节气，是春季最后一个节气，即每年农历三月中，公历4月19日至21日时，太阳到达黄经三十度时。谷雨源自古人"雨生百谷"之说，是播种秧苗的最佳时节。

天坛之龙须菜，即药中之独活，其根能治中风；罐头中之龙须菜，来自洋广，其味鲜，取其子种于北平，鲜美可食，但不如在南之粗壮也[1]。枸杞头，味苦，取其初生之小芽，香油素炒，或用开水泡过，拌豆腐亦甚佳，人能久食枸杞，可以延年[2]。榆钱糕，或作面汤，味鲜美，但易发病[3]。黄花鱼之外，尚有白骨鱼，又名"桐萝鱼"，鳞细而白，味则较逊黄花鱼[4]。又有大头鱼，北京呼为"海鲫鱼"，烟台人呼曰"嘉鲫鱼"，诗所谓"南有嘉鱼"者也。火车通后，春时即可运至北京。（《帝京岁时纪胜笺补》，稿本）

【注释】

〔1〕独活：中药名，为伞形科植物重齿毛当归的干燥根。

中风：中医病名，有外风和内风之分。外风因感受外邪（风邪）所致，名中风（亦称桂枝汤症）；内风属内伤病症，又称脑卒中、卒中等。

〔2〕枸杞：即枸杞。枸杞既是名贵中药材，又是营养滋补品。

〔3〕榆钱糕：用榆树的种子制作的一种甜点，白绿相间，香甜适口，是汉族特色糕点之一。

〔4〕白骨鱼：一种鱼，其头尖而扁，近锥形，枕骨后突伸达背鳍起点处，为健游的中下层鱼类。

三月时品中，尚有藤萝花糕、玫瑰花糕、牡丹花糕、玉兰花糕，或作方补，内加香胙油及白糖[1]。（《帝京岁时纪胜笺补》，稿本）

【注释】

〔1〕藤萝花糕：即藤萝饼，系北京地区汉族传统小吃，老北京四季糕点之一。过去每到春季，北京人都喜欢用花和面制作应时食品，藤萝饼就是其中之一。

玫瑰花糕：北京地区汉族传统小吃，老北京四季糕点之一，具有疏肝理气、健脾暖胃的功效。

牡丹花糕：北京地区汉族传统小吃，老北京四季糕点之一，具有凉血去瘀的功能。

玉兰花糕：北京地区汉族传统小吃，老北京四季糕点之一，具有滋补清火的作用。

　　香胙油：胙，古代祭祀时供的肉。香胙油，动物肉制成的油。

　　鲜莞豆，自三月即可食，至四月半后，则黄老矣[1]。（《帝京岁时纪胜笺补》，稿本）

　　【注释】
　　〔1〕莞豆：此处应指豌豆。

四月

总述

亘四月一月，庙会占其泰半，幡乐车骑之盛，遑论他省，即在北平，亦三月所不逮也[1]。远道而至，膜拜虔诚，放顶摩踵，恒所不计，环顾老大都城，俨然一神权世界[2]。今即其所祀各庙而审谛焉，匪特见释道教力，深入民间，迳夺儒家之席而久矣[3]。相代前代每值会期，且复廷派显宦而往祭焉，其为郑重，一至此极[4]。在神道设教之国，丰彼庙貌，洁彼粢盛，借革群众非心，立意未尝弗是[5]。惟行之既久，淫祀滋多，糜耗不资，奸宄未减，狄梁公下江南，毁祠八百，卓识哉，卓识哉[6]。

【注释】

〔1〕幡乐：即京西幡乐，是今北京门头沟西部山区传承了四百余年的汉族传统吹打乐，是古幡会祭祀佛、道、儒时演奏的祭祀音乐。

遑论：不必论及。

〔2〕放顶摩踵：即摩顶放踵，从头顶到脚跟都磨伤，形容不辞劳苦，舍己为人。这一成语最初的记载见《孟子·尽心上》。

〔3〕审谛：仔细看。

〔4〕显宦：职位高、声势显赫的官吏。

〔5〕神道设教：圣人能够体认到玄妙的道理，并用以教化民众。

粢盛：古代盛在祭器内以供祭祀的谷物。

非心：邪心。

〔6〕淫祀：不合礼制的祭祀，不当祭的祭祀，妄滥之祭。淫祀包含了越分之祭与未列入国家祀典之祭两种。

滋：更加，愈益。

糜耗：费用。

奸宄：违法作乱之徒。

狄梁公下江南，毁祠八百：狄梁公，即狄仁杰（630—700），唐代宰相，字怀英，并州太原（今山西太原西南）人。他担任宰相，屡次以"固本安人之术"向皇帝上书进谏，请求息兵役、宽赋税、轻刑罚、重耕织、停建佛像、抚绥周边各族。唐睿宗时，朝廷追封狄仁杰为梁国公。狄仁杰著有文集十卷，皆已散失。狄仁杰在唐睿宗垂拱年间（685—688，实际为武则天掌权）曾经担任冬官侍郎（即工部侍郎），充江南巡抚使，毁当地淫祠千余所。

今虽即其旧规，辄已加之矫正，第当道苦心自存，而民众积重难返，劳力弃财，所获安在[1]？神即有灵，当亦扼腕。斯固鸿都之玷，而未必见谅友邦者也；借曰繁荣市面，有赖乎斯，而若者可祀，若者必祀，政教所宏，去留有道，求子祈福之如愿与否，初亦非香火区区，所得而左右也[2]。

【注释】

〔1〕积重难返：经过长时间形成的思想作风或习惯，很难改变，多指不好的民俗、恶习、弊端发展到了难以革除的地步。这一成语最初的记载见《国语·晋语》。

〔2〕玷：白玉上面的斑点、瑕疵。

北平表率四裔，几历千年，今虽废都，依然观听所集，所足以使人往复低徊而不忍骤去者，顾必以此为轩轾耶[1]。然而曩时殷富，朝野诚有余力，益以承平久亨，遂复酬神还愿，阅年既多，亦无惑乎成此积习[2]。今也库空如洗，民生日匮，穷岁血汗所易，或不足一掷之资，此吾所以目击其艰，而感喟难于自已也欤[3]。

【注释】

〔1〕四裔：四方边远之地。

废都：此处指北平。民国时期，国民政府将首都迁至南京，改北京为北平。因此，北平成为废都。

低徊：徘徊，留恋，回味。

轩轾：车前高后低为"轩"，车前低后高为"轾"，轩轾喻指高低轻重，引申为高低、轻重、优劣。

〔2〕殷富：殷实富足，繁盛，富足。

亨：万事亨通。

〔3〕匮：缺乏，空乏。

一掷：赌博时以赌具投掷一次谓"一掷"。

喟：本义是就粮食短缺发出的叹息，引申为因事发愁而发出的叹息。

至于施茶水，舍缘豆，此虽饮食小节，要与放生大会，厥事并关慈善，药王诞药肆减价，声满全市，此于病者，诚亦福音[1]。配药必以是日，例自不妨打破，不当谓此日之外，终岁竟无其日也。

【注释】

〔1〕舍缘豆：旧时北京的一种习俗。施舍豆子结缘。

药王诞：药王是中国民间行业神之一，为医生、药铺、药材贩运商、药农等敬奉。中国不同时代、不同地区流行的药王并不一致，计有伏羲、神农、黄帝、孙思邈、扁鹊、华佗、邳彤、三韦氏、吕洞宾、李时珍等十余位。其中伏羲、神农、黄帝为上古三皇，被称为"医药之祖"，又称"药皇"。药王诞辰风俗是民间传统纪念日，俗说药王生于农历四月二十八日。人们在那天要举办药王庙会等纪念、祭祀药王。

福音：比喻有益于众人的好消息。

进不落夹之俗，止限北平[1]。磨食稔转之风，他乡则有[2]。有宫禁赐扇，昔之故例[3]。司礼制扇，久已无闻。赏赉分颁，服饰更换，内臣外吏，循制承恩[4]。斯在帝乡，月有其例。虽他地所不得拟，究今世所不足矜焉[5]。

【注释】

〔1〕不落夹：以苇叶包糯米或桐叶摊卷白面蒸煮而成的食品，在农历四月初八日用以供佛，朝廷亦赐百官不落夹。

〔2〕稔转：食物名，取新麦穗煮熟，剁去芒壳，磨成细条而食。

〔3〕宫禁：帝王所居之处。

〔4〕赉：赐予，给予，赏赐。

外吏：地方官。

〔5〕拟：比拟，模仿，效法。

尝樱桃笋鸡，蒸榆钱面糕，其他鲜品之荐，别味之制，即岁时攸涉，但亦常物常识，并非北平之所独也[1]。

【注释】

〔1〕榆钱面糕：即榆钱糕。参见注榆钱糕。

花事之多，北平则胜，即四月而赏乎四郊，桑椹熟矣，芦笋齐成[1]。历历莺声，唤人买醉[2]。北平而下，异地或无兹完美，是固小故，亦可记已。

【注释】

〔1〕桑椹：即桑葚，桑树的成熟果实，又叫桑果、桑泡儿，农人喜欢食用其成熟的鲜果，味甜汁多。

〔2〕买醉：买酒痛饮。

若夫来鲥去鲞，语本无关北平[1]。在南服原亦恒品，在北方则称妙味，老于水产者，知之固熟矣。其天师火判，绒虎榴花，五月所需，四月即售[2]。则以喜新一念，万姓皆同，各色胪呈，童騃尤喜[3]。贾贩悉有心人，心理所贵，亦固研之有素矣[4]。

【注释】

〔1〕若夫：句首语气词，用在句首或段落的开始，表示另提一事，可以翻译为"至于"，并无实际意思。

鲥：即鲥鱼，体侧扁，长数十厘米，银白色，分布于中国、朝鲜、菲律宾沿海，是一种名贵的食用鱼。

〔2〕天师：原是道教始祖轩辕黄帝对老师岐伯的尊称。后世高道也有称天师的，如东汉葛玄、东晋许逊、北魏寇谦之、南朝陆修静、唐杜光庭等。

〔3〕万姓：所有民众。

童騃：年幼无知。

〔4〕贾贩：经商贩卖，商贩。

有素：具有一定的素养。

是月妙峰山会，伶亦群焉莅止[1]。以山头有殿，所供喜神，为伶界祖师，故若辈朝山之举，得以沿至于今也[2]。

【注释】

〔1〕妙峰山会：在北京妙峰山举行的庙会。参见注妙峰山。

莅：来，到。

〔2〕伶界：戏曲界。

一日

四月一日至十八日，倾城趋马驹桥，幡乐之盛，一如岳庙，碧霞元君诞也[1]。（《帝京景物略》卷二，第四十二页，春场六）

【注释】

〔1〕马驹桥：北京城地名，位于北京南郊平原（今北京通州区）。明英宗天顺八年（1464），朝廷在凉水河上修建起一座九孔石拱桥，英宗亲赐名"弘仁桥"。因桥梁所在地以前一直为饲养马匹的地方，故当地百姓习惯称之"马驹桥"。桥的东边建有碧霞元君庙，每年农历四月十八日是元君诞辰，京城士女竞相前往进香。

四月一日至八日，游戒坛、潭柘、香山、卧佛、碧云、玉泉、天宁寺诸名胜，为"浴佛会"也[1]。（《大兴县志》，传抄本）

【注释】

〔1〕戒坛：即戒坛寺，位于今北京西山的马鞍山，距北京市区三十五公里，始建于唐高祖武德五年（622）。辽道宗咸雍年间（1065—1074），有法均和尚在此建戒坛，四方僧众多来受戒，故俗称"戒坛寺"，又叫"戒台寺"。

潭柘：即潭柘寺。参见注潭柘寺。

香山：即北京的香山寺。香山寺位于今北京香山公园内，历史悠久，唐代已有吉安、香山二寺。金世宗完颜雍在大定二十六年（1186）将二寺合一，金章宗完颜璟赐名"大永安寺"。此寺在元代重修，易名"甘露寺"，明朝再建，称"永安禅寺"。乾隆年间，朝廷在其寺址上扩建，御赐"大永安禅寺"。清文宗咸丰十年（1860）和清德宗光绪二十六年（1900），香山寺分别遭英法联军和八国联军焚烧，仅存知乐濠、听法松、娑罗树御制碑、石屏等遗物。

卧佛：即卧佛寺，又称十方普觉寺，为北京城著名寺庙，位于香山东侧，距北京市区三十公里。该寺始建于唐太宗贞观年间（627—649），原名兜率寺，又名寿安寺。以后历代有废有建，寺名也随朝代变易有所更改。清高宗乾隆初年，该寺重修并改名为"普觉寺"。由于唐代寺内就有檀木雕成的卧佛，后来元代又在寺内铸造了一尊巨大的释迦牟尼佛涅槃铜像，因此，一般人都把这座寺院叫作"卧佛寺"。

碧云：即碧云寺，北京城著名寺庙，位于今北京海淀区香山公园北侧，西山余脉聚宝山东麓，是一组布局紧凑、保存完好的园林式寺庙。碧云寺创建于元文宗至顺二年（1331），之后明清两代均有扩建。

玉泉：即玉泉山，位于今北京海淀区西山山麓。玉泉山山势为西北走向，状如马鞍，主峰海拔一百米。山中奇岩幽洞，小溪潺潺，流泉活水，有风水宝地一说。因为这里的泉水水清而碧，澄洁似玉，故称为"玉泉"。相传清乾隆帝常到此处观景，因为玉泉山的泉水水轻质优甘淳，乾隆帝于是赐封"天下第一泉"，并题字"玉泉趵突"。明清两代的宫廷用水，皆从玉泉山运来，并成为民间用水泉源之一。

天宁寺：北京城著名寺庙，位于今北京西城区广安门外护城河西岸北滨河路西侧的天宁寺前街上。天宁寺始建于北魏孝文帝年间（471—499），当时称"光林寺"。隋文帝仁寿年间（601—604），光林寺改名"弘业寺"。到唐代，该寺名叫"天王寺"。这座寺庙中有北京最高的八角十三层密檐式砖塔，为辽代所建，其中埋藏有舍利。在金代时，此寺改名为"大万安寺"。金朝末年，寺庙遭灭顶之灾，仅存一座孤塔。明英宗正统年间又重修，正式改名为"天宁寺"。

浴佛：相传农历四月八日为释迦牟尼的生日，每逢该日，佛教信徒用拌有香料的水灌洗佛像，谓"浴佛"，亦称"灌佛"。

又有涿州北关、怀柔县之丫髻山，俱为行宫祠祀，圣祖御题丫髻山天王殿匾曰："敷锡广生。"[1]玉帝殿匾曰："清虚真宰。"[2]每岁之四月朔至十八日，为元君诞辰，男女奔趋，香会络绎，素称最胜。（《帝京岁时纪胜》，第六十页，天仙庙）

【注释】

〔1〕怀柔县：今北京怀柔区，位于今北京东北部，属于北京的远郊区，地处燕山南麓。

丫髻山：位于今北京平谷区刘店乡，距北京市区九十一公里，因山巅两块巨石状若古代女孩头上的丫髻，因此得名"丫髻山"。山上的碧霞元君祠为京东著名道观，始建于唐代，鼎盛于元、明、清三朝。

敷锡：施赐。

〔2〕玉帝：全称"昊天金阙无上至尊自然妙有弥罗至真玉皇上帝"，又称"玉皇赦罪天尊""昊天通明宫玉皇大帝""玄穹高上玉皇大帝""元始天尊"，简称"玉帝"。玉帝居住在玉清宫，是统领三界十方诸神以及人间万灵的最高神，代表至高无上的"天"，还管理宇宙万物的兴隆衰败、吉凶祸福。

清虚：清净虚无，清高淡泊。

真宰：宇宙的主宰，或指君主。

四月初一日，戒坛开，城中人多往西山[1]。（《北京岁华记》，见《日下旧闻考》卷一百四十七，第十三页）

【注释】
〔1〕戒坛：僧徒传戒之坛。此处指北京西山的戒坛寺。

万寿寺，在西直门外五六里，门临长河，皇太后祝釐之所[1]。每至四月，自初一日起，开庙半月，游人甚多。绿女红男，联蹁道路，柳风麦浪，涤荡襟怀，殊有天朗气清，惠风和畅之致，诚西郊之胜境也[2]。（《燕京岁时记》，第二十二页，万寿寺）

【注释】
〔1〕万寿寺：明清北京城著名寺庙，位于今北京海淀区高梁河苏州街西侧。万寿寺始建于唐朝，后为明清两代皇家寺院。清高宗乾隆帝将万寿寺定为给皇太后祝寿的庆典场所，故先后两次进行大规模扩建和修葺。清德宗光绪年间（1875—1908），清廷为庆贺慈禧太后六十大寿，又对万寿寺进行第三次重修。这座寺庙历经明清几代皇帝的大规模兴建，最终形成集寺庙、行宫、园林于一体的皇家佛教胜地，有"京西小故宫"之誉。
釐：同"禧"，福。
〔2〕绿女红男：又作红男绿女。古代男人做官，礼服的裤子就是大红色，代表其地位和身份，而女人要青衣黛眉。因此，红男绿女形容穿着各种漂亮服装的青年男女。这一成语最初的记载见清代舒位的《修箫谱传奇》："红男绿女，到如今野草荒田。"
天朗气清，惠风和畅：天色明朗，大气清和。柔和的风，使人感到温暖、舒适。这一成语最初的记载见晋代书法家王羲之的《兰亭集序》："是日也，天朗气清，惠风和畅。"

西顶娘娘庙，在万寿寺西八九里，每至四月，自初一日起，开庙半月，繁盛与万寿寺同[1]。山门中四天王像，神气如生，狰狞可畏，座下八鬼怪，尤觉骇人。凡携小儿者，多掩其目而过之[2]。庙有七十二司神，皆绘画，非塑像也。每开庙时，特派大臣拈香，与丫髻山同，他处无之。（《燕京岁时记》，第二十三页，西顶）

【注释】

〔1〕西顶：也称广仁宫，明清北京城著名寺庙，位于今北京海淀区四季青镇蓝靛厂，其旧址为明武宗正德年间（1506—1521）创建的嘉祥观，明神宗万历十年（1582）至万历十八年（1590）建成。清圣祖康熙四十七年（1708）又重葺，康熙五十一年（1712）改名"广仁宫"。西顶庙会是京西的一大庙会。在清代，每届庙会朝廷还特派大臣到西顶拈香，此为其他寺庙所无。

〔2〕山门：寺院正面的楼门。

四天王：佛教中四位护法天神的合称，俗称"四大金刚"，他们分别是东方持国天王、南方增长天王、西方广目天王和北方多闻天王。

妙峰山碧霞元君庙，在京城西北八十余里，山路四十余里，共一百三十余里，地属昌平[1]。每届四月，自初一日开庙半月，香火亟盛[2]。凡开山以前有雨者，谓之"净山雨"。庙在万山中，孤峰矗立，盘旋而上，势如绕螺，前可践后者之顶，后可见前者之足，自始迄终，继昼以夜，人无停址，香无断烟，奇观哉[3]！庙南向，为山门，为正殿，后殿之前，有石凸起，似是妙峰之巅石，有古柏三四株，亦似百年之物。庙东有喜神殿、观音殿、伏魔殿，庙北有回香亭，庙无碑碣，其原无可考；然自雍乾以来即有之，惜无记之者耳[4]。进香之路，日辟日多，曰"南道"者，三家店也；曰"中道"者，大觉寺也；曰"北道"者，北安合也；曰"老北道"者，石佛殿也[5]。近日之最称繁盛者，莫如北安合，人烟辐辏，车马喧阗，夜间灯火之繁，灿如列宿[6]。以各路之人计之，共约数十万；以金钱计之，亦约有数十万。香火之盛，实可甲于天下也。（《燕京岁时记》，第二十四页，妙峰山）

【注释】

〔1〕妙峰山碧霞元君庙：北京妙峰山的碧霞元君庙创建于明末，俗称"娘娘庙"，原为道士主持，香火不旺，清朝时香火渐盛。每年农历四月初一至十八日，京城百姓不辞劳苦，前往妙峰山，长途跋涉，去朝祭碧霞元君。

昌平：今北京昌平区，位于今北京西北部。昌平自古为军事重镇，军事必争之地，是北京的北大门，素有"京师之枕"和"甲视诸州"之称。

〔2〕亟：非常。

〔3〕践：踩踏。

〔4〕碣：齐胸高的石块，刻有文字的独立天然石块。

雍乾：指清雍正、乾隆时代。雍正，清世宗爱新觉罗·胤禛在位期间（1723—

1735）所用年号，共计十三年。

〔5〕三家店：即三家店村，位于今北京门头沟区。

大觉寺：北京城著名寺庙，又称西山大觉寺，位于今北京海淀区阳台山麓，始建于辽道宗咸雍四年（1068），称"清水院"。

北安合：疑当作"北安河"，即北安河村，位于北京西郊海淀区苏家坨镇。至迟在辽代就已经有北安河这个村子。在北安河西南不远处即为著名的大觉寺。

石佛殿：北京城地名。具体位置待考。

〔6〕宿：星座的古名。按照中国古代的分法，坐落在黄道（即日在星际所行的路）的星宿共有二十八个。

丫髻山碧霞元君庙，在京城东北怀柔县界。每至四月，自初一日起，开庙半月，繁盛亚于妙峰，而山景过之，都人谓之"东山"。（《燕京岁时记》第二十五页，丫髻山）

北顶碧霞元君庙，在德胜门外土城东北三里许[1]。每岁四月有庙市，市皆日用农具，游者多乡人。（《燕京岁时记》，第二十六页，北顶）

【注释】

〔1〕北顶碧霞元君庙：即北顶娘娘庙，北京城著名寺庙，是明代皇家敕建的庙宇，庙内原供奉碧霞元君，位于今北京朝阳区德胜门外土城，北京中轴线北延长线的北端，是北京北端的标志性建筑。北顶娘娘庙始建于明宣宗宣德年间（1426—1435），清高宗乾隆年间奉敕重修。庙内供奉碧霞元君、眼光娘娘、子孙娘娘、东岳大帝、玉皇大帝、关帝、药王等神祇。

土城：在明初北京城的北墙南移时元大都城的最北部分，遗存城外，俗称"土城"，位于今北京德胜门外。

东顶，在东直门外，与北顶同[1]。（《燕京岁时记》，第二十六页，北顶东顶附）

【注释】

〔1〕东顶：即东顶娘娘庙，俗称"行宫庙"，北京城著名寺庙，位于今北京东城区东直门外，因庙侧有一株数百年的老榆树，人们又称此庙为"孤榆树庙"，现已无存。

广仁宫在蓝靛厂，火器营驻此，街衢富庶，不下一大县[1]。广仁宫岁四月庙市半月，土人称"西顶"，盖北方多山，庙必在山极顶，因连类而及，谓庙亦曰"顶"，此土语也。（《天咫偶闻》卷九，第十二页）

【注释】

〔1〕广仁宫：即西顶。参见注西顶。

蓝靛厂：地名，位于今北京海淀区西部，东至清水河（今京密引水渠），西为昆明湖南路，南依远大路，北跨蓝靛厂路。此地在历史上因生产蓝靛而得名。

火器营：地名，位于今北京海淀区蓝靛厂北，东挽清水河，北倚万寿山，西望西山诸峰，是乾隆年间火器营八旗官兵合操、演武之地。

四月初一日至十五日，蓝靛厂广仁宫进香，西直门外万寿寺有庙市。（《天咫偶闻》卷十，第十二页）

四月初一日，戒坛寺开庙，居民多往游者[1]。京西万寿寺、西顶、碧云寺、妙峰山，均开庙半月[2]。中以妙峰山娘娘庙游人为最盛，且有至自天津、保定者[3]。而都城之茶会，及秧歌、狮子、开路、五虎棍、少林棍、双石杠子等会，结队前往者，亦不可胜数[4]。山腰一带，有供客饮憩之茶棚[5]。游人之归也，率购桃棍、麦草帽、花篮悬于车棚。而信神男女之一步一拜，直至山巅拜香者，近亦罕矣。永定门外马驹桥南顶，则自初一日至十八日开庙，幡乐之盛，一如岳庙，盖碧霞元君诞辰也。俗传是日神仙下降，故士女往而祈灵祈子者甚多。（《北京指南》第二编，礼俗，第九页）

【注释】

〔1〕戒坛寺：参见注戒坛。

〔2〕碧云寺：参见注碧云。

〔3〕妙峰山娘娘庙：即妙峰山碧霞元君庙。参见注妙峰山碧霞元君庙。

〔4〕开路：即舞叉，亦称飞叉，是一种汉族杂技表演艺术。在表演时，演员动作连贯，环节紧凑，寒光闪闪，十分好看，但时时处处透着惊险，使观众自觉躲避。叉进人退，自然就为后边的各档会打开了一条表演通道，因此称耍叉的为"开路"。过去朝山进香时，开路会总在前几天出发，以便走在前面，以取开路先锋之意。

五虎棍：一种民间表演艺术。这项艺术起源于宋太祖赵匡胤登基之前的一段故事。有一次，赵匡胤路过董家桥，遇到"董家五虎"恶霸拦桥勒索，因此双方发生恶战。在交战过程中，正赶上卖油郎郑子明路过此地，打抱不平，于是抽出扁担帮助赵匡胤打败了董家五虎。由于赵匡胤、郑子明和董家五虎使用的武器皆为棍，所以叫"五虎棍"。在表演时，演员都勾上花脸，有时单练，有时双打，有时群打，有时轮番打，场面十分热闹。五虎棍在表演时要有文场相配合，场上演员的表演节奏，全凭文场的家伙点指挥，通常是文场分二班十四人，武场分三班二十一人，轮番出场。

双石杠子：一种举重表演，其道具是一根竹杠，两端装有圆形石块，故称"双石"。演员除了舞弄石担外，还能仰卧地上，双手双脚各托起一副石担，由几位演员在石担上叠罗汉和拿顶，人称"千斤石"。

〔5〕憩：休息。

西顶正名广仁宫，在蓝靛厂东首〔1〕。每年四月初一日起，至十五日止开庙，香火极盛。盖宫之左近各营房，及海甸村民，来游者甚多，宫门内外赶集设摊极夥〔2〕。（《旧京风俗志》，稿本〔3〕）

【注释】

〔1〕首：位次，方，面。
〔2〕左近：附近，临近。
营房：指驻京八旗的营房。
海甸：即海淀，位于今北京城区西北部。在元初，海淀附近是一片浅湖水淀，故称"海店"或"海甸""海淀"。
〔3〕《旧京风俗志》：书名，记录北京地区的习俗、民情。该书现已不存。

四日

四月初四日，宫眷内臣换穿纱衣，钦赐京官扇柄〔1〕。牡丹盛后，即设席赏芍药花也。（《酌中志》卷二十，第四页）

【注释】

〔1〕钦赐：皇帝恩赐。

里二泗河神祠，四月四日有庙会，祠在张家湾运河之滨，昔年江浙两省漕运，皆由内河，粮船至此停泊者数十艘，醵费演戏酬神〔1〕。远近游人，或泛舟，或

骑驴，或坐车，或步行，年必万人攒动，红男绿女，少长咸集，庙外有百货摊。（《帝京岁时纪胜笺补》，稿本）

【注释】

〔1〕里二泗：即里二泗村，位于今北京通州区张家湾镇，为通州区古村之一。里二泗村近泗河（又称白河、凉水河、萧太后河、通惠河），在元代已成村。明世宗嘉靖十四年（1535），此地修建了玉皇阁，塑河神像，赐名"佑民观"，名其阁"锡禧"，因祭祀河神，又称"河神祠"。

张家湾：即张家湾镇，位于今北京通州区东南部，是通往华北、东北和天津等地的交通要道。

运河：这里指京杭大运河最北的一段"北运河"。在历史上，人们曾将京杭大运河分为五段，最北一段由通州到天津，称"北运河"。北运河因水源、方位变化，又有潞水、泗河等众多别名。

漕运：利用水道（河道和海道）调运粮食（主要是公粮）的一种专业运输。水路不通处辅以陆运，多用车载（山路或用人畜驮运），故又合称"转漕"或"漕辇"。运送粮食的目的是供宫廷消费、百官俸禄、军饷支付和民食调剂，这种粮食称"漕粮"，漕粮的运输称"漕运"。狭义的漕运仅指通过运河并沟通天然河道转运粮食的河运而言。

醵：凑钱喝酒，泛指凑钱，集资。

八日

初八日进不落夹，用苇叶方包糯米，长可三四寸，阔一寸，味与粽同也。（《酌中志》卷二十，第四页）

八日，舍豆儿，曰"结缘"。（《帝京景物略》卷二，第四十二页，春场六）

八日为浴佛会，街衢寺院搭苫棚座，施茶水、盐豆，以黄布帛为悬旌，书曰"普结良缘"，禁屠割[1]。都人多于悯忠寺游玩，施斋饭僧，讲经于讲堂，听讲者甚夥，又为赴龙华大会[2]。（《帝京岁时纪胜》，第十五页，结缘）

【注释】

〔1〕苫：用茅草编成的覆盖物。
旌：古代用羽毛装饰的旗子，又指普通的旗子。

〔2〕悯忠寺：即法源寺，古名悯（愍）忠寺，北京城著名寺庙，位于今北京西城区教子胡同南端的法源寺前街，始建于唐代贞观年间。唐太宗李世民为纪念东征高丽中死难的将士，在幽州（今北京）城内修建一座寺庙，命名为"悯忠寺"。悯忠寺规模宏大，寺内建有一座高阁，名为"悯忠阁"。此后历代对悯忠寺均有修缮。清代雍正年间改名为"法源寺"，并一直沿用至今。

饭僧：向和尚施饭。这是一种修善祈福的行为。

龙华大会：指弥勒菩萨于龙华树下成道的三会说法，又称"龙华会""龙华三会""弥勒三会"，略称"龙华"，乃指佛陀入灭后五十六亿七千万年，弥勒菩萨自兜率天下生人间，出家学道，坐于翅头城华林园中龙华树下真正觉悟，前后分三次说法。原来在释迦牟尼佛的教法下未曾得道者，至此会时，以上、中、下根之别，均可得道。

京师香会之胜，惟碧霞元君为最，庙祀极多，而著名者七：一在西直门外高梁桥，曰"天仙庙"，俗传四月八日神降，倾城妇女往乞灵祐；一在左安门外弘仁桥；一在东直门外，曰"东顶"；一在长春闸西，曰"西顶"；一在永定门外，曰"南顶"；一在安定门外，曰"北顶"；一在右安门外草桥，曰"中顶"〔1〕。（《帝京岁时纪胜》，第十六页，天仙庙）

【注释】

〔1〕弘仁桥：即马驹桥。参见注马驹桥。

安定门：明清北京城城门，为城墙的北门，位于北京中轴线末端，与德胜门共同平稳分担了中轴线的末尾重心。安定门为出兵征战得胜而归收兵之门。在明清北京内城的九门中，有八门瓮城内建关帝庙，唯安定门内建真武庙，"安定真武"在诸门中别具一格。

草桥：即草桥村，位于今北京丰台区中部，东邻角儿堡，西近玉泉营，北靠西三环西路，南邻赵家店。草桥村因草桥而得名。草桥远在唐代已有桥名，明代成村。草桥种植鲜花、蔬菜历史悠久，曾是久负盛名的北京花乡。

中顶：此处指北京中顶的碧霞元君庙，又称"中顶娘娘庙"。中顶娘娘庙建于明熹宗天启年间（1621—1627），在唐代的庙遗址上建造。

八日，各寺浴佛。（《北京岁华记》，见《日下旧闻考》卷一百四十七，第十三页）

先是四月八日，梵寺食乌饭，朝廷赐群臣食不落夹，盖缘元人语也〔1〕。嘉

靖十四年，始赐百官于午门食麦饼宴[2]。（《燕都游览志》，见《日下旧闻考》卷一百四十七，第十四页）

【注释】

〔1〕乌饭：又称黑饭，系江南一带民间风俗小吃。农历四月初八或之前吃乌饭是江、浙、皖部分地区的民间习俗。

〔2〕嘉靖：明世宗朱厚熜在位期间（1522—1566）所用年号，共计四十五年。嘉靖十四年，即公元1535年。

麦饼：一道小吃，属于家常主食，主要原料是小麦粉，特色为口味香脆、工艺是烤。麦饼可做成有馅的，如豆腐麦饼、洋芋麦饼、腌菜麦饼、菜干麦饼、芝麻麦饼等。

朝廷每年四月八日赐百官午门外食不落夹。曹御史宏云是面食也，医官张天民云即今之粽子。（《戒庵漫笔》，见《日下旧闻考》卷一百四十七，第十四页[1]）

【注释】

〔1〕《戒庵漫笔》：又称《戒庵老人漫笔》或《漫笔》，系明人李诩的著作。李诩（1505—1593），字厚德，江阴人，著有《世德堂吟稿》《名山大川记》《心学摘要》，皆亡佚，如今流传下来的只有《戒庵漫笔》。此书是作者晚年的笔记，也间或对学术上的问题进行辨析，在一些问题的考订上颇有见地，是明代笔记中较为重要的一种，记载了有关明代政治、经济、社会等方面的内容以及相应的典章制度，保留了宋、元、明一些人物的言论行事及诗文、书信。

四月八日，燕京高梁桥碧霞元君庙，俗传是日神降，倾城妇女往乞灵祈生子。西湖、玉泉、碧云、香山，游人相接，又傍近有地名"秋坡"，都中伎女竞往逐焉，俗云"赶秋坡"[1]。（《宛署杂记》，见《日下旧闻考》卷一百四十七，第十四页）

【注释】

〔1〕西湖：即今北京颐和园内的昆明湖。昆明湖原为北京西北郊众多泉水汇聚成的天然湖泊，曾有七里泺、大泊湖等名称。昆明湖的前身叫瓮山泊，因万寿山前身叫瓮山而得名。瓮山泊因地处北京西郊，又被人们称为西湖。

伎女：古代指女歌舞艺人。

京师僧俗念佛号者，辄以豆识其数，至四月八日佛诞生之辰，煮豆，微

撒以盐，邀人于路，请食之，以为结缘也。（《陬志》，见《日下旧闻考》卷一百四十七，第十四页[1]）

【注释】

〔1〕《陬志》：书名。该书现已不存。

南城悯忠寺，岁之四月八日为放生大会，豪商妇女，显官妻妾，凝妆艳服，蜂屯蚁集，轻薄少年，如作狭邪之游，车击毂，人摩肩，寺僧守门，进者索钱二百，否则拒之[1]。于是品绿题红，舄交履错，遗珠落翠，粉荡脂流，招提兰若中，竟似溱洧濮上矣[2]。寺僧又于妇女所携之小儿女，各与一扑满，诱他带回满载，令明年赴会输之，以是一日间获金至数千[3]。其谓"放生大会"者，仅买数雀放之，实则一无所观，后有某御史陈奏禁之，遂绝。（《燕京杂记》，第十页）

【注释】

〔1〕轻薄：此处指轻佻浮薄。

狭邪：小街，曲巷，妓院。

〔2〕舄：古同"舄"，指鞋。

招提：民间私造的寺院。

兰若：又称阿兰若，佛教名词，原意是森林，引申为寂静处、空闲处、躲避人间热闹之处，有些房子可供修道者居住静修之用，或一人或数人。兰若也泛指一般的佛寺。

溱洧：《诗·郑风》篇名，全诗两章，每章十二句，为先秦时代汉族民歌。溱和洧是两条河的名称，均在今河南省。《诗·郑风》诗中描写青年男女到河边春游，相互谈笑并赠送香草表达爱慕的情景。后世用"溱洧"泛指男女出游或恋爱的场所。

濮上：古代卫国之地，指濮水之滨。濮水河是穿过今河南濮阳的一条河流。春秋时，濮上以侈靡之乐闻名于世，男女亦多于此处幽会。

〔3〕扑满：中国古代人民储钱的一种盛具，类似于现代人使用的储蓄罐。中国古代有两千多年时间通行的是圆形方孔钱。先民们为储存之便，用陶制作罐形或匣形的器具，顶端开一条能放进铜钱的狭口，有零散铜钱即投入其中；有的腹部还开有一小眼，供插系绳子用，悬吊于梁上。扑满只有装钱的入口，没有出口，钱装满后，则将其敲碎取之，称"满则扑之"，故名"扑满"。

四月八日，都人之好善者，取青黄豆数升，宣佛号而拈之；拈毕煮熟，散之

市人，谓之"舍缘豆"，预结来世缘也。（《燕京岁时记》，第二十二页，舍缘豆）

初八日，各寺浴佛，人家煮青黄豆结缘。（《天咫偶闻》卷十，第十二页）

四月初八日，各寺浴佛，曰"浴佛会"。信佛者多于是日济贫放生，又于十八日有于街头舍豆子者，曰"舍缘豆"。先是拈豆念佛，每拈一豆，宣佛号一声；至期，即将熟豆逢人舍之，受者每食一豆，一念佛，谓可结人世缘，他生不为人所弃也。（《北京指南》第二编，礼俗，第六页）

四月初八日浴佛会，近亦不若昔年之盛；然北京内外八大名刹，仍于是日念经搭衣展裙[1]。施缘豆，今尚有之。相传治豆之法，先期僧人每捡黄豆一粒，必一念"阿弥陀佛"，明晨送人食之。受缘豆者，亦念佛号一声，谓接佛之善缘也。（《帝京岁时纪胜笺补》，稿本）

【注释】
〔1〕北京内外八大名刹：广济寺、法源寺、灵光寺、广化寺、雍和宫、西黄寺、通教寺、云居寺。

是日之结缘，清时大内不独行之，自亲王、贝勒、贝子，至公爵以上各府第，皆于清晨有此礼节[1]。豆则青黄二种，加以红胡萝葡，在门外施送。民国以来，则甚少矣。（《帝京岁时纪胜笺补》，稿本）

【注释】
〔1〕亲王：全称和硕亲王，为清朝皇室的最高爵位。清朝皇室的爵位分为十二等级。第一等，和硕亲王；第二等，多罗郡王；第三等，多罗贝勒；第四等，固山贝子；第五等，镇国公；第六等，辅国公；第七等，不入八分镇国公；第八等，不入八分辅国公；第九等，镇国将军；第十等，辅国将军；第十一等，奉国将军；第十二等，奉恩将军。
贝勒：全称多罗贝勒，清朝皇室爵位，为第三等级。
贝子：全称固山贝子，清朝皇室爵位，为第四等级。
公爵：清朝封赐异姓功臣的最高爵位。清朝封赐异姓功臣的爵位共分为九个等级。第一等，公爵；第二等，侯爵；第三等，伯爵；第四等，子爵；第五等，男爵；第六等，轻车都尉；第七等，骑都尉；第八等，云骑尉；第九等，恩骑尉。

清代例于四月初八日，进鲜王瓜、扁豆、西葫芦、东瓜、蓁芄、蚕豆，皆以小蒲包盛之，价亦不昂[1]。（《帝京岁时纪胜笺补》，稿本）

【注释】

〔1〕东瓜：即冬瓜。

蓁芄：多年生草本植物，有蓁芄、麻花蓁芄、粗茎蓁芄、小蓁芄四个品种，其主根粗长，长圆锥形，扭曲不直。

蒲包：香蒲叶所编织的装东西的用具。

十日

十日至十八，游高梁桥、西顶、草桥之中顶、弘仁桥、里二泗、丫髻山。（《大兴县志》，传抄本）

十三日

十三日，上药王庙，诸花盛发，白石庄、三里河、高梁桥外，皆贵戚花场，好事者邀宾客游之[1]。（《北京岁华记》，见《日下旧闻考》卷一百四十七，第十四页）

〔1〕白石庄：即白石桥，位于今北京海淀区，临近中国国家图书馆、北京动物园。元世祖至元二十九年（1292），朝廷在此建石桥一座，因所使用的石料为灰白色，时称"小白石桥"，明代重建后称"白石桥"，现保存的白石桥为清代所建。白石桥这个地名因桥而得名。明代此处又称"白石庄"，有万驸马园。

三里河：此处指今北京西城区的三里河，在玉渊潭公园以东。这里所说的"三里"，是指此处距金中都北城墙为三里。

十三日，都人多游药王庙，兼赏花。（《北京指南》第二编，礼俗，第九页）

药王庙会，会期，京中各药铺皆减价，有配合丸膏，用是日者，谓其圣灵也。（《帝京岁时纪胜笺补》，稿本）

十日

《北平岁时志》注释

老北京岁时风物

186

药王庙之酬神戏，首事为同仁堂乐家[1]。次则为西鹤年堂、同济堂、千芝堂、体乾堂、延龄堂，内城则永安堂、同善药栈、万春堂、太和堂、仁一堂、天一堂、仙芝堂、橘井堂、德安堂、广济堂[2]。再次者如天沛堂、广育堂、济生堂、广生堂、同诚堂、鹤龄堂。余则小药肆也。（《帝京岁时纪胜笺补》，稿本）

【注释】

〔1〕同仁堂：全国中药行业著名的老字号，由乐显扬创建于清圣祖康熙八年（1669），自清世宗雍正元年（1723）开始供奉御药，历经八代皇帝。

〔2〕西鹤年堂：即北京鹤年堂药店，北京城著名老字号药店，由丁鹤年创建于明永乐三年（1405），因在城西，故被称为"西鹤年堂"。

永安堂：即北京永安堂药店，位于今北京东四路口东南角。该药店始建于明成祖永乐年间，比同仁堂还早二百多年。

十八日

十八日，亦舍，先是拈豆念佛，一豆，佛号一声，有念豆至石者，至日熟豆，人遍舍之，其人亦一念佛，啖一豆也。凡妇不见答于夫姑婉若者，婢妾摈于主及姥者，则自咎曰："身前世不舍豆儿，不结得人缘也。"是日，耍戒坛，游香山、玉泉、茶酒棚、妓棚、周山湾涧曲。闻初说戒者，先令僧了愿如是，今不说戒百年，而年则一了愿。（《帝京景物略》卷二，第四十二页，春场六）

北顶碧霞元君庙，在德胜门外土城东北三里许。每岁四月有庙市，市皆日用农具，游者多乡人。东顶在东直门外，与北顶同。（《燕京岁时记》，第二十六页，北顶）

十八日，为北顶、东顶开庙之期，售农器者咸集庙外。（《北京指南》第二编，礼俗，第九页）

二十二日

四月二十二日，宛平县城隍出巡[1]。（《燕京岁时记》，第二十八页，城隍出巡）

〔1〕城隍出巡：参见注城隍。城隍出巡又称巡境或绕境，是民间信仰的重要习俗。城隍神属于地方保护神。在古代，人们常在春、秋、冬三季举行盛大的城隍出巡活动，称为"收鬼""访鬼"或"放鬼"，人数众多，声势浩大。

二十二日，地安门外迤西，有庙会，香火不绝。清光绪庚子前有城隍出巡之举，观者如堵；至五月初一日，则舁至西城都城隍庙，翌晨始返[1]。较南下洼之城隍庙尤盛[2]。（《北京指南》第二编，礼俗，第九页）

【注释】

〔1〕都城隍庙：北京城著名祠庙，坐落于今北京西城区方成街（即城隍庙街）。北京都城隍庙始建于元世祖至元七年（1270），因当时大都建成，宜有明神之主，因此有人请立城隍神庙，朝廷遂选址，命少府督工修建，命名为"佑圣王灵应庙"。之后明清两代均有修葺。至清穆宗同治十年（1871），都城隍庙毁于火，又重修寝祠大殿及门。至民国时，都城隍庙虽然还有香火，但已逐渐衰败。尽管有信众，有香火，但庙会已废，不复举行。

〔2〕南下洼：即北京南下洼子胡同，位于今北京鼓楼东大街南侧，是呈南北走向的死胡同。该胡同南起景阳胡同，北不通行，东与黑芝麻胡同、沙井胡同相通，西与方砖厂胡同、豆角胡同相通。南下洼子胡同在清代属镶黄旗，称"下洼子胡同"，1947年称"南下洼子"，1949年后改称"南下洼子胡同"，在"文化大革命"中一度改称"学毛著胡同"，后恢复原名。现该胡同内多为居民住宅。

二十八日

二十八日，药王庙进香，吃白酒冰水酪，取新麦穗煮熟，剁去芒壳，磨成细条食之，曰"稔转"，以尝此岁五谷新味之始也[1]。司礼监有一种扇，以墨竹为骨，色浅笺，纸面，两面楷书，写《论语》内六字一句成语，极易脆裂，不知费多少工价，方成一把，似此损耗无益，宜裁省也[2]。（《酌中志》卷二十，第五页）

【注释】

〔1〕五谷：五种谷物，即稻、黍、稷、麦、菽（豆的总称）。

〔2〕司礼监：参见注秉笔。

墨竹：竹的一种。

《论语》：春秋时期的一部语录体经典著作，主要记载孔子及其弟子的言行。

二十八日，彰仪门外造甲庙，南西门外看丹庙，均有庙会[1]。（《北京指南》第二编，礼俗，第十页）

【注释】

〔1〕造甲庙：寺庙名。具体情况待考。

南西门：即右安门。参见注右安门。

看丹庙：即今北京丰台区花乡看丹村的药王庙。此药王庙为明代所建，于清乾隆三十三年（1768）重修。据传此处为唐代药王孙思邈寻铅炼丹之所，故村名"看丹村"，人们修建药王庙供奉孙思邈。每年农历四月二十八日药王诞辰时，该庙都会举行大型庙会，四周村民皆来求药，香火甚盛。

杂事

是月也，尝樱桃，以为此岁诸果新味之始。吃笋鸡，吃白煮猪肉，以为冬不白煮，夏不爁也[1]。又以各样精肥肉，姜蒜锉如豆大，拌饭，以莴苣大叶裹食之，名曰"包儿饭"[2]。造甜酱豆豉。初旬以至下旬，耍西山、香山、碧云寺等，耍西直门外之高粱桥，涿州娘娘、马驹桥娘娘、西顶娘娘进香[3]。（《酌中志》卷二，第四十三页）

【注释】

〔1〕爁：炼，同熬煮。

〔2〕锉：铡切，锉磨。

〔3〕涿州娘娘：即涿州娘娘庙、涿州碧霞元君庙。参见注碧霞元君庙。

马驹桥娘娘：即马驹桥娘娘庙、马驹桥碧霞元君庙。参见注马驹桥。

西顶娘娘：即西顶娘娘庙、西顶碧霞元君庙。参见注西顶。

是月榆初钱，面和糖蒸食之，曰"榆钱糕"。（《帝京景物略》卷二，第四十三页，春场七）

药王庙西为金鱼池，育养朱鱼，以供市易[1]。都人入夏，结棚列肆，狂歌轰饮于池沼之上，旧传有瑶池殿，今不可寻矣[2]。居人界池为塘，植柳覆之，岁种金鱼以为业。池阴一带，园亭甚多，南抵天坛，芦苇兼葭，一碧万顷[3]。昔我王父楚崦公曾筑室于此，颜曰"芦室"[4]。今虽莫详其处，尚有存图，以示来许[5]。至于游览之地，如西山、妙峰、弘教、圣感、潭柘、显应、西域、戒坛、香山、碧云、法海、卧佛等寺，极称名胜；岁之四月，都人结伴联镳，攒聚香会而往游焉[6]。（《帝京岁时纪胜》，第十七页，药王庙）

【注释】

〔1〕朱：红。

〔2〕轰饮：狂饮；闹酒。

瑶池：古代汉族神话传说中昆仑山上的池名，女神西王母居于此处。

〔3〕兼：疑当作"蒹"，指没有长穗的芦苇。

葭：初生的芦苇。

一碧万顷：（景色）一片碧绿，漫无边际。这一成语最初的记载见北宋大臣范仲淹的《岳阳楼记》："上下天光，一碧万顷。"

〔4〕王父：祖父。

〔5〕来许：后辈。

〔6〕法海：即法海寺，北京地区寺庙，位于今北京石景山区模式口翠微山南麓。此寺始建于明英宗正统四年（1439），动用诸多工匠历时近五年，至正统八年（1443）才建成。

京都花木之盛，惟丰台芍药甲于天下。旧传扬州刘贡父谱三十一品，孔常父谱三十三品，王通叟谱三十九品，亦云瑰丽之观矣[1]。今扬州遗种绝少，而京师丰台于四月间，连畦接畛，倚担市者日万余茎，游览之人，轮毂相望，惜无好事者图而谱之[2]。如宫锦红、醉仙颜、白玉带、醉杨妃等类，虽重楼牡丹，亦难为比。考丰台本无台，金时郊台在南城外丰宜门者，金之南门也，丰台疑即拜郊台，因门曰丰宜，固目为"丰台"云耳[3]。今右安门外十里草桥，唐时有万福寺，寺废而桥存，明天启间，建碧霞元君庙其北，土近泉宜花，居人以种花为业[4]。（《帝京岁时纪胜》，第十八页，丰台芍药）

〔1〕刘贡父：即刘攽（1023—1089），北宋史学家。刘攽为刘敞之弟，字贡夫，一作贡父、赣父，号公非，临江新喻（今江西新余）人。他在宋仁宗庆历年间（1041—1048）考中进士，历任曹州（今山东曹县西北）、兖州（今山东济宁市兖州区）、亳州（今安徽亳州）、蔡州（今河南汝南）知州，官至中书舍人。他一生潜心史学，治学严谨，曾助司马光纂修《资治通鉴》，负责汉史部分，并著有《东汉刊误》等。

孔常父：即孔武仲（1042—1097），北宋大臣、著名文学家。孔武仲，字常父，为孔子第四十七代孙，著说百余卷，主要有《书说》《诗说》《论语说》《金华讲义》《孔氏奏议》《芍药园序》等。

王通叟：即王观（1035—1100），北宋著名词人。王观，字通叟，如皋人，著有《维扬芍药谱》《诗文集》《天鬻子》《冠柳集》，其词作《卜算子·送鲍浩然之浙东》尤为脍炙人口。

〔2〕畦：田园中分成的小区。

畛：井田沟上的小路，泛指田间的路。

〔3〕丰宜门：金朝都城中都南面城墙的城门。

〔4〕天启：明熹宗朱由校在位期间（1621—1627）所用年号，共计七年。

荐新菜果，王瓜、樱桃、瓠丝煎饼、榆钱蒸糕、蚕豆生芽、莴苣出笋，乃时品也[1]。花名玫瑰，色分真紫、鹅黄，树长娑罗，品重香山、卧佛[2]。青蒿为蔬菜，四月食之，三月则采入药，为茵陈，七月小儿取作星灯，谚云："三月茵陈四月蒿，五月六月砍柴烧。"[3]（《帝京岁时纪胜》，第十九页，时品）

【注释】

〔1〕瓠：一年生草本植物，茎伸展开，夏天开白花，果实长圆形，嫩时可食。

〔2〕娑罗：梵语的译音，亦为娑萝，植物名，即柳安，原产于印度、东南亚等地，是常绿大乔木，木质优良。

〔3〕茵陈：别名牛至、田耐里、因尘、马先、绵茵陈、绒蒿、细叶青蒿、安吕草。菊科牛至属植物，经冬不死，春则因陈根而生，故名"因陈"或"茵陈"。

都中遗老，述万历间西山、戒坛，四月游女之盛，钿车不绝，茶棚酒肆接于路，至有挟妓入寺者。一无名子嘲以诗云："高下山头起佛龛，往来米汁杂鱼篮。不因说法坚持戒，哪得观音处处参？"（《辛斋诗话》，见《日下旧闻考》卷

一百四十七，第十四页[1]）

【注释】

〔1〕《辛斋诗话》：清初陆嘉淑的诗集。陆嘉淑（1620—1689），诗人、书画家、藏书家。陆嘉淑，字孝可、庆云、路仲、子柔，号辛斋，一号冰修、射山、射山衰凤，晚号辛斋，浙江海宁人，著有《问豫堂文钞》《射山诗钞》《三颂解》《藩镇录》《亡友录》《集异录》《景行录》《北游日记》《须云阁词》《辛斋诗余》《辛斋遗稿》等，辑有《陆氏本支宗谱》二卷。

四月，西山看李花，海棠院看海棠，丰台看芍药，煮豆子结缘，送春赛会[1]。（《郎潜纪闻》卷十二，第四页）

【注释】

〔1〕赛会：一种古老的汉族民俗及民间宗教文化活动。

四月以玫瑰花为之者，谓之"玫瑰饼"，以藤萝花为之者，谓之"藤萝饼"，皆应时之食物也。（《燕京岁时记》，第二十六页，榆钱糕条内）

四月末，花事将阑，易增惆怅，惟柳阴中，莺声婉啭，如鼓笙簧，殊有斗酒双柑之乐，惟月余则去，不能久住耳[1]。古诗云："黄栗留鸣桑椹美。"[2]黄鹂既鸣，则桑椹垂熟，至合今京师节候[3]。（《燕京岁时记》，第二十六页，黄鹂）

【注释】

〔1〕阑：尽，晚。
柳阴：亦作"柳荫"，柳下的阴影，或指枝叶茂密的柳林。
婉啭：声音委婉而动听。
笙簧：一种乐器。
斗酒双柑：春日胜游。
〔2〕黄栗：即黄鹂，是一种鸣禽。
〔3〕垂：临近。
节候：季节和气候。

四月中芦笋与樱桃同食，最为甘美，古诗云："芦笋生时柳絮飞，紫樱桃熟麦

风凉。"均与今京师时令最为符合。（《燕京岁时记》，第二十六页，芦笋、樱桃）

四月麦初熟时，将面炒熟，合糖拌而食之，谓之"凉炒面"。（《燕京岁时记》，第二十六页，凉炒面）

玫瑰，其色紫润，甜香可人，闺阁多爱之。四月花时，沿街唤卖，其韵悠扬，晨起听之，最为有味。芍药乃丰台所产，一望弥涯[1]。四月花含苞时，折枝售卖，遍历城坊，有杨妃、傻白诸名色。是二花者，最为应序，虽加以爝煜之力，不能易候而开，是亦花中之强项令矣[2]。（《燕京岁时记》，第二十七页，玫瑰花、芍药花）

【注释】
〔1〕弥：满，遍。
〔2〕应序：顺应时序。
爝：燃烧。
煜：有浓烟而无焰之火。

是月也，榆荚生，居民多取以和糖面蒸食之，曰"榆钱糕"[1]。又以玫瑰、藤萝等花，和糖为馅，蒸饼食之，曰"玫瑰饼""藤萝饼"。（《北京指南》第二编，礼俗，第七页）

【注释】
〔1〕榆荚：也叫榆钱儿，是榆树的种子，因为它酷似古代串起来的麻钱儿，故名榆钱儿。

时品中，有樱桃、桑椹、荸荠、小鹰嘴桃、金星波梨[1]。（《帝京岁时纪胜笺补》，稿本）

【注释】
〔1〕荸荠：又名马蹄、水栗、芍、乌芋、菩荠、地梨、地栗，属单子叶莎草科，为多年生宿根性草本植物，扁圆形，上面尖，表面光滑有光泽，紫红色或者黑褐色，生长在池沼中，地上的深绿色茎丛生，地下的球茎可供食用。

近年舟车便利，南方之枇杷、杨梅、甘蔗，四月底均可北来。（《帝京岁时纪胜笺补》，稿本）

鲥鱼多刺，四月由海入江口者，曰"来鲥"，至浙江严州府子陵钓台为止，仍从此去之海，其鱼即变为"鲞"，故谚曰："来鲥去鲞"，此之谓也[1]。北平近年亦卖鲥鱼，昔年无也。（《帝京岁时纪胜笺补》，稿本）

【注释】

〔1〕严州府：地名。在清代，严州府隶属浙江省金衢严道，治建德，相当于今浙江建德、淳安、桐庐、开化、昌化、临安。

子陵钓台：即严子陵钓台，位于今浙江桐庐南十五公里的富春山麓，是富春山主要景点。

四月二十日以后，隆福寺庙会，即有卖"抽葫芦"者[1]。卖纸花摊上，即有绒毛制虎形、红石榴花、五毒，买来与小姑娘戴之[2]。街头又卖天师符、火判官，纸作三棱六棱之葫芦，并用五色纸条编方胜及福儿，亦有编成老虎者[3]。街上者粗，人家自作者精细，青年妇女头戴者最精巧，即古时之"艾虎"也[4]。（《帝京岁时纪胜笺补》，稿本）

【注释】

〔1〕抽葫芦：又名葫芦瓜、葫芦、壶卢，为一年生攀缘草本植物。

〔2〕五毒：指蝎子、蛇、壁虎、蜈蚣、蟾蜍。这五种毒物是汉族民间盛传的一些害虫。汉族民俗认为每年端午节的午时，五毒孳生。人们于此日午前在屋角及各阴暗处撒石灰、喷雄黄酒、燃药烟，以灭五毒，驱秽气。与此同时，人们将灰尘垃圾扫于室外，以净其室。

〔3〕天师符：用黄纸盖上朱印，绘天师、钟馗像等，是汉族端午节节日的压胜物。

火判官：即钟馗，是中国民间传说中能打鬼驱除邪祟之神。在古代，民间常挂钟馗像以辟邪除灾。钟馗，字正南，唐初雍州（今陕西西安）人，生得豹头环眼，铁面龙髯，相貌奇异，然而却是个才华横溢、满腹经纶的人物，向来正气浩然，刚直不阿。春节时钟馗是门神（道教中最出名的神仙之一），端午时钟馗是斩五毒（参见注五毒）的天师。钟馗是中国传统道教诸神中唯一的万应之神，要福得福，要财得财，有求必应。

方胜：形状像由两个菱形部分重叠相连而成的一种首饰。

〔4〕艾虎：古代汉族端午节的压胜物兼饰物，流行于中原和江南地区。艾，即艾蒿，一种菊科多年生草本植物，嫩叶可食，老叶制成艾绒，可供针灸用。艾虎或以艾编剪而成，或剪彩为虎，粘以艾叶，每逢端午，佩戴于发际身畔，可辟邪除秽。

五月

总述

五月豪华，端午为盛，女儿令节，极尽烘渲，北平亦循夫故习耳[1]。艾虎蒲龙，何地蔑有，彩丝方胜，边圉无殊[2]。乃至钟馗辟邪，天师觋咒，绫罗巧样，户户同风[3]。粽可以益智也，缕可以续命也，避兵避毒，顾忌滋烦，五月之恶，抑何若此其极耶？三闾氏汨罗一殒，节俗随成，竞渡龙舟，二千年凤例未破，所以纪念先烈者，固已无微不至[4]。然而一方有庆，万宇同欢，举尔代忉怛之旨，早与波臣同渺，湘痕宛宛，回首难堪，北平月候即符，而境隔三数千里，节曰女儿，自化作妇孺行乐之期，谁复向楚尾吴头，致其款悼欤[5]？

【注释】

〔1〕女儿令节：即女儿节。中国女儿节的说法有很多，每年农历三月初三（上巳节）、五月初五（端午节）、七月初七（七夕节）、八月十五（中秋节）和九月初九（重阳节）都被国人称为女儿节。

烘渲：即烘托渲染，用衬托和夸张的艺术手法，突出主题。

〔2〕蒲龙：此处指菖蒲。菖蒲也叫白菖蒲、藏菖蒲，是多年生草木，生于沼泽地、溪流或水田边。在端午节，民间有把菖蒲叶和艾捆在一起插于檐下的习俗。

蔑有：没有。

边圉：边疆，边地，边缘。

〔3〕钟馗辟邪：参见注火判官。

〔4〕三闾氏：即屈原（约前340—前278）。屈原的爵位是三闾大夫，故此处以爵位称之。屈原是古代伟大的爱国诗人，名平，字原，战国时期楚国贵族，任左徒，兼管内政外交，后因受排挤，被流放。公元前278年，秦军攻破楚国都城郢（今湖北江陵附近）。屈原怀着亡国之痛在汨罗江投河自杀。他的代表作有《离骚》《九章》《九歌》《天问》等。

汨罗：江名，为湘江的支流，在今湖南东北部。

夙例：旧例，先例。

〔5〕万宇：各地。

忉怛：忧伤，悲痛。

波臣：指水族。古人设想江海的水族也有君臣，其被统治的臣民称为"波臣"，后亦称被水淹死者为"波臣"。这一词语最初的记载见《庄子·外物》。

湘痕：此处指湘江。

宛宛：盘旋屈曲貌。

妇孺：妇女和幼儿，泛指老少。

楚尾吴头：地名。今江西一带位于古代楚地的下游、吴地的上游，如首尾相衔接，故称"楚尾吴头"。这一成语最初的记载见南宋理学家朱熹的诗《铅山立春》。

款：诚恳。

雄黄药酒，王字涂额，墨入蛤蟆，向日勤晒，而贴印制符，尽必以午，凡此种种，靡不为扫氛却病计也[1]。斯亦通俗，何限北平。

【注释】

〔1〕雄黄：中药名，为硫化物类矿物，主含二硫化二砷，分布于湖南、贵州等地。雄黄具有解毒杀虫、燥湿去痰、截疟之功效，常用于蛇虫咬伤、虫积腹痛、疟疾等。

午：此处指午时，即日中，上午十一点至下午一点。

端午端五，固二而一，追讹作单五，则北平特称，而未易闻于他处矣[1]。城隍出巡，虽成故典。第香火之盛，依然普现城厢[2]。北平俗尚乎斯，故不惜再接再厉[3]。毕岁奉行，几于无间，多神教之国家，此其象征所萃[4]。罄累月之事，只此亦书不胜书。虽觚棱已若旧梦，贵胄逐见凋零，而禁闼故事，虽免习被民间，熏染所讫，铺张自易[5]。北平以旧京雄视宙合，地望攸归[6]。即此端午一节，通行诸俗之外，亦自有超轶四境者，群书具载，无弗详明，固不待余之喋喋为已[7]。

【注释】

〔1〕端五：即端午。

〔2〕城厢：靠近城的地区。

〔3〕再接再厉：指公鸡相斗，每次交锋以前先磨一下嘴，比喻继续努力，再加一把劲，形容一次又一次加倍努力。

〔4〕毕岁：全年，一年。

〔5〕觚棱：指宫殿上转角处的瓦脊呈方角棱瓣之形，亦借指皇宫、京城。

贵胄：贵族的后代，特权阶层。

凋零：花的凋谢、掉落，形容事物衰败，不振。

禁闼：宫廷门户，亦指宫廷、朝廷。

被：遮盖，覆盖。

讫：完结，终了，截止。

〔6〕宙合：世间，天下。

地望：地理位置。

〔7〕轶：本义超车，引申为超越。

喋喋：说话多，唠唠叨叨，说个没完。这一词语最初的记载见班固所著《汉书·张释之传》。

自初一起，穷五日之力，悉忙于端阳一节，盛治酒食，兼相馈赠，其风虽暨今未戬，而宦海浮文，究已汰革太半[1]。若在往代，则烦璅无逾北平。且也，王侯将相，宅第连云，一旨敷恩，万声雷动，均一节令，而皇都遂呈绝胜，谙于掌故者，固不恤津津道之矣[2]。

【注释】

〔1〕端阳：即端午。

戬：止，停止。

宦海：比喻仕途，官场。

汰革：去掉坏的或不适合的，淘汰，裁汰。

太半：大半，多半。

〔2〕绝胜：独一无二，无人能及。

谙：熟悉，精通。

津津：形容有滋味、有趣味。

天坛墙根走缳，俗自朱明，有清中叶已前，斯俗尤盛[1]。八旗子弟，并骋骅骝，溽暑骄阳，不曾畏蒐，名宿咏歌具在，可复案也[2]。然流俗所延，只矜富豪，习武之意，久已无存。兹习也，在今文明各邦，不更有加无已耶？

〔1〕走缳：即走解，骑者在马上表演技艺。

朱明：即明朝（1368—1644），历经十二世、十六位皇帝，延续二百七十六年。1368年，明太祖朱元璋在南京应天府（今江苏南京）称帝，国号大明。因明朝的皇帝姓朱，故又称"朱明"。

〔2〕骅骝：赤色的骏马。

溽：湿润，闷热。

名宿：素有名望的人，亦指出名的老前辈。

午日给假放游，向属定例，本土居民之外，如各工商学徒，旧多趋卧佛一寺。今则天桥及金鱼池一带，群集如蚁[1]。云里飞售艺之场，以祖若孙三世吸引之力，游踪尤盛，盖戏态百出，绝少钝滞，迥不犹人之技，吾固目之熟而耳之审矣[2]。

【注释】

〔1〕天桥：在北京城中轴线南部，前门至永定门的中段，现今天桥南大街北口的十字路口处。这座桥是供天子到天坛、先农坛祭祀时使用的，故称之为"天桥"。

〔2〕钝滞：停滞，缓慢。

节账一事，略如他埠，节帖必开，该款必索，年终清结之俗，在北平已成幻想[1]。午节之重，虽逊年节，然但有逋欠，即予收还，所谓奉承面子者，既属仅有[2]。北平品类本杂，又感习入浇漓，若不小心翼翼，则处此交通极便之境，贳贷者一届节关，或竟似"兔起鹘落，稍纵即逝"，参差舛错，正不啻历过万千，益以业务维艰，本资单薄，值此社会贫蔽之际，亦莫怨贾人之易于逆情也，弗得已耳[3]。

【注释】

〔1〕埠：停船的码头。

〔2〕逋：拖欠，拖延。

〔3〕浇漓：浮薄不厚，多用于指社会风气浮薄。

贳：本义为出租、出借，后引申为与之相关的经济活动。

兔起鹘落，稍纵即逝：鹘，打猎用的鹰一类的猛禽。兔起鹘落，兔子刚跳起来，鹘就飞扑下去，形容动作敏捷。稍纵即逝，稍微一放松就消失了，形容时间或机会等很容易流逝。这一成语最初的记载见北宋文学家苏轼的《文与可画筼筜谷偃竹记》。

舛错：谬误，差错，错乱。

蔽：通"敝"，破旧，敝陋。

南顶争赛车马，恶俗幸已扫除，致命撞伤，诚亦何苦，以极可珍惜之韶华财货，驰聚而来，甘于浪掷，始作俑者，曾亦念及天时物力否耶[1]？最异者，营汛弁兵，故为放纵，豪霸遂凭官倚势，草菅善良，楚挞鞭笞，一任渠意[2]。其究也，平民则缧绁加身，贵介则逍遥法外，网开一面，枭獍乃侥幸年年[3]。辇毂之下，竟忍出斯丑态，是亦奇已[4]。

【注释】

〔1〕浪掷：随便抛弃，谓随意花费。

始作俑者：本义指最早开始用木或陶等制作俑人来代替真人进行殉葬的人，后引申为某种恶劣风气的开创者。这一词语最初的记载见《孟子·梁惠王》。

〔2〕营汛：军队戍防地，戍防军队。

弁兵：古代军队中的低级军官和士兵，或清代低级武官及兵丁的总称。

草菅：指草茅，比喻微贱，草野，民间；看得如野草一样，轻视，任意伤害。这一词语最初的记载见西汉文人贾谊的《新书·保傅》。

楚挞：杖打。

鞭笞：用鞭子抽打某人或某物。

渠：他、她。

〔3〕缧：原指与黑绳索有关的声音，引申为捆绑犯人的黑绳索，借指监狱，囚禁。

绁：绳索，牵引牲畜的绳索，或系、拴、捆绑。

枭：一种恶鸟，捕捉后悬头树上以示众。

獍：上古传说中一种像虎豹的兽，也叫"破镜"，其状如虎豹而小，有说长大食其父，也有说始生食其母。

〔4〕辇毂：皇帝的车舆，代指京城。

葫芦摘下，兀弃街心，名则散灾，无非求吉[1]。到处有然，亦不自北平倡首也[2]。川扇香药诸赐，视为旷代殊恩，颁赍之优，向推是节[3]。尔时阁部大老，日讲词臣，迄于今犹有存者，榴庭枫陛，广厦细檐，禾黍关怀，当不少历历致忆者，此与宣徽、中正各院之进贡品物，俱是当年盛典[4]。若在今时，并奚足数。

至彼辽金国俗，虽日久多变迁，独此端午一节，尚是大同小异，盖犹有相沿未泯者，射柳之举，亦其一尔[5]。其摸壁赌墅，则今已不行，不过夕阳芳树之下，依旧游人络绎而已[6]。

【注释】

[1] 兀：突兀。

[2] 倡首：领先，提倡。

[3] 旷代：历代，历时长久，空前，绝代。

[4] 尔时：其时或那个时候。

阁部大老：明清时内阁大臣的别称。参见注阁部。

词臣：文学侍从之臣。

枫陛：朝廷。陛为皇宫的台阶，代指皇宫。

广厦：高大而豪华的房屋。

宣徽：即宣徽院，官署名。清世祖顺治十七年（1660）改"内官监"为宣徽院，设郎中三人、员外郎六人、笔帖式二十一人、领催八人管理院事。宣徽院负责掌管内务府所属的粮庄、菜园赋税、土地、户口，供应祭品，管理匠役、太监、和尚、道童等。

中正：即中正殿，为殿阁名，是清朝内廷（参见注内廷）供佛处。中正殿设管理大臣，下设员外郎、副内管领等员，掌喇嘛（参见注喇嘛）诵经之事。

[5] 泯：消失，消灭，消除。

[6] 赌墅：典故名。这一典故最初的记载见《晋书·谢安传》。公元383年，前秦世祖苻坚率领百万大军，兵临淝水（今安徽寿县的东南方），意图消灭南方的东晋政权。东晋孝武帝司马曜加谢安为征讨大都督。谢安于是到山中别墅，亲朋聚集，与谢玄下围棋赌别墅。后世遂以"赌墅"表示临危不惧的大将风度。

走骠骑，捉蟆虾，故事徒传，流风已尽[1]。而刺取蟾酥，蔽屣物命，情节虽微，仁者弗忍[2]。朱公儒保全及此，其于人命可知，朱公诚不朽哉[3]。至中官鬻紫金锭，大内珍品，得借此裨益斯民，亦足述也[4]。

【注释】

[1] 走骠骑：骑者在马上表演技艺。

[2] 蟾酥：别名蛤蟆酥、蛤蟆浆，为蟾蜍科动物中华大蟾蜍或黑眶蟾蜍的干燥分泌物。

蔽屣：也作"敝屣"，指破旧的鞋，比喻没有价值的东西，丢掉自认为没有价值的东西。

〔3〕朱公儒：下文《闻史掇遗》提到的太医院院使。

〔4〕中官：即宦官，是中国古代专供君主及其家族成员役使的官员。

紫金锭：药名，为暗棕色至褐色的长方形或棍状的块体，气味特异，味辛而苦，有辟瘟解毒、消肿止痛之功效，用于治疗中暑、胃腹胀痛、恶心呕吐、痢疾泄泻、丹毒、喉风等。

送青一语，颇征雅饰，关庙刀马，岁有常贡，而今则破例矣。《单刀会》《磨刀雨》，在昔各地，播传正同[1]。雍和宫烧猪致祭，厥义则吾所不谙。"分龙兵"之谚，北平喧说独盛，顺时之序，阐天之候，亦未为无稽之谈也[2]。

【注释】

〔1〕《单刀会》：正名《鲁子敬设宴索荆州，关大王独赴单刀会》，是元代大戏曲家关汉卿的杂剧作品。该剧本叙述三国时期，刘备手下的大将关羽凭借智勇单刀前赴东吴将领鲁肃所设宴会，最终安全返回的故事。

《磨刀雨》：戏剧名。该剧叙述关羽为保护两位嫂嫂决心离开曹营的故事。农历五月十三日这天，关公在临走前磨刀，由于天公不作美，久旱无雨，于是关公便唤来龙王为其降雨磨刀。从此以后，每到五月十三日这天，天总会下点雨，俗称"磨刀雨"。相沿成俗，这一天也被称作"磨刀节"或"关公节"。

〔2〕分龙兵：又称"分龙雨"，即隔辙（此处当轨道、道路讲）雨。夏季所降对流雨，有时一路之隔，晴雨各异，古人以为这是由于龙分管不同区域的降雨，故谓之"分龙雨"。此种情况始出之时，吴越之俗谓在农历五月二十日，清代北京之俗谓在五月二十三日，即称此日为"分龙日"，亦称"分龙兵"或"分龙"。

夏至诸俗，今不尽存，大祀方泽之典，复随时代以去[1]。当年銮卫，亦自堂皇，济济君臣，观瞻所系[2]。民国后，礼虽赓续，瞬即阒然[3]。此在往时，固亦所以隆上都也[4]。

【注释】

〔1〕大祀方泽之典：夏至日皇帝祭祀方泽坛的祭典，这是国家最隆重的祭祀活动。按照阴阳观念，北方属于阴位，所以帝王率领群臣到城外北郊祭地。又因古人相信"天圆地方"，故北郊的祭坛筑成方形，称为"方丘"或"方泽坛"。祭地的供品多为猪、牛、羊三牲。祭祀完毕，供品埋于地下。坐落于今北京安定门外的地坛，就是明清皇帝夏至祭祀地神的地方。

〔2〕銮卫：帝王的车驾。古代帝王的车驾上有銮铃，故以"銮卫"作为帝王车驾的代称。

堂皇：盛大，雄伟。

济济：众多的样子。

〔3〕阒：形容寂静。

〔4〕上都：此处指京城。

不迁居，不糊窗，不薙头，不汲水，禁制频频，诸多可哂[1]。五月之为人所恶，由来已久，维斯俗也，北平与他乡，固无所于同异焉。

【注释】

〔1〕薙：此处通"剃"，指剃头。

斯月也，候值热临，生机方盛，千花百果，溢市满畴[1]。近世车运舶来，曾不远千山万水，品味形色，已多日新月异，比年航空益便，突过曩时，行见绝域殊珍，即可朝夕逮至[2]。此在北平，必无间祁寒盛暑矣，又仅此五月而已耶[3]？

【注释】

〔1〕畴：类，同类的。

〔2〕日新月异：每天都在更新，每月都有变化，指发展或进步迅速，不断出现新事物、新气象。这一成语最初的记载见《礼记·大学》。

绝域：极其遥远的地方，多指国外。

〔3〕祁寒：严寒。

是月三日，梨园管箱人，醵赀作靠箱会，以祀祖师[1]。其武行，则于二十三日作武昌会。馨此匝月之内，旧俗多演《混元盒》一剧，而端节所演，则《闹判》《嫁妹》《五花洞》诸出[2]。《盗仙草》一折，亦应节戏，今所谓《白蛇传》者是也[3]。

【注释】

〔1〕赀：同"资"。

〔2〕《混元盒》：明末清初的一部神魔剧本，作者不详。此剧是描写皮匠陶谦和张真人斗法的故事。

《闹判》：即《五鬼闹判》，剧目名，讲五个小鬼戏弄判官的故事。

《嫁妹》：即《钟馗嫁妹》，剧目名。该剧讲述混沌初开，天地初始，西北方天洞未补，寒风肆虐，万物不得生存，造物之神女娲为拯救生灵，在庆云山下炼石补天，炼石工钟馗为炼石熬了七天七夜没合眼，后昏倒在炼石炉中，化为顽石。女娲为钟馗的精神所感动，遂遣钟馗为正义之神，下凡人间。钟馗为妹妹选一清白人家将其嫁出，并带领众鬼为妹妹送嫁。

《五花洞》：系一出热闹的京剧丑角大戏。该剧的剧情是：在宋代，武大郎与潘金莲夫妻俩因年月不好，离家去寻兄弟武松。蜈蚣、蝎子、壁虎、蛤蟆、毒蛇等在五花洞修炼成精前往京城作乱。它们路遇武大郎夫妇，见二人一矮丑、一娇媚，相映成趣，遂幻化成二人模样相戏。真假武大郎、潘金莲相貌言语一般无二，难辨真伪，乃互相扭至阳谷县衙申告。知县吴大炮难以判识，五毒精又变出一假知县与之哄闹。这时，恰逢包拯（另有版本为张天师）巡视至此，以照妖镜辨出真伪，又请来天兵天将降服了众妖。

〔3〕《盗仙草》：剧目名，是汉族民间爱情故事《白蛇传》中的情节。白蛇精白素贞与许仙结为夫妻。她在端午节误饮药酒现白蛇原形，许仙惊吓而死。白素贞盗取仙草将许仙救活。

一日

五月初一日起，至十三日止，宫眷内臣穿五毒艾虎补子蟒衣。门两旁安菖蒲、艾盆，门上悬挂吊屏，上画天师或仙子、仙女执剑降毒故事，如年节之门神焉，悬一月方撤也〔1〕。（《酌中志》卷二十，第五页）

【注释】

〔1〕吊屏：国画装裱中直幅的一种体式。其中两张的称"对联"，四张的称"四扇屏"，八张的称"八扇景"。画幅的四周镶边比立轴略窄，天头（书页上端的空白处）较地头（书页下端的空白处）约长三分之一。若地头为四寸，则天头为六寸，左右镶边各八分至一寸。

门神：即神荼和郁垒。参见注神荼、郁垒。

五月一日至五日，家家妍饰小闺女，簪以榴花，曰"女儿节"。（《帝京景物略》卷二，第四十三页，春场七）

五月朔日至旬杪，女儿艳服，戴花满头〔1〕。五日前，民间不得市苏州席子。

（《北京岁华记》，见《日下旧闻考》卷一百四十七，第十六页）

【注释】
〔1〕杪：末尾。

燕都自五月一日至五日，饰小闺女，尽态极妍。已出嫁之女亦各归宁，俗呼是日为"女儿节"。（《宛署杂记》，见《日下旧闻考》卷一百四十七，第十八页）

五月朔，家家悬朱符，插蒲龙艾虎，窗牖贴纸吉祥葫芦[1]。幼女剪彩叠福，用软帛缉逢老健人、角黍、蒜头、五毒、老虎等式，抽作大红雄葫芦，小儿佩之，宜夏避恶[2]。家堂奉祀，蔬供米粽之外，果品则红樱桃、黑桑椹、文官果、八达杏[3]。午前细切蒲根，伴以雄黄，曝而浸酒，饮余则涂抹儿童面颊耳鼻，并挥洒床帐间，以避虫毒。饰小女尽态极妍，已嫁之女亦各归宁，呼是日为"女儿节"。（《帝京岁时纪胜》，第二十页，五月端阳）

【注释】
〔1〕朱符：用朱墨写的符箓。
〔2〕缉逢：缝纫制作。
角黍：粽子。
〔3〕文官果：即文冠果，又称文冠木、土木瓜、木瓜、温旦革子，属于无患子科文冠果属落叶灌木或小乔木植物。
八达杏：一种水果，肉甜，杏仁味也甜，不需泡水可直接食用。

五月朔日，端阳日，俱不汲泉水，于预日争汲，遍满缸釜，谓"避井毒"也[1]。（《帝京岁时纪胜》，第二十页，禁汲）

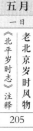

【注释】
〔1〕预日：提前一天。
釜：一种器物，圆底而无足，必须安置在炉灶之上或是以其他物体支撑煮物。釜口也是圆形，可以直接用来煮、炖、煎、炒等。

都城隍庙在都城之西，明永乐中建，中为大威灵祠，后为寝祠，两庑十八司，前为阐威门，塑十三省城隍对立，望之俨然，酷肖各方仪表，前为顺德门，左右钟鼓楼，再前为都城隍门[1]。前明于朔望二十五日为市，郎曹入值之暇，下马巡行，冠履相错，不禁也[2]。国朝崇隆祀典，岁时春秋，遣员致祭，祈雨占风，亦虔荐享[3]。惟于五月朔至八日设庙，百货充集，拜香络绎。（《帝京岁时纪胜》，第二十一页，都城隍庙）

【注释】

〔1〕十八司：此处指城隍神之下的十八司，即十八个专职衙门。

酷肖：很像，非常相似。

〔2〕郎曹：郎中，郎官，为君主侍从之官。

冠履：帽与鞋。头戴帽，脚穿鞋，因以喻上下、尊卑。

〔3〕崇隆：严正。

里二泗近张湾，有佑民观，中建玉泉阁、醮坛，塑河神像[1]。明世宗十四年，道士周从善乞宫观名，赐额曰"锡禧"，前临运河[2]。五月朔至端阳日，于河内斗龙舟，夺锦标，香会纷纭，游人络绎[3]。（《帝京岁时纪胜》，第二十二页，里二泗）

【注释】

〔1〕张湾：即张家湾。参见注张家湾。

佑民观：位于里二泗村张家湾的道观。参见注里二泗。

醮坛：道士祭神的坛场。

〔2〕明世宗：即朱厚熜（1507—1567），明朝第十一位皇帝，年号嘉靖，为明孝宗朱祐樘之侄，兴献王朱祐杬的次子，庙号"世宗"，葬于北京明十三陵之永陵。明世宗在位早期英明苛察、整顿朝纲、减轻赋役，但在统治的中后期崇信道教、痴迷炼丹，明朝国势日益衰微。

明世宗十四年：即嘉靖十四年。参见注嘉靖。嘉靖十四年，即公元1535年。

〔3〕锦标：该词最早使用于唐代，是当时最盛大的体育比赛——竞渡（赛龙舟）的取胜标志。这一词语最初的记载见五代王定保所撰《唐摭言》卷三。

碧霞元君庙，在南苑大红门外，土人呼为南顶[1]。九龙山在南顶永胜桥北岸，乾隆间疏浚凉水河之土堆成，自西至东，约长三里，高二三丈不等，委蛇起伏，宛如游龙，环植桃柳万株[2]。开庙时，游人挈榼敷席群饮，夏木阴阴，水田

漠漠，不减江乡风景也[3]。（《宸垣识略》卷十二，第二十四页）

【注释】

〔1〕南苑：即南囿。参见注南囿。

大红门：原指明清北京的皇家苑囿南苑的正门，位于今北京丰台区南部。大红门建于明永乐十二年（1414），当时扩建南海子时，在东、西、南、北四个方向上各开有一个门，分别称东红门、西红门、南红门和北红门，其中北红门为南苑的正门。清乾隆年间，此地又增开了五个门，在北红门东边所建的一个门称"小红门"，因此原来的北红门也被大家称为"北大红门"，后来习称"大红门"。

〔2〕九龙山：地名，位于今北京朝阳区西大望路以东，百子湾路以南。历史上的九龙山位于通惠河二闸段深沟村南，是一座东西走向、长约二里的土山，蜿蜒若龙。

凉水河：河名。参见注马驹桥。

委蛇：蜿蜒曲折；拐来拐去。这一词语最初的记载见战国时代屈原的《楚辞·离骚》。

〔3〕挈榼：提着酒器，形容嗜好饮酒。这一词语最初的记载见晋代刘伶的《酒德颂》。

阴阴：幽暗、深邃之貌。

漠漠：紧密分布或大面积分布。这一词语最初的记载见《荀子·解蔽》。

每至端阳，自初一日起，取雄黄合酒晒之，用涂小儿额及鼻耳间，以避毒物。（《燕京岁时记》，第二十七页，雄黄酒）

每至端阳，市肆间用尺幅黄纸，盖以朱印，或绘画天师钟馗之像，或绘画五毒符咒之形，悬而售之，都人士争相购买，粘之中门，以避祟恶。（《燕京岁时记》，第二十七页，天师符）

端午日用菖蒲、艾子插于门傍，以禳不祥，亦古者"艾虎蒲剑"之遗意。（《燕京岁时记》，第二十八页，菖蒲、艾子）

每至端阳，闺阁中之巧者，用绫罗制成小虎及粽子、壶芦、樱桃、桑椹之类，以彩线穿之，悬于钗头，或系于小儿之背，古诗云"玉燕钗头艾虎轻"，即此意也。（《燕京岁时记》，第二十八页，彩丝系虎）

端阳日用彩纸剪成各样葫芦，倒粘于门阑之上，以泄毒气，至初五午后，则取而弃之[1]。（《燕京岁时记》，第二十八页，剪彩为葫芦）

【注释】

〔1〕门阑：亦作"门栏"，指门框或门栅栏。

五月初一日，大兴县城隍出巡。出巡之时，皆以八人肩舆，舁藤像而行，有舍身为马僮者，有舍身为打扇者，有臂穿铁钩悬灯而导者，有披枷带锁，俨然罪人者[1]。神舆之傍，又扮有判官、鬼卒之类，彳亍而行，亦无非神道设教之意[2]。（《燕京岁时记》，第二十八页，城隍出巡）

【注释】

〔1〕八人肩舆：八人抬的大轿。

马僮：牵马的仆人。

〔2〕神舆：此处指载神灵的车。

判官：此处指古代传说中的阴间官名。阴间的判官长得凶神恶煞、阴险狡诈，负责判处人的轮回生死，对坏人进行惩罚，对好人进行奖励。

彳亍：形容小步慢走或时走时停。

都城隍庙在宣武门内沟沿西，城隍庙街路北[1]。每岁五月，自初一日起，庙市十日，市皆儿童玩好，无甚珍奇，游者鲜矣。光绪初年，庙毁于火，碑皆煅裂，所谓各直省城隍像者，零落殆尽[2]。近悉将正殿修复，以便春秋祭享，余尚残破如故也[3]。（《燕京岁时记》，第二十九页，都城隍庙）

【注释】

〔1〕城隍庙街：即今北京西城区方成街。

〔2〕煅：火烧。

直省：即省直。参见注省直。

〔3〕祭享：陈列祭品祀神供祖。

南顶碧霞元君庙，在永定门外五六里，西向，左右有牌坊二，左曰"广生长养"，右曰"群育滋藩"，皆乾隆三十八年重修时御书[1]。每至五月，自初一日起，开庙十日，士女云集。庙虽残破，而河中及土阜上皆有亭幛席棚，可以饮食

坐落，至夕散后，多在大沙子口看赛马焉^[2]。(《燕京岁时记》，第三十页，南顶)

【注释】

〔1〕乾隆三十八年：即公元1773年。

〔2〕幛：上面题有词句的整幅绸布，用作庆贺或吊唁的礼物。

大沙子口：地名，位于今北京永定门外。

永定门外碧霞元君庙，俗称"南顶"，旧有九龙岗，环植桃柳万株，南邻草桥河^[1]。五月朔，游人麕集，支苇为棚，饮于河上，亦有歌者侑酒，竟日喧阗，后桃柳摧残，庙亦坍破，而游者如故^[2]。近年有某侍御奏请禁止，遂废其事，与昔金鱼池相仿佛^[3]。(《天咫偶闻》卷九，第一页)

【注释】

〔1〕草桥河：水名，系北京凉水河的一条支流。

〔2〕侑：相助，在宴席旁助兴，劝人吃喝。

〔3〕侍御：侍奉君王之人。

五月初一日至初五，崇文门外，游卧佛寺。初一日至初十日，都城隍庙庙市。初一日至十五日，南顶庙市。(《天咫偶闻》卷十，第十二页)

五月初一日至初五日，为端阳节，又称端午，家家于门前插蒲艾，贴五雷天神符，供角黍、樱桃、桑椹等于佛前，亦以之相馈赠^[1]。闺人皆以绫罗巧制小虎、桑椹、葫芦之类，以彩线串之，悬于钗头，或系之儿背，谓可避鬼，且不病瘟，曰"长命缕"，一曰"续命缕"。又以雄黄酒书"王"字于小儿之额，或且涂其七孔及墙壁，谓可避毒虫^[2]。又有于是日午时，以朱墨画钟馗像，俗称"朱砂判"者，悬屋中，谓能驱鬼避邪。亦有纳古墨于蟆腹，向日晒之，云其墨可疗疾。故都中有"癞蛤蟆脱不过五月单五"之语，单五者，端午之讹音也。此五日中，居民商店，皆盛治酒食，曰"过端阳节"。(《北京指南》第二编，礼俗，第七页)

【注释】

〔1〕五雷天神：此处指主宰人间吉凶、鬼神、祸福的五雷神，即天雷、神雷、地雷、水雷和社雷。

〔2〕七孔：人面部耳、目、口、鼻的七个孔穴。

五月初一日，西城都城隍庙，永定门外南顶，均开庙十日。南顶较盛，士女云集，赛马皆在大沙子口一带，观者尤多。卧佛寺、城隍庙行宫，德胜门外北顶，均开庙五日。（《北京指南》第二编，礼俗，第十页）

卧佛寺在广渠门内迤西路北，历年由五月初一日开庙，至初六日止[1]。庙不甚大，正殿供释迦卧像，谒庙烧香及游逛之男女儿童，甚为众多。盖以节令关系，学生、工人、商店，均值休息放假之期，东南城一带，又无佳处可以游逛，只可来此一游。于是各种赶庙售货者，与江湖艺人，亦皆纷纷并集。惟所售之货，大致均粗劣食品及儿童玩具，与蟠桃宫东岳庙情形大致相若，不过多数处粽子摊及香面子摊而已[2]。庙后墙外，有跑马场，旧时各旗富豪子弟，纷纷急驰，以争一时之胜。游人既多，观者如堵，曝立于狂飙烈日之下，虽挥汗如雨，垢痕满面，亦弗顾也[3]。今虽按期开庙，然近二十年来，游者日少矣。（《旧京风俗志》，稿本）

【注释】

〔1〕广渠门：明清北京外城城墙东侧的唯一一座城门，曾称"大通桥门"，又称"沙窝门""沙锅门"，建于明世宗嘉靖三十二年（1553），主要包括城楼、箭楼和瓮城，与北京外城西侧的广安门相对称。

〔2〕相若：相近，相仿。

〔3〕飙：暴风。

旧京商店，每于四月下旬，即将欠内账簿，详查一次，依照各欠户住址，将其欠款若干，开一清单，仅于初一日前分送，盖取通知之意也，京俗曰"节帖子"。初一以后二三日间，各派伙友分别索讨，惟对于平素爱惜信用之赊户，并节帖子，亦不开送，名为奉承面子，但有此资格者，甚为寥寥[1]。（《旧京风俗志》，稿本）

【注释】

〔1〕伙友：结伙共事的朋友，此处指店员。

赊：先从卖方得到货物而延期付款。

端节虽不如年节之重要，亦皆重视，最欢迎者，厥为儿童妇女。学房放假数日，妇女亦不工作，或更换衣履，欢欣鼓舞，预备赴各处游逛，及共享其应时食品，京俗名之曰"过节"[1]。男女儿童，肩背上多用绿线穿成一串奇巧手工品。其做法，用各色绫绸，缝捆粘糊，成为应节食品之模型，体积甚小，如樱桃、桑葚、青蒜、扁豆、粽子、王瓜、茄子等，最下端或用一黄色小虎，并用一红色之小葫芦，以为坠，手工之拙巧不一。街市间亦有贫家妇女，预行做出，沿街售卖者，亦一种临时生意。佩带者，多为龄十左右之稚儿幼女，红红绿绿，迎风飘荡，颇有逸趣[2]。又儿童额颡之间，多于是日用雄黄蘸酒，画一"王"字，取其似虎头额纹之意，鼻眼耳各孔边，亦皆涂抹雄黄少许，其意为避免毒虫[3]。因蛇、蝎、蜈蚣、虎、蛤蟆等毒虫，京俗呼之为"五毒"，因此五毒性畏雄黄，闻其气味，立即远避。俗传是日儿童涂抹雄黄，则一年间可免毒虫蜇刺之灾。若在年龄稍大之女孩，多于辫发上，或小髻上，钳带一符儿（按符儿之制，系用红纸穿条，编叠一方胜之形，亦有硬白纸条编线，再裹以各色彩绒者，原本道士驱逐邪鬼灵符之遗制，故名符儿）。小儿女佩带髻边脑后，亦甚骄俏可爱[4]。青年妇女，亦于髻上插带花朵，有用黄绒制成小虎之形者，有于柘榴花上，附加以五毒虫形者，以为点染时令之妆饰[5]。至于各家庭街门内旁，皆钳带鲜蒲、鲜艾两束，门楣之上，高贴一张黄纸图画，所绘之画，其形不一[6]。大致胥为天师，有袍笏雍容，怀抱一盒者；有武装雄纠，抚剑疾视者，上端有红色方印一颗，文曰"天师之印"；有点缀以五个雷形者；有旁绘五个毒虫者；有绘以黄虎而衔踏各毒虫者；亦有大书敕令符咒一道者，又于上端书"九天应元雷音普化天尊"字样[7]。此种图画，多系出卖于街市之间，为一种临时营业。蒲艾鲜草，多附卖于菜摊菜担之上，亦有乡民刈诸河边郊野，入城叫卖者，然贴插此种者，多为中下级之普通商店家庭，盖以为若不应节点缀，即招邻友讪笑也[8]。至于应食之食物，凡各住户商店，各依经济能力，分备鸡鸭鱼肉，以享宴其家人伙友，亦有在烧酒以内少加雄黄者，名之曰"雄黄酒"，亦取避虫毒之意也[9]。至若应时特有食品，首则为粽子，各处做法虽小有不同，大致并无大异。兹专就北京一隅言之，自二三月间，即有售卖者，直至六七月间而止，惟以端阳前后数日，为最应时。京中无论贫富贵贱，住户商店，莫不竞购。在亲友间，亦用以互相馈赠。售卖之场所，首为各炉食铺（即糕点店），再其次则为各蒸锅铺（即专卖馒首等类之笼蒸食物者），各烧饼包子铺，再次则为车推担挑沿街叫卖者。其造法均相仿佛，用芦苇叶数个，折为三角式之包，再将用水淘净之米，及小枣二枚，入之即成。如为各种糖馅者，则将砸成小方块形之各种糖馅加入，即不用小枣矣，然后包裹严整，用马兰或麻绳以捆之，累累然十个或五个不等，然后煮之，煮至八成或熟后，即行起出，再投之冷水桶内以浸之，而粽子成矣[10]。又每届端午之晨，市井贫儿，以丁香之圆绿叶，托樱桃、桑葚十余枚，沿街叫卖，其声清脆可听。京俗传云：于端阳日如曾食樱桃、桑葚，此一年中可免误食苍蝇之事，是则近于"妈妈大全"，等诸"齐东野人"之语也[11]。又有五毒饼者，系各炉食铺出售，与藤萝、玫瑰等饼相类，不过饼皮之花纹为五种毒虫耳，亦专供亲友间投赠之礼品也[12]。又早年各戏园中，每届此际，多演唱全本连台之《混元盒》，即表演张天师捉妖神话，连演十余日，颇得一部分京人之热烈欢迎，因此数日间，各学房之儿童及各商店商人、工厂工人，俱在休假，正好即时行乐，观此神怪热闹武剧，故梨园人乘时，作此投机营业也[13]。（《旧京风俗志》，稿本）

【注释】

〔1〕学房：学塾的俗称，古代私人设立的学堂。

〔2〕逸趣：超逸不俗的情趣。这一词语最初的记载见南朝梁沈约的《钟山诗应西阳王教》。

〔3〕颡：额，脑门儿。

〔4〕骄俏：娇俏，美丽俊俏。

〔5〕柘榴：即石榴。

〔6〕门楣：房屋门框上的横木，是外人最容易看到的本家族的门面。

〔7〕胥：全，都。

袍笏：朝服和手板，泛指官服，借指有品级的文官。

雍容：形容仪态温文大方。

疾视：怒目而视。

敕：帝王的诏书、命令。

九天应元雷音普化天尊：即九天应元雷声普化天尊，为道教神灵，系雷部诸神中的最高神，执掌五雷，是众生之父，万灵之师，掌握生杀大权，专门惩处恶人。

〔8〕刈：割（草或谷类）。

讪笑：讥笑。

〔9〕烧酒：指各种透明无色的蒸馏酒，一般又称白酒，各地还有白干、老白干、烧刀酒、烧锅酒、蒸酒、露酒、酒露、露滴酒等别称。

〔10〕马兰：别名红梗菜、鸡儿肠、田边菊、紫菊、鱼鳅串、螃蜞头草等，菊科马兰属多年生草本植物，嫩叶可食用，称"马兰头"。

〔11〕齐东野人：齐东，齐国的东部。野人，乡下人。齐东野人，比喻荒唐而愚昧之人。这一成语最初的记载见《孟子·万章上》。

〔12〕五毒饼：汉族节日食俗，端午节特色食品，即以五种毒虫花纹为饰的饼。用刻有"五毒"形象的印子，盖在酥皮饼上。初夏时节正是毒物滋生活跃的时候，因此古人会在端午节食用"五毒饼"，祝愿消病强身，祈求健康。

〔13〕连台：一台接一台。

张天师：道教门派之一的"正一道"（即"天师道"）龙虎宗各代传人的称谓。"正一道"由张陵（又称张道陵）创立，后世称张陵为"（祖）天师"，其子张衡为"嗣师"，其孙张鲁为"系师"，合称"三师"，又称"三张"。其传人为其子孙世袭，后皆称为"天师"。

投机：利用时机谋取私利。

都城隍庙，在宣武门内沟沿西偏，每年五月初一日至初六日，照例开庙五日，烧香许愿者，不计其数。每届开庙期，叫卖估衣者最夥，余则普通货摊，如扇子、凉席、竹帘、香面等，以夏令货物为多，并儿童妇女玩物用品，及中下级社会之食物而已[1]。四十年前，除普通烧香之男女外，亦有扮演罪囚还愿之怪现象，男则桁杨相望，铁锁琅珰，女则红衣红裙，仆仆道涂，三步一磕头，五步一叩首者，尤难胜数[2]。同时江南城隍庙，亦有庙会，情景相同[3]。（《旧京风俗志》，稿本）

【注释】

〔1〕估衣：收卖的旧衣。

〔2〕桁杨：古代用于套在囚犯脚或颈的一种枷。这一词语最初的记载见《庄子·在宥》。

琅珰：亦作"琅当""琅铛"，用铁链锁人，指人戴上镣铐。

仆仆：形容旅途劳顿。

〔3〕江南城隍庙：北京城著名寺庙，在北京宣武门外南横街东口外路北。这座寺庙始建于元朝初年，称为"佑圣王灵应庙"。明成祖永乐年间，朝廷改"佑圣王灵应庙"为"大威灵祠"。明神宗万历二年（1574），朝廷加封此庙中供奉的城隍神为"护国保宁王"，清代改称"江南城隍庙"，内有城隍行宫，筑有戏台。在每年的三个鬼节——清明节、中元节、寒衣节（冥阴节），江南城隍庙各开放庙会一天。

永定门外迤南官道上，有庙，俗呼"南顶"者，每年五月初一日起，至十五日止，开庙半月，虽亦有往而烧香者，然不甚兴旺，远非西顶之比。惟旧式之跑车跑马者，非常繁盛。京人素有此癖，凡养车养马之人，均视此期决赛为极关重

五月
一日
老北京岁时风物
《北平岁时志》注释
213

要[1]。若蟠桃宫等庙期，尚可以托故不到，惟一届此期，则不能不到；有不到者，不惟该会将彼除名，且表示此人家已衰落，而无豢养车马之力矣[2]。故凡养有车马者流，每值此期，莫不竞盛争强，驰驱而至，即或经济衰落，亦必勉强拼凑，争此胜气，虽设法典贷，亦所弗恤也[3]。赛马者，既如此踊跃，旁观者，亦自必繁多，此期决赛，较之其他各处兴盛情形，奚啻十倍，仿佛此期庙会，完全为赛马而来者也[4]。所有游人，可不至南顶烧香游玩，断不能不看跑马，马场地点，在永定门外，迤南大道上，布置甚为简单，大道两旁，各搭席棚两行，临时售卖茶点，凡参预赛马之主人眷属，与参观者，均列坐茶棚，凭轼而观[5]。茶棚最大而著名者，曰"四合号"，至今该处，即以四合号为地名。茶棚顾客，均富有之人，若穷苦游客，无资品茶者，只可分立大道两旁，万头攒动，互相拥挤于火热骄阳之下。当时虽有营汛弁兵临时弹压，不过官样文章而已，参观游人，不时有被车马撞踏毙命者[6]。若为普通车马主人，尚可拘送法厅，如为当权贵胄子弟，于撞倒游人后，亦不问起其生死，即急而去，无人敢出而质问也，亦有互争先后，而斗殴以伤毙人命者。此种赛马，与外洋人赛马规则不同，外洋人赛马，以速为贵，马之奔走形式，概不计及。而旧式之赛马，并不专尚其速，必以马之姿式为重，如蹿跳踌蹰等项，均为下等马形，虽速亦无取，无论急驰至如何程度，皆须直走平行，骑乘者丝毫不动，始为上乘。至跑车，则与赛马微异，车式虽亦与北方旧式轿车相同，而装饰则非常精美，车围棚帐，多为绸缎所制，并镶以白铜什件、各种花纹，两旁五窗，后面三窗，共十三窗，故别称曰"十三太保"，冬嵌玻璃，夏嵌黑纱，车之轴轮，较普通稍精细，别称曰"山西梢"，大约系山西所发明者，普通谓之"耍车"[7]。乘此车者，多数用于赛跑之途，平日乘坐者，尽为纨绔子弟、土匪地痞，若搢绅先生、官僚商贾，均不肯乘坐也[8]。车马入场，决赛时，谓之曰"下道"。每届下道，并无指挥及标准，亦无监视发令者，均系自由加入，任意急驰，毫无秩序。若下道车马迅速平稳，骑乘姿式亦佳，则两旁观众大声呼好，于是车马主人，围人御者，都心身愉快，荣于华衮；若驰骋不速，落于人后，或姿式不良，则观众冷笑而揶揄之，而车马主人等，即羞赧无地[9]。在势力微弱者，即由他处潜逃入城，不敢再入茶棚；如系当权子弟，土豪劣绅，则不能容忍此羞，必迁怒观众，报以谩骂，如仍不能制止，则嗾令恶奴，以马鞭为武器，乱施捶挞，至于头破血出而不顾[10]。此种热闹场所，实为最危险之是非地，有阅历能慎重之人，多不往观，今则南顶跑马，已取消矣。（《旧京风俗志》，稿本）

【注释】

〔1〕癖：因长期的习惯而形成的对某种事物的偏好；嗜好。

〔2〕豢：喂养，特指喂养牲畜。

〔3〕典：以实物作抵押来借钱。

〔4〕奚啻：何止；岂但。这一词语最初的记载见《孟子·告子下》。

〔5〕轼：古代车厢前面用作扶手的横木。

〔6〕弹压：控制，制服，镇压。

官样文章：旧指官场例行的公文，有固定的格式和套语，多内容空洞，后来比喻内容空洞、徒具形式、不解决实际问题的活动或空话。这一成语最初的记载见北宋大臣吴处厚的《青箱杂记·文章官样》。

〔7〕白铜：以镍为主要添加元素的铜基合金，呈银白色，有金属光泽，故名"白铜"。

鞘：古代用鹿皮装饰的兵车。

〔8〕纨绔：富贵人家子弟穿的细绢做成的裤子，泛指有钱人家子弟的华美衣着，借指富贵人家的子弟。这一词语最初的记载见《汉书·叙传》。

搢绅：又作"缙绅"。搢，插笏。绅，古代仕宦者和儒者围于腰际的大带。搢绅，插笏于绅，指有官职的或做过官的人。

〔9〕圉人：即圉官，古代官名，指掌管养马、放牧等事的官员。

华衮：古代王公贵族的多彩的礼服，常用以表示极高的荣宠。

揶揄：带有要笑、嘲弄、戏弄、侮辱之意。

赧：因惭愧而脸红。

〔10〕嗾：教唆、指使别人做坏事。

五月初一日，家家门口挂葫芦，插蒲子、艾叶，至初五日午刻，将葫芦摘下，弃之街心，名曰"散灾"。（《帝京岁时纪胜笺补》，稿本）

五月初一日，城隍出巡大兴县者，夫役抬之，至宛平县城隍庙少停，同抬之，至西城之都城隍庙，参谒毕，始各抬回原庙，前有仪仗卤簿，与外官无异，且有人许愿，身穿红衣为男女犯人者[1]。是日游人观者极多，沿路多卖食物及冰水、酸梅汤者，彼时尚无汽水、冰激凌、雪花酪也。（《帝京岁时纪胜笺补》，稿本）

【注释】

〔1〕卤簿：中国古代帝王出外时扈从的仪仗队。

五日

五月重五日午刻，采艾叶和绵着衣，七事以奉天子，南北臣僚各赐三事，君臣宴乐，渤海膳夫进艾糕[1]。以五彩丝为索缠臂，谓之"合欢结"。又以彩丝宛转为人形，谓之"长命缕"[2]。(《辽史》卷五十三，第十三页)

【注释】

[1]七事：指天、地、民以及春、夏、秋、冬四季之事务。

南北臣僚：即辽朝的北面官和南面官。契丹人建立的辽朝（916—1125）是一个多族群的国家，其中包括契丹、渤海、汉等多个族群。在这样的形势下，契丹统治者采取"官分北南、因俗而治"的政策，设立北面官掌管游牧族群（如契丹人等），同时设立南面官治理农耕族群（如汉人、渤海人）。

三事：源自周代之官，指常伯、常任和准人。常伯又称"牧"，是掌管地方民事之官。常任又称"任人"，掌管选择人员以充任官吏。准人又作"准夫"，系掌管司法之官。

渤海：古代的国名、族名，唐代东北地区的粟末靺鞨（靺鞨的一支）建立的政权。武周圣历元年（698），粟末靺鞨部首领大祚荣建立震（振）国，有部众四十余万。唐玄宗先天元年（713），派使者封大祚荣为左骁卫大将军、渤海郡王，以他所统领的部众设忽汗州，加授忽汗州都督，自此去靺鞨号，改称渤海。渤海国共延续二百二十九年，传十五世王。辽天显元年（926），渤海国被辽太祖耶律阿保机攻灭，改称"东丹"。

膳夫：厨师。

[2]宛转：柔和曲折。

金因辽旧俗，重五日拜天礼毕，插柳球场为两行，当射者，以尊卑序，各以帕识其枝，去地约数寸，削其皮而白之。先以一人驰马前导，后驰马以无羽横镞箭射之；既断柳，又以手接而驰去者为上，断而不能接去者次之；或断其青处，及中而不能断，与不能中者为负[1]。每射，必伐鼓以助其气，已而击球，各乘所常，习马持鞠杖，杖长数尺，其端如偃月，分其众为两队，共争击一球，先于球场南立双桓，置板，下开一孔为门，而加网为囊，能夺得鞠击入网囊者为胜[2]。球状如小拳，轻韧木枵其中，而朱之，皆所以习跷捷也[3]。既毕赐宴，岁以为常。(《金史》卷三十五，第九页)

【注释】

[1]镞：箭头。

〔2〕鞠杖：古代打球的棍棒。

偃月：横卧形的半弦月。

桓：古代立在驿站、官署、球场等建筑物旁作标志的木柱。

〔3〕韧：本义是耐割耐划的皮张，引申指皮革柔软而结实，受外力作用时虽变形而不易折断。

枑：木根。

跷：脚向上抬。

　　京师及边镇，最重午节，至今各边是日俱射柳较胜，士卒命中者，将帅次第赏赉[1]。京师惟天坛游人最胜，连钱障泥，联镳飞鞚，豪门大估之外，则中官辈竞以骑射为娱，盖皆赐沐请假而出者[2]。内廷自龙舟之外，则修射柳故事，其名曰"走骠骑"，盖沿金元俗，命御马监勇士驰马走解，不过御前一逞迅捷而已[3]。惟阁部大老及经筵日讲词臣，得拜川扇香药诸赐，视他令节独优[4]。（《野获编》卷二，第四十六页，端阳）

【注释】

〔1〕边镇：边境地区的要塞、重镇。

〔2〕连钱：古钱币术语，指一炉所铸因未曾凿开而连在一起的两枚古钱。

障泥：垂于马腹两侧，用于遮挡尘土的东西。

大估：大商人。

赐沐：给予休假。

〔3〕御马监：明代宦官机构。御马监的总管称"御马监太监"，正四品。御马监最初的职能是管理皇家御马和外国进贡的良马，后提督西厂（明朝特务机构，直接听命于皇帝），成为一大宦官机构。御马监设有掌印太监、监督太监、提督太监各一员，下有监官、掌司、典簿、写字等员，负责掌管皇室的马匹及象等事务。

走解：即走缳。参见注走缳。

〔4〕经筵：汉唐以来，帝王为讲经论史而特设的御前讲席。它在宋代正式制度化，为元、明、清历代所沿袭，而明代尤为重视。整个清代都存在以"研经论史"为主要内容的御前讲席，且持续时间很长。按清代制度，经筵讲官为大臣兼衔。

　　初五日午时，饮朱砂、雄黄、菖蒲酒，吃粽子，吃加蒜过水面，赏石榴花，

佩艾叶，合诸药，画治病符。圣驾幸西苑，斗龙舟划船，或幸万岁山前插柳，看御马监勇士跑马走解[1]。(《酌中志》卷二十，第五页）

【注释】

〔1〕万岁山：今北京景山。景山地处北京城的中轴线上，占地三十余公顷，原为元、明、清三代的皇家御苑。万岁山高耸峻拔，树木葱郁，风光壮丽，为北京城内登高远眺、观览全城景致的最佳之处。

五日之午前，群入天坛，曰"避毒"也。过午出，走马坛之墙下。无江城系丝投角黍俗，而亦为角黍[1]。无渡俗，亦竞游耍。南则耍金鱼池，西耍高梁桥，东松林，北满井，为地不同，饮醵熙游也同[2]。太医院官，旗物鼓吹，赴南海子，捉虾蟆，取蟾酥也[3]。其法，针枣叶，刺蟆之眉间，浆射叶上，以蔽人目，不令伤也。渍酒以菖蒲，插门以艾，涂耳鼻以雄黄，曰"避虫毒"[4]。家各悬五雷符，簪佩各小纸符，簪或五毒，五瑞花草，项各彩系，垂金锡，若钱者，若锁者，曰"端午索"[5]。(《帝京景物略》卷二，第四十三页，春场七）

【注释】

〔1〕江城：江河在本地文化中占据突出地位的城市。
〔2〕松林：今北京松林公园，位于今北京八角村京原路西侧山冈，占地面积二十余万平方米。
满井：明清两朝北京近郊的一个风景区。早年此地的井中清泉涌流，泉水外溢后便形成小溪，大旱不干，因此称为"满井"。
熙游：游乐；游戏。这一词语最初的记载见南朝梁萧统的《答湘东王求文集及诗苑英华书》。
〔3〕太医院：古代医疗机构名称，是专为上层统治阶级服务的医政及医疗保健组织。
南海子：即南囿。参见注南囿。
〔4〕渍：浸。
〔5〕五瑞花草：指松、竹、萱草、兰、寿石，表示祥瑞、吉祥之意。

五月五日，悬蒲插艾。幼女配灵符，簪榴花，曰"女儿节"。午具角黍，渍菖蒲酒，合家饮食之。以雄黄涂耳鼻，避虫毒。天坛墙下走马为戏，金鱼池、草桥、聚水浑，皆有树荫可醵饮，相望不绝[1]。(《大兴县志》，传抄本）

〔1〕聚水浑：北京地名。具体位置待考。

　　帝京午节，极胜游览。或南顶城隍庙游回，或午后家宴毕，仍修射柳故事，于天坛长垣之下，骋骑走绵。更入坛内神乐所前，摸壁赌墅，陈蔬肴，酌余酒，喧呼于夕阳芳树之下，竟日忘归[1]。（《帝京岁时纪胜》，第二十页，天坛）

【注释】

　　〔1〕神乐所：即神乐署，官署名，位于北京天坛的西南外坛，是天坛现存主要建筑群之一，占地面积近一万平方米。神乐署是明清时期演练中和韶乐（即雅乐，大体包括宫廷乐、祭祀乐、礼仪乐，升奏于庙堂之上，受到儒家学者和统治者的推崇）乐舞的专门机构。举行国家大典之时，所有参加典礼人员均须事先至神乐署进行培训和演练。

　　酌：斟酒。

　　端午用角黍、杏子相遗，挈酒游焉，高梁或天坛坛中，有决射者，射柳遗意，薄暮争门入。无赖子弟，以是日刺臂作字，或木石鸟兽形。民间是日生子，束一木或荆条，祭于堂，斩其木五六尺许，祝曰："如是止，勿长抵户。"（《北京岁华记》，见《日下旧闻考》卷一百四十七，第十六页）

　　午节，宣徽院进宝扇、彩索、珠花、金罗、酒醴、凉糕、香粽，中正院三后所处衙门各有故典仪物以次进献，礼部亦然，盖以此为大节故耳[1]。（《析津志》，见《日下旧闻考》卷一百四十七，第十六页）

【注释】

　　〔1〕宣徽院：参见注宣徽。

　　击球者，今之故典。五月五日，九月九日，太子、诸王于西华门内召集各衙，万户千户能击球者，咸用上等骏马，系以雉尾缨络，綦缀镜铃，装饰如画[1]。一马前驰，掷大皮缝软球子于地，群马争骤，各以长藤柄球杖争接之，而球子忽绰在球棒上，随马走如电，终不坠地。力捷而熟闲者，以球子挑剔跳掷于虚空中，而终不离于球杖，然后打入球门，中者为胜[2]。（《析津志》，见《日下旧闻考》卷一百四十七，第十六页）

〔1〕西华门：北京紫禁城的西门。该门始建于明成祖永乐十八年（1420）。西华门门楼用于安放阅兵所用棉甲及锭钉盔甲。西华门是紫禁城四门中唯一一座不与同侧皇城城门在同一条垂直线位置的城门。西华门的位置不在紫禁城西侧城墙正中而偏向午门（参见注五凤楼）一侧。雍正时期（1723—1735），皇帝设立军机处，即位于西华门内的隆宗门内，官员进宫办事或觐见均从西华门出入。清代帝后游幸西郊的皇家园林，多由西华门而出。

雉：一种鸟，通称"野鸡"，雄的羽毛很美，尾长，雌的淡黄褐色，尾较短，善走，不能久飞。其肉可食，羽毛可做装饰品。

璎络：即璎珞，将项圈或项链以及长命锁等颈饰融为一体的一种饰物。在璎珞的上部，通常是一个金属项圈，在项圈的周围悬挂上各种珠宝玉石；在靠近人体的正胸部位，有时还悬挂一个类似锁片的饰物。

萦：缭绕，回旋缠绕。

〔2〕闲：通"娴"，熟悉、熟练。

端午，赐京官宫扇，竹骨纸面，俱画翎毛不工，彩绦一条，五色线编者，须头作虎形，彩杖二根，长丈许，五色彩线，缠绕艾虎，纸二幅，方尺许，俱画虎并诸毒虫[1]。（《戒庵漫笔》，见《日下旧闻考》卷一百四十七，第十七页）

【注释】

〔1〕工：细致，精巧。

绦：用丝线编织成的花边或扁平的带子，可以装饰衣物。

京城端午，贵贱人等必买新蒲鞋，穿之过节，岁以为常。（《暖姝由笔》，见《日下旧闻考》卷一百四十七，第十七页[1]）

【注释】

〔1〕《暖姝由笔》：书名，共三卷，明代徐充所撰笔记，其内容包括明代北京城的一些风俗。

五月五日，赐文武官走骠骑于后苑[1]。其制，一人骑马执旗引于前，一人驰骑呈艺于马上，或上或下，或左右，腾掷趫捷，人马相得，如此者数百骑[2]。后乃衣蕃服，臂鹰走犬围猎状，终场，俗曰"走解"[3]。观毕，赐宴而回。（《觚识略》，见《日下旧闻考》卷一百四十七，第十八页[4]）

【注释】

〔1〕后苑：屋后的花园。

〔2〕腾掷：向上飞起貌，腾跳。

趫捷：矫健敏捷。

〔3〕蕃服：非汉族的衣服。

〔4〕《疆识略》：书名。该书现已不存。

永乐时，禁中有剪柳之戏，即射柳也[1]。（《识小编》，见《日下旧闻考》卷一百四十七，第十八页[2]）

【注释】

〔1〕禁中：也称省中，即宫禁之内、皇宫之内。

〔2〕《识小编》：书名，明代周宾所撰。此外，清人董丰垣亦撰有同名书。作者此处引用的为周宾所之作。

故事五月五日，太医院官具旗物鼓吹，赴南海子捉虾蟆，取蟾酥，以针刺其两眉，蟾多死。吾乡朱公儒为院使，俾两眉上刺其一，蟾虽被刺得活，后遂因之[1]。（《间史掇遗》，见《日下旧闻考》卷一百四十七，第十八页[2]）

【注释】

〔1〕院使：官名。在清朝，此官职配置于朝廷之太医院，为正五品，负责研究及供应医药，并处理太医院院务，分派御医、杂役人员及各科医生的值班。

俾：使，把。

〔2〕《间史掇遗》：书名。该书现已不存。

踏青本清明故事，独燕京以五月五日游天坛、松林、高梁桥、柳林、满井，藤阴结伴，携觞者甚众，近咸集于金鱼池上，他处皆阒寂矣[1]。（《咏归录》，见《日下旧闻考》卷一百四十七，第十八页[2]）

【注释】

〔1〕藤阴：即藤荫，指藤遮住日光所成的阴影。

阒寂：寂静无声。

〔2〕《咏归录》：书名。该书现已不存。

五日游，为耍青[1]。（《柳堂□集》，见《顺天府志》卷十八，第十一页[2]）

【注释】

〔1〕耍青：踏青，明朝时北京人对端午郊游的俗称。

〔2〕《柳堂□集》：书名不确。该书现已不存。

中官于端午日，鬻内造紫金锭。（《居易录》，见《顺天府志》卷十八，第十二页[1]）

【注释】

〔1〕《居易录》：清代笔记，清人王士禛撰。王士禛（1634—1711），字贻上，号阮亭、渔洋山人，新城（今山东桓台）人，清初诗人。他平生著有笔记多种，《居易录》是其在康熙二十八年（1689）担任左副都御史以后至康熙四十年（1701）担任刑部尚书以前的十三年中所记，共几百条，分为三十四卷。其书名取自《礼记·中庸》的"故君子居易以俟命"和唐朝顾况的"长安米贵，居大不易"二语。该书内容博杂，涉及朝章典故、年景丰歉、人情事理、文人逸事、诗歌品评、书画鉴赏等各个方面，尤多诗论。其中的许多议论反映出作者的诗学观，是本书的精华所在。

京师谓端阳为"五月节"，初五日为五月单五，盖"端"字之转音也。每届端阳以前，府第朱门皆以粽子相馈贻，并附以樱桃、桑椹、荸荠、桃、杏及五毒饼、玫瑰饼等物[1]。其供佛祀先者，仍以粽子、樱桃、桑椹为正供，亦荐其时食之义。（《燕京岁时记》，第二十七页，端阳）

【注释】

〔1〕朱门：红漆大门，指贵族豪富之家。

都城隍爷，历年在五月初五日，须出巡街市一次[1]。前一夜，恭办出巡之各大善士，多齐集庙中筹备[2]。据闻此种承办之善士，多系当步军统领，刑部、顺天府、大宛两县各营翼司坊之牢头皂隶，京谚称之为"六扇门儿"的人，又称为"吃黑门坎儿饭"的，为京中官场最凶狠之职务[3]。诉讼者，多受若辈之凌虐，若辈亦知其行为恶劣，必得孽报，遂思献媚城隍，以冀轻减罪状，故多数舍身服务，糜费金钱，在所不计[4]。次日黎明，先将所备之銮驾仪仗等类，陈列庙外，如开道锣，"肃静""回避"牌，"都城隍"及别种封号之官衔牌，旗灯伞扇，迎娶所用之金执事，莫不应有尽有[5]。起驾之法定时间，大约在上午十时左右，燃放鞭炮，鸣锣开道，即将都城隍爷由神龛移置官轿[6]。京中各庙神像，均系泥塑，亦兼有木雕、铜铸者，惟此城隍像，为备出巡，特用藤条编制，再以布帛糊裱而成，然后加以衣冠，可以任意移动，亦不沉重，便于抬杠也。前部执事，依次而行，由西城而东城，绕一大圈，仍返回本庙，称之曰"回宫"。出巡之举，如是而已。事实上不过无聊之举，一般迷信者之点缀，则异常有趣，各项手续，俨同儿戏[7]。盖除所有执事仪仗外，更有神役多人，均以各衙之皂隶牢头充之，手执皮鞭、竹板、木枷锁诸刑具，为神前驱，既可驱逐闲人，并兼服务神役[8]。又有妙龄少女、青年童男，身服鲜丽彩衣，手提香炉，焚烧各香，排行神轿之前，仿佛戏班上扮演之仙童仙女、八仙人物[9]。又有步行者、乘马者，此等扮演人，多系因病愈而许愿者，此中品类极为复杂，有良家子弟，亦有非良善子弟。又清音细乐数班，行于轿前，随行随奏，此中人多系戏班之乐工，及喜轿铺中之乐工，许愿而来者[10]。又有还愿之男女老弱，犯衣囚服，披枷带锁，扮成罪囚，成群结伙，行于轿前。更有许愿为都城隍爷打扇者，是皆因自身疾病，或为亲属疾病，遂许此愿。盖因每年城隍出巡，正值天气炎热，所有随驾烧香之人，莫不喘息苦热，挥汗如雨，人犹如此，神何以堪，乃逐队成群，跟从神舆以后，手执扇子，用以扇神像，此中以少妇为多[11]。而一班无识少年，参杂其中，持扇乱扇，借施儇薄者，往往有之[12]。庙祝道士，更于未起驾前，潜以冰块安置于神冠以内，故不久即有冰水，由神冠边津津流出[13]。于是群众哗言曰："天气太热，城隍爷头上出汗了。"[14]追随围绕诸男女，乃争先恐后，扇扇益力，有明知个中玄虚，故意起哄者，亦有愚昧无知，深信不疑者，号呼奔走，直同儿戏[15]。又传城隍之所以出巡者，乃稽察各处游魂、怨鬼、邪魔、外祟，所巡各街市及附近地方，倘有死于非命之人，居民多深信必有冤魂作祟，以缠人求替，即须仰赖城隍出巡公差之便，而拘缉之[16]。如某处曾有一缢死之女人，即预先用纸糊一自缢女鬼之形，安置原处；某井内曾有一淹毙之男尸，亦须预糊一淹毙男鬼之形，悬于井内。其他非正命而死者，大致皆如此办，俟城隍驾将到时，此等扮演之神役，手执拘牌，寻至安放纸鬼地点，与之谈判，略谓"你死了多日，为什么还不归庙报到"，"任意在外，游荡祟人，今奉城隍爷谕，派前来拿你"云云[17]。言毕，即出铁链，将此纸鬼锁住，置于预备之大车上。此车亦系大车运脚之人家，自甘许愿，充此神差，不取车资，侪辈称之曰"鬼囚车"[18]。俟回庙后，即统聚庙中烧之，从此即不惧闹鬼，遂真认为此冤魂已被城隍爷拘去，永久再无祟人之

事矣。（《旧京风俗志》，稿本）

【注释】

〔1〕都城隍爷：北京都城隍庙供奉的城隍神。参见注都城隍庙。

〔2〕善士：有德之士；慈善之士。

〔3〕步军统领：即清代北京城的步军统领衙门，全称为"提督九门步军巡捕五营统领"，是首都的卫戍部队，掌管京城的守卫、检查、门禁、巡夜、禁令、保甲、缉捕、审理案件、监禁人犯、发信号炮等要职。

刑部：清代中央六部之一。参见注六部。

牢头：相当于现在的狱警。

皂隶：古代衙门里的差役。

〔4〕凌虐：欺辱，虐待。

孽报：恶报。

〔5〕执事：供役使者，仆从。

应有尽有：该有的全都有，形容很齐全。这一成语最初的记载见梁沈约撰《宋书·江智渊传》。

〔6〕神龛：也叫神楼，是放置道教神仙的塑像和祖宗灵牌的小阁。

〔7〕俨：恭敬，庄重。

〔8〕神役：此处指为神灵服务之差役。

〔9〕八仙人物：民间广为流传的道教八位神仙。八仙之名，明代以前众说不一，有汉代八仙、唐代八仙和宋元八仙，所列神仙各不相同。至明朝吴元泰所撰《八仙出处东游记》（简称《东游记》）始定为：铁拐李（即李玄，又称李洪水）、汉钟离（即钟离权）、张果老、蓝采和、何仙姑（即何晓云）、吕洞宾（即吕岩）、韩湘子和曹国舅（即曹景休）。

〔10〕清音：旧时婚丧中所用的吹奏乐。

细乐：管弦之乐，与锣鼓等音响大的音乐相对而言。

〔11〕神舆：此处指载城隍神的车。

〔12〕儇薄：轻薄。

〔13〕神冠：此处指出巡的都城隍爷像上所戴的冠帽。

津津：（汗、水）流出的样子。

〔14〕哗言：喧哗传言。

〔15〕玄虚：用使人迷惑的形式来掩盖真相的欺骗手段。

〔16〕稽察：检查。

外祟：外来的鬼怪、祸祟，亦比喻外来的扰害、祸患等。

拘缉：搜捕，捉拿。

〔17〕拘牌：逮捕或扣押之牌。

谕：告诉，使人知道，一般用于上对下。古代用指上对下的文告、指示。

〔18〕运脚：此处指搬运工。

侪：同辈，同类之人。

端阳午时前，写催生符，画火判，至正午，以针刺鸡冠血，研辰砂新笔蘸而点睛，颇有灵应云[1]。（《帝京岁时纪胜笺补》，稿本）

【注释】

〔1〕研：细磨。

辰砂：又称朱砂、丹砂、赤丹、汞沙，是硫化汞的天然矿石。古代的皇帝们常常用辰砂的红色粉末调成红墨水书写批文，称为"朱批"。

端午日午时所取之蒲艾，蒲则弃，艾则留，盖妇人产后，用此艾洗下体，可无子寒之疾也[1]。（《帝京岁时纪胜笺补》，稿本）

【注释】

〔1〕子寒：疾病名。子，此处专指子宫。

十日

十日游，为送青。（《柳堂□集》，见《顺天府志》卷十八，第十一页）

十一日

十一日，都城隍诞，太常寺预日祭，居民香火之盛，不减东岳之祀。（《宛平县志》，传抄本）

十里河关帝庙，在广渠门外，每至五月，自十一日起，开庙三日，梨园献戏，岁以为常[1]。（《燕京岁时记》，第三十一页，十里河）

〔1〕十里河关帝庙：祠堂名，其中供奉关羽。参见注关圣帝君。十里河关帝庙在今北京左安门外东南三里许，今三环东路与南路拐角处。其庙内塑关公、关平、周仓之像，有口生铁铸造的关羽使用的"青龙偃月刀"，重三百斤，铸工精巧别致，被称为庙内一绝。

永定门外关帝庙，自十一日起始，开庙五日，跑马、赛车、演剧诸事，岁以为常。（《北京指南》第二编，礼俗，第十页）

十三日

十三日，进刀马于关帝庙，刀以铁，其重以八十斤，纸马高二丈，鞍鞯绣文，辔衔金色，旗鼓头踏导之[1]。（《帝京景物略》卷二，第四十四页，春场八）

【注释】

〔1〕纸马：即甲马。参见注甲马。
鞍鞯：马鞍和马鞍下面的垫子。

关圣庙遍天下，而京师尤盛[1]。入祀典者，地安门外西步量桥白马庙，正阳门月城右之庙，春秋致祭[2]。岁之五月十三日，为单刀会，是日多雨，谓"天赐磨刀水"云[3]。（《帝京岁时纪胜》，第二十二页，关圣庙）

【注释】

〔1〕关圣庙：即关帝庙，供奉关羽的庙。参见注关圣帝君。
〔2〕西步量桥：也称西板桥、西压桥，位于今北京西城区景山西街北口。西板桥始建于元代，虽称板桥，实为拱桥，连接北海与御河（又称玉河，即金水河）。明成祖永乐年间改建北京皇城时，皇城北墙压西步量桥而过，故俗称"西压桥"。与此对称，皇城北墙自西到东略向南偏斜，没有压在今北京东城区内的东步量桥上，只是擦桥而过，因此东步量桥俗称"东不压桥"。
〔3〕天赐磨刀水：即磨刀雨。参见注《磨刀雨》。

京师谚曰："大旱不过五月十三。"盖五月十三，乃俗传关壮缪过江会吴之期，是日有雨者，谓之"磨刀雨"[1]。（《燕京岁时记》，第三十一页，磨刀雨）

〔1〕关壮缪：即关羽（？—220），东汉末年名将，以忠勇而著称。关羽，字云长，河东解良（今山西运城）人，跟随刘备征战各地，与张飞一同被称为"万人敌"。东吴大将吕蒙偷袭荆州，关羽腹背受敌，兵败被杀。关羽去世后，逐渐被神化，被民间尊为"关公"。历代朝廷对关羽多有加封，清代封其为"忠义神武灵佑仁勇威显关圣大帝"，崇为"武圣"，又称"关圣帝君"，与"文圣"孔子齐名。

江：长江。

吴：即吴国（229—280），三国之一，为孙权所建立，国号为"吴"，史称"孙吴"。

十三日，安定门内雍和宫，以烧猪祀神，有番僧诵经，士女多往观。(《北京指南》第二编，礼俗，第十页)

二十三日

京师谓五月二十三日，为分龙兵，盖五月以后，大雨时行，隔辙有雨，故须将龙兵分之也。(《燕京岁时记》，第三十一页，分龙兵)

夏至

夏至之日，俗谓之"朝节"，妇人进彩扇，以粉脂囊相赠遗。(《辽史》卷五十三，第十三页)

夏至伏日，戴草麻子叶，吃长命菜，即马齿苋[1]。(《酌中志》卷二十，第六页)

【注释】

〔1〕伏日：即夏季的伏日，也叫三伏天，这是一年中最热的时候；也专指三伏中祭祀的一天。农历夏至后第三庚日起为初伏，第四庚日起为中伏，立秋后第一庚日起为末伏。

草麻子：中草药名，即草麻黄，别名麻黄草、华麻黄，为麻黄科草本状灌木植物，有发汗散寒、宣肺平喘、利水消肿之效。

马齿苋：为马齿苋科一年生草本植物，肥厚多汁，无毛，生于田野路边及庭园废墟等向阳处，中国各地均有分布。

夏至，大祀方泽，乃国之大典，京师于是日家家俱吃冷淘面，俗说"过水面"是也，乃都门之美品。向曾询及各省游历友人，咸以京师之冷淘面爽口适宜，天下无比，谚云："冬至馄饨夏至面。"京俗无论生辰节候，婚丧喜祭晏享，早饭俱食过水面，省妥爽便，莫此为甚。（《帝京岁时纪胜》，第二十三页，夏至）

夏至日，人家多食面条，且制糖蒜，以是时蒜适成熟也[1]。（《北京指南》第二编，礼俗，第七页）

【注释】
〔1〕适：刚刚。

每年夏至，方泽大祀。方泽者，乃地坛也，坛在永定门外，不及一里[1]。昔年皇帝祀方泽，由礼部会同太常、光禄两寺筹备，帝则先期斋戒，入斋宫，看祝版，至日寅刻，朝服乘轿，全分仪仗，由銮驾库及銮舆卫两处办理[2]。祭品为牛、羊、猪、鸡、鹿、兔、雉、盐米、粱韭，三献九叩首，太常寺赞礼，读祝，奠酒焚帛[3]。陪祀者，自亲郡王以下，六部及翰詹科道，俱派有人员[4]。帝行礼时，有导引大臣，前引大臣，随之升降进退，满汉御史纠仪。祀典之隆，与天坛圜丘大祀无异[5]。民国只袁大总统亲临一祭，其后则内务总长或国务总理代祭而已[6]。（《帝京岁时纪胜笺补》，稿本）

【注释】
〔1〕地坛：明清北京城内帝王祭祀"皇地祇神"的场所，是中国现存的最大的祭地之坛，又称"方泽坛"。
〔2〕太常：即太常寺。参见注太常寺。
光禄：即光禄寺，负责皇室饮食。光禄寺设光禄寺卿一人，从三品，为长官，设光禄寺少卿二人，从四品上，为副官。
斋宫：皇帝进行斋戒的场所。参见注斋戒。
祝版：祭祀时粘贴祝文的方版。清代祝版因祭祀对象不同而规制也有所不同，由工部制造。其规制为：圜丘、祈谷、常雩（古代为求雨而举行的祭祀）皆用纯青纸；方泽用黄纸黄缘；太庙、社稷坛用白纸黄缘；日坛用纯红纸；月坛、先农坛、三坛、历代帝王庙、先师庙、关帝庙、文昌庙、先医庙、火神庙、显佑宫、东岳庙、都城隍庙用白纸黄缘；四龙神祠、惠济祠、河神庙、炮神庙、贤良祠、昭忠祠、奖忠祠、旌勇祠、双忠祠、褒忠祠用白纸。各将祝文粘贴于方版之上，唯有专祠只用白纸而不加版。

寅刻：凌晨三点至五点。

銮驾库：清代銮仪卫贮存皇太后仪驾、皇帝法驾卤簿之所。

銮舆卫：即銮仪卫，总部位于北京紫禁城东南角楼处，系清代为宫廷服务的机构，掌管帝后的车驾仪仗。

〔3〕赞礼：祭祀或举行典礼时在旁宣读行礼项目。明清太常寺均设有赞礼郎，掌管祀典赞唱引导之事。

奠：向死者供献祭品致敬。

〔4〕亲郡王：即亲王和郡王，均为清朝的爵位。清朝的封爵制度，参见注亲王。

翰詹：清代对翰林和詹事的合称。在清代，翰林院的掌院学士、侍读学士、侍讲学士、侍读、侍讲、修撰、编修、检讨等官，通称"翰林"。翰林官的职责在于侍从皇室，为皇帝讲学，撰拟皇帝的诏书，纂修史书。詹事为詹事府的官员，本为辅导太子之官，但康熙以后不立太子，其职掌遂同翰林。

〔5〕天坛圜丘大祀：明清帝王在北京天坛举行的祭天活动，由皇帝本人主祭，这是国家最隆重的祭祀活动。参见注天坛。圜丘，祭天之坛。

〔6〕袁大总统：即袁世凯（1859—1916），字慰亭，号容庵，河南项城人。在辛亥革命期间，他逼迫清帝爱新觉罗·溥仪退位，并当选为中华民国第一任大总统。1916年，袁世凯建立年号为"洪宪"的中华帝国，企图复辟帝制，未能成功。1916年6月，由于各地掀起反对袁世凯称帝的运动和一些部将的背叛，袁世凯郁郁而死。同年8月，袁世凯正式归葬于河南安阳。

内务总长：此处指民国北洋政府内务部总长。内务部的主管为总长，以次长为佐官，下设承政厅，由秘书长掌管；又设民治、警务、礼教、土木、疆理、卫生六司，各设司长。北洋政府成立后，内务部与各部均属国务院。内务部原属的承政厅改为总务厅，不设秘书长，仍分六司，名称略有变更。

国务总理：此处指民国国务总理，是民国北京政府时期，国务院最高首长的通称。在这段时期内，该职务曾使用过总理、国务卿等名作为衔称。有些国务总理名义上曾代行民国大总统职权。

杂事

京俗五月不迁居，不糊窗槅，名之曰"恶五月"。以艾叶贴窗牖，谓之"解厄"。五月多不剃头，恐妨舅氏。五月昼长，神祠祖堂，供净水，焚午香[1]。五月喜旱，六月喜雨，谚曰："有钱难买五月旱，六月连阴吃饱饭。"端阳日，蒲艾曝干存贮，生子用以沐浴，兼洗冻疮。午日冰和土粉晒干，擦小儿热痱[2]。（《帝京岁时纪胜》，第二十三页，宜忌）

【注释】

〔1〕午香：农历五月每日中午用以祭祀的香。

〔2〕土粉：又叫土粉子，系粉刷墙壁用的白垩土。

热痱：在盛夏时节，由于暑热和湿气蕴结人的肌肤，毛孔郁塞，乃生热痱。

五月，游金鱼池，中顶进香，药王庙进香。（《郎潜纪闻》卷十二，第五页）

小麦登场，玉米入市，蒜苗为菜，青草肥羊，麦青作撵转，麦仁煮肉粥，豇豆角、豌豆角、蚕豆角、扁豆角，尽为菜品；腌稍瓜、架冬瓜、绿丝瓜、白菱瓜，亦作羹汤，晚酌相宜[1]。西瓜、甜瓜、云南瓜、白黄瓜、白樱桃、白桑椹，甜瓜之品最多。长大黄皮者为金皮香瓜，皮白瓤青为高丽香瓜，其白皮绿点者为脂麻粒，色青小尖者为琵琶轴，味极甘美[2]。桃品亦多，五月结实者为麦熟桃，尖红者为鹰嘴桃，纯白者为银桃，纯红者为五节香，绿皮红点者为秋秸叶，小而白者为银桃奴，小而红绿相兼者为缸儿桃，扁而核可作念珠者为柿饼桃，更有外来色白而浆浓者为肃宁桃，色红而味甘者为深州桃[3]。杏除八达杏之外，有四道河、海棠红等杏，仁亦甘美。李柰则有御黄李、麝香红，又有黄皮红点者为梅杏，又杏质而李核者为胡撕赖、蜜淋噲[4]。至若榴花似火，家人摘以簪头，凤草飞红，绣女敲而染指，江西腊五色芬芳，虞美人几枝娇艳，则又为端阳之佳卉也[5]。（《帝京岁时纪胜》，第二十四页，时品）

【注释】

〔1〕撵转：即碾转，参见注碾转。

豇豆：俗称角豆、姜豆、带豆、挂豆角。豇豆分为长豇豆和饭豇两种，属豆科植物。

稍瓜：越瓜的别名，又称菜瓜。

茭瓜：即西葫芦，又称白瓜、番瓜、美洲南瓜、松瓜、角瓜、云南小瓜、菜瓜、荨瓜 、三月瓜，属于葫芦科南瓜属。

〔2〕瓤：瓜、柑橘等内部包着种子的部分，带瓜子的瓜肉。

脂麻：即"芝麻"，又称胡麻、油麻，有很好的药用价值。

〔3〕念珠：又称数珠，主要指一些宗教在祈祷、歌颂、念经或灵修时所用的物品。

〔4〕柰：即柰子，又名沙果、海棠果，也称"花红"。此果外皮多为深红色并有暗红色条纹或装饰断线，其肉质细密，呈黄白色，有特殊的芳香，盛产于辽南地区。

御黄李：李子。元代有进贡宫廷的珍贵李子品种，谓之"御黄子"，又称"御黄李"。

〔5〕凤草：即凤仙花，一年生草本花卉，花颜色多样。

江西腊：植物名，属菊科，别名翠菊、七月菊、姜心菊、蓝菊，为一年生草本植物。

瑶台即窑台，在正阳门外黑窑厂地方，时至五月，则搭凉篷，设茶肆，为游人登眺之所，亦南城之一古迹也。(《燕京岁时记》，第三十一页，瑶台)

京师五月榴花正开，鲜明照眼，凡居人等往往与夹竹桃罗列中庭，以为清玩[1]。榴、竹之间，必以鱼缸配之，朱鱼数头游泳其中，几于家家如此，故京师谚曰，"天篷鱼缸石榴树"，盖讥其同也。(《燕京岁时记》，第三十二页，石榴、夹竹桃)

【注释】

〔1〕中庭：通常指建筑内部的庭院空间。

清玩：供玩赏的精美雅致的物品。

五月玉米初结子时，沿街吆卖，曰"五月先儿"，其至嫩者曰"珍珠笋"。食之之法，与菀豆同[1]。(《燕京岁时记》，第三十二页，五月先儿)

【注释】

〔1〕菀豆：此处应指豌豆。

五月下旬，则甜瓜已熟，沿街吆卖，有旱金坠、青皮脆、羊角蜜、哈密酥、倭瓜瓢、老头乐各种。(《燕京岁时记》，第三十三页，甜瓜)

凤仙花即透骨草，又名指甲草，五月花开之候，闺阁儿女取而捣之，以染指甲，鲜红透骨，经年乃消。（《燕京岁时记》，第三十三页，染指甲）

时品在近年新增者，计有洋扁豆、美国长冬瓜、洋龙须菜、张家口外之萝菔、西洋生菜花、菜番芋、西红柿、过泉藕、美国大蓁芄，又名登笼芄[1]。近在天津静海县种有哈蜜瓜，其形则细长，皮青肉黄子赤，味极甘美，以其子种于南苑者，其味则减矣[2]。香瓜中之白羊角密及小金坠，均味甘，又有抱猴者，香则有余，实不堪食也。五月节送礼之花，则有红白夹竹桃，又有温州新来之丁冬花，又名"百日红"，都人又谓之"洋海棠"，其叶似桐，味则臭，温人谓之"臭桐花"，本地不值钱，运至北京，则每株可售一圆，小者亦须五角[3]。又有扁竹，即药中之玉竹，又名"女葳蕤"，此处价亦甚昂[4]。南方如广东之茉莉、白玉兰，安南之月桂、棕榈，凤尾蕉，又名"铁树"，福建之兰花，湖南、江西之山茶花、瑞香花，皆由船车运之而来，交通便利故也[5]。（《帝京岁时纪胜笺补》，稿本）

【注释】

〔1〕张家口：地名，即今河北张家口。

〔2〕天津静海县：地名，位于今天津西南部。

哈蜜瓜：即哈密瓜。

〔3〕温州：地名，相当于今浙江温州。

〔4〕玉竹：百合科植物，长圆柱形，略扁，少有分枝，表面黄白色或淡黄棕色，半透明，是一种中药材。

〔5〕安南：越南的古称。在清代，越南与清政府为宗藩关系，是清朝的藩属国。

月桂：植物名，樟科月桂属的一种，为亚热带树种，常绿小乔木或灌木，树冠卵圆形，分枝较低，小枝绿色，有香气。

凤尾蕉：即苏铁，属常绿植物。其茎干都比较粗壮，植株高度可以达到十余米，耐寒性较差，多栽种在南方。

瑞香花：常绿灌木，高约两米，枝细长，光滑无毛，叶互生，呈椭圆状长圆形。其花富有香气，白色或淡红色；果实为红色圆球形。

六月

总述

即北平而纪六月，夷考其实而择要焉，两言可蔽之曰：晾浴宴赏、祀神祛暑而已[1]。皇史宬、古今通集库曝书也，銮驾库晒銮舆仪仗也，皇王故俗，早告沦亡，而商户民家衣物，及八大刹经卷，其展晾亦俱例在是月，且自天子至于庶人，一是皆以重六为准，即无所于晾，而会亦名晾[2]。善果寺晾经会，非其例欤，乃至残籍敝缃，并弗许移易厥期，借云节属天贶，亦不应拘墟若此，甚非所宜于今世也[3]。

【注释】

〔1〕祛：除去，驱逐。

〔2〕皇史宬：宬，古代用于藏书的屋子。皇史宬，明清两代的皇家档案馆，又称表章库，位于今北京天安门东边的南池子大街南口。皇史宬始建于明世宗嘉靖十三年（1534），建成于嘉靖十五年（1536）。此后，明清两朝帝王对其屡加修缮，是中国现存最完整的皇家档案库，距今已有四百八十多年的历史。皇史宬的主殿坐北朝南，通体基本上可以称为石屋。其台基、墙壁均由砖石砌成，门窗、梁枋和斗拱等传统上应该用木料的地方也采用仿木石料。石屋有利于防火和防潮，可以确保珍藏典籍免受损坏。皇史宬的整个建筑与陈设用具设计完美，做工精良，功能齐全，华贵耐用，能防火、防潮、防虫、防霉，且冬暖夏凉，温度相对稳定，极宜保存档案文献。

古今通集库：明代宫廷藏书处所。

銮舆：即銮驾。参见注銮驾。

八大刹：指北京著名的八大寺院。参见注北京内外八大名刹。

重六：即农历六月初六，是汉族传统节日，在汉族民间被称为天贶节、翻经节、姑姑节。天贶意为上天赐赠。天贶节相传起源于唐代。唐代高僧玄奘从西天（今印度）取佛经回国，过海时，经文被海水浸湿，于农历六月初六将经文取出晒干。后来，此日变成吉利的日子。起初，皇宫内于此日为皇帝晒龙袍，以后这一习俗又从宫中传向汉族民间，家家户户都于此日在大门前曝晒衣服，以后此举成俗。另外，也有传说天贶节起源于宋真宗赵恒。宋真宗声称农历六月六日上天赐给他天书，遂定这一天为天贶节，还在泰山脚下的岱庙建造了一座宏大的天贶殿。六月初六也是佛寺的一个节日，叫"翻经节"。关于"六月初六"还有很多传说，"六月六，请姑姑"是流传很广的一个。这一天的汉族民俗活动主要有回娘家、晒虫虫等。

〔3〕善果寺：北京城著名寺庙，历史悠久、建筑规模宏伟，坐落在今北京广安门内广义街东侧，始建于五代时期的后梁太祖乾化元年（911），距今已有一千多年历史。善果寺初名唐安寺，后来废弛，仅存基址。至明英宗天顺八年（1464）春，尚膳监太监陶荣捐资恢复这座寺庙，奏请皇帝赐寺额，明英宗朱祁镇赐名为"善果寺"。

缊：乱麻，旧絮。

天贶："上天恩赐"之意，有以此命名的节日天贶节，又称重六。参见注重六。

拘墟：拘，拘守；墟，所居住的地方。拘墟之见原指井底之蛙受所处空间的限制，只能看到一点天空，现多用来形容狭隘短浅的见识。这一成语最初的记载见西汉扬雄的《汉言义疏·重黎》卷十。

浴象之俗，夙本巨典，旗鼓所迳，塞巷填街[1]。浴则浴耳，一象之游泳，亦何竟铺张若彼，虽方家咏赞，体制无美不臻，第民则脂膏有限，国则虚耗靡穷，身无谓也[2]。能革明代洗马之俗，不能并浴象而废之，意尤使人莫解。

【注释】

〔1〕迳：走直上直下的山路。

〔2〕方家："大方之家"的简称，本义是道术修养深厚精湛的人，后多指饱学之士或精通某种学问、技艺的人。

脂膏：人民辛勤劳动所得的财富。

至谓"明经威仪，曾群象之不若"，乡儒初出草茅，骤亲殿陛，此在往时，自无足哂[1]。然而帝子之尊严，犹可遐想。类斯品骘，吾不愿闻；所足异者，妇女栉沐，既必是日，即微至猫犬，其浴也，亦必是日[2]。谓取吉耶，则此月内何六日独吉，谓取暖耶，则此月内岂六日独暖，是诚置辩之弗值已。

〔1〕明经：通晓经学。

威仪：威严的态度，谓起居动作皆有威德有仪则，即习称之行、住、坐、卧四威仪。

若：比得上。

殿陛：皇宫的宫殿上和石阶下，比喻君主和臣子相见之际。

〔2〕品骘：评定，论定高低。

栉沐：梳洗沐浴。

庙会香火之杂，此月微逊。仅关帝、火神诸庙，旧时官祀，较称胜焉。则以时当大热，芙蕖遍放，无涯之碧，别样之红，曲院名塘，或不是过[1]。而一舸载赏，雪藕调冰，雉堞兽环，复隐约杯中掌上，山容罨画间，海岸湖濒，炎威若遁，即柳阴安步，亦浸浸竟日忘归，必北平，必是月，易地易时，乐或不逮[2]。若夫二闸宴嬉，在昔固极其胜，今既避暑多乡，罄宜食宿，即更陈诸戏，亦不必万人空巷而趋[3]。龙王庙凡百减色，从可卜焉[4]。

【注释】

〔1〕芙蕖：即莲花、荷花。

曲院名塘：指浙江杭州的西湖十景之一"曲院风荷"。此处形容北京荷花景致之美。

〔2〕舸：大船。

雪藕：莲藕的一种，因其"色白如雪"而得名。

雉堞：城上如齿状的矮墙。

濒：同"滨"，河边。

遁：逃避，躲闪。

〔3〕二闸：本名庆丰闸，由于它是通惠河上五个闸口中的第二个，故俗称"二闸"。元世祖至元二十九年（1292），水利专家、都水监郭守敬主持开凿通惠河，修建了五座闸口，二闸就是其中之一。

罄：严整。

〔4〕龙王庙：即北京白浮泉遗址——九龙池、都龙王庙，位于今北京城北昌平区化庄村东龙山。郭守敬为引水济漕，解决大都城的漕运，上奏元世祖忽必烈，引白浮泉水作大运河北端上游水源。至元二十九年，白浮堰建成。白浮泉又名龙泉，当年建有水池，将水围起，流水出处有青石雕刻的九个龙头，取名"九龙池"。都龙王庙位于龙山之巅，明太祖洪武年间建，明清时是著名的祈雨之所。

此外如祀虫王，乃四郊农圃之事，恐一刻矫正为难[1]。其祭马王，则借神以餍饫乎人，仆御既例得颁赏[2]。是俗也，或亦未易剔除。冰票之例，久成泡幻，当日领者固财，冰其名尔，惟吆卖冰胡，究以六月为夥，今也清凉饮物，触口新奇，消夏多方，冰固降作副品矣[3]。若进肴蔬瓜果，若换万丝帽、黄纱葛袍，臣工依例，事属前朝，旧话尽可重提，吾斯之未能见[4]。

【注释】

[1]虫王：中国农村驱灭害虫、呵护庄稼的保护神，也称虫神。此神若干年来质疑颇多，大体有两种说法，一为鸟说，一为人说。

[2]马王：民间马神，即马王爷，别名水草马明王，或水草大王。

仆御：驾车马者。

[3]泡幻：如水泡般空幻。

冰胡：亦作冰胡儿、冰核儿，系供暑天食用的洁净小冰块。

[4]纱葛：即葛纱，以葛的纤维织成的纱布，夏衣的代称。

食料泡制，三伏攸佳，曲肉之作，亦称普及[1]。莲子粥、苏造肉，凤号名品，以我所尝，未为鲜妙[2]。而十刹海满目摊贩，则固以斯矜世矣；至必以五更汲水，此或于科学牵连，吾则门外，乌敢妄言[3]。

【注释】

[1]三伏：参见注伏日。

曲肉：用酒曲酿造的肉。

[2]苏造肉：原为宫廷菜肴，是一种清宫名菜，由一位姓苏的厨师所创，故而得名。苏造肉以猪心、肺、肝、肚、肥肠为原料，由中药丁香、甘草、肉桂等制成，又称为"药膳"。其汤鲜美，肉酥烂，佐酒或配着烧饼、火烧吃，别有一番风味，有开胃健脾之功。

[3]门外：此处指门外汉、外行。

乌：无，不。

梨园于六月，向有"热洞"之称。旧时班之巨者，多即此月演连台戏，否则择其独擅胜场者奏之[1]。故虽酷暑，而顾客如云，伶所谓"打热洞"也。闻自光绪乙巳谭鑫培倡首之后，歇夏之风始行[2]。今则不乏循例者矣。

〔1〕胜场：取胜的场地，形容技艺高超。

〔2〕光绪乙巳：参见注光绪。光绪乙巳，光绪三十一年，即公元1905年。

谭鑫培（1847—1917）：承先启后的京剧表演艺术家，影响极大。谭鑫培，名谭金福，又名谭金培，艺名小叫天，人称谭叫天，湖北武昌（今湖北武汉江夏区）人。1905年，谭鑫培在北京拍摄了中国史上第一部电影《定军山》，这同时也是世界史上首部京剧电影。他开创了京剧生行的谭派，与汪桂芳、孙菊仙并称"老生后三杰""新三鼎甲"。

一日

六月朔日，各行铺户攒聚香会，于右安门外中顶进香，回集祖家庄回香亭。一路河池赏莲，箫鼓弦歌，喧呼竟日。（《帝京岁时纪胜》，第二十五日，赏莲）

中顶碧霞元君庙，在右安门外十里草桥地方，每岁六月初一日有庙市。市中花木甚繁，灿如列锦，南城士女多往观焉。（《燕京岁时记》，第三十五页）

六月初一日，草桥中顶进香。（《天咫偶闻》卷十，第十三页）

初一日中顶有庙会，售花木者甚多。（《北京指南》第二编，礼俗，第十页）

中顶在右安门外（俗名南西门）一里许，大道之旁，亦娘娘庙，殿宇在三十年前已剥落，今则成一瓦砾场矣[1]。历年于六月初一开庙一日，游者甚众。惟游人目标，既非因神之灵迹而烧香，亦非因景之清幽而玩赏，盖仅醮会而已[2]。所谓会者，京俗又名曰"高乡会"，即南方"社火"之意也[3]。太平无事，生计充裕，一班社会青年、八旗子弟，职务上之相当，工作已了，饱食终日，无所用心，于是互相集聚，而为排会之游戏，如中幡会、狮子会、五虎棍、开路、少林棍、双石头杠子、挎鼓、什不闲、杠箱，均于是日进香。各会常因细故，而演成凶殴，按此等娱乐，虽无关生计，然若辈视之，直同生命[4]。譬如今日之会，共为数十档，某档在某档之前，某档居某档之后，秩序均须大费斟酌，尤以同样之会为最费踌躇，倘或安排不当，即发生冲突，好勇斗狠，牺牲生命者，往往有之[5]。会期多在暑天，天晴则更暑气蒸熏，汗流浃背，会中人常常晕倒。一班观众，拥挤鹄立于暴日之下，益以饮食冰水，及污滥食物，充杂肠腹，尤易生时症[6]。如遇暴雨，则会众观众，又均立于露天广场之下，无可藏避，淋漓尽如水鸡，妇女尤所难堪，故当时所谓瞧会，均无何种好收场也。（《旧京风俗志》，稿本）

【注释】

〔1〕娘娘庙：此处指中顶的碧霞元君庙。参见注中顶。

〔2〕醮会：古代的祷神祭礼，僧道为禳除灾祟而设的道场，后来演变成乡村民间的迎神报赛活动。

〔3〕社火：中国民间一种传统庆典狂欢活动，具体形式随地域而有较大差异。"社"指土地神，社火有祭祀、祝福之意。

〔4〕细故：琐碎的事情，小事。

〔5〕斟酌：考虑事情、文字等是否可行或是否恰当。

踌躇：犹豫、迟疑、徘徊等，对某件事很难做出决定。

〔6〕鹄立：如鹄延颈而立，形容盼望等待。

六日

六月六日，本非令节，但内府皇史宬曝列圣《实录》、列圣《御制文集》诸大函，则每岁故事也[1]。至于时俗，妇女多于是日沐发，谓沐之则不腻不垢[2]。至于猫犬之属，亦俾浴于河。京师象只皆用其日洗于郭外之水滨，一年惟此一度。因相交感，牝仰牡俯，一切如人，嬲于波浪中[3]。毕事，精液浮出，腥秽因之涨腻，居人他处远汲，必旬日而始澄澈[4]。又憎人见之，遇者必触死乃已，间有黠者预升茂树浓阴之中，俯首密窥，始得其情状如此[5]。又象性最警，入朝迟误，则以上命赐杖，必伏而受棰如数，起又谢恩[6]。象平日所受禄秩，俱视武弁有等差，遇有罪贬降，即退立所贬之位，不复敢居故班[7]。排列定序，出入缀行，较人无少异，真物之中至灵者[8]。穆宗初登极，天下恩贡陛见，朝仪久不讲，诸士子欲瞻天表，必越次入大僚之位，上玉色不怡，朝退欲行谴责，赖华亭公婉解之而止，时谓"明经威仪，曾群象之不若"[9]。象初至京，传闻先于射所演习，故谓之"演象所"。而锦衣卫自有驯象所，专管象奴及象只，特命锦衣指挥一员提督之[10]。凡大朝会役象甚多，及驾辇驮宝皆用之，若常朝则止用六只耳[11]。遇有疾病不能入朝，则倩下班暂代，象奴牵之彼房，传语求替，则次早出[12]。又能以鼻作觱栗铜鼓诸声，入观者持钱畀象奴，如教献技，又必斜睨奴受钱满数，而后昂鼻俯首呜呜出声，其在象房，间亦狂逸，至于撤屋倒树，人畜遇之俱糜烂[13]。当其将病，耳中先有油出，名之曰"山性发"，则预以巨缭縻禁之[14]。亦多畏寒而死者，管象房缇帅申报兵部，上疏得旨，始命再验发光禄寺，距其毙已旬余，秽塞通衢，过者避道，且天庖何尝需此残胔，京师弥文，大抵皆然[15]。（《野获编》卷二十四，第二十三页，六月六日）

【注释】

〔1〕内府：皇宫内的储藏处。

《实录》：中国古代记载皇帝在位期间重要史实的资料性编年体史册名称，为中国传统史籍之一，一般以所记皇帝的谥号或庙号为书名。自唐以后，《实录》均由官修，每当某个皇帝去世，即由继位者指令史臣纂修先皇一朝的《实录》，历代相沿，成为定制。《实录》所记载的内容，虽然并不像其书名那样，都是历史的真实记录，往往有一些不尽不实之处，但它毕竟是依据原始资料纂修而成，所记载的许多重大历史事件，在时间、地点、人物姓名及主要情节等方面，大都有史实根据。所以历代纂修正史，多取材于《实录》。

《御制文集》：泛指皇帝的诗文集。

〔2〕膩：头发积有脂膏。

〔3〕牝：雌性的鸟或兽。

牡：雄性的鸟或兽。

嬲：纠缠，搅扰，戏弄。

〔4〕腥秽：腥臭，秽气。

膩：黏，污垢。

澄澈：水清见底。

〔5〕窥：从小孔、缝隙或隐蔽处偷看。

〔6〕箠：用棍子打，杖刑。

〔7〕禄秩：官吏食禄的品级，官位，俸禄。

武弁：武官。

〔8〕缀行：连接成行，紧跟着走。

〔9〕穆宗：这里指明穆宗朱载垕（1537—1572），明朝第十二位皇帝，明世宗朱厚熜之子。明世宗嘉靖四十五年（1566），朱载垕即皇帝位，改年号为隆庆，因此他又被称为隆庆皇帝。他在即位之初，召用因建言而被斥的大臣，惩治方士。在隆庆五年（1571），明穆宗允许蒙古首领俺答汗与明朝封贡贸易，明蒙关系缓和。但是朝中仍然内斗不已，国势日衰。

陛见：臣下朝见皇帝。

朝仪：古代帝王临朝的典礼。

天表：天子的仪容。

越次：越过原有的等级顺序。

大僚：大官。

玉色：尊称帝王的容颜。

华亭公：即徐阶（1503—1583），明朝大臣。徐阶，字子升，号少湖、存斋，松江华亭（今上海松江）人，故称他为"华亭公"，著有《世经堂集》《少湖文集》等。徐阶在明世宗嘉庆年间考中进士，授翰林院编修，后得世宗青睐，助世宗除去权臣严嵩，且取代严嵩成为首辅。明穆宗即位后，徐阶失去皇帝之宠，告老还乡。

〔10〕锦衣卫：明朝所设特务机构，全称为"锦衣亲军都指挥使司"，雅称为"缇骑"。明太祖洪武十五年（1382），设锦衣卫，以加强君主专制。锦衣卫常以都督、都指挥领其事，掌管侍卫、缉捕、刑狱之事，下设诏狱，其他司法机构不得过问。

驯象所：锦衣卫下设的机构，负责领象奴养象，供朝会之用。

锦衣指挥：即锦衣卫指挥使，锦衣卫长官。参见注锦衣卫。

〔11〕大朝会：百官朝见天子。每逢一年之始即举行"大朝会"，为最高朝仪。这是始于西周的一种礼仪规格，从秦汉直至明清，历代承袭不衰。

常朝：古代臣子对皇帝的一般的朝见。

〔12〕倩：请。

〔13〕觱栗：古代的一种管乐器，形似喇叭，以芦苇做嘴，以竹做管，吹出的声音悲凄。

睨：斜着眼睛看。

逸：放纵，放荡。

〔14〕缭：绳索。

縻：捆，拴，束缚。

〔15〕缇帅：明代锦衣卫指挥使。参见注锦衣卫。

兵部：此处指明代的兵部。兵部设尚书、左右侍郎，掌管武官选举、考核、军制、禁卫、征调、边防、驿站、军械、军学等政令。

疏：古代臣子对皇帝陈述意见或说明事情所书写的一种文体。

光禄寺：参见注光禄。

天庖：天子的御膳房，专门准备皇帝、皇后食桌的厨房。

胾：小块肉。

六月初六日，皇史宬、古今通集库晒晾。吃过水面，嚼银苗菜，即藕之新嫩秧也。(《酌中志》卷二十，第六页)

六月六日，晒銮驾，民间亦晒其衣物，老儒破书，贫女敝缊，反覆勤日光，晡乃收[1]。三伏日洗象，锦衣卫官以旗鼓迎象出顺承门，浴响闸，象次第入于河也，则苍山之颓也，额耳昂回，鼻舒纠吸嘘出水面，矫矫有蛟龙之势[2]。象奴挽索据脊，时时出没其髻，观者两岸各万众，面首如鳞次贝编焉[3]。然浴之不能须臾，象奴辄调御令起，云浴久则相雌雄，相雌雄则狂。(《帝京景物略》卷二，第四十四，春场八)

【注释】
〔1〕勤：尽力多做，不断地做。
晡：午后三点至五点。
〔2〕顺承门：即宣武门。参见注宣武门。
颓：崩坏，倒塌。
矫矫：形容英勇威武或超凡脱俗，不同凡响。
蛟龙：在传说中，蛟和龙是不同的生物。蛟是古代传说中能发水的一种龙。龙则是古代传说中的一种善变化、能兴云雨、利万物的神异动物。蛟龙系蛟和龙相交而成。
〔3〕鳞次：像鱼鳞那样密密麻麻地排列。
贝编：佛经。因其写于贝叶上，故称"贝编"。

六月六日，晒銮驾，民间衣物悉曝之。三伏日洗象，銮仪卫官，以旗鼓迎出宣武门，浴响闸，象次第入河，如苍山之颓也，额耳轩昂，舒鼻，吸嘘水面，矫若蛟龙。象奴挽索据脊，时时出没，观者如堵。浴未须臾，象奴辄调御令起，浴久则雌雄致狂。(《大兴县志》，传抄本)

内府銮驾库、皇史宬等处，晒晾銮舆仪仗，及历朝御制诗文、书集经史。士庶之家，衣冠带履亦出曝之。妇女多以是日沐发，谓沐之不腻不垢。至于骡马、猫犬、牲畜之属，亦沐于河。(《帝京岁时纪胜》，第二十五页，六月六日)

銮仪卫驯象所，于三伏日，仪官具履服，设仪仗鼓吹，导象出宣武门西牐水滨浴之；城下结彩棚，设仪官公廨监浴[1]。都人于两岸观望，环聚如堵。(《帝京

岁时纪胜》，第二十五页，浴象）

【注释】

〔1〕仪官：泛称掌礼仪的官。

腷：同"闸"，为古代城门的悬门；泛指以门控制通道的设施。

洗象诗，各家集中，歌行词赋，无美不备，独《渔洋竹枝一绝》云："玉水轻阴夹绿槐，香车笋轿锦成堆。千钱更赁楼窗坐，都为河边洗象来。"可作图画。（《藤阴杂记》卷七，第二页）

宣武门内有驯象所，中有指挥一员司之，象各一房，房列东西，户南向[1]。每象一奴，奴知象意，象晓奴语，服役惟谨，视若主人。所受爵禄，一如武弁，至有大将军，食一品禄者[2]。象奴穷乏，欲与借俸，则必哀求切祷，或以母饥子寒为言，俟其首肯，乃能持去，否则不敢。有人观者，能以鼻作鼓角声，能以后足作半折之礼[3]。与钱象奴，奴于耳边絮语，象亦睨视其奴，得钱满意与否，然后为之献技也[4]。（《燕京杂记》，第一页）

【注释】

〔1〕司：主管，操作。

〔2〕大将军：明代武散官，从一品。

〔3〕鼓角：战鼓和号角的总称，系古代军队中为了发号施令而制作的吹擂之物。

折：屈曲，弯转。

〔4〕絮：连续重复，絮叨。

每岁初伏日，浴象西濠，观者近万人[1]。按《客滇偶笔》及《露书》《赤雅》诸书，皆谓象浴于水必交，雄俯雌仰，浮合如人，但必择人迹不到处，如见人，则羞而止[2]。今京师洗象，悉无交者，岂以人迹所在乎? 象之知耻又如此。（《燕京杂记》，第二页）

【注释】

〔1〕初伏日：参见注伏日。

〔2〕《客滇偶笔》：书名。该书现已不存。

《露书》：书名。该书现已不存。

《赤雅》：明人邝露著，该书被誉为明代《山海经》。其主体是先秦至明代中原各史书所载南方各族神话、传说、故事，与南方民族风物相关的中原古籍及名士的诗词、典故、题词、摩崖石刻，以及邝露个人受广西壮瑶民族风情激发而创作的散文、诗词等。

京师于六月六日抖晾衣服书籍，谓可不生虫蠹[1]。(《燕京岁时记》，第三十三页，六月六)

【注释】

〔1〕蠹：蛀蚀器物的虫子。

象房有象时，每岁六月六日，牵往宣武门内浴之，观者如堵。后因象疯伤人，遂不豢养。光绪十年以前尚及见之[1]。象房在宣武门内城跟迤西，归銮仪卫管理[2]。有入观者，能以鼻作觱篥铜鼓声，观者持钱畀象奴，如教献技，又必斜睨象奴，受钱满数，而后昂鼻俯首，呜呜出声[3]。将病，耳中出油，谓之"山性发"。象寿最长，道光间有老象，牙有铜箍，谓是唐朝故物，乃安史之辈携来者[4]。后因象奴等克扣太甚，相继倒毙，故咸丰以后十余年，象房无象。同治末年、光绪初年，越南国贡象二次，共六七只，亟为肥壮，都人观者喜有太平之征，欣欣载道[5]。自东长安门伤人之后，全行拘禁，不复应差，三二年间饥饿殆尽矣[6]。(《燕京岁时记》，第三十三页，洗象)

【注释】

〔1〕光绪十年：参见注光绪。光绪十年，即公元1884年。

〔2〕城跟：即城根。

〔3〕觱篥：即觱栗。参见注觱栗。

〔4〕道光：清宣宗爱新觉罗·旻宁在位期间（1821—1850）所用年号，共计三十年。

安史之辈：指唐朝的叛将安禄山和史思明。

〔5〕同治：清穆宗爱新觉罗·载淳在位期间（1862—1874）所用年号，共计十三年。

亟：此处同"极"。

欣欣：喜乐貌。

〔6〕东长安门：北京城长安街上的一座城门。天安门坐落于长安街中点的北侧，天安门广场则在其南侧。天安门左右还各有一座门，左称"长安左门"，右称"长安右门"。从长安左门到长安右门的这条横街，即是长安街，这是明清北京城的一条东西轴线，其名取自盛唐时代的都城长安，含长治久安之意。到了清代，长安左门改为"东长安门"，长安右门改为"西长安门"。

善果寺在慈仁寺后，完然无恙，门内左右廊有悬山，大殿颇卑，与蓝靛厂广仁宫相类，疑此皆金元旧宇[1]。每六月六日有晾经会，实无所晾，士女云集，骈阗竟日而已[2]。（《天咫偶闻》卷七，第二十六页）

【注释】
〔1〕完然无恙：即安然无恙，指人平安没有疾病、无损伤，事物未遭损坏。这一成语最初的记载见《战国策·齐策四》。
悬山：古代汉族建筑屋顶形式的一种。屋面有前后两坡，且两山屋面悬于山墙或山面屋架之外的建筑，称为"悬山（亦称挑山）式"建筑。
〔2〕骈阗：也作"骈填""骈田"，指聚集一起。

六月六日，妇女多沐发，谓可不腻不垢。士大夫则晒书籍，谓可不生蠹[1]。善果寺、戒台寺晒经[2]。（《北京指南》第二编，礼俗，第七页）

【注释】
〔1〕士大夫：古代对于社会上具有声望、地位的知识分子和官吏之统称。
〔2〕戒台寺：即戒坛寺，参见注戒坛。

洗象为北京应时风俗之一，于每年六月初六日举行之，地点则在顺治门外迤西响闸地方[1]。是日晨，由象奴从顺治门内西城根象房（即在众议院地方，故其附近地名，仍有象坊桥、象来街等称），将各象率至响闸地方之河中洗之[2]。斯时銮舆卫之堂官，驯象所之所官，及地方官吏，均齐集监临[3]。象至河中，异常高兴，由上午至下午始能毕事。是日也，无论老幼贫富，倾城而至，沿河两岸，皆极拥挤，流氓地痞，借端调戏妇女，扒手小绺，相机绺窃财物，遗儿失女者有之，叫骂斗殴者有之[4]。象奴故使河中之象，用鼻吸水，向两岸喷之，适当其冲之男女，头面淋漓，异常狼狈。如遇晴天，该处并无树荫，亦无棚帐，均系曝晒于骄阳之下，因而有罹病者[5]。倘暴雨骤来，毫无避处，而年年满坑满谷，观者

不为少减，京人固游荡成习矣。（《旧京风俗志》，稿本）

【注释】

〔1〕顺治门：即顺承门、宣武门。参见注宣武门。

〔2〕众议院：民国时期（1911—1949）的议会。1912年，中华民国成立之后，建立临时国会，分为上下两院，即参议院和众议院。

象坊桥：地名，在今北京宣武门内。

象来街：地名，即今长椿街，位于今北京宣武门西侧。在明清时代，这里是饲养东南亚一些国家进贡的大象的地方。明孝宗弘治八年（1495），朝廷在宣武门内西南城脚设立象房和演象所，驯养大象。清朝沿用明朝役使大象的制度与习俗。但至清代后期，驯养大象的经费被层层克扣，大象境遇不断恶化，从而逐渐病饿而死，仅留下"象来街"这一名称。

〔3〕堂官：明清对中央各部长官（如尚书、侍郎等）的通称，因在各衙署大堂上办公而得名。此处指銮舆卫的长官。参见注銮舆卫。

所官：官名。清末大理院、京城高等审判厅及京城、地方审判厅等司法机构所设看守所，均分别设有一至四名所官，正八品或从八品，受所长管辖。此处指驯象所的长官。

〔4〕小绺：江湖隐语，原指有偷盗行为的个人，后成为扒手的总称。

绺窃：即剪绺，剪断人家系钱包的带子或剪破人家衣袋以偷人钱财的窃贼。

〔5〕罹：遭受苦难或不幸。

六月六日，称天贶节，北京八大刹均晾经，喜轿铺、杠房晾软片，皮货店晾皮毛，书店晾书，笔店晾笔[1]。（《帝京岁时纪胜笺补》，稿本）

【注释】

〔1〕天贶节：参见注天贶。

杠房：古代称出租喜事或殡葬用具和提供人力、鼓乐等的铺子。

十二日

六月十二日，御厩洗马于积水潭，导以红仗，中有数头，锦帕覆之。最后独角青牛至，诸马莫能先也[1]。（《北京岁华记》，见《日下旧闻考》卷一百四十八，第一页）

〔1〕御厩：即御马厩，机构名，负责饲养清代皇帝乘骑的御马。凡管试御马之大臣、侍卫，均系特派，专管骑试，从而为皇帝挑选御马，并选收进贡马匹。

积水潭：水名，又称西海、海子、北湖、莲花池、净业湖、西水关、西涯，位于今北京二环内的西北隅。元代时运河——通惠河在流入大都后，形成一个巨大的湖泊，名为"积水潭"。积水潭曾经是漕运的总码头，也曾经是皇家的洗象池。

积水潭洗马之制，在明朝本属具文，今已久废。(《日下旧闻考》卷一百四十八，第一页)

二十二日

二十二日，俗称"虫王生日"。相传虫王为掌管虫蝗之神。北京西郊各农圃，多于是日祀之。(《旧京风俗志》，稿本)

二十三日

马王者，房星也[1]。凡营伍中及蓄养车马人家，均于六月二十三日祭之。(《燕京岁时记》，第三十四页，祭马王)

【注释】

〔1〕房星：星宿名，即房宿。房星为二十八星宿之第四星，古时以房星象征天马，或用以借指马。

二十三、四两日，西便门外白云观，祭火神及马王。关帝庙开庙两日，进香者甚多。(《北京指南》第二编，礼俗，第十页)

六月二十三日，祭马王，京中畜养骡马之人家、铺家，及各机关，皆举行之[1]。马王纸像，纸店皆有，往购者名曰"请"。请至则供于桌台，前列钱粮（即元宝、黄千章），及腊烛、香炉、水果、鸡鱼、羊头之类[2]。马王像，红面多须，三目，一目竖立额际，六臂交叉，各执刀枪剑戟，身披铠甲，神码上书"水草马明王之神位"字样[3]。神像之下，绘一供桌，供桌以前，绘一小马。故又于供品中加清水一碗，净草一小斗，即示专诚供此马也。在三十年前之北京城郊，每届此时，极为热闹。内务府之上驷院、太仆寺，以及素有骑兵之营翼衙门官吏，均躬与祭事[4]。至王公府邸、大官富人，豢养多数骡马之公馆，与素喜跑马之家，其举行祀马王，均在马号，不在正宅，与祭者皆为仆役牧卒[5]。盖每届此期，不啻为仆役等醉餍酒肉，照例要求主人发给银钱，以为置备祭品之要。至下午祀毕，所有供献酒肉、果品，即由仆御享受，是名为"供马王"，实则赐宴仆御也。他如养畜运货与有轿车之家，以及专倚车马为生者，几莫不视此祭祀为特要。即磨面、磨油之一类铺店，亦并不敢轻此典礼，以为凡驴马等之健肥疲羸、死亡疾病，莫不归马王主之[6]。享祀丰洁，则牲畜蕃庶，营业顺利；否则灾病交侵，营业亦大蒙其损焉[7]。至其祀典，亦甚单简，由各仆御等在供桌前烧香叩头后，即移请神码于庭，而焚诸门外，再然神鞭一挂，即为了事。随将供品撤下，无论祭者或未与祭者，团团围坐，大享祭余。此风近已逐渐消减，盖豢车马者日少矣。（《旧京风俗志》，稿本）

【注释】

〔1〕铺家：商店，店家。

〔2〕桌台：即桌台。

千章：此处同"阡张"。参见注阡张。

腊烛：即蜡烛。

〔3〕戟：古代的一种兵器，长杆头上附有月牙状的利刃。

神码：牌位。

〔4〕内务府：参见注总管内务府大臣。

上驷院：清代内务府所属的三院（即上驷院、奉宸苑和武备院）之一，负责掌管皇宫内所用之马。上驷院由皇帝特派兼管大臣管理，无定员。

太仆寺：官署名，负责掌管牧场、马政、皇室车马。清代以太仆卿为长官，满、汉员各一人，从三品；太仆少卿为副官，满、汉员各一人，正四品。

〔5〕马号：养马的处所；公家或大户人家养马的地方。

〔6〕羸：瘦弱。

〔7〕享祀：祭祀。

蕃庶：繁盛；繁衍。

二十四日

六月二十四日，致祭关帝，岁以为常，鞭炮之多，与新年无异，盖帝之御灾捍患，有德于民者深也。（《燕京岁时记》，第三十四页，祭关庙）

二十四日，各关帝庙赛会。（《天咫偶闻》卷十，第十二页）

六月二十四，祭关帝，有谓是日为关帝诞日者，有谓为关帝单刀赴会之期者[1]。早年京中步统领所辖之五营两翼、八旗各都统公署，以及护军、前锋、神机、火器等营，内务府各机关，于是日无不争先恐后，敬谨供奉[2]。有用牛羊三牲而祭者，亦有仅以点心数盘者[3]。惟须于供神之门外，竖立以纸糊成之三角式大皂旗一，上粘镶白色七星一串，仿佛此旗即为神灵所凭也者[4]。祀毕，燃长鞭一挂，立将神码、皂旗等焚化，祀事即为告成矣。（《旧京风俗志》，稿本）

【注释】

〔1〕关帝单刀赴会：参见注单刀会。

〔2〕步统领：参见注步军统领。

五营：步统领所统之巡捕五营，按地段分驻防区，设中、南、北、左、右五个巡捕营。

两翼：步统领所统之左右翼。

八旗各都统：清代八旗中各旗的最高长官，负责掌管一旗的户口、生产、教养和训练等。

护军：即护军营，系清代禁卫军之一。护军营分为上三旗（即正黄旗、镶黄旗和正白旗，这三旗直接隶属于皇帝）和下五旗（即镶白旗、正红旗、镶红旗、正蓝旗、镶蓝旗），共八旗。其营兵选八旗满洲、蒙古兵的精锐者充当。护军营以统领为长官，掌护军营政令，其副职称护军参领。

前锋：即前锋营，是清代禁卫军之一。挑选满蒙八旗各佐领下的扩军马甲、养育兵等技艺优秀和身强力壮者，独立为营，负责清代皇帝巡幸时的前哨警卫。

神机：即神机营，为明代京城禁卫军中三大营之一，是明朝军队中专门掌管火器的特殊部队。清朝沿用明朝军制，设火器营常守卫于紫禁城及周围地区，皇帝巡行时亦扈从。

火器：即火器营。参见注火器营。

〔3〕三牲：此处指祭祀的供品猪、牛和羊。

〔4〕皂旗：黑旗。

暑伏

初伏日造曲，惟以白面用绿豆黄加料和成晒之[1]。（《酌中志》卷二十，第六页）

【注释】

〔1〕曲：用曲霉及其培养基（多为麦子、麸皮、大豆的混合物）制成的块状物，用来酿酒或制酱。

帝京莲花盛处，内则太液池金海，外则城西北隅之积水潭，植莲极多，名"莲花池"[1]。或因水阳有净业寺，名为"净业湖"[2]。三伏日，上驷院官校于潭中浴马；岸边柳槐垂荫，芳草为茵，都人结侣携觞，酌酒赏花，遍集其下[3]。（《帝京岁时纪胜》，第二十五页，赏莲）

【注释】

〔1〕太液池：此处指北京城的太液池。明成祖朱棣定都北京后，从1406年起营建新的皇宫，明朝宫城在元朝宫殿的位置基础上向南移动。为丰富皇城园林景观，工匠开挖了南海。北海、中海和南海则统称"太液池"，属于皇城西苑。

〔2〕阳：山南水北为阳，此处指水之北。

净业寺：北京城著名寺庙，是位于今北京西城区德胜门内西顺城街46号的一座汉传佛教寺院。该寺建于明世宗嘉靖三十七年（1558），由内官监太监袁享、司礼监太监妙福捐资兴建，额曰"智光寺"，后来更名"净业寺"，清朝重修。如今什刹海的西海（又称积水潭）因和该寺相近，故明清时多称为"净业湖"。

〔3〕官校：泛指低级文武官吏。

三伏日洗象，内务府官，以旗鼓迎象，出顺城门浴响闸，象奴挽索据脊，时时出没其鬐，观者两岸各万众[1]。（《都门杂记》，见《顺天府志》卷十八，第十一页）

【注释】

〔1〕顺城门：即顺承门、宣武门。参见注宣武门。

京师自暑伏日起，至立秋日止，各衙门例有赐冰[1]。届时由工部颁给冰票，自行领取，多寡不同，各有等差。(《燕京岁时记》，第三十四页，赐冰)

【注释】

[1]暑伏：即伏日。参见注伏日。

每至六月，自暑伏日起，至处暑日止，百官皆服万丝帽、黄葛纱袍。(《燕京岁时记》，第三十五页，换葛纱)

京师暑伏以后，则寒贱之子担冰吆卖，曰："冰胡儿。"胡者，核也。(《燕京岁时记》，第三十七页，冰胡儿)

杂事

是月，海淀莲甚盛，就莲而饮者，采莲而市者，络绎交错焉[1]。(《大兴县志》，传抄本)

【注释】

[1]海淀：即海甸。参见注海甸。

盛暑食饮，最喜清新，是以公子调冰，佳人雪藕。京师莲实种二：内河者，嫩而鲜，宜承露，食之益寿；外河坚而实，宜干用。河藕亦种二：御河者为果藕，外河者多菜藕，总以白莲为上，不但果菜皆宜，晒粉尤为佳品也[1]。且有鲜菱、芡实、茨菇、桃仁，冰湃下酒，鲜美无比[2]。其莲藕芡菱，凉水河最胜，有坊曰"十里荷香"；避暑山庄，金莲映日处，广庭数亩，金莲万本，天下无二[3]。茉莉花、福建兰，摘以窨茶。六月菊、白凤仙，俱堪浸酒；夜兰香、晚香玉，落日香浓；勤娘子、马缨花，平明蕊放[4]。(《帝京岁时纪胜》，第二十六页，时品)

【注释】

[1]御河：又称玉河。

果藕：供生食的藕，以藕身肥大、肉质脆嫩、水分多而甜为特点。

菜藕：一种藕，生食脆甜，熟食软糯，可作食用或药用。

〔2〕菱：即菱角，是菱科菱属中的欧菱和细果野菱的别称，又名腰菱、水栗、菱实，味甘、凉、无毒，是一年生草本水生植物菱的果实。

芡：睡莲科，一年生水生植物。其茎叶都有刺，叶花漂浮水面。芡的种子含淀粉，可食用或酿酒。芡的果实叫芡实，亦称"鸡头"或"鸡头果"，外皮有刺，其种子的仁可以吃。

茨菇：又称茨菰、慈菇、燕尾草、白地栗等，是泽泻科慈姑属的一种植物，果实可食用，味涩。

湃：此处即"拔"，用冰镇，或者用冷水浸，使东西变凉。

〔3〕避暑山庄：又名热河行宫、承德离宫，系清帝的避暑行宫。避暑山庄位于今河北承德北部，始建于清圣祖康熙四十二年（1703），至清高宗乾隆五十五年（1790）最后建成。

〔4〕勤娘子：牵牛花的俗称。

马缨花：即合欢，又名绒花树、夜合欢，豆科合欢属植物，落叶乔木，夏季开花，头状花序，合瓣花冠，雄蕊多条，淡红色。

平明：黎明，天刚亮的时候。

六月进肴蔬果，京都六月内，月日不等，进桃、李、瓜、莲，俱用红油漆木架，蔬菜茄、匏、瓠、青瓜、西瓜、甜瓜、葡萄、核桃，凡果菜新熟者，次第而进[1]。（《析津志》，见《日下旧闻考》卷一百四十八）

【注释】

〔1〕匏：一年生草本植物。其果实比葫芦大，对半剖开可做水瓢。这种植物的果实均俗称"瓢葫芦"。

六月，宣武门看洗象，西湖赏荷。（《郎潜纪闻》卷十二，第五页）

六月，京师中多市麻泥、科斗粉、煎茄、炒韭、煎饼[1]。五更汲水，以备合酱之用，咸谓此日水与腊水相同。仍以此日晒干肉，犹腊味也。（《析津志》，见《日下旧闻考》卷一百四十八，第一页）

【注释】

〔1〕科斗粉：即蝌蚪粉。

十刹海，俗呼"河沿"，在地安门外迤西，荷花最盛。每至六月，士女云集，然皆在前海之北岸，他处虽有荷花，无人玩赏也[1]。盖德胜桥以西者，谓之"积水滩"，又谓之"净业湖"，南有高庙，北有汇通祠者，是也[2]。德胜桥以东，昔成亲王府，今醇亲王府前者，谓之"后海"，即所谓"十刹海"者是也[3]。三座桥以东、响闸迤左者，谓之"前海"，即所谓"莲花泡子"者是也，今之游者，但谓之"十刹海"焉。凡花开时，北岸一带，风景最佳，绿柳垂丝，红衣腻粉，花光人面，掩映迷离，凡不知人之为人，花之为花矣[4]。（《燕京岁时记》，第三十五页，十刹海）

【注释】

[1]前海：水名，又称莲花泡子，属于十刹海（即什刹海）的一部分。参见注十刹海。

[2]德胜桥：北京城的一座桥梁，位于清摄政王府西南五百米的德胜门内大街。德胜桥始建于明初，该桥将积水潭（又称西海）一分为二，桥西称"积水潭"，桥东称"什刹海"。德胜桥的桥面原为拱形，1919年改为平缓的桥面，并增设步行道，1943年改石栏板为城砖砌筑的宇墙式栏板。清代北京著名的"镇海三宝"之一的镇海神牛就在德胜桥下。德胜桥存留至今，仍在使用，迎水兽已无存。

积水滩：即积水潭。参见注积水潭。

汇通祠：北京城祠庙，在西海（即积水潭）西北的小岛上。汇通祠始建于明成祖永乐年间，旧称"法华寺"，又称"镇水观音庵"，清高宗乾隆二十六年（1761）重修，改名为"汇通祠"。

[3]醇亲王府：北京城著名王府，位于后海北沿。其前身是清初大学士明珠的宅第。清高宗乾隆五十四年（1789），高宗封其十一子爱新觉罗·永瑆为成亲王，并将明珠的府第赐给永瑆，随即该宅第按照王府规制改建。此府传至毓橚（通过过继，成为成亲王的第六代）时，被赐予醇亲王爱新觉罗·奕𫍽（清宣宗道光帝的第七子，清文宗咸丰帝的异母弟）。奕𫍽的原王府在今北京西城区太平湖东里（今中央音乐学院）。因清德宗光绪帝（奕𫍽之子）生于此府，成为潜邸，故光绪继位后醇亲王必须迁出。醇亲王原在太平湖的王府称"南府"，后海北沿的新王府称"北府"。

后海：即十刹海。参见注十刹海。

[4]腻粉：脂粉。

六月乃大雨时行之际，凡遇连阴不止者，则闺中儿女剪纸为人，悬于门左，

谓之"扫晴娘"。(《燕京岁时记》,第三十六页,扫晴娘)

酸梅汤以酸梅合冰糖煮之,调以玫瑰、木樨、冰水,其凉振齿[1]。以前门九龙斋及西单牌楼邱家者,为京都第一[2]。(《燕京岁时记》,第三十七页,酸梅汤)

【注释】

〔1〕木樨:又作木犀,即桂花,属木樨科常绿灌木或乔木。木樨开金黄色碎花,极香,为名贵香料。新鲜木樨花可用来做糕点、菜肴,亦可制糖、入酒。

〔2〕前门:即正阳门。参见注正阳门。

九龙斋:正宗老北京酸梅汤,传统老字号,并获得过"京都第一"的称誉。九龙斋酸梅汤作为京城传统饮料,其渊源可追溯到乾隆年间。据传,有个小商贩来京城投靠其在御茶房供职的叔叔。他叔叔从御茶房中偷偷传出了一个宫廷饮料秘方,小商贩按照秘方制成桂花酸梅汤出售,受到京城百姓的竞相追捧。于是,商贩请同乡翰林学士起名为"九龙斋"。

西单牌楼:参见注东四、西单牌楼之大街。

六月初旬,西瓜已登,有三白、黑皮、黄沙瓤、红沙瓤各种[1]。沿街切卖者,如莲瓣,如驼峰,冒暑而行,随地可食,既能清暑,又可解醒,故予常呼为"清凉食"[2]。(《燕京岁时记》,第三十七页,西瓜)

【注释】

〔1〕三白:西瓜的一种。其皮、瓤、子均为白色,故名"三白"。

黑皮:西瓜的一种。其瓜圆、皮黑、光滑、肉厚、个重,有特殊的甜味。

黄沙瓤:西瓜的一种。其瓤为黄色,口感起沙。

红沙瓤:西瓜的一种。其瓤为红色,口感起沙。

〔2〕醒:疑或为醒,指喝醉了神志不清。

二闸在东便门外,循运河而东,三里余之水闸也。从前此河为转运皇粮之要路,自东便门至通州,共计水程四十余里,因预防河水淤浅,不能行船,共设水闸五处以蓄水,所谓二闸者,即二道水闸也。闸前有一水搭浮桥,闸堤甚高,由上至下,成一十余丈之瀑布,河身深阔,河水清漪,两岸芦草、蒲荷,一望无际[1]。每际夏日,都人咸往纳凉,一班投机营业者,于闸头两岸建设房屋,临时售卖茶酒菜肴,以便游人,惟小商居奇,乘机大敲竹杠,盖各物均无定价,因人而施,对普通顾

客，售价较城市高四五倍[2]。如系携带妓女、优伶，及陪奉戚友上司之女眷者，照例以多费为荣，往往清茶一壶，糖果、蜜枣、瓜子、花生三四小品，即须银数两，若再饮酒小吃，则更多矣。本地居民均习游泳，时有十余岁小孩，赤条条一丝不挂，头包猪尿包，由闸上顺瀑布跳至闸下，以为游戏，喊令游人掷钱于水，伊等入水摸之，百不一失[3]。亦有投掷鼻烟壶、戒止，令其摸取者，亦均能立即寻获，不过须多与之钱耳[4]。京人称此种小孩名"水耗子"。又由齐化门至东便门，及东便门至二闸，备有小船多艘，任人乘逛二闸，其船可容五六十人，以一人掌舵，二三人拉纤以行，亦有用一小驴拉之者。若公共乘座，每人仅收当十铜钱六枚；如包赁一次，亦不过京钱十吊而已[5]。最讨厌者，每一船上，必有一衣衫蓝缕之穷汉，手打竹板，大唱莲花落曲子，向乘客索讨钱文，惟包船可以驱逐不用[6]。大约每年六月一日至七月十五日，游人极为繁盛。七月十五后，天气渐凉，游人即逐渐减少矣。闸口之东约半里许，有森林数处，营业者借树林支搭席棚，围以花杖，临时售茶，其第一处名"大花杖"，第二处名"二花杖"。数十年前，游人极多，生意甚盛，该处又邀女子多名，演唱大鼓、时调小曲及二黄小戏，遂更热闹[7]。每届七月十五左右，该处各酒馆、茶肆之商人，联合船主，为昌盛其营业起见，在城中邀请各会，如狮子秧歌、开路五虎棍、杠子双石头等，先在船上演唱，至二闸时，即在闸头演唱，最后在闸南龙王庙降香，以符香会之意。因之引动城内四乡喜于游乐之观众，万人空巷，纷至沓来[8]。过此时期，则日趋冷落矣。（《旧京风俗志》，稿本）

【注释】

〔1〕清漪：水清澈而有波纹。这一词语最初的记载见《诗·魏风·伐檀》。

芦草：多年生草本植物，生于池塘、河边湿地、沙地、沼泽化草甸、盐碱滩。

蒲荷：香蒲与荷花的合称。香蒲，多年生草本植物。其根茎长在泥里，可食，叶长而尖，可编席、制扇，夏天开。

〔2〕居奇：稀有的奇货留着卖大价钱。

敲竹杠：利用他人的弱点或找借口来索取财物或抬高价格，比喻利用别人的弱点或以某事为借口来讹诈。

〔3〕猪尿包：猪的膀胱。

〔4〕鼻烟壶：盛鼻烟的容器，小可手握，便于携带。在明末清初，鼻烟传入中国，鼻烟盒渐渐东方化，产生了鼻烟壶。

戒止：此处当指戒指。

〔5〕当十：古代钱币的一种，币值以一当十。一枚当十钱币的价值相当于十

枚小平钱的价值。清朝的"咸丰元宝"有此种版式。

京钱：京城所铸的钱，旧时北京通行的钱。

吊：参见注缗。一吊钱即一缗钱，相当于一千文铜钱。

〔6〕蓝缕：此处同"褴褛"，指衣服破烂，不堪入目。

莲花落曲子：乞丐行乞时所唱曲子。

〔7〕二黄：戏曲唱腔，来自安徽，形成于鄂东与安徽毗邻地区。在京剧、汉剧、徽剧等剧种里，二黄都同西皮腔调并用，合称"皮黄"。在湘剧、桂剧等剧种里，二黄又称"南路"，同西皮称为"北路"相对，或二者合称"南北路"。在皮黄中，二黄凝重，西皮明朗。

〔8〕四乡：城镇四周的乡村。

纷至沓来：形容纷纷连续不断地到来。这一成语最初的记载见宋代楼钥的《洪文安公小隐集·序》。

近年种莲之处，内则首推中央公园，外则齐化门外之菱角坑[1]。玉泉山之西南洋涉湖亦多莲花，惟多白莲，取其藕好，不取其花之色也[2]。（《帝京岁时纪胜笺补》，稿本）

【注释】

〔1〕中央公园：此处指民国时期北京的中央公园。1914年10月10日，天安门西边的社稷坛热闹非凡，北京第一个真正意义上的公园——中央公园，从这一天开始对外开放。中央公园一经开放，便赢得广大市民的欢迎。当时园内没有游乐设施，但皇帝祭祀的御道、祭器仍保持明清时的原貌。1925年，孙中山先生在北京去世，灵柩就停放在中央公园，供各界人士瞻仰吊唁。1928年，中央公园改名为"中山公园"。

〔2〕玉泉山：参见注玉泉。

六月
杂事
《北平岁时志》注释

老北京岁时风物

255

七月

总述

北平上自宫闱，下讫黎庶，七月一届，向忙于乞巧、中元两节[1]。诸家纪载，述焉已详[2]。虽国体迁革，而此风犹盛[3]。商民则事神事鬼，似本恒情；僧道则礼佛礼仙，视为典要[4]。究也其始荒唐，其终蔚为风尚，历代既枝生节外，益复踵事增华，而糜费不赀矣[5]。然而往时国力民力，两俱优裕，日用饮食之外，区区点染之微，又何足恤。初非今日之外强中干，所得同日而语也[6]。

【注释】

〔1〕宫闱：帝王后宫，后妃住所。

黎庶：平民百姓。

乞巧：即乞巧节，为汉族岁时风俗，又名七夕节、七巧节、七姐诞、少女节、香桥会或巧节会，发源于中国。该节日来自于"牛郎织女"的民间传说。在农历七月初七，牛郎织女在鹊桥上相会，表达已婚男女之间不离不弃、白头偕老的情感。农历七月七日夜（或七月六日夜），穿着新衣的少女们在庭院向织女星乞求智巧，称为"乞巧"。乞巧的方式大多是姑娘们穿针引线验巧，做些小物品赛巧，摆上些瓜果乞巧。

〔2〕纪载：把事情记录下来。

〔3〕迁革：变革，变化。

〔4〕恒情：常情。

典要：恒定不变的准则、标准。

〔5〕踵事增华：踵，追随，继续。踵事增华，继承前人事业，使它更加美好完善。这一成语最初的记载见南朝梁萧统的《文选·序》。

〔6〕外强中干：形容外表强壮，内里空虚，多用于形容一个人的体质、经济能力或国家实力等。这一成语最初的记载见《左传·僖公十五年》。

同日而语：同一事物在不同时间比较，把不同的人或不同的事放在一起谈论或看待。这一成语最初的记载见《战国策·赵策二》。

余绮岁来居北平，绵历遂越廿稔，此间故俗，印象滋繁[1]。目今节事豪华，确有不如前十数年者，遑云更远，即以中元而例，一交傍晚，则荷叶满街，荧荧万盏，小儿女欢呼结伴，雷动震天，不至夜阑，不易分散。余侧身杂遝，竟夕忘归之想，犹可猛忆。此固十年前事也。近年则每巷所见，只二三盏，且尽似昙华，俄顷即散，无复流连之致[2]。

【注释】

〔1〕绮岁：青春，少年。

绵历：延续时间长久，绵延。

稔：年，年度。

滋繁：滋生繁多。

〔2〕昙华：即昙花。"华"即"花"。

"中元不为节"之说，独见《燕京岁时记》，莫审何据。赦孤诸举，非止斯月奉行，移死于生，庶跻正轨，余不已言之刺刺耶[1]。

【注释】

〔1〕赦孤：参见注赦孤济孤之会。

庶：幸而，幸得。

跻：登，上升。

刺刺：也作"辣辣"，象声词，形容咬牙声。

是日《盂兰经》会，虽非北平特俗，而各寺院向极铺张，晚近地既萧瑟，会亦或缩或废，仅二闸之烧法船，北海之放河灯，以追悼阵亡将士，游览者多，尚足称胜，外此则旧观如梦矣[1]。

【注释】

〔1〕《盂兰经》会：即每年农历七月十五日的"盂兰盆节"，也称"中元节"（一定意义上讲，中元节归属道教，盂兰盆节归属佛教），有些地方俗称"鬼节""施孤"，又称"亡人节""七月半"。俗传去世的祖先七月初被阎王释放半月，故有七月初接祖，七月半送祖的习俗。《盂兰经》记述佛陀之大弟子目连因不忍其母堕饿鬼道受倒悬之苦，乃问法于佛，佛示之于农历七月十五日用百味饭食五果等供养十方佛僧，即可令其母脱离苦难。《盂兰经》宣扬孝道，合乎中国的国情，于是益加普及。依据本经，农历七月十五日这天，佛教徒举行盂兰盆法会供

奉佛祖和僧人，以报谢父母养育慈爱之恩。

北海：此处指北京北海水域，位于今北京市中心区，景山西侧，故宫的西北面，与中海、南海合称"三海"。北海原是辽、金、元修建的离宫，明清时辟为皇家园林，是中国现存最古老、最完整、最具综合性和代表性的皇家园林之一。

放河灯：又称"放荷灯"，是一种汉族民间祭祀及宗教活动，用以悼念逝去的亲人，祝福活着的人们，常在农历每月初一、十五和死者的逝世忌日进行。道教、佛教等放河灯活动常在农历七月十五日举行。

中元而后，送节笑节，已成古俗。自礼谶香火之外，无足铺扬[1]。立秋诸习，农历攸涉，朔朔虽废，厥事或存[2]。其杂事所彰，胥关节气，看果新荐，仅多鲜美可人[3]。若彼促织、金钟，则吾并所不喜，小以误大，贾半闲可为殷鉴也[4]。

【注释】

〔1〕铺扬：即铺张扬厉，原指竭力铺陈渲染，力求发扬光大，后多形容过分讲究排场。这一成语最初的记载见唐代文学家韩愈的《潮州刺史谢上表》。

〔2〕厥：其。

〔3〕胥关：有关。

〔4〕促织：即蟋蟀，俗名蛐蛐、夜鸣虫（因其在夜晚鸣叫）、将军虫、秋虫、斗鸡、趋织、地喇叭、灶鸡子、孙旺。蟋蟀在古代和现代均是玩斗的对象。

金钟：此处指金钟儿，即日本钟蟋，又名马蛉、蛉虫。此虫通体黑色，头小，身体扁阔，腹部略长，前翅宽扁呈椭圆形，后肢强健。

殷鉴：殷人的子孙应以夏亡为鉴戒，后泛指可以作为借鉴的往事。这一词语最初的记载见《诗·大雅·荡》："殷鉴不远，在夏后之世。"

是月七日，梨园向多演《长生殿》《鹊桥密誓》，以应佳节[1]。《密誓》者，亦昆剧之一[2]。王瑶卿以降，乃易作《老牛破车》，今日各园通演之《天河配》，即准是以构成者也[3]。八日旧俗，率演为《思志诚》，意盖衔接《密誓》耳[4]。中元演《盂兰会》，此亦故例[5]。而视目莲救母故事，则变本加厉[6]。故又以《九莲仙岛》及《鱼蓝记》名之[7]。鱼蓝者，正所以烘托盂兰云尔。

【注释】

〔1〕《长生殿》：汉族戏曲昆曲的经典剧目，后亦为京剧传统剧目。《长生殿》是清初剧作家洪升（1645—1704）所作剧本，取材自唐代诗人白居易的长诗《长恨歌》和元代剧作家白朴的剧作《梧桐雨》，讲述唐玄宗和贵妃杨玉环之间的爱情

故事。

《鹊桥密誓》：汉族戏曲经典剧目，讲述"牛郎织女"在鹊桥相会的爱情故事。

〔2〕昆剧：又称昆曲、昆腔、昆山腔，是中国最古老的剧种，也是中国传统文化艺术中的珍品，14世纪发源于中国的苏州。昆曲糅合了唱念做打、舞蹈及武术等，以曲词典雅、行腔婉转、表演细腻而著称，被誉为"百戏之祖"。昆曲以鼓、板控制演唱节奏，以曲笛、三弦等为主要伴奏乐器，其唱念语音为"中州韵"。

〔3〕王瑶卿（1881—1954）：京剧表演艺术家、戏曲教育家。他祖籍江苏清江，清德宗光绪七年（1881）农历八月初七出生于北京。他不仅青衣、刀马旦兼演，而且艺术上博大精深，他所创造的"王派"是京剧旦角艺术的基本流派。王瑶卿享有盛名以后，首先突破了京剧界多年来的陈规旧念，把青衣、花旦、刀马旦的唱、念、做、打、舞的特点融汇起来，创出"花衫"这一行当。

《天河配》：戏曲名，讲述"牛郎织女"的故事，所谓"七月七日天河配，天上织女会牛郎"。

〔4〕《思志诚》：京剧剧目。具体内容待考。

〔5〕《盂兰会》：戏曲名。具体内容参见注《盂兰经》会。

〔6〕目莲救母故事：佛教故事，最早见于东汉初由印度传入中国的《佛说盂兰盆经》。目莲，即目连。该故事叙述佛陀弟子目连拯救亡母出地狱之事。

变本加厉：厉，猛烈。变本加厉，比原来更加发展，情况变得比本来更加严重。这一成语最初的记载见南朝梁萧统所撰《文选·序》。

〔7〕《九莲仙岛》：京剧剧目。具体内容待考。

《鱼蓝记》：明代传奇作品，全称《观世音鱼蓝记》，全剧三十二出，作者不详。此剧的主旨在于宣扬因果报应，有抑恶扬善之意。

一日

七月朔，至七夕，各道院立坛祀星，名曰"七星斗坛"，盖祭北斗七星也[1]。天坛之南北廊及斗母宫尤胜[2]。（《帝京岁时纪胜》，第二十七页）

【注释】

〔1〕七星：北斗七星，有七宫，称七元星君。七星即天枢、天璇、天玑、天权、玉衡、瑶光、开阳。

〔2〕斗母宫：祭祀道教神灵斗姆元君的道观。此处指北京的斗母宫，具体位置待考。斗姆元君简称斗姆或斗母，斗指北斗众星，姆指母亲。斗姆为北斗众星

之母。斗姆神像为三目、四首、八臂。

七星斗坛，近年以白云观为最盛，东岳庙及斗母宫皆有之。昔年北京达官富人，有令僧道拜斗讖者，率念经七日，所以祈寿也[1]。(《帝京岁时纪胜笺补》，稿本)

【注释】

〔1〕拜斗：礼拜北斗星，是一种为人消灾解厄、祈福延寿的科仪，也称朝真礼斗。

七日

七夕暑退凉至，自是一年佳候，至于曝衣穿针、鹊桥牛女，所不论也[1]。宋世，禁中以金银摩睺罗为玩具，分赐大臣[2]。今内廷虽尚设乞巧山子，兵仗局进乞巧针，至宫嫔辈则皆衣鹊桥补服，而外廷侍从不及拜赐矣，惟大珰辈以瓜果相饷遗[3]。民间则闺阁儿女，尚修乞巧故事，而朝家独无闻[4]。意者盂兰会近，道俗共趋，且中元遗祭陵寝，尤国家重典，无暇他及耳[5]。江南李煜，以七夕生，至期其弟从益自润州赴贺，乃先一日乞巧，江浙间俱化之，遂以成俗[6]。直至宋淳化间，始诏更定，仍为七夕，亦奇事也[7]。(《野获编》卷二，第四十七页，七夕)

【注释】

〔1〕牛女：即牛郎织女。

〔2〕摩睺罗：佛教神灵，也作"摩睺罗""摩诃罗"，意译大蟒神，是一种人身蛇首的神。宋朝时开始售卖用土、木、蜡等制成的形象可爱的摩睺罗婴孩形玩具，多于七夕时用。

〔3〕兵仗局：明代宦官官署名，为八局(兵仗局、银作局、浣衣局、巾帽局、针工局、内织染局、酒醋面局和司苑局)之一。兵仗局掌管制造军器，包括造刀、枪、剑、戟、鞭、斧、盔、甲、弓、矢等军用器械和宫中零用的铁锁、针剪及法事所用的钟鼓等。

补服：明清时的官服。因其前胸及后背缀有用金线和彩丝绣成的补子，故称"补服"。通常文官绣禽，武官绣兽。

外廷：皇帝举行大典、接见群臣、处理政事的地方。外廷由若干个大型宫殿组成，其中最大的一座一般称为"前殿"，是皇帝举行即位、大赦、节庆等大典的地方。外廷的东西两侧是官员办公的低矮房屋。

珰：汉代宦官帽子上的装饰物，借指宦官。汉代宦官充武职者，其冠用珰和貂尾为饰，故后代用"珰"称宦官。此处"大珰辈"指明代宦官。

〔4〕朝家：国家，朝廷，皇帝。

〔5〕道：此处指佛教信徒。

陵：本义大土山，引申为帝王的坟墓。

寝：古代帝王家的宗庙分为两个部分，后面停放牌位和先人遗物的地方叫"寝"，前面祭祀的地方叫"庙"，合称"寝庙"。

〔6〕李煜（937—978）：南唐最后一位国君，著名词人、文学家。李煜为南唐元宗李璟之第六子，初名从嘉，字重光，号钟隐、莲峰居士，彭城（今江苏徐州）人。李煜的词继承了晚唐以来花间派词人的传统，又受李璟等的影响，语言明快、形象生动、用情真挚、风格鲜明，其亡国后词作更是题材广阔、意蕴深沉，在晚唐五代词中别树一帜，对后世词坛影响深远。

从益：此处当指李从镒，生卒年不详，南唐元宗李璟之第八子，南唐后主李煜之弟，任邓王。

润州：地名，治丹徒（今江苏镇江），辖丹阳、延陵、上元、句容、金坛县，相当于今江苏镇江、丹阳、丹阳西南延陵镇、南京、句容、金坛。

〔7〕宋淳化：北宋太宗赵光义（赵炅）在位期间所用年号，共计五年，即公元990年至994年。

七月初七日七夕节，宫眷穿鹊桥补子，宫中设乞巧山子，兵仗局伺候乞巧针。（《酌中志》卷二十，第六页）

七月七日之午，丢巧针，妇女盎水日中，顷之，水膜生面，绣针投之则浮，则看水底针影，有成云物、花头、鸟兽影者，有成鞋及剪刀、水茄影者，谓"乞得巧"[1]。其影粗如槌，细如丝，直如轴蜡，此拙征矣[2]。妇或叹，女有泣者。（《帝京景物略》卷二，第四十四页，春场八）

【注释】

〔1〕盎：古代的一种盆，腹大口小。

〔2〕槌：敲打用具。

征：表露出的迹象。

七月七日，妇女曝水日，水膜生，投以绣针则浮，视水底针影，巧则喜，拙

则叹矣。（《大兴县志》，传抄本）

七夕前数日，种麦于小瓦器，为牵牛星之神，谓"五生盆"[1]。幼女以盂水曝日下，各投小针浮之水面，徐视水底日影，或散如花，动如云，细如线，粗如椎，因以卜女之巧。街市卖巧果，人家设宴，儿女对银河拜，咸为乞巧[2]。（《帝京岁时纪胜》，第二十七页，七夕）

【注释】

〔1〕牵牛星：即著名的"牛郎星"。牛郎星属天鹰星座，是排名全天第十二的明亮恒星，白色。

〔2〕巧果：旧俗七夕时用面和糖等制成片状，以油炸脆，供乞巧用的点心。

七夕，宫中最重，市上卖巧果，人家设宴，儿女对银河拜。（《北京岁华记》，见《日下旧闻考》卷一百四十八，第二页）

九引台，七夕乞巧之所[1]。至夕，宫女登台，以五采丝穿九孔针，先完者为得巧，迟完者谓之"输巧"，各出资以赠得巧者。（《元掖庭记》，见《日下旧闻考》卷一百四十八，第二页[2]）

【注释】

〔1〕九引台：七夕节参拜织女、聚餐处。

〔2〕《元掖庭记》：书名，即元代陶宗仪所撰《元氏掖庭记》，共一卷。此书记录了元代都城大都壮丽的宫殿、皇宫中的饮食好尚以及帝王后妃的生活。

七夕，各宫供像生牛郎、织女、从人、麒麟、象、羚羊、海马、狮子、獬豸、兔，海味、糖果、糖菜，俱用白糖浇成[1]。（《光禄寺志》，见《日下旧闻考》卷一百四十八，第三页[2]）

【注释】

〔1〕从人：随从，仆从。

麒麟：中国古代汉族神话传说中的传统神兽。古人把雄性称麒，雌性称麟。麒麟是古代的仁兽，性情温和，集龙头、鹿角、狮眼、虎背、熊腰、蛇鳞、马蹄、猪尾于一身，传说能活两千年，乃吉祥之宝。古人认为麒麟出没处，必有祥瑞。

獬豸：又称解廌或解豸，是中国古代神话传说中的神兽，体形大者如牛，小者如羊，类似麒麟，全身长着浓密黝黑的毛，双目明亮有神，额上通常长一角，俗称"独角兽"。獬豸拥有很高的智慧，懂人言、知人性。它怒目圆睁，能辨别是非曲直，能识善恶忠奸。

〔2〕《光禄寺志》：书名，共二十卷，明人徐必达著。该书现已不存。

七夕节，宫中立巧山子，衣鹊桥补，初一起至十四日止[1]。中元节食银苗菜及河鸭，菜乃藕之嫩芽，鸭乃先一日煮熟凝成膏。甜食房供佛波罗蜜[2]。西苑作法事，放水灯。（《陈琮诗注》，见《日下旧闻考》卷一百四十八，第三页[3]）

【注释】

〔1〕巧山子：即乞巧山。

补：此处指补服。参见注补服。

〔2〕佛波罗蜜：宫廷内甜食房制作的一种甜食。

〔3〕陈琮（1761—1823）：清代学者，字应坤，祖籍浙江绍兴。他著有《烟草谱》《云间山史》《茸城事迹考》《夏小正注释》《锦带书笺注》《二十四节气解》等。

都中人民，七月祀先，用麻秸奠酒为诚，买纸钱冥衣，烧化于坟，谓之"送寒衣"，仍以新土覆墓[1]。市中卖摩诃罗巧神泥塑人物大小不等。宫廷宰辅士庶之家咸作大棚，张挂《七夕牵牛织女图》，盛陈瓜果、酒饼、蔬菜、肉脯，邀请女流，作"巧节会"，称曰"女孩节"，觇小贞咎，饮宴尽欢，次日馈送还家[2]。（《析津志》，见《日下旧闻考》卷一百四十八，第二页）

【注释】

〔1〕冥衣：祭奠给死人的衣冠。

〔2〕宰辅：辅政的大臣，一般指宰相。

觇：看，偷偷地察看。

贞：占卜，卜问。

七夕前数日，种麦于小瓦器，为牵牛星之神，谓"五生盆"。（《燕石集》，见《日下旧闻考》卷一百四十八，第二页[1]）

【注释】

〔1〕《燕石集》：书名，元人宋褧撰，共十五卷。该书集中记录了元武宗（即孛儿只斤·海山，1308—1311 年间在位）至元宁宗（即孛儿只斤·懿璘质班，1332 年在位）时期的史事，可证补史传。

燕都女子七月七日，以碗水暴日下，各自投小针，浮之水面，徐视水底日影，或散如花，动如云，细如线，粗如椎，因以卜女之巧。（《宛署杂记》，见《日下旧闻考》卷一百四十八，第三页）

京师闺阁，于七月七日以碗水暴日下，投小针，浮之水面，徐视水底日影，或散如花，动如云，细如线，粗如椎，因以卜女之巧拙，俗谓"丢针儿"。（《燕京岁时记》，第三十七页，丢针）

七月七日清晨，乌鸦、喜鹊飞鸣较迟，俗谓之"填桥去"。（《燕京岁时记》，第三十八页，鹊填桥）

七月初七日，俗称"牛郎会织女"，闺人盛陈瓜果、酒饵、肴馔，邀请女眷作巧节，曰"女儿节"。是夕，小女子以碗水曝月下，各投小针，浮之水面，徐视水底月影，则散如花，动如云，细如线，粗如椎，因以卜女工之巧拙焉。（《北京指南》第二编，礼俗，第七页）

北京女儿乞巧之风，甚为简单，并不供神，亦不上供，仅于是夕，用大碗盛清水一碗，放于空庭之中，以接清露，禁止摇荡。至次日，碗中即可结成一层极轻薄之水皮。俟至次日日中，另备一种极轻细之黍苗（京中人家，所用笤帚，多黍苗捆成，故此物甚易觅），用小刀削成针形，此苗质轻，投之水面，可以不沉。小女儿环立水碗四围，轻以黍苗投于碗中，而查看碗底之影，如为细长，而宛似针形者，则谓织女已与巧矣，设为粗短等形，则谓未能得巧。其实全为日影方向之关系。乞得巧者，则舞蹈，未乞得者，则号泣，要皆小女儿常态，无足为怪。又有窃听哭声之说，据闻必须童男女于更阑夜静之时，潜赴古井之旁，或葡萄架下，屏息静听，能隐隐闻牛郎织女之哭声，谓能闻得者，此人必巧。又戏园每至七日，亦多演应时之戏，乃唐明皇与杨贵妃故事[1]。民国十年前，王蕙芳、王瑶卿又编演《牛女嫁娶升天》《老牛破车》故事，一时哄动，近年几无一处戏园不演

此戏[2]。《鹊桥密誓》之昆腔，无从得闻矣。(《旧京风俗志》，稿本)

【注释】

〔1〕唐明皇：即唐朝第七代皇帝李隆基(685—762)，又称唐玄宗，唐睿宗李旦之第三子。玄宗在位初期励精图治，在政治、经济、军事等方面采取一系列改革措施，吏治清明，经济发展，社会繁荣，史称"开元之治"。从开元末年起，玄宗深居宫中，委政事于宰相，对政事懈怠，耽于音乐和女色。天宝十四年(755)，爆发"安史之乱"，在玄宗逃离长安途中，太子李亨即位，是为肃宗，玄宗被迫退位为太上皇，于唐肃宗宝应元年(762)去世。

杨贵妃：本名杨玉环(719—756)，即唐玄宗的宠妃。杨玉环是蒲州永乐(今山西永济东)人，资质丰艳，善歌舞，通音律，聪明过人，初为寿王李瑁(唐玄宗之第十八子)的妃子。天宝四年(745)，玄宗封杨玉环为贵妃。玄宗还推恩及其家族，杨贵妃的母亲、姐姐均被封为国夫人(国夫人为唐朝命妇封号，视其丈夫或儿子的官品来定品级，取其高者)，叔叔、兄弟皆封为高官，其从祖兄杨国忠还逐步升为宰相。杨家权倾天下，生活奢侈。"安史之乱"后，玄宗被迫逃往蜀地，在马嵬驿(今陕西兴平西)，随从的禁军发动叛乱，杀死宰相杨国忠，逼迫玄宗赐死杨贵妃。

〔2〕民国十年：即公元1921年。

王蕙芳(1891—1954)：京剧旦角，近代著名戏曲演员。王蕙芳，字湘浦，号若兰，乳名四利子，生于北京。他后来与梅兰芳为一师之徒，曾与梅兰芳同台，被誉为"双璧"，有"兰蕙齐芳"之说。王蕙芳扮相漂亮，嗓音清亮，性格刚直，为人豪爽，好打抱不平，颇受同人钦佩。

七夕之乞巧，风俗最古，明清两朝，宫中亦举行之。王公百官以及人民之家，青年妇女，有月下穿针，花间斗草，水中泛花针，自作巧果，各出心才，以视巧拙者。又传有小儿在蒲桃架下、井阑前，偷听牛女哭声。又传喜鹊搭桥，次日视庭院喜鹊，头必无毛，此说殊不可信。(《帝京岁时纪胜笺补》，稿本)

十三日

十三日夜，天子于宫西三十里，卓帐宿焉[1]。前期备酒馔，翌日诸军部落从者，皆动蕃乐，饮宴至暮，乃归行宫，谓之"迎节"[2]。(《辽史》卷五十三，第十三页)

〔1〕卓帐:卓,直立。卓帐,建起帐篷。

〔2〕蕃乐:指外族或异域传入之乐。

十三日至十五,迎节、送节、笑节。(《燕北杂记》,见《日下旧闻考》卷一百四十八,第三页^[1])

【注释】

〔1〕《燕北杂记》:书名,辽朝武圭撰,共五卷,已失传。该书主要记载辽朝的风俗、制度等事。

十五日

十五日中元,动汉乐,大宴。(《辽史》卷五十三,第十三页)

十五日中元,甜食房进供佛波罗蜜,西苑做法事,放河灯。京都寺院咸做盂兰盆追荐道场,亦放河灯于临河去处也^[1]。(《酌中志》卷二十,第六页)

【注释】

〔1〕盂兰盆:参见注《盂兰经》会。

追荐:又称追善、追福,为亡者修善事,祈求冥福。

十五日,诸寺建盂兰盆会,夜于水次放灯,曰"放荷灯"^[1]。最盛水关,次泡子河也^[2]。上坟如清明时,或制小袋以往,祭甫讫,辄于墓次掏促织,满袋则喜,秫竿肩之以归^[3]。(《帝京景物略》卷二,第四十四页,春场八)

【注释】

〔1〕水次:水边或指船只泊岸之处,码头。

〔2〕水关:水上关口,特指旧时穿城壁以通城内外水的闸门。

泡子河:北京河流名。在元代,泡子河是通惠河在大都城外的一小段故道。明北京内城建成后,由于这里是内城较低洼的地方,沿河有几个积水的水洼,小的有十余亩,最大的有近百亩,北方人称之为"泡子",这条河也就被叫作"泡子河"。

〔3〕墓次：葬址，墓边。

岁中元夜，盂兰会，寺寺僧集，放灯莲花中，谓之"莲花灯"。酒人水嬉，缚烟火，作凫、雁、龟、鱼，水火激射，至菱花焦叶〔1〕。是夕，梵呗鼓铙，与宴歌弦管，沈沈昧旦〔2〕。（《帝京景物略》卷一，第三十二页，水关一）

【注释】

〔1〕凫：一种水鸟，俗称野鸭、鹜，似鸭，雄的头部绿色，背部黑褐色，雌的全身黑褐色。

〔2〕梵呗：中国佛教音乐的原声，源于印度声明学，就是和尚念经的声音。

沈沈：沈，同"沉"。沈沈，形容声音悠远隐约。

崇文门东城角，洼然一水，泡子河也〔1〕。岁中元鬼节，放灯亦如水关。（《帝京景物略》卷二，第八页，泡子河一）

【注释】

〔1〕洼然：凹陷貌。

中元祭扫，尤胜清明。绿树阴浓，青禾畅茂，蝉鸣鸟语，兴助人游〔1〕。庵观寺院，设盂兰会，传为目莲僧救母日也〔2〕。街巷搭苫高台、鬼王棚座，看演经文，施放焰口，以济孤魂。锦纸扎糊法船，长至七八十尺者，临池焚化〔3〕。点燃河灯，谓之"慈航普渡"，如清明仪。昇请都城隍像出巡，祭厉鬼。闻世祖朝，曾召戒衲木陈玉林，居万善殿，每岁中元建盂兰道场，自十三日至十五日，放河灯，使小内监持荷叶燃烛其中，罗列两岸，以数千计〔4〕。又用琉璃作荷花灯数千盏，随波上下，中流驾龙舟，奏梵乐，作禅诵，自瀛台南过金鳌玉蝀桥，绕万岁山至五龙亭而回〔5〕。河汉微凉，秋蟾正洁，至今传为胜事〔6〕。都中小儿亦于是夕执长柄荷叶，燃烛于内，青光荧荧，如磷火燃〔7〕。又以青蒿缚香烬数百，然为星星灯〔8〕。镂瓜皮，掏莲蓬，俱可为灯，各具一质，结伴呼群，遨游于天街经坛灯月之下，名"斗灯会"，更尽乃归〔9〕。（《帝京岁时纪胜》，第二十八页，中元）

【注释】

〔1〕畅茂：旺盛繁茂。

〔2〕庵观：庵，只有女性出家人常住的小佛堂。观，道教的道场。

〔3〕锦纸：冥纸的一种。

〔4〕世祖朝：此处指清世祖爱新觉罗·福临（1638—1661）在位期间。这段时间以顺治为年号，故又称顺治年间，共计十八年，即公元1644年至1661年。

衲：僧衣，法衣之一种，又称衲袈裟、弊衲衣、坏衲，是以破旧之布裁缀而做成者，故有此称。

〔5〕梵乐：佛教音乐，包括佛曲、赞颂等。

禅诵：佛教语，谓坐禅诵经。

瀛台：位于北京中南海的南海中的仙岛皇宫。瀛台始建于明朝，是帝王、后妃的听政、避暑和居住地，因其四面临水，衬以亭台楼阁，像座海中仙岛，故名"瀛台"。明时称之为"南台"，清顺治帝改为"瀛台"。

〔6〕秋蟾：秋月。

〔7〕磷火：俗称"鬼火"，旧传为人畜死后血所化，实为动物尸骨中分解出的磷化氢的自燃现象，其焰淡蓝绿色，光弱，浮游空中，唯暗中可见。

〔8〕烬：物体燃烧后剩下的东西，引申为残余。

〔9〕天街：此处指都城的中轴线。

十五日，燕城乡民，蜀黍苗、麻栗苗连根及土缚竖门之左右，别束三<u>丛</u>，立之门外，供以面果，呼为"祭麻谷"[1]。（《月令广义》，《日下旧闻考》卷一百四十八）

【注释】

〔1〕蜀：即蜀葵，一种观赏草本植物，其根和花可入药。

麻栗：别名柏木、柚木，马鞭草科柚木属。

中元节前上冢，如清明。各寺设盂兰会，以长椿寺为盛[1]。晦日谓是地藏佛诞，供香烛于地[2]。积水潭、泡子湖各有水灯[3]。（《北京岁华记》，见《日下旧闻考》卷一百四十八，第四页）

【注释】

〔1〕长椿寺：北京城著名寺庙，位于今北京西城区长椿街。此寺始建于明神宗万历二十年（1592），至今已有四百多年的历史。此寺由神宗的母亲孝定李太后下令修建，与皇室关系密切。

〔2〕地藏佛：即地藏菩萨，又称乞叉底檗婆。因其"安忍不动，犹如大地，静虑深密，犹如秘藏"，所以得名"地藏菩萨"。

〔3〕泡子湖：即泡子河。参见注泡子河。

水灯：即放河灯。参见注放河灯。

中元不为节，惟祭扫坟茔而已。（《燕京岁时记》，第三十八页，中元）

中元黄昏以后，街巷儿童，以荷叶燃灯，沿街唱曰："荷叶灯，荷叶灯，今日点了明日扔。"又以青蒿粘香而燃之，幌如万点流萤，谓之"蒿子灯"[1]。市人之巧者，又以各色彩纸，制成莲花、莲叶、花篮、鹤鹭之形，谓"莲花灯"。（《燕京岁时记》，第三十八页，荷叶灯、蒿子灯、莲花灯）

【注释】

〔1〕流萤：飞行不定的萤火虫。

中元日各寺院制造法船，至晚焚之，有长至数丈者。（《燕京岁时记》，第三十八页，法船）

中元日各寺院盂兰会，燃灯唪经，以度幽冥之沉沦者[1]。（《燕京岁时记》，第三十八页，盂兰会）

【注释】

〔1〕幽冥：地府，阴间。

运河二闸，自端阳以后，游人甚多。至中元日，例有盂兰会，扮演秧歌、狮子诸杂技，晚间沿河燃灯，谓之"放河灯"。中元以后，则游船歇业矣。（《燕京岁时记》，第三十九页，放河灯）

江南城隍庙，在正阳门外南横街之东北，先农坛西北，康熙年建，内有城隍行宫[1]。每岁中元及清明、十月一日有庙市，都人迎赛祀孤[2]。（《燕京岁时记》，第三十九页，江南城隍庙）

〔1〕先农坛：明清两代皇家祭祀先农诸神的场所。先农坛始建于明成祖永乐四年（1406）至十八年（1420）。祭祀先农为古代社会的重要典礼。每年开春，皇帝亲领文武百官行"亲耕籍田"之礼于先农坛。

〔2〕迎赛：即迎神赛会，把神像抬出庙来游行，并举行祭会，以求消灾赐福。

祀孤：祭祀孤魂。这是古代江南民俗，于特定的节日祭祀无人祭祀的死者。

钓鱼台，俗名"望海楼"，即金代"同乐园"，又名"鱼藻池"，今为行宫[1]。每岁中元节日，游人多聚此，名为"观河灯"，实无灯可观。（《天咫偶闻》卷九，第九页）

【注释】

〔1〕钓鱼台：始建于金代的园林。钓鱼台位于金朝都城中都，时为金章宗完颜璟春月钓鱼之地，又称"同乐园"。章宗多次幸钓鱼台，并在此垂钓，故留有"金章宗皇帝钓鱼台古台"遗址。金代著名文学家王郁（字飞伯，初名青雄）后在钓鱼台隐居，潜心著述，作台池上，假钓为乐。元初称钓鱼台为丁氏园池，在钓鱼台建玉渊亭、饮山亭、婆娑亭。元代宰相廉希宪改钓鱼台为别墅，构堂池上，绕池植柳，题曰"万柳堂"。明代钓鱼台景气萧爽，沙禽水鸟多翔集其间。在清代，香山一带山水皆注于此。清高宗乾隆三十九年（1774）始命在此修建台座，台西面匾额恭悬御书"钓鱼台"三字。

七月十五日，城隍庙赦孤，钓鱼台看河灯，各寺烧法船，阜成门内荷花灯市，儿童点蒿灯、荷叶灯，人家上冢。（《天咫偶闻》卷十，第十二页）

十五日为中元节，俗称"鬼节"，上冢者多，一如清明。僧寺设盂兰会，拯救孤魂，糊纸为舟，长数丈或丈余，以鬼王、鬼判、鬼官、鬼兵、鬼役乘之，寺僧相对讽经，至夜焚之，谓之"烧法船"[1]。小儿则于是夕各执长柄荷叶，及纸质莲花，燃烛其上，亦有密缚香火于蒿秸之上，而举之者，绕街而走，群歌曰："莲花灯，今日点了明日扔。"盖以留之为不祥也。东便门外二闸，亦于中元设盂兰会，扮演秧歌、狮子诸杂技，入暮，沿河燃灯，谓之"放河灯"。（《北京指南》第二编，礼俗，第七页）

〔1〕鬼王：传说中鬼世界之王，又泛指鬼的头目。

鬼判：传说中阴间的衙吏。

鬼兵：传说中阴间的兵卒。

鬼役：传说中阴间的杂差。

讽经：念经，诵读经书。

七月十五日，为江南城隍庙庙会，居民多于此赛神[1]。（《北京指南》第二编，礼俗，第七页）

【注释】

〔1〕赛神：神祇崇拜的一种活动方式，即设祭酬神。

南下洼之江南城隍庙、西城之都城隍庙及东岳庙，是日均开庙。三十年前，京中大庙，多于是日高搭法台，放焰口以超渡孤苦游魂[1]。居民于此日，亦替亡者焚化纸包裹等冥物，以尽慎终追远之意，惟烧纸多在寓所门外，不必远赴坟茔，与清明上坟，微有别耳[2]。是日夕阳初下，灯火齐张之时，则街巷儿童，结伙成群，高举纸莲花灯一枝，中燃小蜡，万盏争辉，盈满街市，并高喊小歌云："莲花灯，莲花灯，今儿点了明儿扔。"随喊随游，次日即弃之矣[3]。灯用五色纸，绉作莲花瓣形，攒成莲花一朵，上方有可燃小蜡之处，下部以秫秸杆擎之，手工不甚精致[4]。制卖者为一种临时营业，自七月初，即有于各处摆售者，至十五日为止。从前经营此种营业，除另有手巧之人，再即为冥衣铺，于长夏无事之时，多预制此项纸灯，以为临时投机之买卖，因价值甚低（从前每枝售京钱五六文，近则已涨一角左右），制造不甚精巧，仅具模型而已[5]。此外别种之灯，各色甚多，有所谓"荷叶灯"者，乃选鲜荷叶一枝，叶心钳以小蜡，入夜燃之，绿光莹莹外映，如翡翠半笼，颇可爱也[6]。又有"蒿子灯"者，系以大青蒿子一棵，在各旁枝上，用纸条粘联线香数寸，晚间将香头一一燃着，虽不甚明亮，然明星万点，亦极可观。又有"龙灯"者，用纸粘香头联成两串，首尾用纸糊成龙头龙尾之形，以数人举之，远观则蜿蜒活动颇似龙形。又有"西瓜灯"者，"东瓜灯"者，"茄子灯"者，系将西瓜等类外部破皮，用小刀剜成花形，及鱼兽、鱼龙等形，将内部之瓤子取出，只于花纹内部留极薄之嫩瓤一层，可以透明，再于上部拴一可以提系之小铁丝，内燃以蜡，极为玲珑可观[7]。尚有一种精致莲灯，亦系用纸制之，莲花瓣攒凑成，而形式绝佳。此种灯系专为贵族子弟而设，以三十年前之生活程度，竟有一枝新灯售银二三十两者。内城以阜成门内宫门口、东四牌楼及后门外鼓楼三处，为最驰名[8]。专售予各王公府第及内务府之儿童。此辈素惯挥霍，以数十两之银票，买一新鲜之玩物，并不为奇。此项营业，成本甚微，获利极丰。然有时令之限，倘一逾十五日之夕，即半文钱亦不值矣，或连遇阴雨，赔累亦属非浅，亦投机事业也。（《旧京风俗志》，稿本）

【注释】

〔1〕法台：道教、佛教举行仪式或佛教高僧讲经的台桌。

超渡：即超度，佛道二教所谓使死者灵魂得以脱离地狱诸苦难。

〔2〕慎终追远：如果凡人都能在做事前想想此事的动机和初衷，并且能想到这样做的后果，那么民风就能淳厚，就能少做错事。这一成语最初的记载见《论语·学而》："曾子曰：'慎终追远，民德归厚矣。'"

〔3〕盈：充满。

〔4〕绉：同"皱"，衣物等经折叠而显出痕迹。

〔5〕长夏：夏季最后一个月份，按照太阳高度计算，即7月7日至8月6日。另外，在中医学的范畴，长夏指春夏秋冬换季的最后十八天。

〔6〕莹莹：亮晶晶。

〔7〕剜：挖削。

鱼兽：海豚一类的海中哺乳动物。

〔8〕后门：即地安门。参见注地安门。

中元法船，计有真船、纸船之分。真船系借用各河中载人运货之小木船，船上高搭法台，请和尚在台上念经、放焰口。纸船系用纸糊扎而成者，船上亦扎列和尚念经之形式，船头罗列种种鬼形。至夜，请真和尚放焰口，然后将此纸法船焚化。真法船则放于河中，如朝阳门外及二闸河中，照例用大木船一只，或平列两小船，上扎彩台一。夜间，诸法师高登法座，放乎中流，漫游河内，放其焰口，并有施食放灯之举[1]。施食者，放焰口之际，将生米及馒首，抛于河内。放河灯者，用油纸叠成方斗一个，中有油纸之拈燃点后，放于水面。如遇风清月白之夜，水波不兴，则明星万点，浮于水面，盖取"佛法无边，莲灯万盏"之意，且用以超渡溺鬼。因运河二闸，每年必有溺死者故也。（《旧京风俗志》，稿本）

【注释】

〔1〕法座：佛陀在说法会座上的座席，也称法席。

中元节又名鬼节。民国以来，北海天王殿，有追悼阵亡将士之会，请喇嘛僧念经，上灯后有施食焰口，并糊冥器，且有唐克车及轮船、汽车，此则昔年之所无，今始有之[1]。北京自佛教会成立，每年京城八大刹，均有济孤焰口，焚烧法船。东岳庙、白云观、二闸，亦有法船，并于水次放河灯。什刹海之北岸佑圣寺僧人法林者，亦在河干放焰口施食送法船，水中有河灯[2]。近年人家点青蒿灯者尚有之，或以瓜皮镌刻为灯，茄子插香，点成火球。又有市上所卖纸糊莲花灯，以纸做成荷瓣，复以竹条作架，糊成花篮、琇球、飞艇、小船、小车，但纸价人工，比早年则昂，灯之工精技巧者，其价约须二三圆，最次之莲花灯，每只亦须四五枚也。(《帝京岁时纪胜笺补》，稿本)

【注释】

〔1〕冥器：也称明器，就是陪葬器。中国人以物陪葬的习俗古已有之。

唐克车：即坦克车。

〔2〕佑圣寺：北京什刹海北岸的一座著名寺院。佑圣寺的寺院建筑包括二进院南北配殿、油饰彩画、院墙等。

河干：水边，河边，河岸。

中元节，家家上坟祭祖。近年散兵流亡为匪，四郊青苗满地，匪则易于藏身，上坟车马，时有被匪劫夺之事。故中元上坟者，多裹足不前，大半皆在家上供，焚纸包袱[1]。上书先曾祖考妣某公某夫人收用，下款则书曾孙某奉祀奠，先妣考祖某公某夫人，下款书孙某某奉祀奠，先考先妣某公某夫人收用，下款则书男某某奉祀奠，包袱内贮以金银锞、白纸钱、冥钞票，供毕，在街焚之[2]。(《帝京岁时纪胜笺补》，稿本)

【注释】

〔1〕裹足不前：包缠住脚，好像脚被缠住了一样，不能前进，形容有所顾虑而止步不敢向前。这一成语最初的记载见战国时期秦国丞相李斯所作《谏逐客书》。

〔2〕考：已死的父亲。

妣：已死的母亲。

十六日

十六日昧爽，复往西方，随行诸军部落大噪三，谓之"送节"[1]。（《辽史》卷五十三，第十三页）

【注释】

〔1〕大噪：大声喧嚷，大喊大叫。

三十日

七月三十日，传为地藏菩萨诞辰。都门寺庙礼讖诵经，亦扎糊法船，中设地藏王佛及十地阎君绘像，更尽时施放焰口焚化。街巷遍然香火、莲灯于路旁，光明如昼。（《帝京岁时纪胜》，第二十九页，地藏会）

三十日相传为地藏王诞辰，插香于地而燃之，并有放花灯于河心，任其浮游者。（《北京指南》第二编，礼俗，第七页）

立秋

立秋之日戴楸叶，吃莲藕，晒伏姜，赏茉莉、栀子兰、芙蓉等花[1]。先帝爱鲜莲子汤，又好用鲜西瓜种，微加盐焙用之[2]。（《酌中志》卷二十，第六页）

【注释】

〔1〕伏姜：在伏天，把切碎的姜和红糖搅拌在一起，在太阳下晒。等红糖和姜完全融在一起就做好了。伏姜能够治疗痛经、受凉、胃疼等。

〔2〕焙：用微火烘烤。

立秋日，相戒不饮生水，曰呷秋头水，生暑痱子。（《帝京景物略》卷二，第四十五页，春场九）

秋前五日为大雨时行之候，若立秋之日得雨，则秋田畅茂，岁书大有，谚云："骑秋一场雨，遍地出黄金。"立秋预日，陈冰瓜，蒸茄脯，煎香薷饮，院中

露一宿[1]。 新秋日阖家食饮之，谓秋后无余暑疟痢之疾。（《帝京岁时纪胜》，第二十六页，七月立秋雨）

【注释】

〔1〕香薷：中药名，能发汗解暑，行水散湿，温胃调中。

宿：过夜。

车驾自四月内幸上都[1]。 太史奏，某日立秋，乃摘红叶[2]。 涓日张燕，侍臣进红叶[3]。 秋日，三宫、太子、诸王共庆此会，上亦簪秋叶于帽，张乐大燕，名"压节序"[4]。 若紫菊开及金莲开，皆设燕。 盖宫中内外官府饮宴，必有名目，不妄为张燕也。（《析津志》，见《日下旧闻考》卷一百四十八，第四页）

【注释】

〔1〕车驾：参见注乘舆。

上都：此处指元代都城上都，位于今内蒙古正蓝旗东五一牧场。元宪宗（即孛儿只斤·蒙哥）六年（1256），忽必烈在滦水北之龙冈兴建开平府城，作为自己的驻所。 中统元年（1260），忽必烈在此即大汗位，是为元世祖。 中统四年（1263），忽必烈升开平府为上都。 在元代，每年夏季，皇帝巡幸上都，百官扈从随行。 上都与另一个都城大都并称"两都"。 上都成为元朝皇帝的夏秋驻地，大都系皇帝的冬春驻地，这就是元朝独具特色的"两都巡幸制"。

〔2〕太史：此处指元代的太史院，负责掌管天文历数，观测天象，编制历书。元世祖至元十五年（1278）设立太史院，其长官为院使，其下设同知、佥院、同佥、院判等官。

〔3〕涓日：即涓吉，选择吉祥的日子。

燕：同"宴"，宴饮。

〔4〕三宫：此处指皇帝、太后和皇后。

节序：节令的顺序。

京师小儿懒于嗜学，严寒则歇冬，盛暑则歇夏，故学堂于立秋日大书"秋爽来学"[1]。（《帝京岁时纪胜笺补》，稿本）

【注释】

〔1〕歇冬：在冬季休息。

歇夏：在夏季休息。

杂事

是月也，吃鲥鱼为盛会，赏桂花，斗促织。善斗者一枚可值十余两不等，各有名色，以赌博求胜也。秉笔唐太监之征、郑太监之惠，最识促织，好蓄斗为乐。（《酌中志》卷二十，第六页）

是月始斗促织，壮夫士人亦为之。斗有场，场有主者，其养之又有师，斗盆筒罉，无家不贮焉[1]。（《帝京景物略》卷二，第四十五页，春场九）

【注释】

〔1〕斗盆：用于斗蟋蟀的盆。

罉：同"罐"。

永定门外五里，禾黍嶷嶷然被野者，胡家村[1]。禾黍中，荒寺数出，坟兆万接，所产促织，矜鸣善斗，殊胜他产[2]。秋七八月，游闲人，提竹筒、过笼、铜绿罩，诣蓁草处，缺墙颓屋处，砖甓土石堆磊处，侧听徐行[3]。若有遗亡，迹声所缕发而穴斯得，乃揣以尖草，不出，灌以筒水，罹出矣，视其跃状而佳，逐且捕之[4]。捕得色辨行辨之，辨审，养之，养得其性若气，试之，试而才，然后以斗。都中斗促织之俗，不直闾巷小儿也，贵游至旷厥事，豪右以销其赀，士荒其业，今亦渐衰止[5]。惟娇姹儿女，斗嬉未休[6]。然嬉之虫，又不直促织，有虫黑色，锐前而丰后，须尾皆岐，以跃飞，以翼鸣，其声蹬棱棱，秋虫也，暗即鸣，鸣竟刻，明即止，瓶以琉璃，饲以青蒿，状其声名之，曰"金钟儿"[7]。有虫便腹青色，以股跃，以短翼鸣，其声聒聒，夏虫也，络绎是也，昼而曝，斯鸣矣，夕而热，斯鸣矣，笼悬之，饵以瓜之瓢，以其声名之，曰"聒聒儿"[8]。其先聒聒生者，曰"叫蚂蚱"，以比于聒聒，腹太似，恨骞，翅太似，恨长，鸣太似，恨细。有螺螺者，蜩也，马螺螺者，蝉也，名以听者之所为情，寂寥然也，鸣盖呼其候焉。三伏鸣者，声躁以急，如曰"伏天伏天"。入秋而凉，鸣则凄短，如曰"秋凉秋凉"。取者，以胶首竿，承焉，惊而飞也，鸣则攸然，其粘也，鸣切切，如曰吱吱，入乎手而握之，鸣悲有求，如曰施施。促织之别种三：肥大倍焉者，色泽如油，其声呦呦，曰"油胡卢"；其首大者，声槺槺，曰"梆子头"；锐喙者，声笃笃，曰"老米嘴"[9]。二者不能斗而能声，摈于养者，童或收之，食促织之余草具。蚂蚱之种三，俱不鸣：青翼而黄身，跃近而飞远，飞则见其袭羽，或红焉，或黄焉，曰"蚂蚱"[10]。其青而长身者，曰"遍蟸"，嬉者股系而提之，使飞不止以观其袭羽[11]。其扁身长胫，昂首出日者，刀郎、螳螂也，性怒无所畏让，嬉者亦股系而触之，以观其怒也[12]。蜻蜓之类二：大而青者曰"老青"，红而黄者曰"黄儿"，赤者曰"红儿"，好击水而飞飞。童圈竹，结绿线网，曰"绞"，循水次，群逐而扑之，名呼以祝，曰"栖栖"，扑着，曰"绞着"，得一，曰"一朵"，以色玩，如花也[13]。别有鳖身象鼻而贝色，大如朱樱，曰"椿象""生椿"，其臭椿也，不可触[14]。有若半赤豆而草麻点者，曰"瓢儿"，生蔬畦，捉之，则溺腥黄，污不可脱，而童手之不已也。有金光而绿色，甲坚而须劲以动，曰"金牛儿"。黑色白点，曰"春牛儿"[15]。无所可娱也，系而毙之则已。有玄身而两截，形刚而性媚，掐其后，首则前顿，声嚗嚗然，仰置之，弹而上，还复其故处，不能遂覆而走也，曰"叩头虫"，一曰"捣碓虫"焉[16]。（《帝京景物略》卷三，第四十九页，胡家村一）

【注释】

〔1〕巍巍：高耸貌，壮盛。

〔2〕坟兆：坟墓之间的界域。

〔3〕藂：同"丛"，聚集。

甃：用砖砌。

〔4〕挵：轻轻拨动。

〔5〕闾巷：在古代，以二十五家为一闾，后来称居民的区域为"闾里""闾巷"，泛指乡民。

〔6〕娇姹：娇媚，艳丽。

〔7〕岐：分枝。

金钟儿：参见注金钟。

〔8〕聒聒：吵扰，声音高响或嘈杂。

聒聒儿：虫名，为纺织娘的别称。

〔9〕呦：象声词，叫声，亦形容哭声。

梆：象声词，敲打木头或竹板声。

喙：嘴。

〔10〕袭：重叠，重复。

〔11〕蟸：虫形。

〔12〕胫：脖子，咽喉。

〔13〕绹：拘束，约束。

〔14〕贝色：色白而光洁。

朱樱：樱桃之一种，成熟时呈深红色，故称"朱樱"。

椿象：也叫蝽象、椿虫，俗名放屁虫、臭大姐。椿象有三万多种，身体扁平，体形由小到大不等，口器很长，刺吸式。

〔15〕春牛儿：即天牛，是鞘翅目叶甲总科天牛科昆虫的总称，咀嚼式口器，有很长的触角，常常超过身体的长度。

〔16〕嚗：象声词，嚗然作声。

叩头虫：属于鞘翅目叩甲科，将它捉在手中，只见它先弯下前胸，将头部垂下，然后又突然挺直胸脯、头部扬起，同时发出"咔咔"的声音，如此反复进行，就好像在不停地叩头，所以得名"叩头虫"。

都人好畜蟋蟀，秋日贮以精瓷盆盂，赌斗角胜，有价值数十金者，为市易之[1]。（《帝京岁时纪胜》，第二十八页，蟋蟀）

【注释】

〔1〕角胜：较量胜负。

金风渐起，嘶柳鸣旌，家家整缉秋衣，砧杵之声，远近相接[1]。教场演武开操，嚣篥鸣于城角。更有檐前铁马，砌下寒蛩，晨起市潮，声达户牖，此城阙之秋声也[2]。（《帝京岁时纪胜》，第二十八页，秋声）

【注释】

〔1〕金风：秋风。

整缉：修补。

〔2〕寒蛩：深秋的蟋蟀。

城阙：城门两旁的瞭望阁楼，特指京城。

禾黍登，秋蟹肥，苹婆果熟，虎嗽槟香[1]。都门枣品极多，大而长圆者为缨络枣；尖如橄榄者为马牙枣；质小而松脆者为山枣；极小而圆者为酸枣；又有赛梨枣、无核枣、合儿枣、甜瓜枣，外来之密云枣、安平枣，博野、枣强等处之枣。其羊枣墨色，俗呼为"软枣"，即丁香柿也。红子石榴之外，有白子石榴，甘如蜜蔗，种出内苑。梨种亦多，有秋梨、雪梨、波梨、密梨、棠梨、罐梨、红绡梨，外来则有常山贡梨、大名梨、肉绵梨、瀛梨、洛梨，其能消渴解醒者，又莫如西苑之截梨、北山之酸梨也[2]。山楂种二，京产者小而甜，外来者大而酸，可以捣糕，可糖食。又有蜜饯榲桲，质似山楂，而香美过之，出自辽东[3]。楸叶鸣秋，葵花向日，鸡冠分五色，高逾檐，多如林，秋日盛开，若百鸟朝凤，芬芳艳丽，乃秋色中之绝品也[4]。至于剪秋罗、玉簪花、芙蓉花、雁来红，又不若秋海棠，虽西府铁梗木本之花，亦难比其娇媚也[5]。老来少，由青而碧，碧而黄，黄而红，如暮霞照紫，睹此则不必西山问霜叶矣。(《帝京岁时纪胜》，第二十九页，时品)

【注释】

〔1〕唰：象声词。

〔2〕红绡梨：即红肖梨，素有"京北名果"之称，人们通常称为"北京红梨"。

常山：山名，位于今河北曲阳的恒山的别称。

大名：地名，相当于今河北大名。

〔3〕榲桲：属于落叶小乔木，幼枝有茸毛，叶卵形或长圆形，表面暗绿色，背面密被茸毛，花单生枝顶，白色或粉红色，果梨形，黄色，有香味。

〔4〕鸡冠：此处指鸡冠花，别名鸡髻花、老来红、芦花鸡冠、笔鸡冠、小头鸡冠、凤尾鸡冠、大鸡公花、鸡角根、红鸡冠，为一年生草本植物，夏秋季开花，花多为红色，呈鸡冠状，故称"鸡冠花"。

〔5〕剪秋罗：别名大花剪秋罗，石竹科多年生草本植物，全株被茸毛，根簇生，纺锤形，稍肉质。

雁来红：别名老来少、三色苋、叶鸡冠、老来娇、老少年，为苋科一年生草本植物，茎直立，少分枝，其叶互生，呈菱状卵形至披针形。

七月，中元夜，街市放焰口，点蒿子香，燃荷叶灯。(《郎潜纪闻》卷十二，第五页)

金钟儿产于易州，形如促织；七月之季，贩运来京，枕畔听之，最为清越，韵而不悲，似生为广厦高堂之物[1]。金钟之号，非滥予也。(《燕京岁时记》，第四十页，金钟儿)

【注释】

〔1〕易州：地名，治今河北易县，辖今易县及附近地区。

七月中旬则菱芡已登，沿衢吆卖，曰："老鸡头，才下河。"盖皆御河中物也。（《燕京岁时记》，第四十页，菱角、鸡头）

七月下旬则枣实垂红，葡萄缀紫，担负者，往往同卖；秋声入耳，音韵凄凉，抑郁多愁者，不禁有岁时之感矣。（《燕京岁时记》，第四十页，枣儿、葡萄）

是月也，蟋蟀鸣，人多养而斗之，曰"斗蛐蛐"，或以之博钱。遇立秋日，有"贴秋膘"之俗，盖例于是日食肉，或面食也。（《北京指南》第二编，礼俗，第七页）

北京人家，养蟋蟀者，不尚瓷盆；此虫乃土中所产，瓷盆无土气，甚不相宜，故必用澄泥者。士大夫好养蟋蟀者，多争购赵子玉之澄泥罐，罐以厚为佳，以其寒热之气，皆能隔之[1]。又有大而扁者曰"排盆"，排演时用之。起蟋蟀用泥过笼，又有青花白地之小瓷水池。斗时有小天秤，等两蟋蟀之轻重，相差一二厘者，方可斗。斗时两虫之主人，手中各执一木棒敲盆助威，虫盛则振羽以鸣，败者杀尾而遁。未斗时先议彩若干圆，以作赌盛之资。平日养虫有秘本之谱，手自抄写，耳有所闻，即行录入。蟋蟀有病，亦有医治之法。斗过劳，亦有培养之法。购买者亦有相虫之法：曰"快口"，曰"轻口"，曰"线口"，曰"坚牙"，分青黄黑三种；曰"朱砂头"，曰"宝石头"，曰"独须"，曰"八足"，皆上品也，曰"蟹青"，次之曰"大翅"，曰"梆头"。秋分后，始下三尾，使之过子，寒后始开斗，霜降则停止，冬至前，则选各人之精锐打大将。（《帝京岁时纪胜笺补》，稿本）

【注释】

〔1〕赵子玉：生卒年不详，系清圣祖康熙年间制作蟋蟀罐的名手。赵子玉善制澄泥蟋蟀罐，既样式古雅，又雕刻精细。他制作的蟋蟀罐名品很多，有"绿泥""鳝鱼黄""瓜皮绿""藕荷色""倭瓜黄"等品名。在北方陶制蟋蟀罐中，赵子玉几乎成了蟋蟀罐的代名词。

八月

总述

　　年节虽履端肇始，户所凤重，第风寒刺人，冰雪载道，驾言出游，行者则苦[1]。八月冷燠适中，正足怡情悦性，夜色天街，其凉如水，一轮皓魄，照彻人寰，十丈软红中，值斯美景，益未可掷负良辰，此中秋一节之所以首胜，而在此数百年首善之区之北平，尤当首与沥著者也[2]。

【注释】

〔1〕履端：年历的推算始于正月朔日（即正月初一日），谓之"履端"，也指帝王初即位改元，泛指事物的开始。

　　肇始：发端，开始。

〔2〕皓魄：明月，亦指明亮的月光。

　　人寰：人间，人世。

　　软红：柔和的红色，犹言软红尘，谓繁华热闹。

　　沥：竭尽全力。

　　虽城闉乡鄙，祀事无殊，而酬酢馈遗之妍巧富丽，北平究居夫上，比岁节期一近，依然豪盛似前[1]。屈指十五已先，市衢无间小大，即并摊贩胪布[2]。兔爷果实，目不暇给，而十二、三日，允为极盛[3]。南城宣武门外之菜市口，其所聚也[4]。自丞相胡同北口，以迄烂缦胡同北口，陈列更无罅隙，吾久居烂缦胡同东莞会馆，自少逮长，未或迁播，岁固阅之稔矣[5]。

【注释】

〔1〕鄙：郊野之处，边远的地方。

〔2〕市衢：城市通道，街市。

〔3〕兔爷：北京传统玩具，最早出现在明末，用来祭月。

目不暇给：暇，空闲。给，供给。目不暇给，美好新奇的事物太多，眼睛来不及看。

〔4〕菜市口：北京名气最大的胡同，位于宣武门外。在明朝，菜市口是京城最大的蔬菜市场，沿街菜摊、菜店众多，许多人都来此买菜，并把菜市最集中的街口称为"菜市街"，清代时改称"菜市口"，此名一直沿用到今日。在清代，这里也是处决犯人的地方。

〔5〕丞相胡同：老北京地名，即今北京菜市口大街所在位置。该地名的来源有两种说法。第一种说法，传明代大学士（相当于宰相职）严嵩曾居住此地；另一种说法是明代这里集中居住绳匠，故名"绳匠胡同"，谐音"丞相"。清高宗乾隆时期改名为"神仙胡同"，后改为"丞相胡同"，1965 年改名为"菜市口胡同"。

烂缦胡同：地名，位于今北京城南菜市口。烂缦胡同系北京南城的一条南北走向的大胡同，北接菜市口大街，南端便是南横街。

罅：缝隙。

会馆：明清时期都市中由同乡或同业组成的封建性团体。

迁播：迁徙流离。

稔：熟悉。

市间牛羊肉肆，亦多乘时高支棚幛，遍悬整体牛羊，炫以求售。今虽京已成旧，江河有日下之形，而节景所现，尚保旧观，际兹民力日竭，终不免水尽山穷，若再阅岁年，则必有不忍更言者，借曰"有言"，吾讵愿其言之中欤，酆鄗鄠杜之陈迹，固历历也，今则何如[1]。然而一夕之耗，巨万为常，磬繁盛之地，若是者亦已比比。倘用诸公益，则所以利国福民者，不更无既耶，倡而正之，企予望之。至于即天上之团圞，作人间之欢聚，团圆名节，亦自有承平时代及时行乐之忱[2]。今也，烽烟屡起，几于无岁无之，琐尾流离之后，并此而难得者，不知凡几[3]。北平则波及时少，十年中九获安宁，闲情既富，故家园赏月之外，且多入公园踏月，盖月虽每望必圆，公园虽每日可游，而风味则绝异[4]。彼四境之骨肉参商者，经斯令节，当亦有所健羡矣[5]。

【注释】

〔1〕际：时候，当，适逢其时。

水尽山穷：穷，尽。水尽山穷，山和水都到了尽头，比喻无路可走，陷入绝境。这一成语最初的记载见北周庾信所作《宇文常神道碑》。

酆：地名，位于陕西，先秦又称为"丰京"，是西周王都之一。

鄗：地名，位于陕西，先秦也称为"镐京"，是西周王都之一。

鄠：地名，相当于今陕西户县北。户县地处关中平原腹地，南依秦岭、终南山，北至渭河。

杜：即杜陵，是西汉宣帝刘询的陵墓，位于今陕西西安三兆村南。该陵墓所在地原来是一片高地，汉代旧名"鸿固原"。自汉代以来，杜陵一直是长安的游览圣地，文人学士常会集于此，登高览胜。

〔2〕团团：形容圆。

忱：真诚的情意，诚恳。

〔3〕烽烟：火台报警之烟，指战争。

琐尾流离：琐尾，细小时美好。流离，枭的别名。琐尾流离，枭细小时很可爱，长大后却非常丑恶，比喻处境由顺利转为艰难。这一成语最初的记载见《诗经·邶风·旄丘》："琐兮尾兮，流离之子。"

〔4〕踏月：月下散步。

〔5〕参商：指参星与商星，二者在星空中此出彼没，彼出此没，古人以此比喻彼此对立，不和睦、亲友隔绝，不能相见，有差别，有距离。这一词语最初的记载见《左传·昭公元年》。

健羡：非常仰慕，非常羡慕。

月饼之制，各地所同，即在里曲，亦有佳品。北平出品，原非上乘。差幸万汇所集，仅许仿制，其南式者，尚觉可口。余固南人，北人亦如是品评耳。

若所谓"兔爷"，则诚北平名产。高下形色，靡不尽态，他处或无，有亦或不足逮也。

二十七日祀孔之举，现以改行新历，则已并春秋上丁而废止[1]。彼民间潜祀，则弗涉斯例矣[2]。

【注释】

〔1〕孔：即孔丘（前551—前479），字仲尼，通称孔子，春秋晚期鲁国陬邑（今山东曲阜东南）人，儒家创始人。其先世为宋国贵族，曾祖父为避祸而辗转到鲁国。孔子整理研究《诗》《书》《周易》等文献，并将鲁国史官所记《春秋》加以删修，编纂成中国第一部编年体史书。孔子要求当政者实行教化和宽惠政策，反对苛政和任意刑杀，提出君、臣、父、子各守名分的主张。在教育上，孔子提出"有教无类"的口号。自汉朝以后，孔子的学说被改造成封建正统文化，

其本人也被尊为"圣人"。其学说对中国古代的道德观念、学术思想和政治影响极大。孔子的弟子整理孔子及其弟子的言行和思想，编成《论语》。

春秋上丁：上丁，农历每月上旬的丁日。自唐以后，历代王朝规定每年仲春（二月）、仲秋（八月）的上丁之日为祭祀孔子的日子。

〔2〕潜：秘密地。

是月宫中府中，旧例原夥，刻既无存，人亦鲜道。纵能巨细不遗，所记亦同痕印。骄奢所极，无代不然，初不限彼一朝，与兹八月而已也。

梨藕之属，北平则胜，各书所称，信非虚誉。葡萄之在北平，于八月独盛，然或骈自遐陬，或采诸邻境，语其佳美，北平土产恒逊，语其医疾，亦属他乡所同，无足矜奇诩异也[1]。八月剥枣之俗，三代已行，品质美者，非产一地，北平特泡制较精，亦未为绝制[2]。外此群瓜百果，毕月纷陈，即朔方而品南品，甚至海外名产，亦以是月而萃荟焉，则终以北平为全胜耳[3]。

【注释】

〔1〕骈：聚集，罗列。

遐陬：边远一地。

矜奇：炫耀新奇。

诩：夸耀，说大话。

〔2〕三代：对中国历史上的夏、商、周三个朝代的合称。

〔3〕纷陈：形容东西很多、杂乱摆放的样子。

朔方：北方。

社糕社酒，今不多见，四郊农户，此俗或尚相沿[1]。新葫芦宜外甥，语近无稽，此似北平特俗也。

【注释】

〔1〕社糕：古代人们在春秋社日祭祀土地神，用糕点庆贺，称所备之糕点为"社糕"。社日是古代农民祭祀土地神的节日。汉以前只有春社，汉以后开始有秋社。自宋代起，以立春、立秋后的第五个戊日为社日。

社酒：古代人们在春秋社日祭祀土神，饮酒庆贺，称所备之酒为"社酒"。

中秋梨园应节之戏，民国以还，率以《嫦娥奔月》为例，在梅兰芳未创此剧以前，只一《天香庆节》，剧属昆曲，本出清宫，后虽拟易皮黄，而《奔月》盛行，此剧即渺[1]。近则《奔月》亦停，而《天香》复露矣。

【注释】

〔1〕《嫦娥奔月》：民国时期梅兰芳与几位友人共同创编的中秋应节戏，也是梅兰芳创演的第一出古装戏。该戏由齐如山依据《淮南子》和《搜神记》传说写出纲目，李释戡编写台词，完成剧本，梅兰芳饰嫦娥，于1915年在北京吉祥园首演。本剧取材于人们耳熟能详的中国古典民间神话"嫦娥奔月"的故事。

梅兰芳（1894—1961）：京剧大师，著名京剧旦角演员。梅兰芳本名澜，又名鹤鸣，乳名裙姊，字畹华，别署缀玉轩主人，艺名兰芳，北京人，祖籍江苏泰州。清德宗光绪二十年（1894），梅兰芳出生于北京一个戏曲世家，八岁学艺，十一岁登台演出。梅兰芳是近代杰出的京昆旦行演员，为"四大名旦"之首，所唱戏曲形成自己独特的艺术风格，世称"梅派"。

《天香庆节》：清代宫廷上演大戏中的一个剧目，向来被看作中秋承应戏之一。该剧为一出神仙戏，剧中有玉兔、金乌、赤兔、嫦娥、太阳星君、玉皇大帝等角色。《天香庆节》原剧本是昆曲，民国时期，王瑶卿先生将其改为京剧。

一日

自初一起，即有卖月饼者，加以西瓜、藕。互相馈送西苑蹢藕。（《酌中志》卷二十，第六页）

皂君庙在崇文门外，每至八月初一日起，开庙三日，盖即皂君诞日也[1]。（《燕京岁时记》，第四十二页，皂君庙）

【注释】

〔1〕皂君庙：又名都灶君庙，坐落在崇文门外东花市大街，建于明代，清康熙年间重修。庙址不大，门前的一对铁狮子久享盛名，俗谚有"灶君庙的狮子——铁对儿"。

八月初一日，崇文门外皂君庙开庙三日。（《北京指南》第二编，礼俗，第十页）

三日

北京八月初三日为皂君圣诞，丰台之西有庙会。北京中之厨茶行，均往烧香，京中游人，前往者亦甚多。（《帝京岁时纪胜笺补》，稿本）

十三日

八月十三至十五日为中秋节，街市繁盛，果摊、泥兔摊（泥兔俗呼"兔儿爷"，范泥为之，人身兔首，衣冠施彩色，或座或立，或担或杵，惟皆贯角于头顶，小儿买之以为玩物），所在皆有。（《北京指南》第二编，礼俗，第七页）

十五日

十五日，家家供月饼、瓜果，候月上焚香，后即大肆饮啖，多竟夜始散席者。如有剩月饼，仍整收于干燥风凉之处，至岁暮合家分用之，曰"团圆饼"也。（《酌中志》卷二十，第六页）

八月十五日祭月，其祭果饼必圆，分瓜必牙错瓣刻之，如莲华[1]。纸肆市月光纸，缋满月像，趺坐莲华者，月光遍照菩萨也[2]。华下月轮桂殿，有兔杵而人立，捣药臼中[3]。纸小者三寸，大者丈，致工者金碧缤纷[4]。家设月光位，于月所出方，向月供而拜，则焚月光纸，彻所供，散家之人必遍。月饼月果，戚属馈相报，饼有径二尺者[5]。女归宁，是日必返其夫家，曰"团圆节"也。（《帝京景物略》卷二，第四十五页，春场九）

【注释】

〔1〕莲华：莲花的别称。

〔2〕月光纸：也叫"月光祃""月光马""月光码""兔儿祃""兔爷祃"，通常为木刻版水彩印制的神像，为传统中秋节祭月所用神像之纸，其上绘有月神和月宫，为中秋节祭月之用。祭月完成后，人们通常将月光纸与祭文等用火焚毁。

缋：画有珍贵事物形象的布帛，引申为动词"绘画"。

〔3〕月轮：圆月，亦泛指月亮。

桂殿：月宫。

臼：舂米的器具，用石头或木头制成，中间凹下。

〔4〕致：细密，精细。

缤纷：繁多而杂乱的样子，也指颜色多而绚丽。

〔5〕戚属：戚，因婚姻联成的关系，亲戚。属，同一家族的。戚属，亲属，眷属。

八月十五日祭月，其祭用果饼，剖瓜瓣如莲花，设月光纸，向月而拜，焚纸撤供散家人。（《大兴县志》，传抄本）

十五日祭月，香灯、品供之外，则团圆月饼也。雕西瓜为莲瓣，摘萝葡叶作婆罗，香果苹婆，花红脆枣，中山御李，豫省冈榴，紫葡萄，绿毛豆，黄梨，丹柿，白藕，青莲[1]。云仪纸马，则道院送疏，题曰："月府素曜太阴皇君"[2]。至于先丁后社，享祭报功，众祀秋成，西郊夕月，乃国家明禋之大典也[3]。（《帝京岁时纪胜》，第三十页，八月中秋）

【注释】

〔1〕中山：此处指春秋战国时期中山国所在地区。中山国的建立者出自北方狄族鲜虞部落，姬姓，其国土嵌在燕赵之间，以灵寿为首都，相当于今河北石家庄灵寿县。

〔2〕云仪：道教语，鬓发的别称，或指耳神。

月府素曜太阴皇君：即月神，俗称"太阴皇君""太阴星君"。

〔3〕社：土地神，亦指祭祀土地神的场所。古人以土地滋育万物，是人类生存的基础，所以普遍立社祭祀。社是祭祀的场所，同时也是公众聚会的地方。

禋：古代烧柴升烟祭天以求福，泛指祭祀。

京师以黄沙土作白玉兔，饰以五彩妆颜，千奇百状，集聚天街月下，市而易之。灯火荧辉，游人络绎，焦包炉炙，浑酒樽节，烤羊肉，热烧刀，此又为游人之酌具也[1]。（《帝京岁时纪胜》，第三十一页，彩兔）

【注释】

〔1〕樽节：精炼。

酌具：酒具。

中秋夜，人家各置月宫符像，符上兔如人立，陈瓜果于庭，饼面绘月中蟾兔，

男女肃拜烧香，旦而焚之[1]。（《北京岁华记》，见《日下旧闻考》卷一百四十八，第五页）

【注释】

〔1〕蟾兔：蟾蜍与玉兔。古代传说此两物为月中之精，因此作为月的代称。

肃拜：中国古代汉族的一种礼俗，古九拜之一。

旦：早晨。

燕都士庶，中秋馈遗月饼、西瓜之属，名"看月会"。（《月令广义》，见《日下旧闻考》卷一百四十八，第五页）

中秋夜，人家贺月宫，图中绘兔人立，男女陈瓜果，拜兔爷。（《燕京杂记》，第一页）

八月中秋夜，踏月买兔儿王。（《郎潜纪闻》卷十二，第五页）

京师之曰"八月节"者，即中秋也。每届中秋，府第朱门，皆以月饼、果品相馈赠。至十五月圆时，陈瓜果于庭以供月，并祀以毛豆、鸡冠花。是时也，皓魄当空，彩云初散，传杯洗盏，儿女喧哗，真所谓佳节也。惟供月时，男子多不叩拜，故京师谚曰："男不拜月，女不祭灶。"（《燕京岁时记》，第四十页，中秋）

京师谓神像为"神马儿"，不敢斥言神也。月光马者，以纸为之，上绘太阴星君，如菩萨像，下绘月宫及捣药之玉兔，人立而执杵，藻彩精制，金碧辉煌，市肆间多卖之者，长者七八尺，短者二三尺，顶有二旗作红绿色或黄色。向月而供之，焚香行礼，祭毕与千张、元宝等一并焚之。（《燕京岁时记》，第四十页，月光马儿）

内廷供月，例用九节藕。（《燕京岁时记》，第四十一页，九节藕）

凡中秋供月西瓜，必参差切之，如莲花瓣形。（《燕京岁时记》，第四十一页，莲瓣西瓜）

中秋月饼，以前门致美斋者为京都第一，他处不足食也[1]。至供月月饼，到

处皆有，大者尺余，上绘月宫蟾兔之形，有祭毕而食者，有留至除夕而食者，谓之"团圆饼"。（《燕京岁时记》，第四十一页，月饼）

【注释】

〔1〕致美斋：始创于明末清初，于清仁宗嘉庆十三年（1808）在北京前门外煤市街建店。致美斋有传统菜肴几百种，原是一家姑苏风味菜馆，后经易主，经几代名厨精心研发，以制售菜点集南北烹调之精、汇御膳民食之萃而名噪一时，尤其是点心和创新菜肴得到众人的青睐，逐渐形成独具特色的京味菜肴。

　　每届中秋，市人之巧者用黄土抟成蟾兔之像以出售，谓之"兔儿爷"[1]。有衣冠而张盖者，有甲胄而带纛旗者，有骑虎者，有默坐者[2]。大者三尺，小者尺余，其余匠艺工人无美不备，盖亦谑而虐矣[3]。（《燕京岁时记》，第四十二页，兔儿爷摊子）

【注释】

〔1〕抟：把东西揉弄成球形。
〔2〕张盖：张开伞盖；打伞。
　　纛：古代军队里的大旗。
〔3〕谑：开玩笑。

　　十五日晚祀月，儿童祀泥兔王爷，沿街市者极多，果子市卖诸鲜果[1]。（《天咫偶闻》卷十，第十二页）

【注释】

〔1〕果子市：老北京城内的主要市场。明清北京城主要有两大果子市：一是德胜门果子市，在德胜门内丁字街，简称"北市"；一是前门外果子市，在今前门外果子巷，简称"南市"。北市在先，南市后有。但就其规模和经营范围来看，南市大于北市。南市有果行六十余家，北市仅有十余家。

　　十五日至月圆时，设月光马（上绘太阴星君如菩萨像，下绘月宫及执杵作人立形之捣药玉兔，大者三四尺，小者尺余，工致者金碧缤纷）。俟月出，供以瓜果、月饼、毛豆枝、鸡冠花、萝卜、藕、西瓜。妇女向之盈盈下拜，曰"拜月"，男则否，故京谚云："男不拜月，女不祭灶。"拜毕，焚纸马，撤供品，设果酒肴

八月
十五日

《北平岁时志》注释

老北京岁时风物

289

馔于庭，家人团座，饮酒赏月，谓之"团圆节"。或将祀月之月饼，按人数切块分食，谓之"团圆饼"，亦有留至除夕而食者。商家亦于是夜设宴，并招邻店之人同饮。（《北京指南》第二编，礼俗，第七页）

中秋日为团圆节，此日家人父子，共相庆祝，照例必食苹果，谓之"团圆果"，故苹果之价，此时最贵。此外如鸭梨、白梨、酸梨、莎果、青柿、石榴、葡萄、枣、虎拉苹、苹子，均自西北两山运来[1]。一届八月，街市即列摊售卖，内城如东西四牌楼，东西单牌楼，后门外东西安门外之各热闹衢市，外城如前门大街直达天桥，东自崇文门外花市，西自宣武门外菜市口，均列果摊，接连不断[2]。最大者，临时搭棚支帐，灯烛辉煌，陈列果品，由十一日起，即渐繁闹，至十四、五两日而最盛，购买者，都倾筐盈笑而去，亦有来观热闹者，俗称"逛果摊"[3]。（《旧京风俗志》，稿本）

【注释】

〔1〕莎果：即柰，参见注柰。

虎拉苹：一种水果。

西北两山：此处指北平西北的两山。

〔2〕东西四牌楼：即东四牌楼和西四牌楼。参见注东四牌楼、注西四牌楼。

东西单牌楼：即东单牌楼和西单牌楼。参见注东四、西单牌楼之大街，注西四、东单两大街。

东西安门：即东安门和西安门。参见注东安门。西安门为明清北京皇城的西门，位于今北京西城区中部，建于明成祖永乐十五年（1417）。

〔3〕笑：此处或指"筐"，即小箱子。

兔儿爷乃泥制，以极细润之黄泥，用砖模刻塑，亦有由手工捏塑者。普通为武将形，头戴盔，带狐尾，或半披战袍，惟兔嘴交叉，两耳竖立，背后高插纸旗或纸伞，或坐假山，或坐麒麟吼虎豹，身量有大小，图画有精粗。更有制成兔首人身之商贩，如薙头者、缝鞋者、卖馄饨者、卖茶汤者。制造人多居沙锅门外，在四五月间即着手制造，至七月中旬，在前门外大蒋家胡同之耍货市发售[1]。（《旧京风俗志》，稿本）

【注释】

〔1〕沙锅门：即广渠门。参见注广渠门。

大蒋家胡同：即蒋家大院，位于今中国美术馆东北侧，是一呈东西走向的死胡同，东起美术馆东街，西不通行，北有支巷不通行。

月光码儿者，乃用秫秸插成一长方之牌形架子，最大者宽约二尺，长四五尺，最小者宽约四五寸，长一尺余，中糊一板印设色之纸画[1]。大者分成三部，小者亦两部，上为大诸总圣，系玉皇大帝与风云雷雨诸神，亦有为一佛二菩萨者，亦有为观音者，亦有为达摩渡江者，亦有为财神者，中为关壮缪像，或财神、土地神像，下部则广寒宫殿阁之形，娑林树下立一兔作捣药形[2]。纸地多系黄红两色，绘画涂色，以金纸贴脸，架之两端，各插以红黄纸裁成之斜旗。此月光码在京纸店或油盐店均有售卖。至十五日之夕，将此神码供于棹上，再陈各种果品，旁置磁瓶，左右各二，其一插鸡冠花，其一插带叶毛豆一枝，又藕一盘，盖用以祀兔者。（《旧京风俗志》，稿本）

【注释】
〔1〕板印：雕版印刷。
〔2〕一佛二菩萨：指佛祖释迦牟尼与文殊菩萨、普贤菩萨。
广寒宫：古代汉族神话传说中位于月亮的宫殿。后人将嫦娥奔月后所居住的屋舍命名为"广寒宫"。
娑林：即娑罗林。娑罗系梵语的音译，为植物名，即柳安，原产于印度、东南亚等地。

八月中秋夕，月上东方时，宫中亦供月宫，名圆月，王公士庶家之妇女，亦皆有此礼节，但贫富不同，供品因之亦有等差。大内供品，由内膳房备办，王公府第，则由家务处备办，士大夫则令家人开单购买[1]。供品则为大月饼一个，或一套。一套者，乃五个或七个、九个，如宝塔状。鲜果则为西瓜、枣、栗、花生、苹果、沙果、石榴、柿子、藕、鸡冠花、大萝蔔、毛豆、烧酒、清茶。正中设月光神马，上绘五彩月宫，丹桂下立玉兔[2]。宫中所用者彩画特工，人家所用者，多为印板添色者，且有大小之分。（《帝京岁时纪胜笺补》，稿本）

【注释】
〔1〕内膳房：官署名，属于清代内务府管辖，负责宫廷的宴饮和日常饮食。
家务处：官署名，王公、官员家中负责宴饮和日常饮食的机构。
〔2〕丹桂：一种常绿灌木，雌雄异株，叶长椭圆形，开橘红色花，香味很浓，

是珍贵的观赏植物。

街上及东西庙会、东安市场，皆有卖泥兔者，曰"兔儿爷"，堆金立粉，大小不同，然极为精工，比之昔年，则优美矣[1]。但以经济困难，业此者不能利市三倍。月饼近年分有南北两式，广东店、苏州店所卖者为南式，满洲饽饽铺中所卖者为北式，其馅则糖多甜甚，且香油多，不尝此味者，则不欲食也。（《帝京岁时纪胜笺补》，稿本）

【注释】

〔1〕东安市场：清朝至20世纪90年代今北京王府井大街东侧的一座大型集贸市场，90年代被拆除，其原址上后建成"新东安市场"及"东安市场"两个大型百货商场。

二十七日

八月二十七日为至圣先师诞辰，禁止屠宰，祭文庙。各书室设供，师生瞻拜[1]。（《帝京岁时纪胜》，第三十二页，先师诞）

【注释】

〔1〕至圣先师：古代特指孔子，也称"大成至圣先师"。这一称呼最初的记载见《礼记·中庸》。

文庙：孔庙的别称。文庙是纪念和祭祀孔子的祠庙建筑，又被称作"夫子庙""至圣庙""先师庙""先圣庙"或"文宣王庙"。

杂事

八月宫中赏秋海棠、玉簪花。始造新酒，蟹始肥。凡宫眷、内臣吃蟹，活洗净蒸熟，五六成群，攒坐共食，嬉嬉笑笑。自揭脐盖，细将指甲挑剔蘸醋蒜以佐酒，或剔蟹胸骨，八路完整如蝴蝶式者，以示巧焉。食毕，饮苏叶汤，用苏叶等件洗手，为盛会也[1]。凡内臣多好花木，于院宇之中摆设多盆，并养金鱼于缸，罗列小盆细草，以示侈富。有红白软子大石榴，是时各剪离枝。甘甜大玛瑙葡萄，亦于此月剪下，缸内着少许水，将葡萄枝悬封之，可留至正月尚鲜。（《酌中

志》卷二十，第七页）

【注释】

〔1〕苏叶：即紫苏叶，为一年生直立草本植物。

中秋桂饼之外，则卤馅芽韭稍麦、南炉鸭、烧小猪、挂炉肉，配食糟发面团，桂花东酒[1]。鲜果品类甚繁，而最美者，莫过葡萄，圆大而紫色者为玛瑙，长而白者为马乳，大小相兼者为公领孙，又有朱砂红、棣棠黄、乌玉珠等类，味俱甘美。其小而甜者为琐琐葡萄，性极热，能生发花痘。至于市街小儿叫卖小而黑者，为酸葡萄，品斯下矣。又柿出西山，大如碗，甘如蜜，冬月食之，可解炕煤毒气。白露节蓟州生栗初来，用糖沙拌炒，乃都门美品，正阳门王皮胡同杨店者更佳[2]。其余清新果品，如苹婆、槟子、葡萄之类，用巨瓷瓮藏贮冰窖，经冬取出，鲜美依然[3]。（《帝京岁时纪胜》，第三十一页，时品）

【注释】

〔1〕稍麦：一种面制包馅的笼蒸点心。其外形束折如花，皮薄馅嫩，和中国南方地区的传统小吃"烧卖"外形类似，但是所用馅料不同。后来稍麦又写作"烧麦""烧卖""稍美""稍梅""烧梅"或"稍卖"等。

桂花东酒：即桂花陈酒，在中国已有三千多年的酿造历史。

〔2〕白露节：白露是二十四节气中的第十五个节气，时间点在公历每年9月7日到9日，农历的七八月，太阳到达黄经一百六十五度，气候特点是气温迅速下降、绵雨开始。

王皮胡同：王皮胡同位于今北京大栅栏地区的东部，俗称"王八胡同"，起于前门大街止于煤市街，东西走向，北面是大齐家胡同，南面是蔡家胡同。

〔3〕槟子：落叶乔木，为苹果树的一种，是苹果与沙果的杂交种。槟子比苹果小，成熟的时候为紫红色，味酸甜。

是月，都城当诸角头，市中设瓜果，香水梨、银丝枣、大小枣、栗、御黄子、苹婆、奈子、红果子、松子、榛子诸般时果发卖，宣徽院起解西瓜等果等时蔬，北上迎接大驾还宫[1]。（《析津志》，见《日下旧闻考》卷一百四十八，第四页）

【注释】

〔1〕角头：角落，偏僻的地方。

起解：地方政府将钱、粮等物解送上级政府。

大驾：皇帝出行，仪仗队之规模最大者为大驾，泛指天子的车驾，也作皇帝的代称。

京师八月秋社，各以社糕、社酒馈送，贵戚宫院，切肉和蔬果铺于饭上，谓之"社饭"。人家妇女皆归外家，姨舅辄以新葫芦贻之，云"宜外甥"。(《自得语》，见《日下旧闻考》卷一百四十八，第五页[1])

【注释】

[1]《自得语》：书名。该书现已不存。

八月果品最全，瓜类则有枕头瓜、小子黄皮瓜、青皮红瓤瓜。蒲桃类，有玫瑰香、水公孙、兔儿粪、紫玛瑙、白蒲桃、长蒲桃、圆蒲桃。梨类，鸭子梨、白梨、金星白梨、鸭广梨、水白梨、棠梨、小金坠子。石榴类，有红白紫粉四色，独以安石榴为最佳，白色多酸，则不贵矣。苹果类则红苹果、青苹果、黄苹果、沙果、闻香果、香槟、酸槟、李子、红果、来禽、白海棠。柿子类有盖柿、杵头柿、佛手柿。枣类有长枣、白枣、小枣、缨络枣、大白枣、嘎嘎枣、酸枣。藕有白花藕、红花藕、菜藕、秋莲房、鸡头（即芡实米）、秋水红、菱芡、南荸荠。栗子有魁栗、版栗、颖栗及大落花生、小落花生。(《帝京岁时纪胜笺补》，稿本)

九月

总述

　　粤稽重九，凤尚登高，菊酒花糕，迄仍旧贯[1]。此九月之所以得擅胜场，而名篇佳话之所由叠著也[2]。北平历作鸿都，讵容例外。前代凡值是日，士夫雅集，率在陶然亭上，居民揽胜，则往往多萃法塔一寺，后以塔久失修，登临者遂乏其人[3]。而五六年前，塔麓陈风车、售食品之摊贩犹众[4]。余在髫龄，固尝低徊不忍去也[5]。

【注释】

〔1〕重九：即重九节、重阳节。参见注重阳。

　　旧贯：旧制度；旧办法；原来的样子。

〔2〕叠：重复，累积。

〔3〕陶然亭：清代名亭，位于今北京南二环陶然桥西北侧，慈悲庵等建筑也坐落于此。陶然亭为北京名胜，素有"都门胜地"之誉。

　　法塔：即法塔寺、法藏寺，为古代北京城著名大庙，位于今北京东城区幸福东街南端铁道西侧，始建于金世宗大定年间（1161—1189），初称"弥陀寺"，因寺中建有砖塔一座，故俗称"白塔寺"或"法塔寺"。因年久失修，清代时大部分建筑坍毁，独存法塔。该塔中空，内设旋梯可以登临，每年农历九月初九，京城各界人士络绎不绝来此登塔远眺。1958年，该塔被拆除。

〔4〕塔麓：塔的脚下。

〔5〕髫龄：童年，幼年。髫，儿童蓄积在额头上的弯曲下垂的头发。

　　寺一名法藏，夕照寺居其东北，万柳堂峙其正东，而家君子手创之袁督师庙，实横厥东南，互为犄角[1]。庙之南，张园在焉。张园者，位左安门里，亦家君子所筑。三亩幽林，鸣禽上下，藤萝叠架，曲苑回环[2]。其间自家君子生圹之外，洁室数楹，足资憩息，厅事所供，半属禅榻经卷[3]。此则家君子晚所

耽悦也[4]。十年以来，每遇重阳，都人士之由法塔寺返者，多信步游夕照、万柳诸胜，而我粤同乡，则并瞻谒袁庙，浏览张园，风谊攸存，小子不可以弗识也[5]。

【注释】

〔1〕法藏：即法藏寺、法塔寺。参见注法塔。

夕照寺：北京城寺庙，位于今北京广渠门大街中街。夕照寺坐北朝南，由山门、大雄宝殿、大悲殿、方丈院、后院砖塔等组成，其山门殿上有石额，上题"古迹夕照寺"。

万柳堂：此处指今北京东城区的万柳堂。此万柳堂在广渠门内崇文门外，为清朝大学士冯溥（1609—1691）的别墅。冯溥对此地加以改造，挖土成山，蓄水为池，建起房屋，种上各种花草，修上围墙，外面植上万株杨柳，排列成行，起名"万柳堂"。

峙：稳固地、高高地立起。

〔2〕幽林：幽深茂密的树林。

曲苑：道路弯曲幽深的园林。

〔3〕生圹：生前预造的坟墓。

厅事：私人住宅的堂屋。

禅榻：禅床，供僧人坐禅之用。

〔4〕耽悦：喜好，深爱，甚喜。这一词语最初的记载见范晔所撰《后汉书·种暠传》。

〔5〕信步：漫步，随意行走。

瞻谒：朝见。

袁庙：即袁督师庙。参见注袁督师庙。

风谊：风操；节操；情谊。

攸：久远，长远。

小子：昵称男性同辈之年轻者或晚辈。

入民国来，登城辄有禁令，比岁正阳门楼，以解禁故，重阳一到，恒不少士女出入。后门鼓楼，攀登亦众。喜幽邃者，且多莅北海公园，而陶然亭畔，则少数主持风雅者外，游者盖寡，其为盛也，已逊曩时。

重阳既述，群书复详。其豪富赛马，皇王赐宴，与夫宫苑例规，觚棱既已同梦，吾更无庸赘词[1]。九花山子，九花塔，则俗无新旧，布景者岁有其人，巧样翻新，今或胜昔也[2]。天宁寺、龙爪槐以及西山八刹诸境，胥于是月有关，此固人所共游，各书亦自可考[3]。

〔1〕庸：需要。

赘：多余的，多而无用的。

〔2〕九花山子：九花，菊花的别名。因菊花在农历九月开花，故名"九花"。在农历九月初九重阳节，人们将几百盆菊花堆积在架子上，望之如山，称"九花山子"。

九花塔：在农历九月初九重阳节，人们将几百盆菊花堆积在一起，四面堆积者，称"九花塔"。

〔3〕龙爪槐：地名，具体位置待考。

西山八刹：即北京西山八大处。参见注翠微山。

女儿节迎食花糕，是本北平故习，抑乃人情所寄，此俗即遍四境，又安见其不可[1]。皮贾占晴，或不止北平若是，例之所在，未易破除，借斯以事饮宴，亦固联欢之道也。然必依晴雨，卜值低昂，则是否无稽，吾诚不敢必之矣[2]。或者，生物气候，理互牵连，天人一贯之间，究有其可以前知者耶[3]？

【注释】

〔1〕安：疑问代词，怎么，哪里。

〔2〕低昂：起伏；时高时低。

〔3〕天人一贯：即天人合一，天与人的和谐一致。这是中国哲学史上一个非常重要的命题。

彰仪门外财神庙香火，今已渐衰，几无人知，四乡居民，间或有前往拈香者。霜降听夜八出，灯火结伴，煞有以烛照升平。今也，驰逐什一，啖饭为难之不暇，又奚暇及斯闲乐[1]。

【注释】

〔1〕驰逐：奔驰追赶。

什一：十分之一。

统此一月，诸家所记杂事，若者可行，若者必忌，若者当制，若者宜尝。今兹或留或去，固已罄量而书；惟《酌中志》既曰"糊房窗"，《岁时纪胜》又云"不糊窗"[1]。此虽小故，或亦明清异俗欤。仅阅一代，抵触已呈，若更骛远，则即此一事，其他无待蔡蓍，迁变已谂矣[2]。斗鹌鹑之俗，无间何乡。而菊种之繁，则非第此月菁英，抑又以北平为压卷矣[3]。

【注释】

〔1〕《岁时纪胜》：即《帝京岁时纪胜》。参见注《帝京岁时纪胜》。

〔2〕骛：深远，遥远。

蔡蓍：蓍，多年生草本植物，全草可入药，茎、叶可制香料。蔡蓍，用蓍草的茎占卜。

〔3〕菁英：精华，精英。

压卷：诗文书画中压倒其他作品的最佳之作。此处指菊花种类最多之地。

是月梨园有九皇之会，初一以逮初九，其会期也[1]。故例，伶必持斋，会必于松柏庵[2]。今则移樱桃斜街梨园公会[3]。届时，伶人有作道装，焚香诵《九皇经》者[4]。

【注释】

〔1〕九皇之会：汉族民间传统节日，每年农历九月间择日进行。各戏园自农历九月初一至初九日，必举行九皇会。在此期间，戏园门口高悬红纸金字之"九皇胜会"灯笼，设"九皇堂"于前台空屋或后台，桌上陈放糕点、果饼等净素供品，以祭奉翼宿星君。

〔2〕松柏庵：曾为中国戏曲界的先贤祠，位于今北京育新街北口路东，民国时在大猪营17号，建于清代，由梨园公会置买。在中华人民共和国成立之初，这里建起北京私立艺培戏曲学校，即北京市戏曲学校的前身。梅兰芳等大师曾在此授课。杨小楼、金少山等著名戏曲演员葬于此。

〔3〕樱桃斜街：位于今北京西城区南部的一条胡同。樱桃斜街走向倾斜，东南起自大栅栏西街，稍有弯曲，西南到达堂子街。明朝时，这里有羊毡作坊，故称"杨毡胡同"，乾隆年间改称"樱桃斜街"，沿用至今。1928年，叶春善、王长林、侯喜瑞等人发起成立"北平梨园公益会"，会址即设在此。1936年，这一组织又改组为"北平梨园公会"，会址仍设在樱桃斜街，推选杨小楼、梅兰芳、余叔岩、于连泉、王又宸、高庆奎等人为理事。

〔4〕道装：道教徒的装束和打扮。

《九皇经》：道教经典，其内容为北斗九星信仰及相关宗教仪式。

一日

初一日起，吃花糕。（《酌中志》卷二十，第七页）

四日

宫眷内臣，自初四日，换穿罗重阳景菊花补子蟒衣。（《酌中志》卷二十，第七页）

九日

九月重九日，天子率群臣部族射虎，少者为负，罚重九宴。射毕，择高地卓帐，赐蕃汉臣僚饮菊花酒。兔肝为臡，鹿舌为酱，又研茱萸酒，洒门户以祓禳[1]。（《辽史》卷五十三，第十四页）

【注释】

〔1〕臡：带骨的肉酱。

茱萸：又名"越椒""艾子"，是一种常绿带香的植物，开小黄花，其果实椭圆形，红色，味酸，可入药，具备杀虫消毒、逐寒去风的功能。

祓：消灾除病之祭。

九日重阳节，驾幸万岁山或兔儿山、旋磨山登高，吃迎霜麻辣兔，饮菊花酒[1]。（《酌中志》卷二十，第七页）

【注释】

〔1〕驾：此处指帝王所乘的车，亦用为帝王的代称。

迎霜麻辣兔：即迎霜兔，指白兔，重阳宴会上所食之兔。

九月九日，载酒具、茶炉、食榼，曰"登高"[1]。香山诸山，高山也；法藏寺，高塔也；显灵宫、报国寺，高阁也[2]。释不登，赁园亭，闾坊曲，为娱耳。面饼种枣栗，其面星星然，曰"花糕"。糕肆标纸彩旗，曰"花糕旗"。父母家必迎女来食花糕，或不得迎，母则诟，女则怨诧，小妹则泣，望其姊姨，亦曰"女儿节"[3]。（《帝京景物略》卷二，第四十五页，春场九）

〔1〕垆：一种小口的盛酒瓦器。

〔2〕显灵宫：明清北京城著名道观，位于今北京兵马司胡同。显灵宫始建于明成祖永乐年间，初名"天将庙"，庙中供奉萨真人和王灵官二神。明宣宗宣德年间（1426—1435），改为火德观。明宪宗成化年间，改称"大德显灵宫"，规模也得到扩大。明后期显灵宫毁于大火，清高宗乾隆十二年（1757）重修。现大部分建筑已不存。

报国寺：即慈仁寺。参见注慈仁寺。

〔3〕诟：耻辱，辱骂。

九月九日，载酒具、茶炉、食榼，寻园榭丘阜为娱，曰"登高"。面饼嵌枣栗为花糕。父母家必迎女归，亦曰"女儿节"。（《大兴县志》，传抄本）

九月各道院立坛礼斗，名曰"九皇会"，自八月晦日斋戒至重阳，为斗母诞辰[1]。献供演戏，然灯祭拜者甚胜。供品以鹿醢东酒、松茶枣汤，炉焚茅草、云蕊真香[2]。（《帝京岁时纪胜》，第三十二页，九月九皇会）

【注释】

〔1〕立坛礼斗：立坛祭祀北斗。

〔2〕东酒：以粮食为原料的发酵酒，酒精度低，营养丰富。

松茶：主要成分包括绿茶、菊花、淡竹叶和金银花。松茶常用于清热解毒、治疗温病发热、热毒血痢等症，亦用于风热感冒、支气管炎等病症。

京师重阳节，花糕极胜，有油糖果炉作者，有发面累果蒸成者，有江米黄米捣成者，皆剪五色彩旗以为标帜，市人争买，供家堂、馈亲友[1]。小儿辈又以酸枣捣糕、火炙脆枣、糖拌果干、线穿山楂，绕街卖之。有女之家，馈遗酒礼，归宁父母，又为"女儿节"云。染铺赈济饥贫，哄然如市[2]。（《帝京岁时纪胜》，第三十二页，重阳）

【注释】

〔1〕黄米：黍去皮之后称黄米。参见注黍。

〔2〕赈济：用财物救济。

哄然：吵吵嚷嚷的叫喊声。

重阳日，北城居人，多于阜成门外真觉寺五塔金刚宝座台上登高；南城居人，多于左安门内法藏寺弥陀塔登高[1]。考真觉寺建于明成祖，因番僧版的达入贡金佛五躯、金刚宝座规式，封以国师，赐居此寺[2]。宪宗九年，准式建宝座，累石台高五丈，藏级于壁，蜗旋而上[3]。台列石塔五，各二丈，塔刻梵字、梵宝、梵花，塔前《成化御制碑记》[4]。法藏寺旧名弥陀寺，金大定中立，明景泰二年重建，更名"法藏寺"，有祭酒胡濙、沙门道孚二碑[5]。道孚，戒坛第一代戒师，世人称"鹅头祖师"者也。北地多风，故塔不能空，无可登者，法藏寺弥陀塔独空，其中可登。塔高十丈，窗八面，窗置一佛，凡五十八佛，佛舍一灯。岁上元夜，寺僧燃灯绕塔奏乐，金光明空，乐作天上矣。（《帝京岁时纪胜》，第三十三页）

【注释】

〔1〕真觉寺五塔金刚宝座台：参见注五塔金刚宝座台。

法藏寺弥陀塔：参见注法塔。

〔2〕明成祖：即明成祖朱棣（1360—1424），为明朝第三位皇帝，年号永乐，故后人称其为"永乐皇帝"。朱棣生于应天府，明初被封为燕王。建文帝朱允炆即皇帝位后，极力采取措施提防和牵制朱棣。朱棣后发动"靖难之役"，起兵攻打建文帝。1402年，朱棣取胜，在南京登基称帝，改年号为永乐。永乐十八年（1420），朱棣迁都北京。他在位期间，社会经济繁荣、国力强盛，史称"永乐盛世"。朱棣死后谥号"体天弘道高明广运圣武神功纯仁至孝文皇帝"，葬于明长陵，庙号为成祖。

金刚宝座规式：这一规式起源于印度，其造型象征着礼拜金刚界五方佛。

国师：中国历代帝王给予佛教徒中一些学德兼备的高僧的称号。

〔3〕宪宗：此处指明宪宗朱见深（1447—1487）。朱见深，初名朱见浚、朱见濬，系明英宗朱祁镇的长子，母亲为孝肃皇后周氏，为明朝第八位皇帝，以成化（1465—1487）为年号，因此又被称为"成化皇帝"，去世后葬在明十三陵中的茂陵。宪宗九年即明宪宗在位的第九年、成化九年，相当于公元1473年。

蜗旋：螺旋。

〔4〕梵：梵文为古印度书面语，故对印度等地的事物常冠以"梵"字，以示与中华有别。佛经原用梵文写成，故凡与佛教有关的事物皆称"梵"。

〔5〕大定：金世宗完颜雍在位期间（1161—1189）所用年号，共计二十九年。

景泰二年：景泰，明代宗朱祁钰在位期间（1450—1456）所用年号，共计七年。景泰二年，即公元1451年。

祭酒：古代学官名，西晋武帝咸宁四年（278）设，以后历代多沿用，为全国最高学府国子学或国子监的主管官员。

胡濙（1375—1463）：明代重臣、文学家、医学家。胡濙，字源洁，号洁庵，武进（今江苏武进）人，生而发白，满月乃黑，是明宣宗朱瞻基信任的"托孤五大臣"之一。他官至礼部尚书、太子太师，著有《卫生易简方》《芝轩集》《律身规鉴》等。

乡民于重阳日、十三日望雨，则不致冬旱，谚云："重阳无雨看十三，十三无雨一冬干。"（《帝京岁时纪胜》，第三十四页，占雪）

重阳前后，设宴相邀，谓之"迎霜宴"。席间食兔，谓之"迎霜兔"。好事者列菊花数十层于屋下，前者轻，后者轩，望之若山坡，五色灿烂，环围无隙，名曰"花城"。（《陈琮诗注》，见《日下旧闻考》卷一百四十八，第六页）

九月，车驾还都，初无定制，或在重九节前，或在节后，或在八月。宫中菊节，自有常制，驾至大内下马大茶饭者浃旬[1]。（《析津志》，见《日下旧闻考》卷一百四十八，第六页）

【注释】

[1]浃旬：一旬，十天。

九月九日，都中以面为糕馈遗，作重阳节。亦于阛阓中笐笑芦席叫卖，如七夕、午节[1]。市人又多以小扛车上街沿叫卖。士庶官员亦以追节为重，往还燕礼如常故事[2]。（《析津志》，见《日下旧闻考》卷一百四十八，第六页）

【注释】

[1]笐：同"箍"，指以箍束物。

芦席：用芦苇编成的席子。

[2]燕礼：燕，通"宴"。燕礼是古代汉族贵族在政余闲暇之时，为联络与下属的感情而宴饮的礼仪。

重九日，敕赐百官花糕宴。（《燕都游览志》，见《日下旧闻考》卷一百四十八，第六页）

九日集无定所，而阜成门外真觉寺金刚宝座，游人为多。市上卖糕人，头带吉祥字。霜降后斗鹌鹑，笼于袖中，若捧珍宝。（《北京岁华记》，见《日下旧闻考》卷一百四十八，第六页）

重阳时，以良乡酒配糟蟹等而尝之，最为甘美[1]。良乡酒者，本产于良乡，近京师亦能造之，其酒味醇，饮之舒畅，但畏熟不能过夏耳[2]。鸭儿广，梨属，形如木瓜，色如鸭黄，广者，黄之转音也[3]。柿子、山里红，其用尤多，皆京师应序之物也[4]。（《燕京岁时记》，第四十九页，糟蟹、良乡酒、鸭儿广、柿子、山里红）

【注释】

〔1〕良乡：地名，位于今北京西南二十公里，相当于今北京房山区，是北京的西南门户。

糟蟹：用酒糟加上盐或其他调味品腌制，再经烹烧而成的蟹。

〔2〕醇：酒味厚、纯正。

〔3〕鸭儿广：中国稀有梨树品种之一，主要分布于永定河流域冲积或风积形成的沙质土上。其果实圆形，皮较粗糙，土黄色，有棕色斑点，味甜带酸，多汁。

〔4〕山里红：又名红果，蔷薇科落叶小乔木，高六至八米，是果树，也是观赏植物。

京师谓重阳为九月九，每届九月九日，则都人士提壶携榼，出郭登高。南则在天宁寺、陶然亭、龙爪槐，北则蓟门烟树、清净化城，远则西山八刹[1]。赋诗饮酒，烤肉分糕，洵一时之快事。（《燕京岁时记》，第四十二页，九月九）

【注释】

〔1〕蓟门烟树：今北京西直门以北的元大都城墙遗址西段。这段城墙为夯土构建。"蓟门烟树"在金代被称为"蓟门飞雨"，至明代始称今名，位于德胜门外土城。相传此处是古蓟门遗址，当年树木荫郁，花草茂盛，为古人郊游之胜地。元末，明军攻陷大都后，将元大都北侧城墙南移五里，"蓟门飞雨"所指一段城墙遂遭荒废，在夯土城墙的遗址上树木生长，遂称"蓟门烟树"。乾隆帝御书《蓟门烟树碑》也位于此地。但有学者认为蓟门烟树指的是古蓟州城门附近的树林，目前的蓟门烟树是乾隆年间考证错误的结果。

清净化城：即清净化城塔，系北京名寺西黄寺最辉煌、最引人注目的建筑，也是西黄寺名扬于世的主要标志。参见注黄寺。

钓鱼台，在阜成门外三里许，有行宫一所，南向。每届重阳，长安少年，多于此处赛马，俗称曰"望海楼"。（《燕京岁时记》，第四十二页，钓鱼台）

花糕有二种：其一以糖面为之，中夹细果，两层三层不同，乃花糕之美者。其一烝饼之上，星星然缀以枣栗，乃糕之次者也。每届重阳，市肆间预为制造，以供用。（《燕京岁时记》，第四十七页，花糕）

九花者，菊花也。每届重阳，富贵之家以九花数百盆，架庋广厦中，前轩后轾，望之若山，曰"九花山子"，四面堆积者曰"九花塔"[1]。（《燕京岁时记》，第四十七页，九花山子）

【注释】
〔1〕庋：搁放器物的木板和架子。

九月初九日，游法藏寺，登浮图，齐化门外土城登高。（《天咫偶闻》卷十，第十三页）

九月初九日为重阳节，居人率多提壶携榼，出郭登高，如钓鱼台、陶然亭、龙爪槐、天宁寺、蓟门烟树、清净化城，以及西山八大刹等处，皆游观之所也。居民多食羊肉火锅，又食花糕。盖以麦粉为糕，置枣栗糖果于上者也。父母必迎其出嫁之女同食之，故亦曰"女儿节"。（《北京指南》第二编，礼俗，第七页）

三十年前，北京居民，每届重九日，有登高之举。富贵家庭及素以风雅自命之人，届期即预备酒席，携赴天宁寺或碧云寺登高远眺，爽豁胸襟，兴会之余，或清唱高歌，或吟咏倡和[1]。至贫民，虽无多钱，倘遇天气晴明，亦不多虚度，所谓穷人自有穷人乐也。于是相约赴郊外之土城（北京东北两郊，距城约三里余，均系极长之土邱，传闻系辽时城垣遗基），择其高处登之，并有携带燔炙肉类之炊具，及烧饼、烧酒等项，临时充餐者，近年则少见也[2]。（《旧京风俗志》，稿本）

〔1〕倡和：即唱和，参见注唱和。

〔2〕邱：同"丘"。

城垣：中国古代围绕城市的城墙。

九月九日登高，此风行之最久。前清帝王、皇后、妃嫔登高系在御花园之东堆秀山，山上有一亭名"御景亭"[1]。登高于此，北望可见景山及神武门楼，西望可见西山，东南望为皇宫[2]。王公百官则在家中园亭假山之上，或到西山，或至积水滩之汇通祠，祠在小山之上，山之北有五音坠星石一，玲珑体透[3]。法藏寺塔年久失修，近年往登者少。光绪间登高者，多至城上，庚子后，禁人上城，不能至此登高矣[4]。民国以来，多上景山及午门楼上，又可上正阳门楼、钟楼、鼓楼[5]。自北海开放，多改上白塔矣[6]。（《帝京岁时纪胜笺补》，稿本）

【注释】

〔1〕御花园：此处指北京紫禁城内的御花园。御花园位于紫禁城中轴线上，坤宁宫后方，在明代称为"宫后苑"，清代称"御花园"。这座花园始建于明成祖永乐十八年（1420），以后曾有增修，现仍保留初建时的基本格局。

堆秀山：明代称"堆绣山"，乾隆年间改名"堆秀山"，位于北京紫禁城御花园中东北部、钦安殿后东北侧，背靠着高大的宫墙，腾空而立，精巧秀雅。堆秀山为一座人工假山，整座山完全由奇形怪状的石块堆砌而成，堆山匠师们称这种手法为"堆秀式"，因此得名。

〔2〕景山：即万岁山。参见注万岁山。

神武门楼：北京紫禁城的北门。神武门始建于明成祖永乐十八年（1420），初名"玄武门"，取古代"四神"（东青龙、南朱雀、西白虎、北玄武）中的玄武，代表北方之意，后因避清康熙皇帝玄烨的名讳，改名"神武门"。神武门内设钟鼓，与鼓楼相应，用以起更报时。但皇帝居宫中时，神武门上的钟不鸣。神武门的城台开有三门，帝后走中间正门，嫔妃、官吏、侍卫、太监及工匠等均由两侧的门出入。清代选秀女，皇室将嫔妃迎入宫中均走此门。

皇宫：此处指北京紫禁城。紫禁城为明清两代的皇宫。

〔3〕坠星石：陨石。

玲珑体透：即玲珑剔透，多用来形容器物精致透明，结构细巧。

〔4〕城：此处指城市四周的城墙。

〔5〕午门楼：即五凤楼。参见注五凤楼。

钟楼、鼓楼：此处指北京城的钟楼和鼓楼。钟鼓楼是坐落在北京城南北中轴线北端的一组古代建筑，位于今北京东城区地安门外大街北端，为元、明、清三代都城的报时中心。

〔6〕白塔：此处指北海白塔，位于今北京北海公园琼华岛上，建于清世祖顺治八年（1651），是一座藏式喇嘛塔。

京中皮货店，岁必占重阳晴雨，是日晴，则皮货贵，是日雨，则皮货贱。晴则铺长请伙纪，雨则伙纪请铺长，此皮货店之规例也[1]。（《帝京岁时纪胜笺补》，稿本）

【注释】

〔1〕铺长：店铺的老板。

伙纪：即伙计，雇员。

十五日

财神庙在彰仪门外，每至九月，自十五日起，开庙三日，祈祷相属，而梨园子弟与青楼校书等为尤多，士大夫之好事者，亦或命驾往观焉。彰仪门即广安门也。（《燕京岁时记》，第四十九页，财神庙）

霜降

帝京园馆居楼，演戏最胜，酬人宴客，冠盖如云，车马盈门，欢呼竟日[1]。霜降节后，则设夜座，昼间城内游人散后，掌灯则皆城南贸易归人，入园饮酌，俗谓"听夜八出"，酒阑更近乃归[2]。散时主人各赠一灯，哄然百队，什五成群，灿若列星，亦太平景象也[3]。（《帝京岁时纪胜》，第三十五页，夜八出）

【注释】

〔1〕冠盖如云：形容官吏到来很多。这一成语最初的记载见东汉班固所撰《西都赋》。

车马盈门：车子充满门庭，比喻宾客很多。这一成语最初的记载见明朝谢谠所作《四喜记·乡荐荣欢》。

〔2〕掌灯：举灯，点灯。

酒阑：酒宴结束。

〔3〕什：以十为一个单位。

杂事

是月也，糟瓜茄，糊房窗，制诸菜蔬，抖晒皮衣，制衣御寒。（《酌中志》卷二十，第七页）

九月，御前进安菊花。（《酌中志》卷二十，第七页）

秋日家家胜栽黄菊，采自丰台，品类极多，惟黄金带、白玉团、旧朝衣、老僧衲为最雅。酒垆茶肆，亦多栽黄菊，于街巷贴市招曰"某馆肆堆菊花山可观"。（《帝京岁时纪胜》，第三十四页，赏菊）

都人结伴呼从，于西山一带看红叶，或于汤泉坐汤，谓菊花水可以却疾[1]。又有治肴携酌，于各门郊外痛饮终日，谓之曰"辞青"。（《帝京岁时纪胜》，第三十四页，辞青）

【注释】
〔1〕汤泉：温泉。
汤：古代指热水。

膏粱子弟好斗鹌鹑，千金角胜，夏日则贮以雕笼，冬日则盛以锦囊，饲以玉栗，捧以纤手，夜以继日，毫不知倦[1]。（《帝京岁时纪胜》，第三十五页，斗鹌鹑）

【注释】
〔1〕膏粱子弟：膏粱，肥肉和细粮，泛指美味的饭菜。膏粱子弟指代富贵人家过惯享乐生活的子弟。这一成语最初的记载见唐颜师古所撰《＜急就篇注＞叙》。
雕笼：雕刻精致的鸟笼。
玉栗：栗的美称。

霜降后腌菜，除瓜茄、芹芥、萝卜、擘蓝、箭干白、春不老之外，有白菘菜者，名"黄芽菜"，乃都门之极品，鲜美不减富阳冬笋，又出安肃者，每棵重至数

十斤，为安肃黄芽菜，更佳[1]。（《帝京岁时纪胜》，第三十五页，腌菜）

【注释】

〔1〕芥：即芥菜，为一年或二年生草本植物，种子黄色，味辛辣，磨成粉末，称"芥末"，作调味品。

擘蓝：俗称苤蓝，又称球茎甘蓝，十字花科，二年生草本植物，中国北方栽培较多。

箭干白：学名菜薹，又称菜心、菜花，起源于中国南部，由易抽薹白菜品种经长期选择优化栽培而来，是中国的特产蔬菜之一。

春不老：紫金牛科木本植物，别名山猪肉、兰屿紫金牛、东方紫金牛。

白菘菜：白菜。

富阳：地名，相当于今浙江杭州富阳区，位于今杭州的西南面。

安肃：地名，相当于今河北徐水。

九月不迁徙，不糊窗棂，以菊花叶贴户牖，解除凶秽以招吉祥。不浣缉被褥，恐犯九女星，则育女多，不宜男矣[1]。（《帝京岁时纪胜》，第三十三页，禁忌）

【注释】

〔1〕浣缉：清洗缝补。

九女星：主育女之神。

萸囊辟毒，菊叶迎祥，松榛结子，韭菜开花，新黄米包红枣作煎糕，荞麦面和秦椒压合酪，板鸭清煮，嫩蟹香糟，草桥荸荠大于杯，卫水银鱼白似玉[1]。（《帝京岁时纪胜》，第三十六页，时品）

九月

杂事

《北平岁时志》注释

老北京岁时风物

308

【注释】

〔1〕萸囊：盛茱萸的袋子。旧俗重九登高饮酒，人们多佩带萸囊。

秦椒：辣椒中的佳品，素有"椒中之王"的美称。秦椒具有颜色鲜红、辣味浓郁、体形纤长、肉厚油大、表面皱纹均匀等特点。

合酪：又叫饸饹、河漏，各地方言发音不同，是将豌豆面、莜麦面、荞麦面或其他杂豆面和软，用饸饹床子（一种木制或铁制的有许多圆眼的工具），把面通过圆眼压出来，形成小圆条，比一般的面条要粗些。

香糟：一种烹调方法，指用酒糟腌制食物。

卫水：古水名，源出河北灵寿（今河北正定）东北，在灵寿以下即称滹沱。

皮客于九月晦，聚众商洽酌陈肴，候至三更交子，则为冬朔，望西北风急烈，则卜冬令严寒，皮草得价，交相酬酢，尽欢达旦[1]。（《帝京岁时纪胜》，第三十六页，占风）

【注释】
〔1〕朔：始。
皮草：利用动物的皮毛所制成的服装，具有保暖的作用。狐狸、貂、貉子、獭兔和牛、羊等毛皮兽动物，都是皮草原料的主要来源。

九月登高，花儿市访菊，城墙下观八旗操演，妇女簪挂金灯，九月归宁[1]。（《郎潜纪闻》卷十二，第五页）

【注释】
〔1〕花儿市：地名，在今北京崇文门外以东。
簪挂：簪花挂彩。

京师之菊种极繁，有陈秧、新秧，粗秧、细秧之别。如蜜连环、银红针、桃花扇、方金印、老君眉、西施晓妆、潇湘妃子、软鹅翎管、金管、灯草管、紫虎须、灰鹤翅、平沙落雁、杏林春燕、朝阳素软、金素青山、盖雪朱砂、盖雪白鹤、卧雪青、莲子青、河莲朱瓣、湘莲玉池、桃红玉笋、长玉春晓、宝刹浮图、落红万点、泥金万点、藕色霓裳、茄蓝袈裟等，皆陈秧中之细种也[1]。如大红宝珠、金连环、金霞环、大金葵、渗金葵、金盘献露、金毛狮子、金凤翎、紫凤舒翎、紫凤双叠、紫龙开爪、紫蟹爪、真紫钩、徐家紫、黄鹤毛、鹭鹤毛、苍龙须、苍龙训子、云龙焕彩、二色莲、三季秋荷、映日荷花、旱地金莲、芙蓉秋艳、玉扇银针、紫松针、水红针、玉匙调羹、粉屏白牡丹、紫牡丹、粉牡丹、星光在水、枫林落照、夕阳斜照、鸦背夕阳、晓天霞、蓝翎九等，皆陈秧中之粗种也。如银虎须、墨虎须、朱墨双辉、金卷朱砂、金凤含珠、凤梧添线、汉宫春晓、浣花溪水、天半朱霞、秋水明霞、秋水芙蓉、汉皋解佩、二乔争艳、天女散花、桃花人面、鸟爪仙人、黄鹤仙人、羔裘大夫、仙人掌、醉太白、南极仙翁、文经武纬、凤管鸾笙、洋蝴蝶、羚羊拴角、香白梨、金如意、水晶如意、沉香贯、一斛珠、碧玉搔头、黄绣珠、珊瑚钩、金带风飘、慈云点玉、慈云万点、柳线垂金、重阳居住等，皆新秧中之细种也。如金佛座、金钩拴玉、金边大红、玉堂金马、紫绶金章、紫袍金带、紫电青霜、绿柳黄鹂、杨妃醉舞、西施粉、六郎面、墨麒麟、鹦哥抱子、蜜蜂窝、全家欢乐等，皆新秧中之粗种也[2]。共一百三十三种，皆予所记忆者，其余新陈粗细之类，尚有二百余种。(《燕京岁时记》，第四十七页，九花山子)

【注释】

〔1〕霓裳：同霓衣，霓虹做成的衣服，多以形容仙人所穿的服装，也指五彩薄细如虹霓的衣服。此处借用霓裳命名菊花。

袈裟：即袈裟，指缠缚于僧人身上之法衣，又作莲服、袈裟野、迦逻沙曳、迦沙、加沙。

〔2〕绶：本义为丝带，古代用以系佩玉、官印等。绶带的颜色常用以标志不同的身份与等级。

北京种菊，昔年只有马家场杨宅、东交民巷徐宅，花最出名[1]。彼时专以矮秧大花多叶为上。花时，请客宴赏，能绘者为花写照，能诗者为花题词，装成册页，收藏之。民国以后，种菊者与前不同，时尚高柯，花以繁多为盛，且多新奇之种，但非中国之产，闻皆来自东洋[2]。近年改建温室，玻璃为屋，菊花置于其中，亦能结子，花时经蜜蜂采蕊，媒孽其间，花子结成，便改新种。菊花最喜苦水，故北京之菊，叶色深碧，苦水之故也。(《帝京岁时纪胜笺补》，稿本)

【注释】

〔1〕东交民巷：地名，参见注交民巷。

〔2〕柯：草木的枝茎。

东洋：日本。由于日本地处中国东面的海洋上，故中文又称其为"东瀛"或"东洋"。

游西山看红叶枫林之外，尚有梨杏，故霜叶之红，与夕阳相映，天然景物，有如东海樱花[1]。(《帝京岁时纪胜笺补》，稿本)

【注释】

〔1〕东海：此处指日本。

九月半，家家腌菜，其法每白菜百斤，用盐六斤，花椒四两，若是蔓荆，或芥子头，每百斤用盐七斤，花椒三四两。因作雷震疙瘩，须将芥子晾干，其中再加入炒熟之花椒盐末，复入瓷罐封固，俟至明年三月中，闻雷声开罐取食，其味甘而不咸，脆而不疲，虽存至二三年，如不去泥封，愈久愈佳。芥心之中，能变为琥珀色者，食之滋味更佳，比街上各酱园所卖者大不相同，然非人家自制者不可也[1]。腌菜有禁忌，如人家有丧事，例不腌菜，妇女月经期，不许腌菜。室女不令为之，以盐水粗手，便不能紫绒线活计，此则大户人家规矩，若小户自须作菜作饭者，便不能如此矣，但是绒线活计，小户人家亦无学作者[2]。（《帝京岁时纪胜笺补》，稿本）

【注释】

〔1〕酱园：制作和出售酱菜、面酱等的作坊、店铺。

〔2〕室女：未婚女子。

时品近年九月增出者，有黄花鱼、海带鱼、蛎子、瓦楞子。菜类则琇球白菜、张家口之苤蓝、洋菜花。果类则为山东之莱阳梨，南方之橘、柚、橙、香蕉、青果、甘蔗，北山之海棠果、山查果、白梨、酸梨、杜梨、节梨[1]。（《帝京岁时纪胜笺补》，稿本）

【注释】

〔1〕莱阳：地名，山东东部沿海城市，因独有的气候土壤条件而特产"莱阳梨"。

山查果：即山楂果。

十月

总述

在昔十月颁历，诚属一年重典，北平本上都所在，为政令所从出，缅兹十月，敬授民时，其重益可遐想[1]。今既时移代异，则此皇皇要月，亦遂随之落寞矣。

【注释】

〔1〕缅：遥远。

朔日上冢，曰"送寒衣"，海内几至同风，北平仪礼特璨，则以万方人士，群寓是邦，乡习互通，折衷有道。盖即此一祭，而贵贱有别，旗汉有别，土著客籍，复有其别，化歧异而立准绳，庶免却临时竭蹶[1]。此北平之所以较诸他地，祀事孔烦[2]。十月朔之上冢，兹其一耳。云祊健在，述祖有心，血食所关，用昭来许[3]。不得诬以谄鬼媚神，而重予贬斥也。迄于今世，纸包袱一到傍晚，依然焚化满衢，而是日开庙，则只限江南城隍，斯盖有厥远因焉[4]。

【注释】

〔1〕旗汉：清代的旗人与汉人。

土著：一个地方的原始居民，相对于外来移民而言。

客籍：客居异乡，也指具有外地籍贯的本地居民。

准绳：本义为测定物体平直的器具，后引申为标准、准则。这一词语最初的记载见《史记·夏本纪》。

竭蹶：原指走路艰难，后用来形容经济困难。这一词语最初的记载见《荀子·儒效》。

〔2〕孔：很。

〔3〕祊：福，福气。

血食：受享祭品。古代杀牲取血以祭，故称"血食"。

〔4〕江南城隍：即江南城隍庙。参见注江南城隍庙。

下元日八旗会操，其例早汰[1]。自下元起，唪经百日，当年祈禳之盛，于以窥见。二十五日之永安寺灯鼓法螺，久告衰歇[2]。阜成门白塔寺之番僧经会，亦减往时。

【注释】

〔1〕下元日：参见注下元。

会操：会合举行军事操演。

〔2〕永安寺：北京城著名寺庙，位于今北京北海公园琼华岛南坡。清世祖顺治八年（1651），清廷在前朝废殿的基址上建起一座藏式白色喇嘛塔，并在塔前建寺。琼岛又名白塔山，此寺亦名"白塔寺"。清高宗乾隆八年（1743）重修后，更名"永安寺"。白塔立于琼华岛中心，坐北面南，为永安寺的最高点。

法螺：佛教举行宗教仪式时吹奏的一种唇振气鸣乐器，译为商、珂贝，又称为法蠃、宝螺、金刚螺、蠡、蠡贝、螺贝等，用同名软体动物"法螺"的贝壳制成。传说佛祖释迦牟尼在鹿野苑初次说法时，帝释天等曾将一支右旋白法螺献给佛祖。从此，右旋白法螺即作为吉祥圆满的象征，在佛教中广为应用。

至若调鹰斗鸡，俗本荒谬；若见猎心喜，亦旧话徒存。击贝石、蹴石球，锻体魄，却寒冷，意至善也[1]。纸鸢制就，走马灯成，玩好滋繁，半出是月；而鲜美将具，虫鸟纷陈，北平之在十月，固多足称者矣。杂事所详，诸关志实，风物载念，今幸什九犹存，吾亦笔其要略而已[2]。

【注释】

〔1〕贝石：贝类动物的硬壳。

〔2〕载：记录；描绘。

什九：十分之九，指绝大多数。

要略：大概，说明宗旨的概述。

梨园则一进是月，已入冷洞，而无甚更迭云[1]。

【注释】

〔1〕更迭：更替。

一日

十月初一日，颁历。（《酌中志》卷二十，第七页）

十月一日，纸肆裁纸五色，作男女衣，长尺有咫，曰“寒衣”[1]。有疏印缄识其姓字辈行，如寄书然，家家修具夜奠，呼而焚之其门，曰“送寒衣”[2]。新丧，白纸为之，曰“新鬼不敢衣彩”也。送白衣者哭，女声十九，男声十一[3]。（《帝京景物略》卷二，第四十六页，春场十）

【注释】

〔1〕咫：中国古代长度单位，周代指八寸，合现市尺六寸二分二厘。

〔2〕缄：封，闭。

修具：置备酒肴。

〔3〕十九：十分之九。

十一：十分之一。

十月一日，裁五色纸，作男女衣，曰“寒衣”。修具祀先，持楮锭焚之，曰“送寒衣”。或有祀于墓者。天始寒，里中父老，多捐资劝募，就寺庙施粥，施汤水，施棉衣。（《大兴县志》，传抄本）

十月朔，孟冬时享宗庙，颁宪书，乃国之大典[1]。士民家，祭祖扫墓，如中元仪。晚夕缄书冥楮，加以五彩帛作成冠带衣履，于门外奠而焚之，曰“送寒衣”。（《帝京岁时纪胜》，第三十六页，十月送寒衣）

【注释】

〔1〕孟冬：冬季的第一个月，即农历十月。

宗庙：天子或诸侯祭祀祖先的专用房屋。

宪书：历书。

十月朔上冢如中元，祭用豆泥骨朵[1]。（《北京岁华记》，见《日下旧闻考》卷一百四十八，第七页）

【注释】

〔1〕豆泥骨朵：即豆沙包。

卖靴人，以十月一日为靴生日，供具祭之，以其阴晴卜一冬寒燠。（《宛署杂记》，见《日下旧闻考》卷一百四十八，第七页）

十月初一日，乃都人祭扫之候，俗谓之"送寒衣"。（《燕京岁时记》，第四十九页，十月一）

京师居人，例于十月初一日添设煤火，二月初一日彻火，火炉系不灰木为之，白于矾石，轻暖坚固[1]。（《燕京岁时记》，第五十页，添火）

【注释】
〔1〕不灰木：主要成分为水化硅酸镁，但常夹杂石灰及氧化亚铁等物质。
矾石：矿物明矾石经加工提炼而成的结晶，外用能解毒杀虫，燥湿止痒；内用止血，止泻，化痰。

十月初一日，城隍庙厉坛，人家上冢。（《天咫偶闻》卷十，第十三页）

十月初一日为孟冬，朔日上冢，且寄寒衣。寒衣者，以五色纸剪之为衣袴，长不满尺，外有纸袱盛之，上书祖先爵秩名号及年月日，下注后裔某某谨奉，入夜呼而焚之，亦有焚于冢上者，此所以有"十月一，送寒衣"之谚也。是日南下洼城隍庙开庙一日，游人云集。（《北京指南》第二编，礼俗，第八页）

十月初一日，京俗为"鬼节"，谚云："十月一，鬼穿衣。"盖言天气渐冷，已死之人亦须穿衣也。故居民每届九月下旬，纷纷筹划送寒衣，于是纸店均利市三倍。至所焚之物，大别有三，一为包袱，系用白色毛头纸糊成约尺余见方之袋，惟上口不封，袋面用黑色印成佛经咒文，中间留有长方空白，以备填写收者之名号，下方则收者自填姓名，并书明冥衣若干，金银锭若干[1]。至所谓"寒衣"者，系用五色彩纸折叠粘糊而成，金银锭则系金银纸箔粘折而成，如金银锭形。将此两物同装包袱内，再粘封其口，陈于桌上，供以菜蔬，并煮饺饽，凡子侄辈，均须叩首致敬。下午即将包袱捧至门外，摆列地上，再奠酒三杯，先焚白纸钱数张，谓之"打发外祟"。所谓"外祟"者，为孤魂怨鬼，盖先焚此少许纸钱，诱此孤鬼抢夺而去，然后正式焚化包袱，则家鬼可收得矣。是日南下洼之江南城隍庙开庙一日，任人烧香还愿。而庙南妓女茔地上，无数妓女携带包袱祭品，至其生前姊妹坟上焚化。近年该处丛冢迁移，改建乐善里，此风渐灭矣[2]。（《旧京风

俗志》，稿本）

【注释】

〔1〕毛头纸：一种纤维较粗、质地松软的白纸，多用来糊窗户或包装，也叫东昌纸。

〔2〕乐善里：慈善机构名。

四日

初四日，宫眷内臣换穿纻丝，吃羊肉、炮羊肚、麻辣兔、虎眼等及各样细糖[1]。凡平时所摆玩之石榴等树，俱连盆入窖。吃牛乳、乳饼、奶皮、奶窝、酥糕、鲍螺，直至春二月方止[2]。（《酌中志》卷二十，第七页）

【注释】

〔1〕纻：苎麻纤维织成的布。

〔2〕鲍螺：一种牛奶制成的花式点心。

十五日

十五日下元之期，庵观寺院课经，安期起至次年正月廿五日，百日期满，夜悬天灯，黄幅大书，冬季唪经，祝国裕民，百日期场。嗜佛之家，送香烛献斋供者络绎。（《帝京岁时纪胜》，第三十七页，安期）

仰山洼在安定门外正北十里，有将台一座，每至十月十五日，八旗合操，演九进十连环，前锋、护军统领跑交冲马，已成俗例[1]。大寒之岁，兵丁有冻毙者，故非豪侠少年不能往观也。（《燕京岁时记》，第五十页，仰山洼）

【注释】

〔1〕仰山洼：地名，北京的一个洼地，位于今北京朝阳区奥运村北部。

九进十连环：清朝军队鸟枪运用的一种标准战术，由多排鸟枪士兵依次开火和装填，形成持续火力的战术。操练时放炮，一方面是助声威，另一方面是操练中的一项内容。

前锋、护军统领：前锋营、护军营的长官。参见注护军、注前锋。

二十五日

太液池之阳，有白塔，为永安寺。岁之十月二十五日，自山下燃灯至塔顶，灯光罗列，恍如星斗。诸内侍黄衣喇嘛执经梵呗，吹大法螺，余者左持有柄圆鼓，右执湾槌齐击之，缓急疏密，各有节奏，更余乃休，以祈福也[1]。考白塔基址旧为万岁山，又为琼花岛，山顶有广寒、仁智等殿，玉虹、瀛洲等亭[2]。塔西传为辽萧后梳妆楼，倾圮已久[3]。顺治八年辛卯秋，建塔立寺，康熙己未重修，辛酉冬运是山之石于瀛台，塔下仅存黄壤，悉听民居，雍正庚戌复为修葺[4]。乾隆癸亥，塔前建龙光之坊，东为慧日亭，西为悦心殿，宫室焕然一新，仍为禁苑矣[5]。（《帝京岁时纪胜》，第三十八页，白塔然灯）

【注释】

〔1〕内侍黄衣喇嘛：在皇宫中侍奉皇室的藏传佛教格鲁派（因其僧人身穿黄衣而俗称"黄教"）僧侣。

湾槌：在律院、禅堂众僧齐集时用来令大众静肃之敲击器具。

更：参见注五更。

〔2〕琼花岛：即琼华岛，位于今北京北海太液池南部。琼华意指华丽的美玉，以此命名，表示该岛是用美玉建成的仙境宝岛。

〔3〕辽萧后：指萧绰（953—1009），辽朝著名的政治家、军事家和改革家。萧绰，小字燕燕，出自契丹贵族，原姓拔里氏（即萧氏）。在她统治期间，辽朝进入最为鼎盛的辉煌时期。

倾圮：坍毁，倒塌。

〔4〕顺治八年辛卯：顺治八年的干支纪年恰为辛卯年，相当于公元1651年。

康熙己未：即康熙十八年，相当于公元1679年。

辛酉：此处指康熙辛酉，即康熙二十年，相当于公元1681年。

雍正庚戌：即雍正八年，相当于公元1730年。

〔5〕乾隆癸亥：即乾隆八年，相当于公元1743年。

焕然一新：改变陈旧的面貌，呈现出崭新的样子。这一成语最初的记载见唐代画家张彦远的《历代名画记·论鉴识收藏购求阅玩》。

禁苑：帝王的宫殿、园林、宫廷。

二十五日，阜成门内白塔寺，延番僧绕塔诵经。（《北京指南》第二编，礼俗，第十页）

杂事

是月也，始调鹰畋猎斗鸡。内臣贪婪成俗，是以性好赌博，既赖鸡求胜，则必费重价购好健斗之鸡，雇善养者，昼则调驯，夜则加食，名曰"贴鸡"。须燃灯观看，以计所啄之数，有三四百口者，更妙也。（《酌中志》卷二十，第七页）

是月，羊始市，儿取羊后胫之膝之轮骨，曰"贝石"，置一而一掷之。置者不动，掷之不过，置者乃掷。置者若动，掷之而过，胜负以生。其骨轮四面两端，凹曰"真"，凸曰"诡"，勾曰"骚"，轮曰"背"，立曰"顶骨律"。其顶，岐亦曰"真"，平亦曰"诡"。盖真胜诡负而骚背间，顶平再胜，顶岐三胜也，其胜负也以贝石。（《帝京景物略》卷二，第四十六页，春场十）

西山煤为京师之至宝，取之不竭，最为利便。时当冬月，炕火初燃，直令寒谷生春，犹胜红炉暖阁。人力极易，所费无多，江南柴灶，闽楚竹炉，所费不啻什百也[1]。（《帝京岁时纪胜》，第三十六页，熏炕）

【注释】

〔1〕柴灶：烧柴禾的锅灶。

竹炉：一种外壳为竹编，内安小钵、用以盛炭火取暖的用具。

少年子弟，好畜秋虫，曰"蛞蝓"，乃蟋蟀之别种，寄生于稻田禾黍之间，又名"叫蚂蚱"，亦非蝗蟒之流，蚕食苗稼，亦非庄子《逍遥游》所说，蟪蛄不知春秋[1]。此虫夏则鸣于郊原，秋日携来，笼悬窗牖，以佐蝉琴蛙鼓，能度三冬，以雕作壶芦，银镶牙嵌，贮而怀之，食以嫩豆黄芽、鲜红萝卜，偶于稠人广座之中，清韵自胸前突出，非同四壁蛩声，助人叹息，而悠然自得之甚[2]。（《帝京岁时纪胜》，第三十七页，蛞蝓）

【注释】

〔1〕畜：饲养，养育。

蛞蛞：即蝈蝈，俗名哥哥，无脊椎动物，昆虫类，形似蝗虫，一般指螽斯科（包括中华螽斯在内）的一些善鸣的雄虫。

蝗蛹：蝗科昆虫。

庄子（前369—前286或前275）：东周战国中期著名的思想家、哲学家和文学家，创立了中国重要的哲学学派庄学，为道家学派的主要代表人物之一。庄子姓庄，名周，字子休（亦说子沐），宋国蒙（今河南商丘，一说安徽蒙城）人。庄周因崇尚自由而不应楚威王之聘，生平只做过宋国地方漆园吏，史称"漆园傲吏"，被誉为地方官吏之楷模。庄子最早提出"内圣外王"思想，对儒家影响深远。庄子洞悉易理，代表作为《庄子》，其中的名篇有《逍遥游》《齐物论》等。庄子与老子齐名，被称为"老庄"。据传，庄子曾隐居南华山（位于今湖南湘西凤凰古城南面），故唐玄宗诏封庄子为"南华真人"，称其著书《庄子》为《南华经》。

蟪蛄：又名"知了"，昆虫种名，一种蝉科动物，吻长，体短，黄绿色，有黑色条纹，翅有黑斑。蟪蛄有翅两对，前后翅均为膜翅，口器为刺吸式。

〔2〕稠人广座：指人很多的地方，即公共场合。这一成语最初的记载见三国时期陈寿所作《三国志·关张马赵黄传》。

清韵：清雅和谐的声音或韵味。

铁角初肥，汤羊正美，白鲞并豚蹄为冻，脂麻灌果馅为糖，冬笋新来，黄齑才熟[1]。至于酒品之多，京师为最，煮东煮雪、酤出江元、竹叶飞清、梨花湛白、窝儿米酿、瓮底春浓。药酒则史国公、状元红、黄连液、莲花白、茵陈绿、橘豆青，保元固本，益寿延龄。外制则乡贩南路烧酒、张家湾之湾酒、来水县之来酒、易州之易酒、沧州之沧酒，更有清河干榨、潞水思源，南来之木瓜惠泉、绍兴苦露、桂酒橘酒、一包四瓶、三白五加皮，虽品味各殊，然皆不及内府之玉泉醴酒，醇且厚也[2]。（《帝京岁时纪胜》，第三十八页，时品）

【注释】

〔1〕豚蹄：猪蹄子。

〔2〕来水县：地名，相当于今河北涞水，位于河北中部偏西，太行山东麓北端。

沧州：地名，相当于今河北沧州，位于河北东南部。

十月，上坟烧纸，弄叫由子。（《郎潜纪闻》卷十二，第五页）

十月颁历以后，大小书肆出售宪书，衢巷之间亦有负箱唱卖者。(《燕京岁时记》，第五十页，卖宪书)

儿童玩好，亦有关于时。京师十月以后，则由风筝、鞬儿等物[1]。风筝即纸鸢，缚竹为骨，以纸糊之，制成仙鹤、孔雀、沙雁、飞虎之类，绘画极工，儿童放之空中，最能清目，有带风琴、锣鼓者，更抑扬可听，故谓之"风筝"也。鞬儿者，执以皮钱，衬以铜钱，束以雕翎，缚以皮带，儿童踢弄之，足以活血御寒[2]。"琉璃喇叭"者，口如酒盏，柄长二三尺[3]。"咘咘噔"者，形如壶卢而长，柄大小不一，皆琉璃厂所制，儿童呼吸之，足以导引清气[4]。"太平鼓"者，系铁圈之上，蒙以驴皮，形如团扇，柄下缀以铁环，儿童三五成群，以藤杖击之，鼓声咚咚然，环声铮铮然，上下相应，即所谓"迎年之鼓"也[5]。"空钟"者，形如车轮，中有短轴，儿童以双杖系棉线播弄之，俨如天外晨钟。(《燕京岁时记》，第五十一页，风筝、鞬儿、琉璃喇叭、咘咘噔、太平鼓、空钟)

【注释】
〔1〕鞬儿：即毽子。
〔2〕皮钱：明代所铸的一种薄而小的铜钱。
翎：鸟翅和尾上的长而硬的羽毛。
〔3〕酒盏：小酒杯。
〔4〕壶卢：亦作"壶芦"，即葫芦。
〔5〕团扇：又称官扇、纨扇，是一种圆形有柄的扇子，系中国汉族传统工艺品及艺术品。
铮铮：象声词，常形容金玉等物的撞击声。

走马灯者，剪纸为轮，以烛嘘之，则车驰马骤，团团不休，烛灭则顿止矣[1]。其物虽微，颇能具成败兴衰之理，上下千古，二十四史中无非一走马灯也[2]。是物之外，又有车灯、羊灯、狮子灯、绣球灯之类。每届十月，则前门、后门、东四牌楼、西单牌楼等处，在在有之，携幼而往，欢喜购买而还，亦闲中之乐事也[3]。(《燕京岁时记》，第五十三页，走马灯)

【注释】
〔1〕车驰马骤：形容车马奔驰迅猛。
〔2〕二十四史：中国古代各朝撰写的二十四部史书的总称，是被历代王朝纳

为正统的史书，故又称“正史”。二十四史具体指：《史记》（西汉司马迁著）、《汉书》（东汉班固著）、《后汉书》（南朝宋范晔著）、《三国志》（西晋陈寿著）、《晋书》（唐朝房玄龄等修）、《宋书》（南朝梁沈约撰）、《南齐书》（南朝梁萧子显撰）、《梁书》（唐朝姚思廉等修）、《陈书》（唐朝姚思廉等修）、《魏书》（北齐魏收撰）、《北齐书》（唐朝李百药等修）、《周书》（唐朝令狐德棻等修）、《隋书》（唐朝魏征等修）、《南史》（唐朝李延寿等修）、《北史》（唐朝李延寿等修）、《旧唐书》（后晋刘昫等修）、《新唐书》（北宋欧阳修、宋祁撰）、《旧五代史》（北宋薛居正等修）、《新五代史》（北宋欧阳修撰）、《宋史》（元朝脱脱等修）、《辽史》（元朝脱脱等修）、《金史》（元朝脱脱等修）、《元史》（明朝宋濂等修）、《明史》（清朝张廷玉等修）。1921年，民国大总统徐世昌下令将清末民初的柯劭忞所撰《新元史》列入正史，与“二十四史”合称为“二十五史”，而多数地方不将《新元史》列入，而改将清末民初的赵尔巽主编之《清史稿》列为二十五史之一，或者将两书都列入正史，形成了“二十六史”。

〔3〕在在有之：到处都可以看到。这一成语最初的记载见东晋著名学者郭璞所撰《葬书》。

十月以后，寒贱之子，琢石为球，以足蹴之，前后交击为胜〔1〕。盖京师多寒，足指酸冻，儿童踢弄之，足以活血御寒，亦蹴踘之类也〔2〕。（《燕京岁时记》，第五十三页，踢球）

【注释】

〔1〕琢：本义专指对玉器的制作，可泛指刻画加工其他物品。

〔2〕蹴踘：即蹴鞠。参见注蹴鞠。踘，同“鞠”。

虫鸟之鸣，最关时令，而人力所至，亦能与时令相转移，是亦有关时令矣。京师五月以后，则有蛞蛞儿，沿街叫卖，每枚不过一二文。至十月则熥煴者生，每枚可值数千矣。七月中旬，则有蛐蛐儿，贵者可值数金，有白麻头、黄麻头、蟹胲青、琵琶翅、梅花翅、竹节须之别，以其能战斗也。至十月，一枚不过数百文，取其鸣而已矣。蝈蝈之类，又有油壶芦，当秋令时，一文可买十余枚，至十月则一枚可值数十文。盖其鸣时铿锵断续，声颤而长，冬夜听之，可悲可喜，真闲人之韵事也〔1〕。故秋日之蛐蛐罐，有永乐官窑、赵子玉、淡园主人、静轩主人、红澄浆、白澄浆之别，佳者数十金一对。冬月之聒聒儿壶芦、油壶芦葫芦，佳者亦数十金一对，以紫润坚厚者为上，即所谓“壶芦器”者是也。是故京师世族贫者居多，耗财之道，实不止声色珠玉而已也^{〔2〕}。(《燕京岁时记》，第五十四页，蛐蛐儿、聒聒儿、油壶芦)

【注释】

〔1〕铿锵：形容有节奏而响亮的声音。

韵事：风雅之事，古代多指文人名士吟诗作画等活动。

〔2〕声色：淫声与女色。这一词语最初的记载见《礼记·月令》。

十月以后，则有栗子、白蔎等物。栗子来时，用黑砂炒熟，甘美异常，青灯诵读之余，剥而食之，颇有味外之味^{〔1〕}。白蔎贫富皆嗜，不假扶持，用火煨熟，自然甘美，较之山药、芋头，尤足济世，方可为朴实有用之材^{〔2〕}。中果、南糖，到处有之^{〔3〕}。萨齐玛，乃满洲饽饽，以冰糖、奶油合白面为之，形如糯米，用不灰木烘炉烤熟，遂成方块，甜腻可食^{〔4〕}。芙蓉糕与萨齐玛同，但面有红糖，艳如芙蓉耳^{〔5〕}。冰糖壶芦，乃用竹签，贯以葡萄、山药豆、海棠果、山里红等物，蘸以冰糖，甜脆而凉，冬夜食之，颇能去煤炭之气^{〔6〕}。温朴形如樱桃而坚实，以蜜渍之，既酸且甜，颇能下酒，皆京师应时之食品也^{〔7〕}。(《燕京岁时记》，第五十五页，栗子、白蔎、中果、南糖、萨齐玛、芙蓉糕、冰糖壶芦、温朴)

【注释】

〔1〕白蔎：此处指白薯。

〔2〕煨：在带火的灰里烧熟东西。

〔3〕中果：水果。

南糖：由南果铺开始制作的仿效苏州式的糖食。

〔4〕萨齐玛：糕点名，满语。

〔5〕芙蓉糕：由萨齐玛转化而来的糕点，因其形态与色调如芙蓉花，故有此称。

〔6〕冰糖壶芦：即冰糖葫芦，中国汉族传统小吃，将各类水果用竹签串成串后，蘸上麦芽糖稀，糖稀遇风迅速变硬。

〔7〕温朴：即榅桲。参见注榅桲。

水乌他，以酥酪合糖为之，于天气极寒时，乘夜造出，洁白如霜，食之口中有如嚼雪，真北方之奇味也^{〔1〕}。其制有梅花、方胜诸式，以匣盛之。奶乌他大致相同，而其味稍逊。(《燕京岁时记》，第五十六页，水乌他、奶乌他)

【注释】

〔1〕水乌他：北京一种独特的风味小吃。水乌他系满语（一说是蒙语），是以奶为主料的冰品。

每至十月，市肆之间，则有赤包儿、斗姑娘等物[1]。赤包儿蔓生，形如甜瓜而小，至初冬乃红，柔软可玩。斗姑娘形如小茄，赤如珊瑚，圆润光滑，小儿女多爱之，故曰"斗姑娘"。海棠木瓜大者二寸，青而不黄，较之南来木瓜，其香尤烈[2]。沤朴形如橘柚而坚实，性如木瓜而有毛，以之薰衣，香可经月不散，亦应时之物产也[3]。（《燕京岁时记》，第五十七页，赤包儿、斗姑娘、海棠木瓜、沤朴）

【注释】

〔1〕赤包儿：一种多年生蔓草的果实，大如鸭卵，熟时红色。

〔2〕海棠木瓜：又称木瓜海棠，系落叶灌木，高二至六米。其枝条直立，具短枝刺；小枝圆柱形，微屈曲，无毛，紫褐色，有疏生浅褐色皮孔。

〔3〕橘柚：果品名，其树姿开张，树势较强，果实扁圆形，紧实，果梗部略呈球形，果顶部平坦，果皮橙黄色，果面不太光滑，剥皮略难，同胡柚相近，带有橙香味。

禽鸟之来，最关时令。京师十月以后，则有梧桐鸟等[1]。"梧桐"者，长六七寸，灰身黑翅，黄嘴短尾，市儿买而调之，能于空中接弹丸，谓之"打弹儿"。"交嘴"者，长四五寸，嘴左右交，以别雌雄。有红黄二色，驯而优者能开锁衔旗。"祝顶红"者，小于家雀而红其顶，技如交嘴，而灵巧过之。"老西儿"者，形如梧桐而黑嘴，技同而价贱，饕餮之辈亦有食之者[2]。"燕巧儿"者，形如燕子，亦能于空中接弹丸，而飞腾尤速。此皆京师之时禽。至于秋天鸿雁，社日乌衣，则有月令在[3]。（《燕京岁时记》，第五十七页，梧桐、交嘴、祝顶红、老西儿、燕巧儿）

【注释】

〔1〕梧桐鸟：又称"黑头蜡嘴雀""大蜡嘴""铜嘴"，雀形目雀科，属候鸟，繁殖在中国东北地区，迁徙到南方过冬。

〔2〕饕餮：古代汉族神话传说中的一种神秘怪兽。其形状如羊身人面，其目在腋下，虎齿人爪，其音如婴儿。饕餮性好食，因此又引申为贪食、贪婪之意。

〔3〕鸿雁：一种大型水禽，嘴黑色，体色浅灰褐色，头顶到后颈暗棕褐色，

前颈近白色。

十月间，冬笋、银鱼之初到京者，由崇文门监督照例呈进，与三月黄花鱼同。（《燕京岁时记》，第五十七页，冬笋、银鱼）

北方土炕砖炕，家家有之。大户人家，且有地炕，用煤烧之，一室皆温。但煤气满屋，时或熏毙人命。近时小户及四乡人家，仍用地炉烧炕。城内中上等户，多改用烟窗之洋铁炉，亦仍用中国之木炉或小铁炉者，生火添煤时，皆拿至院中，以火筒抽去其烟，约三刻许，火即烧红，移至房中，不至再有煤毒矣。又北京人家，昔皆睡炕，近三十年，南方人来京者，多去炕而用木床、铁床，其次则用铺板，下用木凳两条支搭之，南人用此，北人亦多用之。昔年王公府第，及一二品大员之家，上房大厅廊下，皆有炉炕，屋中之地，砖下皆沟路，地炉在廊下生火，地炉温热，满屋皆暖，而全无煤气[1]。（《帝京纪胜笺补》，稿本）

【注释】

〔1〕上房：正房。

初冬时品汤羊，昔年共三铺出卖，购之可入火锅，别有风味，肉则极嫩。庚子以后，止有崇文门外一家，冬日仍卖汤羊，从前门框胡同南口羊肉铺卖汤羊，今已不卖，只有酱牛肉一种[1]。正阳门内之月盛斋五香酱羊肉，与东城干面胡同之同盛斋，又安定门大街谢家胡同口外之羊肉床、烧羊肉、酱羊肉均出名，其味则与众不同[2]。十月以后，稻香村等铺，则作封鸡封鱼，九十月间皆有糟蟹，与北方之醉蟹甜咸有别[3]。烧鸭之外，尚有烧鸡，街前叫卖之羊头肉、风干羊鞭子，皆为外省之所无，南方人亦喜食之[4]。（《帝京岁时纪胜笺补》，稿本）

【注释】

〔1〕门框胡同：老北京城的一条小胡同，位于今北京西城区著名的大栅栏商业区，北起廊坊头条，南至大栅栏。1949年之前，门框胡同曾以小吃闻名于世，汇聚了京城知名的小吃摊，如复顺斋酱牛肉、年糕钱、豌豆黄宛、油酥火烧刘、馅饼陆、年糕杨、豆腐脑白、爆肚冯、羊头马、奶酪魏等。

〔2〕月盛斋：北京城一家专门经营清真酱牛羊肉的著名老字号，位于今北京前门大街路西。月盛斋由马庆瑞于清高宗乾隆四十年（1775）创办，全名为"月盛斋马家老铺"。

干面胡同：老北京城的一条胡同，位于今北京东城区东南部，东起朝阳门南小街，西至东四南大街，南与西石槽胡同、东石槽胡同相通，北与东罗圈胡同、西罗圈胡同相通。据传在古代，此路是去禄米（用作官员俸禄的粟米）仓运输禄米的必经之路，车马行走，尘土飞扬，居民戏称为"下干面"，故而得名。此地在清朝属镶白旗营地，沿称"干面胡同"。

安定门大街：地名，包括安定门外大街和安定门内大街。

谢家胡同：老北京城胡同，位于今北京安定门内大街西侧，呈东西走向，东起安定门内大街，西止北锣鼓巷，北有支巷通车辇店胡同。谢家胡同在明代属灵椿坊，称"解家胡同"，清代属镶黄旗营地，称"谢家胡同"。据传，明清两代出兵打仗，从德胜门出，得胜回来进安定门，到此处解甲休息，"解甲"遂音转为"解家""谢家"，故得名"解家胡同"，民国后沿称。

羊肉床：一种烤羊肉。

〔3〕醉蟹：江南地区普遍流行的美味佳肴，汉族传统名菜。醉蟹以螃蟹为制作原料，加以米酒、香料、精盐等醉制而成，口味咸鲜适中，芳香无腥，蟹味鲜美。

〔4〕鞯子：此处同"腱子"。腱子肉是后腿中间半肉半筋的一小条，有肉膜包裹，内藏筋，硬度适中，纹路规则，最适合做卤味。

十一月

总述

　　十一月在他乡，固一靡足轩轾之月，若在北平，往时却有两重典焉。语其吉则郊天；语其凶，则出大差[1]。而车骑往还，投笺互拜，百官既吉服表贺，绅庶遂题名满幅；乃至进历纳贡，颁赏貂银，悉以冬至及冬至前后为厥准期[2]。"冬至大如年"之谚，信非虚谬，朝廷也，宦场也，故例所衍，兹无一存[3]。

【注释】

　　〔1〕郊天：古代的郊天礼。古代天子往往自称受命于天，因此对天的祭祀是最隆重的礼仪。

　　出大差：押犯人到刑场处决。

　　〔2〕吉服：古人祭祀时所着之服。祭祀为吉礼，故称"吉服"。

　　绅庶：士绅和庶民。

　　准期：约定好的、明确的时间。

　　〔3〕虚谬：虚假荒谬。

　　宦场：官场。

　　拖床之乘，蹴鞠之戏，昔俱盛典，今并沦亡[1]。其溜冰之俗，则今又胜昔。三海、二闸之外，冰场日多[2]。虽严冬之期，有打冰入窖者，则属营业，非游戏也。至若九九消寒会，由来触处有之[3]。惟北平乃人文之薮，诗图璀灿，独不少巧制纷罗[4]。然而陈习相仿，即在廊庙，鄙俚亦终难免耳[5]。

【注释】

　　〔1〕拖床：拖拉冰床。

　　乘：古代的车。一辆为一乘。

蹙鞠：蹙，通"蹴"。蹙鞠，参见注蹴鞠。

〔2〕三海：此处指北京城的北海、中海和南海。参见注中海、注太液池、注北海。

〔3〕九九消寒：冬至一到，便进入数九寒天，汉族民间将将冬至称为"交九"或"数九"。从冬至开始，每九天为一个"九"，共分九个"九"，数到九九八十一天时，寒冷便消除，春天随之到来。

〔4〕纷罗：杂然罗列。

〔5〕陈习：旧的、时间久的习俗。

廊庙：殿下屋和太庙，后指代朝廷、中央政府。

鄙俚：乡野。

男女混击羯鼓，此声久弗易闻。为母浣濯，看月当头，此俗亦成仅有[1]。馄饨兔羹，习尚虽未尽涤，亦侪于告朔之饩羊可尔[2]。令已祁寒，易藏肴脯，人工焙植，鲜品益珍[3]。豪富充其口腹，正无间今昔也。

【注释】

〔1〕浣濯：洗涤。

〔2〕习尚：风尚，崇尚。

涤：清除。

饩羊：古代用为祭品的羊，比喻礼仪，比喻徒具之形式。

〔3〕令：此处指时节。

百卉入室，盆景悦目，他境力虽可办，第未若北平之向荣特早，操得全胜耳[1]。是月梨园，仍当冷洞，凡百设施，一如十月云。

【注释】

〔1〕荣：草木茂盛。

一日

冬至月初一日，臣工之得着貂裘者，均于是日一体穿用，谓之"翻褂子"。（《燕京岁时记》，第五十八页，翻褂子）

十五日

冬月十五日月当头，如遇望时，则塔影无尖，人影亦极短。小儿女之好事者，必无睡以俟当头，临阶取影以验之。（《燕京岁时记》，第五十八页，月当头）

十一月十五日，看月当头。（《天咫偶闻》卷十，第十三页）

冬至

冬至节，宫眷内臣皆穿阳生补子蟒衣，室中多悬绵羊引子画贴，司礼监刷印《九九消寒诗图》，每九诗四句，自"一九初寒才是冬"起，至"日月星辰不住忙"止，皆瞽词俚语之类，非词臣应制所作，又非御制，不知如何相传耳，久遵而不改[1]。近年多易以新式诗句之图二三种，传尚未广。（《酌中志》卷二十，第九页）

【注释】

[1] 阳生：即冬至。

《九九消寒诗图》：汉族岁时风俗。在冬至，汉族民间有贴绘《九九消寒诗图》的习俗。《九九消寒诗图》是记载进九以后天气阴晴的"日历"，人们寄望于它，来预卜来年丰歉。

瞽词：一种民间曲艺形式，演唱者多为盲人。

应制：古代指由皇帝下诏命而作文赋诗的一种活动。

十一月冬至日，百官贺冬毕，吉服三日，具红笺互拜，朱衣交于衢，一如元旦，民间不尔，惟妇制履舄，上舅姑[1]。日冬至，画素梅一枝，为瓣八十有一，日染一瓣，瓣尽而九九出，则春深矣，曰《九九消寒图》。有直作圈九，丛丛九圈者，刻而市之，附以《九九之歌》，述其寒燠之候。歌曰："一九二九，相呼不出手。三九二十七，篱头吹觱篥[2]。四九三十六，夜眠如露宿。五九四十五，家家堆盐虎[3]。六九五十四，口中呬暖气[4]。七九六十三，行人把衣单。八九七十二，猫狗寻阴地。九九八十一，穷汉受罪毕，才要伸脚睡，蚊虫蠓蚤出"[5]。（《帝京景物略》卷二，第四十六页，春场十）

【注释】

[1] 不尔：不如此，不然。

舅姑：公婆，丈夫的父母。

〔2〕篱头：篱边。

〔3〕盐虎：此处用以喻指雪。

〔4〕呬：喘息，嘘，气。

〔5〕蟏蚤：此处应指虼蚤（跳蚤）。

十一月冬至日，百官朝贺毕，退祀其先，具刺互拜，如元旦仪。俗画梅一枝，为瓣八十有一，日染一瓣，瓣尽而九尽，则春深矣。（《大兴县志》，传抄本）

长至南郊大祀，次日百官进表朝贺，为国大典[1]。绅耆庶士，奔走往来，家置一簿，题名满幅[2]。传自正统己巳之变，此礼顿废。然在京仕宦流寓极多，尚皆拜贺[3]。预日为冬夜，祀祖羹饭之外，以细肉馅包角儿奉献，谚所谓"冬至馄饨夏至面"之遗意也[4]。（《帝京岁时纪胜》，第三十九页，十一月冬至）

【注释】

〔1〕南郊大祀：即郊天。参见注郊天。

〔2〕绅耆：古代指地方上的绅士或有声望的人。

〔3〕正统己巳之变：正统己巳，即明英宗正统十四年（1449）。在这一年，发生了"土木堡之变"，亦称"土木之变"，是指明英宗朱祁镇北征瓦剌时惨败的事变。

流寓：流落他乡居住的人。这一词语最初的记载见唐代史官令狐德棻等修《周书·庾信传》。

〔4〕角儿：饺子。

至日数九，画素梅一枝，为瓣八十有一，日染一瓣，瓣尽而九九毕，则春深矣，曰《九九消寒之图》。傍一联曰："试看图中梅黑黑，自然门外草青青。"谚云："一九二九，相逢不出手。三九四九，冰上走。五九四十五，穷汉街前舞。七九六十三，路上行人着衣单。"都门天时极正，三伏暑热，三九严寒，冷暖之宜，毫发不爽，盖为帝京得天地之正气也。（《帝京岁时纪胜》，第三十九页，消寒图）

冬至日，太史院进历，回回太史进历，又进画历后，市即有卖新历者[1]。宰相于至日亲率百辟恭贺，递手帕，随贡方物[2]。士庶人家并行驾礼。（《析津志》，见《日下旧闻考》卷一百四十八，第八页）

【注释】

〔1〕太史院：参见注太史。

回回："回回"也称为"回教"，是古代中国对信仰伊斯兰教的穆斯林以及穆斯林地区和国家的旧称。

〔2〕百辟：古代兵器，魏武帝曹操令制，以辟不祥，威慑违法作乱之人。百辟亦有诸侯、百官之意。

方物：本地产物，土产。

京师最重冬节，不问贵贱，贺者奔走往来，家置一簿，题名满幅。自正统己巳之变，此礼顿废。（《孤树裒谈》，见《日下旧闻考》卷一百四十八，第八页[1]）

【注释】

〔1〕《孤树裒谈》：书名，明人赵可与（也有一说，作者为李默）撰写的随笔之作。该书共十卷，每卷以时间为纲，过程为目，卷一、卷二记载明太祖朝事，卷三记载明太宗（即明成祖）朝事，卷四记载明仁宗、明宣宗朝事，卷五为明英宗朝，卷六为明代宗朝，卷七为明英宗朝，卷八为明宪宗朝，卷九为明孝宗朝，卷十为明武宗朝。此书所收内容庞杂，上至朝廷政事、宫廷秘闻、外交礼节、讨伐征战，下至百姓生活、茶余奇谈，无所不撰。

故事自冬至后至立春日，殿前将军甲士赐酒肉，名曰"头脑酒"[1]。（《明典故纪闻》，见《日下旧闻考》卷一百四十八，第八页[2]）

【注释】

〔1〕甲士：披甲的战士，泛指士兵。

〔2〕《明典故纪闻》：书名，又称《典故纪闻》，是明代余继登编著的一部典籍，涵盖了明代政治、经济、典章制度等方面的内容。余继登（1544—1600），字世用，号云衢，北直隶交河（今河北交河）人。他在明神宗万历五年（1577）考中进士，授翰林院检讨，参加纂修《大明会典》，进修撰，给皇帝讲课。

冬至郊天令节，百官呈递贺表；民间不为节，惟食馄饨而已。（《燕京岁时记》，第五十八页，冬至）

《消寒图》乃九格八十一圈，自冬至日起，日涂一圈，上阴下晴，左风右雨，雪当中。（《燕京岁时记》，第五十九页，九九消寒图）

十一月通称冬月，冬至日食馄饨，犹夏至之必食面也。故京谚云："冬至馄饨夏至面。"士大夫又率于是日作《消寒图》。图以一纸绘九格，格绘九圈，凡八十一圈，自冬至日起，日涂一圈，其法上阴下晴，左风右雨，雪在中，圈涂尽则九九毕。又或绘素梅一枝，为瓣八十有一，日染一瓣，亦分别阴晴风雪者，则较前法为雅矣。（《北京指南》第二编，礼俗，第八页）

京谚云："冬至大如年。"言冬至之关系，大似年关也[1]。是日家家悬挂先人遗影，献素菜、馒首、茶酒致祭。人家及商店，均食水角或馄饨。（《旧京风俗志》，稿本）

【注释】

〔1〕年关：农历年底。在古代，欠租、负债的人必须在这时清偿债务，过年像过关一样，因而称为"年关"。

三十年前，普通刑事犯，如谋杀、斗杀、强奸、盗墓等，均积存至冬至以前执行一次，人犯极多，由数十人以至百余人，其名曰"出大差"。向例于冬至日以前之数日执行，故冬至日颇有关系；所以必在冬至前执行者，则以皇帝例须冬至日郊天故也。盖为帝王者，每于冬至祭天时，应将一年所办国政大端，焚表报告[1]。祭天则在天坛，由皇帝躬亲举行。（《旧京风俗志》，稿本）

【注释】

〔1〕大端：主要的部分；重要的端绪。这一词语最初的记载见《礼记·礼运》："故欲恶者，心之大端也。"

《九九消寒图》，尚有写九字皆九画者，如"庭前垂柳珍重待春风"，又有"幸保幽姿珍重春风面"[1]。北京风俗，文人则有"九九消寒会"，逢九之日则请客，会中共约九人，每人每次作主人一次。又有"九九消寒诗文社"，逢九集社，社友不拘人数。届日午刻到社，社中出有诗文题目，分题拈韵，即日交卷，至日夕则偕至饭馆，尽醉而归[2]。（《帝京岁时纪胜笺补》，稿本）

【注释】

〔1〕幽姿：幽雅的姿态。这一词语最初的记载见南朝宋谢灵运所作《登池上楼》诗。

〔2〕分题拈韵：即拈题分韵，系古代文人集会作诗的一种方式。拈题是各人自认或拈阄定题目。分韵是在限定的韵部中自认或拈定诗韵。

杂事

十一月，百官传带暖耳。此月糟腌猪蹄尾、鹅脆掌，羊肉包、扁食、馄饨，以为阳生之义[1]。冬笋到，则不惜重价买之。是月也，天已寒，每日清晨吃辣汤，吃生焰肉、浑酒以御寒[2]。（《酌中志》卷二十，第九页）

【注释】

〔1〕糟腌：以盐和香糟卤为主要调味料的腌制法，其法为将材料用盐腌后，再用糟卤腌制。

〔2〕焰：干煎，古同"炒"。

太液池之五龙亭前，中海之水云榭前，寒冬冰冻，以木作床，下镶钢条，一人在前引绳，可坐三四人，行冰如飞，名曰"托床"[1]。积雪残云，景更如画。冰上滑擦者，所着之履皆有铁齿，流行冰上，如星驰电掣，争先夺标取胜，名曰"溜冰"[2]。都人于各城外护城河下，群聚滑擦，往还亦以托床代渡；更将托床结连一处，治酌陈肴于上，欢饮高歌，两三人牵引，便捷如飞，较之坐骥乘车，远胜多矣[3]。（《帝京岁时纪胜》，第四十页，冰床、滑擦）

【注释】

〔1〕水云榭：参见注中海。

〔2〕星驰电掣：驰，奔驰。星驰电掣，像星一样疾驰，如电急闪，形容极其迅速。这一成语最初的记载见唐代史官令狐德棻等修《周书·段永传》。

〔3〕骥：好马，一种能日行千里的良马。

金海冰上作蹴鞠之戏，每队数十人，各有统领，分位而立，以革为球，掷于空中，俟其将坠，群起而争之，得者为胜[1]。此队之人将得，则彼队之人蹴之令远。欢腾驰逐，以便捷勇敢为能，将士用以习武。皇帝作蹴鞠之戏以练武，盖取遗意焉。（《帝京岁时纪胜》，第四十页，蹴鞠）

【注释】

〔1〕金海：即太液池。参见注太液池。

时维长至，贡物咸来[1]。北置则獾狸狍鹿，野豕黄羊，风干冰冻；南来则橙柑橘柚，香圆佛手，蜜饯塘栖[2]。荐新时品，摘青韭以煮黄芽，祠祭鲜羹，移梅花而烹白雪，欣一阳之来复，遂万有以萌生[3]。(《帝京岁时纪胜》，第四十一页，时品)

【注释】

〔1〕时维：时间是，语气词。

〔2〕獾：哺乳动物，毛灰色，善掘土，穴居山野，昼伏夜出，亦称"狗獾"。其毛可制笔，毛皮可制裘，其脂肪熬炼的獾油可治疗烫伤等。

狸：哺乳动物，形状与猫相似，毛皮可制衣物，亦称"狸子""狸猫""山猫"或"豹猫"。

狍：鹿一类动物，比鹿小，其毛夏季栗红色，冬季棕褐色，雄的有分枝状的角，其肉可食。

香圆佛手：即佛手香橼、密罗柑。参见注密罗柑。

蜜饯塘栖：即塘栖蜜饯，是一种著名的江南美食，是杭派蜜饯的代表，已有四百多年历史，其主要品种有糖水青梅、糖水枇杷、话梅、金橘和杏脯等。

〔3〕一阳之来复：即一阳来复。古人认为天地之间有阴阳二气，每年到冬至日，阴气尽，阳气又开始生发

萌生：事物发生、发展。

十一月人家墐户藏花木于窖，食兔羹[1]。女子嫁者，多归宁为母浣濯，曰"报娘恩"。始击羯鼓，鼓用铁为围，单皮覆之，每十五人聚击，女子亦然。(《北京岁华记》，见《日下旧闻考》卷一百四十八，第八页)

【注释】

〔1〕墐户：涂塞门窗孔隙。这一词语最初的记载见《诗·豳风·七月》。

十一月跳神[1]。(《郎潜纪闻》卷十二，第五页)

【注释】

〔1〕跳神：汉族和其他族群民间的巫卜风俗。跳神面具除佛像、菩萨像、历

代高僧、圣人像之外，更多为民间的各类神仙鬼怪。

冬至以后，水泽腹坚，则十刹海、护城河、二闸等处皆有冰床，一人拖之，其行甚速，长约五尺，宽约三尺，以木为之，脚有铁条，可坐三四人，雪晴日暖之际，如行玉壶中，亦快事也[1]。至立春以后，则不可乘，乘则甚危，有陷入冰窟者，而拖之者逃矣。近日王大臣之有恩命者，亦准于西苑门内坐拖床，床甚华美，上有宀如连篷，可避风雪[2]。按《倚晴阁杂钞》，明时积水滩常有好事者联十余床，携都蓝酒具，铺毾𣰆其上，轰饮冰凌中以为乐，诚豪侠之快事也[3]。（《燕京岁时记》，第五十九页，拖床）

【注释】

〔1〕腹坚：冰结得既厚且坚。这一词语最初的记载见《礼记·月令》。

〔2〕西苑门：位于今北京西城区西华门大街路口。

宀：覆盖。

〔3〕《倚晴阁杂钞》：书名，清人魏坤所撰。该书现已不存。

冰鞋以铁为之，中有单条缚于鞋上，身起则行，不能暂止。技之巧者，如蜻蜓点水，紫燕穿波，殊可观也[1]。（《燕京岁时记》，第六十页，溜冰鞋）

【注释】

〔1〕蜻蜓点水：蜻蜓在水面飞行时用尾部轻触水面的动作。这一成语最初的记载见唐朝诗人杜甫所作《曲江》诗："穿花蛱蝶深深见，点水蜻蜓款款飞。"

冬至三九则冰坚，于夜内凿之，声如錾石，曰"打冰"[1]。三九以后，冰虽坚不能用矣。（《燕京岁时记》，第六十一页，打冰）

【注释】

〔1〕錾：在金石上雕刻。

每至冬月，凡乾清门侍卫及大门侍卫等，均由本管支领貂褂银子，各数十金[1]。（《燕京岁时记》，第六十一页，赐貂）

【注释】

〔1〕大门：此处当指北京紫禁城正南方的午门，即五凤楼。参见注五凤楼。

本管：主管。

昔年颐和园南北海之冰上托床，太后、皇帝、皇后、诸妃嫔乘坐，令太监拉之，两宫若在此召见办事王公大臣，非特旨赏坐托床，不得擅坐也[1]。其赏坐托床，与赏坐二人肩舆，及紫禁城骑马，皆荣幸殊恩，虽王公、贝勒、贝子、中堂、尚书、侍郎等，必有特旨始得用之[2]。（《帝京岁时纪胜笺补》，稿本）

【注释】

〔1〕颐和园：北京古代皇家园林。其前身为清漪园，坐落在今北京西北部，占地约二百九十公顷，与圆明园毗邻。颐和园是以昆明湖、万寿山为基址，以杭州西湖为蓝本，汲取江南园林的设计手法而建成的一座大型山水园林，也是保存最完整的一座皇家行宫御苑，被誉为"皇家园林博物馆"。清高宗乾隆十五年（1750），乾隆皇帝为孝敬其母孝圣皇太后，动用四百多万两白银在北京西郊改建清漪园。清文宗咸丰十年（1860），清漪园被英法联军焚毁，清德宗光绪十四年（1888）重建，改称"颐和园"。

南北海：颐和园中的水域南海和北海。颐和园的水域分为前湖区与后河区。前湖区在南边，称"昆明湖"，又称"颐和园南海"，是颐和园的主要湖泊。后河区在北边，为"后溪河"，又称"颐和园北海"，以窄长和动感见长，配以陡峭曲折的山形。这条河流本身被想象成街道，俗称"苏州河""买卖街"。

〔2〕中堂：明清时期对内阁大学士的尊称。明代大学士实际掌握宰相的权力，其办公处在内阁，中书居东西两房，大学士居中，故称"中堂"。清代大学士原系空名，为满足大学士对权力的要求，往往要管一个部，京官一般有一满一汉大学士分坐于东西，中间是空的。如有管部大学士在场，便坐在中间，故亦称"中堂"。后来"中堂"成为一尊称。

冰上蹴鞠，即今之足球，皇帝亦观之，盖尚武也。如什刹海、护城河冰上蹴鞠，则皆人民练习者[1]。武备院各侍卫护军营人员，皆须习此，文人无习此者[2]。（《帝京岁时纪胜笺补》，稿本）

【注释】

〔1〕什刹海：即十刹海。参见注十刹海。

〔2〕武备院：官署名，为清代内务府所属三院之一，负责掌管宫廷所用兵器、鞍辔、服用的器物等。

护军营：清代禁卫军之一。参见注护军。

鲜花：梅花、腊梅、榆叶梅、郁李、碧桃、海棠、玉兰、牡丹、水仙、玉竺豆、佛手、香橼、金橘，皆以盆种之[1]。（《帝京岁时纪胜笺补》，稿本）

【注释】
〔1〕郁李：别名爵梅、秋李，蔷薇科樱属灌木。

市中食物有锦鸡、石鸡、莎鸡、家鸭、麻鸭、关东鱼、野猪、野兔、鹿尾[1]。熊掌出自关东，独驼峰出自张家口，豹胎出自杀虎口，此四种均极名贵，庖丁之手艺逊者，不能作也[2]。北京贵族之家，用有专门庖丁。（《帝京岁时纪胜笺补》，稿本）

【注释】
〔1〕锦鸡：一种雉科动物，又是白腹锦鸡、红腹锦鸡的统称。
莎鸡：此处当作"沙鸡"。沙鸡即半翅。参见注半翅。
麻鸭：中国家鸭祖先之一，野生种群极为丰富。
〔2〕关东：山海关以东。
豹胎：豹的胎盘，为珍贵的菜肴。这一词语最初的记载见《韩非子》卷七《喻老》。
杀虎口：即杀虎关，为古代重要关口，古称"参合口"。明朝为了抵御蒙古南侵，多次从此口出兵征战，故而起名"杀胡口"，又称"杀虎口"。杀虎口两侧高山对峙，地形十分险峻，其东依塘子山，西傍大堡山，两山之间有开阔的苍头河谷地，自古便是南北重要通道。杀虎口关城是明世宗嘉靖二十三年（1544）土筑，明神宗万历二年（1574）砖包。万历四十三年（1615），明廷在杀虎口堡外另筑新堡一座，名"平集堡"。两堡之间于东西筑墙相连，成犄角互援之势。自从明穆宗隆庆五年（1571），蒙古与明朝休兵议和，双方在边境进行互市，杀胡口等地的马市重新开放。民国时期沿袭自明清以来的俗称，并改名为"杀虎关"。
庖丁：古代称厨师。这一词语最初的记载见《庄子》。

旧俗王公之家，关东货至，则有宴客请食全鹿、全羊者，或烤或涮，或煮或烹，或煎或炸，纯是关外游牧风俗，近年则绝少矣。（《帝京岁时纪胜笺补》，稿本）

十二月

总述

岁时伏腊，古已重视，节候所更替，亦即气候所转移。伏吾述之矣，腊之为祭，且年越三千，虽累代朔有变易，腊祭不定何月，而十二月之得为腊月，名称浸废，究非易易，即处乡间，亦未容忽忽以过，况北平耶[1]？以故都而循古例，击鼓其堂，岁聿云暮，四时总束，繄此三旬[2]。则腊之为月于北平也，更有必俟翔实者已。

【注释】

〔1〕腊之为祭：即腊祭，是古代汉族的一种祭祀仪式。腊八节起源于古代的"腊祭"，到南北朝时期才成为固定的节日。"腊"就是打猎，古人逢腊月就要围猎，以捕获的禽兽来祭祖宗、祭百神。由于"腊祭"常在农历十二月举行，故秦汉以后，这个月被称为腊月。但当时"腊祭"的日子并不固定，是"择日举行"。到汉代时，"腊祭"中加入了"驱傩"的活动，即以此去除邪气。这时"腊祭"也被固定到冬至后第三个戌日。

易易：简易，容易。

忽忽：急速、时间快速飞逝的样子。这一词语最初的记载见《楚辞·离骚》。

〔2〕岁聿云暮：聿，轻快。岁聿云暮，即一年将尽。这一成语最初的记载见北齐史官魏收所作《魏书·乐志》。

繄：文言助词，惟。

明代初八以前各俗，迄至胜朝，泰半已告删除，惟腊八粥则沿而未改，且到于今[1]。是粥也，虽四方一例，而精粗有别。北平凤以帝王所宅，无在不求其隆此上都，故即此一粥之制作馈遗，而珍品揉和，费亦不赀。甚复蔚为国典，旨遣王公百官执事以趋，俄顷所掷，不恤巨万。当斯日也，寒畯之枵腹待赈者，则又不知几千万焉[2]。虽然，皇哉厥例，创自升平，尔日户给家赡，或竟无须夫阚恤为也[3]。

【注释】

〔1〕腊八粥：一种在腊八节（农历十二月初八）用多种食材熬制的粥，也称“七宝五味粥”。腊八粥的食材，因各地物产而有不同。

〔2〕寒畯：出身寒微而才能杰出的人。这一词语最初的记载见五代王定保所撰《唐摭言·好放孤寒》。

枵腹：空腹，饥饿，饥饿的人。这一词语最初的记载见唐人康骈所作《剧谈录·严士则》。

〔3〕赒恤：亦作“周恤”，周济救助。这一词语最初的记载见《礼记·孔子闲居》。

女不祭灶，实北平之殊俗。二十四日祭灶，北平而外，北方亦所罕觏，盖为南人之来北平久居者所留之例，今亦渺矣。祭灶之后，年事骤忙，年货上市，万家争买，罄翌年正月所需，盖多备自此数日也。屈指终岁韶华，半多耗诸香火，是月虽少庙会，而依然祀事频仍〔1〕。玉皇甫接，除夕随至，连宵爆竹，喧遍九城，香烟烛影间，胪拜腾欢，迎新送旧，吾在正月，先已著其梗概矣〔2〕。今虽王风宦习，久归子虚，而民间陈俗，岁岁奉行，即明季“熰岁”之说，今且并“踩岁”诸俗，行之未替也〔3〕。先是腊月下旬，街巷间即有乡人担松柏枝、芝麻秸叫卖，即以备踩岁用也。至若止詈骂，任嫁娶，勿论禁忌开放，无非避凶求吉，此则不仅北平然也〔4〕。而锻磨之斋，则又似北平特俗，各寺院遵循，盖亦久矣。

【注释】

〔1〕频仍：连续不断，频繁发生。这一词语最初的记载见北周庾信所作《周上柱国宿国公普屯威神道碑》。

〔2〕玉皇：即玉皇大帝。参见注玉皇大帝。

九城：此处指北京的内城、内九城。参见注内城。

梗概：粗略，大概。

〔3〕宦习：官僚习俗。

踩岁：在汉族民间有守岁、压岁和踩岁习俗，即在除夕的夜晚，孩子们拿到长辈给的压岁钱后，纷纷到屋外去踩芝麻秸。院内地上铺满了芝麻秸，孩子们将其踩碎，噼啪作响，人们称之为“踩岁”。

〔4〕詈：从旁编造对方的缺点或罪状责骂。

天地之桌，万方相类，财物胪供，到处亦大抵无殊〔1〕。非尽北平所独有也，北平所足以夸胜者，鲜品较为全且美耳。

【注释】

〔1〕天地之桌：即天地桌。参见注天地桌。

除夕辞岁，前亦言之。惟是夕必先走谒亲友，新婚者更必恭诣岳家，则礼之周尽，北平比诸他地，似又优崇〔1〕。此固里曲所可省也。

【注释】

〔1〕优崇：优待而尊崇。

年底市肆繁盛，外省且然，北平更奚待言〔1〕。惟尚有今输于昔者，即论年画一事，亦有足资纪叙者〔2〕。一届腊月，即画棚满布，通衢达巷，人多鱼贯而临〔3〕。此在北平，往昔亦一盛事，忆余儿时，固已游之屡矣。俗所谓"逛画儿棚子"也，棚多以席，画则旧多木印。天津附近之杨柳青诸地，其产源也〔4〕。画式綦多，分销各省，亦不止北平一市耳。近年则印术日进，年画愈出愈新，平、津、沪皆有印局，杨柳青产之木刻画，销路早已减色，近且频于绝迹矣。而画棚则天桥左近之外，借有售者，亦只悬诸空旧商屋，或竟分布街壁，衡以曩时，固已一落千丈矣。

【注释】

〔1〕且然：亦将如此，尚且如此。

〔2〕纪叙：纪，通"记"。纪叙，记叙。

〔3〕鱼贯：游鱼先后接续，比喻一个挨一个地依序进行。

〔4〕杨柳青：地名，为今天津西青区所辖之镇。在明清时期，杨柳青即为中国北方地区汉族民间艺术集散地，它孕育出中国四大木版年画（即天津杨柳青年画、四川绵竹年画、山东潍坊年画和江苏桃花坞年画）之首的"杨柳青年画"，享誉京津的"杨柳青风筝"和剪纸等民间艺术奇葩，杨柳青砖雕石刻、民间花会等也为一时之大观。

封印之例，久不遵行。封印后放偷之俗，原极恶劣，兹既汰尽，余亦不之赘论矣。踢石球本以御寒，初不意浸成博具，勒予裁禁，未为不可〔1〕。打挂钱及窗格嵌画，风遍他乡，是又何止北平也耶？送财神爷，亦非殊俗，不过北平率以儿童，他乡则成人为之耳。春联摊年只一期，重关穷士生计，益而盛之，乃所愿也。若夫迎年过年各物，则诸肆毕售，群书并详，即大而镇岁货声，亦不难逐一纪载。余也久处北平，固已聆之淳熟矣。

【注释】

〔1〕博具：赌博用具。

裁禁：制止，禁止。

近年北平商户，多已分节清款[1]。若在外省，则尚有年关始清者。吾于端午一章，业陈厥况[2]。今当易历之后，年节已改曰"春节"，则索逋之状，自亦无殊夏节[3]。然而积习所累，究较夏节为紧迫耳。

【注释】

〔1〕清款：结清钱款。

〔2〕业：既，已经。

〔3〕夏节：夏季。

梨园入腊月，犹当冷洞，封箱封台之举，依例悉在是月。其封箱晚不逾二十日，故封箱之戏，必在腊望左右[1]。封箱日所演，且必硬戏，戏讫，当场即放火彩。走马锣鼓，既随之起，前所谓"四大元帅"者，须臾亦遂扮出，略如正月所演矣[2]。封台与封箱，原属两事。封台者，封戏园之台；封箱者，封戏班之箱也。甲班之箱纵封，乙丙诸班，尚可更迭入园，以赓演焉，此所谓封箱也。封台则换言之，直曰"封园"可耳。盖厥台既封，馆戏必止，任属何班，年节前不得入演，必俟来岁元旦，始许启箱开戏也[3]。各班封箱之后，例必祀神，祭仪则略视三月十八之祖师大会，拟计翌年之事，率于次日宣说，仿佛三月之提议下半年事也。年既报尽，伶之副时望者，恒徇后台执事之请，特演搭桌戏一两日，此则例外，盖执事者，即仰此费以度岁云尔[4]。

十二月
总述
《北平岁时志》注释
老北京岁时风物
340

【注释】

〔1〕腊望：农历十二月十五日。

〔2〕四大元帅：此处指中国本土宗教道教中的"马赵温关"四大元帅。马元帅生得白如雪，又名马天君，又称华光天王、华光大地。赵元帅黑如铁，即武财神赵公明，又名赵玄坛。关元帅赤如血，即刘备手下的大将关羽。温元帅青如靛，即东岳大帝的部将温琼。四大元帅是人们用来驱邪消灾的四大神将。

〔3〕来岁：来年。

〔4〕副：相称，符合。

时望：当时的声望，指当时有威信有声望的人。

徇：顺从。

搭桌戏：若干演员为救助某一同业而举行的演出，演出的收入全部赠予该人。

一日

十二月初一日起，便家家买猪，腌肉，吃灌肠，吃油渣、卤煮猪头、烩羊头、爆焆羊肚、炸铁脚小雀加鸡子、清蒸牛白、酒糟蚶糟蟹、炸银鱼、醋溜鲜鲫鱼，钦赏腊八杂果粥米。（《酌中志》卷二十，第九页）

十二月一日至岁除夜，小民为疾苦者，奉香一尺，宵行衢中，诵元君号，自述香愿，其声乌乌恻恻，曰"号佛"[1]。行过井，过寺庙，则跪且拜而诵，香尽尺乃归。（《帝京景物略》卷二，第四十七页，春场十一）

【注释】

〔1〕岁除：即除日。参见注除日。

元君：此处指碧霞元君。参见注碧霞元君。

乌乌：歌呼声。

恻恻：诚恳，恳切。

八日

初八日，吃腊八粥，先期数日，将红枣捶破泡汤，至初八早，加粳米、白米、核桃仁、菱米，煮粥，供佛圣前，户牖、园树、井灶之上各分布之[1]。举家皆吃，或亦互相馈送，夸精美也。（《酌中志》卷三，第十页）

【注释】

〔1〕粳米：粳稻的种仁，大米的一种，为常见的主食。

菱米：即菱角。

八日，先期凿冰方尺，至日纳冰窖中，鉴深二丈，冰以入，则固之，封如阜[1]。内冰启冰，中涓为政。凡苹婆果入春而市者，附藏焉。附乎冰者，启之，如初摘于树，离乎冰，则化如泥。其窖在安定门及崇文门外。是日，家效庵寺，豆果杂米为粥，供而朝食，曰"腊八粥"。（《帝京景物略》卷二，第四十七页，春场十一）

【注释】

〔1〕鉴：大型盛水器。鉴初为陶质，也就是陶盆，春秋中期出现青铜鉴。鉴在春秋晚期和战国时期最为流行，西汉时仍有铸造。

腊月八日为王侯腊，家家煮果粥，皆于预日拣簸米豆，以百果雕作人物像生花式，三更煮粥成，祀家堂、门灶、陇亩，阖家聚食，馈送亲邻，为腊八粥[1]。（《帝京岁时纪胜》，第四十二页，腊八）

【注释】

〔1〕簸：用簸箕颠动米粮和豆子，扬去糠秕和灰尘。
花式：花样，式样。
陇亩：田地。

腊八日，御河起冰贮窖，通河运冰贮内窖，太液池起冰贮雪池冰窖，开谞门运之[1]。各门护城河打冰，于河边修土窖贮之，夏日出易甚便。（《帝京岁时纪胜》，第四十二页，窖冰）

【注释】

〔1〕通河：此处指通惠河。
谞门：古代冰室门名。

八日作腊八粥，以米果杂成之，品多者为胜，此盖循宋时故事，然宋时腊八乃十月八日。（《燕都游览志》，见《日下旧闻考》卷一百四十八，第九页）

腊八粥者，用黄米、白江米、小米、菱角米、栗子、红江豆、去皮枣泥等，合水煮熟，外用染红桃仁、杏仁、瓜子、花生、榛穰、松子，及白糖、红糖、琐琐葡萄，以作点染。切不可用莲子、扁豆、薏米、桂元，用则伤味[1]。每至腊七日，则剥果涤器，终夜经营，至天明时，则粥熟矣。除祀先供佛外，分馈亲友，不得过午。并用红枣、桃仁等制成狮子、小儿等类，以见巧思。（《燕京岁时记》，第六十一页，腊八粥）

【注释】

〔1〕薏米：又称"薏苡仁""苡仁"或"六谷子"，为禾本科植物薏苡的种仁。

桂元：即桂圆，又称龙眼。

大白菜者，乃盐腌白菜也，凡送粥之家，必以此为副。菜之美恶，可卜其家之盛衰。（《燕京岁时记》，第六十一页，大白菜）

雍和宫喇嘛，于初八日夜内熬粥供佛。特派大臣监视，以昭诚敬。其粥锅之大，可容数石米。（《燕京岁时记》，第六十二页，雍和宫熬粥）

都门风土，例于腊八日，人家杂煮豆米为粥，其果实如榛、栗、菱、芡之类，矜奇斗胜，有多至数十种，皆渍染朱碧色，糖霜亦如之，钉饾盘内，闺中人或以枣泥堆作寿星、八仙之类，交相馈遗[1]。明陈耀文《天中记》："宋时东京十二月初八日，都城诸大寺作浴佛会，并送七宝五味粥，谓之'腊八粥'。"[2]《譬喻经》谓："诸米果煮粥，取逼邪祛寒却疾病。"[3]前人诗云："今朝佛粥更相馈。"[4]此风相沿已久。（《天咫偶闻》卷十，第十页）

【注释】
〔1〕钉饾：将食品堆叠在盘中，摆设出来。
〔2〕陈耀文（1524—1605）：明代大臣、学者。陈耀文，字晦伯，号笔山，明代河南确山人。陈耀文是一位博学多闻、论述精洽的学者，一生著述较多，有《经典稽疑》《学圃萱苏》等。
《天中记》：书名，共六十卷。陈耀文以自己所居近天中山（位于今河南汝南北），故题曰《天中记》。《天中记》为明代著名类书，分为五百余类，每类均有类目。该书辑录资料，搜罗颇广，所列条目均注明出处，体例较善。
〔3〕《譬喻经》：佛经名，全一卷，唐代高僧义净译。
〔4〕今朝佛粥更相馈：出自南宋著名诗人陆游的诗《十二月八日步至西村》："腊月风和意已春，时因散策过吾邻。草烟漠漠柴门里，牛迹重重野水滨。多病所须唯药物，差科未动是闲人。今朝佛粥更相馈，反觉江村节物新。"其中"今朝佛粥更相馈"说的便是腊八节送粥之事。

初八日啜粥曰"腊八粥"，盖杂各色米豆及菱角、芡实、枣栗、莲子诸物，熟煮之以为糜，外以染有红色之桃仁、杏仁、花生、瓜子、葡萄干、青红丝、黑白糖，点缀之者也，五更即煮之，先祀祖供佛后，馈戚友。送粥时，必以腌菜、菹菜为副。家畜之猫犬鸡雏，亦皆饲以粥，墙壁树木，以粥抹之。富家煮粥可供

旬日之用，其繁可知。又或于是日以蒜浸醋，封而藏之，至次年新正启食之，曰"腊八蒜"。既过腊八，择吉日大扫除，谓之"扫房"。其平日不轻扫除者，恐不祥也。（《北京指南》第二编，礼俗，第八页）

腊八粥之成分，计有硬米、江米、大米、白米、小米、薏仁米、白高粱米、稻米及菉豆、江豆、白扁豆、黑小豆、黄豆、青豆、白芸豆、红芸豆等合成[1]。城中各杂粮店多有出售之者，谓之"粥米"。又各杂粮店于初七日，将此杂米豆分送与各老主顾[2]。若粥中有搀杂之果类，则取红枣、栗子、菱角米、头鸡米、莲子、核桃仁、松仁、花生仁、榛仁、瓜子仁、白葡萄干、青梅、瓜条、红丝、白果仁、桂圆肉、蜜饯果脯丝、山楂糕等，合于一釜而煮之，以为供佛及馈贻亲友之品[3]。（《旧京风俗志》，稿本）

【注释】

〔1〕菉豆：即绿豆。

白芸豆：其生物学名叫多花菜豆，因花色多样而得名，属豆科蝶形花亚科菜豆族菜豆属。

红芸豆：芸豆的一种，山西特产，颗粒硕大，色泽鲜艳，有营养药用价值。

〔2〕主顾：顾客。

〔3〕头鸡米：疑此处当作"鸡头米"。鸡头米一般指芡实，即芡的果实。参见注芡。

清制：每年雍和宫举行大熬粥一次，是为皇帝家之熬粥。照例历年十二月初五、六日，宫门抄必有一条，派某某赴雍和宫熬粥，所派者，皆满蒙王公、贝勒，名虽熬粥，不过监视而已，实则熬粥者，为雍和宫中之喇嘛[1]。盖以宫中有大号粥锅两个，每个均能收容粥米二三十石；且宫中有专门练习熬粥者十余人，于火候素有经验。又以腊八粥，既关佛法，每届下米下水之际，由得木奇喇嘛率领徒侣多人，围锅念咒[2]。至粥中材料，至为普通，尚无人家之精致。届时内务府大臣及堂郎中等官均到场[3]。此粥之报销甚巨，每年照例竟至十万两。初八日上午三四点钟，由监视大员将粥进奉内廷，皇帝照例谕令供祀太庙寿皇殿，及内廷、西苑各庙，然后分赏内廷各宫，再分赏外廷各王公大臣[4]。系派太监一名押送，用黄食盒一架，以二人抬之，内装黄盒子一个，盒子中置粥一大碗。受赏之大臣，跪接跪送，四起八拜承谨，对于押送之太监，特别恭敬，赠以巨款，普通则二十四两，亦有四十八两、六十四两、八十两至一百二十两者，各以其人之身分而异[5]。惟阎敬铭当权，无论上赏何物，对于太监仅赠以当十京钱两吊，各太监震于阎之清介，亦无可如何[6]。以淡而无味之清粥一碗，在帝制时代，凡膺此赏者，莫不认为天恩祖德，无上荣庆[7]。（《旧京风俗志》，稿本）

【注释】

〔1〕宫门抄：清代宫廷的官报。宫门抄由内阁发抄，内容包括宫廷动态、官员升除等，因由皇宫门口抄出，故名"宫门抄"，又称"邸抄"。

〔2〕木奇喇嘛：又称"德木奇喇嘛"，为北京雍和宫僧官名。

〔3〕内务府大臣：全称"总管内务府大臣"。参见注总管内务府大臣。

堂郎中：官名，亦称"坐办堂郎中"，系清代内务府堂主官，主管内务府堂上事务及府属文职官员的选拔，并查核、督促内务府所辖七司三院及其他附属机构等处承办之事务。

〔4〕太庙：供奉本朝先代帝王之庙。

寿皇殿：清代供奉本朝历代皇帝画像的殿堂。寿皇殿位于北京景山正北面，坐北朝南，有正殿、左右山殿、东西配殿，以及神厨、神库、碑亭、井亭等附属建筑。清代每逢除夕，在寿皇殿内部隔间的窗槅之外要放置七座大插屏，悬挂清代历代帝后朝服像，清太祖努尔哈赤像居正中，以下至嘉庆列帝后像分居左右，南向一字排开；道光皇帝起始的列帝后像悬挂于寿皇殿东西两面。隔间外这些临时悬挂的肖像至第二年正月初二即撤下收贮。在民国年间，古物陈列所将供奉在此的所有清帝御容收储。

〔5〕承谨：敬慎奉行。

〔6〕清介：清正耿直。这一词语最初的记载见三国魏刘劭所撰《人物志·体别》。

〔7〕膺：接受，承当。

京中各庙，如柏林寺、嵩祝寺、龙泉寺、白云观等，每届此期，亦煮粥分送诸施主，于粥碗正中置一极大枣栗，上插小黄纸旗，书明某某庙名[1]。施主自无白受之理，于是赠以回敬，有二两者，有四两者，亦有八两者，最少亦须一两。如对无钱之家，即不肯轻送矣。（《旧京风俗志》，稿本）

【注释】

〔1〕柏林寺：明清北京城著名寺庙，位于今北京东城区雍和宫大街戏楼胡同1号。柏林寺始建于元顺帝至正七年（1347），明清两代均有修葺和增建，清圣祖康熙帝曾题额"万古柏林"。此寺内保存的《龙藏》经版，是中国佛藏中现存的唯一木刻经版。明太祖洪武元年（1368），明廷在修建北京城北墙时将柏林寺

分为两部分，城内的称"南柏林寺"，城外的称"北柏林寺"。在明清之际，柏林寺为北京八大寺庙之一（此八大寺庙指东城柏林寺、贤良寺，西城广济寺、广化寺、嘉兴寺、拈花寺，南城法源寺、长椿寺），其规模、占地均非常可观。明以后，城外北柏林寺日趋衰败，南柏林寺遂称"京城柏林寺"。

嵩祝寺：明清北京城著名寺庙。嵩祝寺为清代章嘉呼图克图（呼图克图，蒙古语"圣者"，章嘉呼图克图为清代内蒙古地区藏传佛教格鲁派最大转世活佛）所居。嵩祝寺东有法渊寺，西有智珠寺，又东为三厂遗址。三厂乃明代所设置之翻经厂、汉经厂、道经厂。嵩祝寺始建于清世宗雍正十一年（1733），为第二世章嘉呼图克图在京的驻地。从第二世章嘉呼图克图开始，历代章嘉呼图克图均以嵩祝寺为主要驻地。

龙泉寺：北京城著名寺庙，坐落在北京西山凤凰岭山脚下。龙泉寺始建于辽穆宗应历年间（951—969），距今已有一千多年的历史。原本龙泉寺的庙会十分兴盛，抗日战争时期，国家内忧外患，龙泉寺渐趋沉寂。

二十年前，初八日清晨，若行于内城街巷，则见二人抬食盒者，肩担者，手提者，沿街皆是送粥之人，不绝于途。二十年来，满人既多凋零，土著汉人，亦日趋窘境，故不似前者之盛也。（《旧京风俗志》，稿本）

腊八粥，相传因释迦牟尼当年于是日得道；释迦当年是用钵向各家化米，故不能一律，所以有各种豆米[1]。后人增添米糖豆果，青年妇女又添果子作花，争奇角胜[2]。先期选米选豆，剥果染红，至初八半夜熬粥，天明上供，祀宗祖，送亲朋。自食之外，则赏给家役，送与亲友粥时，附以大腌白菜、蒸包子、炒菜、咸菜，两色四色不等，彼此互相分送之。（《帝京岁时纪胜笺补》，稿本）

【注释】

〔1〕化米：即化缘，为佛教术语。佛教认为能布施僧人的人，即与佛门有缘，僧人以募化乞食广结善缘，故称"化缘"。化缘还可以指为了佛事而进行的一切募化活动，不单指乞食。

〔2〕争奇角胜：互相争比奇特。

昔年雍和宫熬粥，曾派那王监视，是日并听经[1]。（《帝京岁时纪胜笺补》，稿本）

那王：即那彦图（1867—1938），清朝末期的蒙古王公、重臣，为元太祖成吉思汗的第二十七代子孙。为了辖制外蒙古的势力，慈禧太后重用那彦图，使他与岳父庆亲王奕劻权倾一时，历任清廷御前大臣、领侍卫内大臣、八旗都统、上驷院大臣等要职。

京城寺院内外八大刹，皆于是日熬粥供佛，但不若喇嘛经典礼盛耳。（《帝京岁时纪胜笺补》，稿本）

二十三日

二十三日更尽时，家家祀灶。院内立杆，悬挂天灯，祭品则羹汤灶饭、糖瓜糖饼，饲神马以香糟炒豆、水盂。男子罗拜，祝以遏恶扬善之词[1]。妇女于内室，扫除炉灶，以净泥涂饰，谓之"挂袍"，燃灯默拜。（《帝京岁时纪胜》，第四十二页，祀灶）

【注释】

〔1〕罗拜：罗列而拜，围绕着下拜。

二十三日祭灶，古用黄羊，近闻内廷尚用之，民间不用也。民间祭灶，惟用南糖、关东糖、糖饼及清水草豆而已[1]。糖者所以祀神也，清水草豆者所以祀神马也。祭毕之后，将神像揭下，与千张、元宝等一并焚之。至除夕接神时，再行供奉。是日鞭炮甚多，俗谓之"小年下"。（《燕京岁时记》，第六十四页，祭灶）

【注释】

〔1〕关东糖：又称"灶糖""麻糖"，传统名点，既是年节食品又是祭祀用品，以祭灶神。在一年之中，关东糖只有在小年前后才有出售。

二十三日送灶供糖。是日贴联门神。（《天咫偶闻》卷十，第十三页）

二十三日祭灶，供以糖饼、糖瓜、黍糕、胡桃等品，又备草料凉水，谓用以秣灶君之马[1]。祭时必使炉火炽盛，以糖饼置炉口，亦有缘而涂之者。相传灶君朝天，白人家善恶于玉帝，以行赏罚，置糖炉口，则口黏不复能语。故焚神纸时，必祝曰："好话多说，不好话少说。"祭毕，以糖果与家人食，自是以后，即预备过年矣。（《北京指南》第二篇，礼俗，第八页）

【注释】

〔1〕灶君：又称"灶王爷""灶神""司命菩萨"或"灶君司命"。汉族民间传说灶神每年农历腊月二十三日夜晚上天汇报，除夕日返回人间。

每年腊月二十三日祭灶后，将旧神龛请至中庭焚化，家人放鞭炮，即为送神。直至腊月三十日之下半夜，再烧香而请新神位，即将新神位放置原厨。又京俗习惯，男不拜月，女不祭灶，凡祭祀灶王，均男子事。（《旧京风俗志》，稿本）

二十三日之祀灶，上自大内以及王府百官、士农工商，无不举行，悬挂天灯，小户人家无之。是夕都城炮声，可以达旦。卖糖者亦无不利市三倍，与卖鞭炮者同等获利也。（《帝京岁时纪胜笺补》，稿本）

二十四日

二十四日祭灶，蒸点心，办年，竞买时兴绸缎制衣，以示美富。乾清宫丹墀内，自二十四日起，至次年正月十七日止，每月昼间放花炮，遇大风暂止半日、一日[1]。其安鳌山灯，扎烟火，驾升座，伺候花炮，圣驾回宫，亦放大花炮，前导皆内官监职掌；其前导摆对之滚灯，则御用监灯作所备者也[2]。（《酌中志》卷二十，第十页）

【注释】

〔1〕乾清宫：中国宫殿建筑之精华，为明清两代皇帝在北京紫禁城中日常起居和处理政事的地方，为后三宫（即乾清宫、交泰殿和坤宁宫）之首，位于乾清门内。

丹墀：宫殿的赤色台阶或赤色地面。

〔2〕内官监：明代宦官机构。明代宦官组织分为十二监、四司、八局，号称"二十四衙门"。内官监为十二监之一，地位较高，掌印者为太监，余次为少监、监丞等。各个监在太监之下，管辖多名宦官。内官监负责掌管木、石、瓦、土、油漆、婚礼、火药及米盐库、营造库、皇坛库等，包括国家营造宫室、陵墓以及其他器用诸事，相当于外朝的工部。

滚灯：一种纸灯。

御用监：明代宦官机构，系十二监之一，负责掌办皇帝所用之物，即日常用品采购。御用监设有掌印太监一员，下设里外监把总、典簿、掌司、写字、监工等员，负责造办皇宫所用围屏、床榻诸木器以及紫檀、象牙、乌木等玩器。康熙帝即位后裁撤御用监，改设广储司，属内务府。

灯作：从事掌灯、做灯活动的人。

腊月二十四日祭灶之后，宫眷内臣，即穿葫芦景补子及蟒衣。各家皆蒸点心。储肉将为一二十日之费。（《酌中志》卷二十，第一页）

二十四日以糖剂饼、黍糕、枣栗、胡桃、炒豆祀灶君，以糟草秣灶君马，谓灶君翌日朝天去，白家间一岁事。祝曰："好多说，不好少说。"记称灶，老妇之祭，今男子祭，禁不令妇女见之。祀余糖果，禁幼女不令得啖，曰"啖灶余"，则食肥腻时，口圈黑也。（《帝京景物略》卷二，第四十七页，春场十一）

京师居民祀灶，犹仍旧俗，禁妇女主祭，家无男子，或迎邻里代焉[1]。其祀期用二十三日，惟南省客户则用二十四日，如刘侗所称也[2]。（《日下旧闻考》卷一百四十八，第十一页）

【注释】

〔1〕邻里：邻居。

〔2〕刘侗（1593—1636）：明代散文家。刘侗，字同人，号格庵，湖广麻城（今湖北麻城）人。明思宗崇祯七年（1634），他考中进士，后选任吴县知县，赴任途中逝于扬州（今江苏扬州）。刘侗和于奕正合撰《帝京景物略》，于奕正收集材料，刘侗撰写文字。

京师旧俗，岁终二十四日，谓"灶神上界"，其夜家人设祭，遣奠致祭，且有遏恶扬善之属。（《秋涧集》，见《日下旧闻考》卷一百四十八，第十页[1]）

【注释】

〔1〕《秋涧集》：书名，全称《秋涧先生大全文集》，元代王恽撰，共一百卷。王恽号"秋涧"，故以之命名个人的文集。《秋涧集》所收记、序、行状、碑志二百余篇，多记金元之际以及元世祖忽必烈时代之事。

燕俗图灶神，锓于木，以纸印之，日"灶马"，士民竞鬻，以腊月二十四日焚之，为送灶上天[1]。别具小糖饼奉灶君，具黑豆寸草为秣马具，合家少长罗拜祝曰："辛甘臭辣，灶君莫言。"至次年元旦，又具如前，为迎灶。(《月令广义》，见《日下旧闻考》卷一百四十八，第十页)

【注释】

〔1〕锓：刻。

二十五日

二十五日，五更焚香楮，接玉皇，日"玉皇下查人间"也。竟此日，无妇妪詈声。(《帝京景物略》卷二，第四十八页，春场十二)

二十五日，俗传为上帝下界之辰[1]。因二十三日送灶上天，奏人间一年之善恶，故上帝于二十五日下界，稽查臧否，降之祸福[2]。故世人于是日谨起居、慎言语，戒饬小儿毋得詈骂恶言，恐招不祥[3]。(《帝京岁时纪胜》，第四十三页，稽善恶)

【注释】

〔1〕上帝：此处指道教中的上帝——玉皇大帝。参见注玉皇大帝。
〔2〕稽查：检查，盘查。
臧否：褒贬、评定等意思。
〔3〕戒饬：告诫。

二十五日至除夕传为乱岁日。因灶神已上天，除夕方旋驾，诸凶煞俱不用事，多于此五日内婚嫁，谓之"百无禁忌"[1]。(《帝京岁时纪胜》，第四十三页，乱岁)

【注释】

〔1〕旋驾：回驾。

二十七日

岁暮斋沐，多于二十七、八日[1]。谚云："二十七，洗疚疾；二十八，洗邋

蹋。"[2]（《帝京岁时纪胜》，第四十三页，沐浴）

【注释】

〔1〕斋沐：斋戒沐浴。参见注斋戒。

〔2〕疢疾：疾病。

蹧蹋：同"邋遢"，肮脏，不整洁。

二十九日

馈遗尚鲜果，羯鼓益声喧，曰"迎年鼓"。先除夕一日曰"小除夕"，家置酒宴，往来交谒，曰"拜别"。焚香于户外，曰"天香"，凡三日止。帖宜春字，小儿女写好字。（《北京岁华记》，见《日下旧闻考》卷一百四十八，第九页）

先除夕一日，则曰"小除夕"，家置酒宴，往来招邀，曰"别岁"，又曰"辞岁"，亦有除夕始行辞岁者。（《北京指南》第二编，礼俗，第八页）

三十日

三十日岁暮，即互相拜祝，名曰"辞旧岁"也。大饮大嚼，鼓乐喧阗，为庆贺焉。门旁植桃符板、将军炭、贴门神，室内悬挂福神、鬼判、钟馗等画，床上悬挂金银、八宝、西番经轮或编结黄钱如龙，檐楹插芝麻秸，院中焚柏枝柴，名曰"熰岁"[1]。（《酌中志》卷二十，第一页）

【注释】

〔1〕将军炭：古代北京风俗，用红箩炭末塑制成将军形，在年末植于门之两旁，后亦名"彩妆"。

福神：汉族民间信仰的神祇。根据汉族民间传说，福神原为岁星，即木星，后逐渐人格化，一说源于道教太平道所祀三官中的天官，演化为天官赐福之说；一说福神为唐道州（今湖南道县西）刺史阳城，因其有抵制进贡侏儒的善政，遂被尊为福神。

经轮：亦称为"转经轮""法轮""玛尼解脱轮""祈寿筒""转经筒""嘛呢轮"，或称为"唐多括维"，通常是以木、铜、银、金等材质制成，其主体呈圆柱形，中间有轴可供转动。转经轮属佛教法器，其中装藏经文或咒语，通过右旋转动即等同念诵之功。由于藏族人，特别是老人，大多不能流利地诵念经文，所以

他们用转经轮代替诵经。

自岁暮正旦，咸头戴闹蛾，乃乌金纸裁成，画颜色装就者，亦有用草虫蝴蝶者，或簪于首，以应节景。仍有真正小葫芦，如豌豆大者，名曰"草里金"，二枚可值二三两不等，皆贵尚焉。（《酌中志》卷二十，第二页）

三十日五更，又焚香楮送迎，送玉皇上界矣，迎新灶君下界矣。插芝麻于门檐窗台，曰"藏鬼秸中，不令出也"。门窗贴红纸葫芦，曰"收瘟鬼"[1]。夜以松柏枝杂柴燎院中，曰"烧松盆，烰岁也"[2]。悬先亡影像，祀以狮仙斗糖、麻花、馓枝，染五色苇架、竹罩陈之；家长幼毕拜，已各自拜，曰"辞岁"[3]。聚坐食饮，曰"守岁"。（《帝京景物略》卷二，第四十八页，春场十二）

【注释】

〔1〕红纸葫芦：汉族民间流行的吉利、避邪物。

瘟鬼：即瘟神，又称五瘟使者，是中国古代民间传说中主管瘟疫之神，分别为春瘟张元伯、夏瘟刘元达、秋瘟赵公明、冬瘟钟仕贵和总管中瘟史文业，均为传说中能散播瘟疫的恶神。

〔2〕燎：放火烧草木。

烰：冒烟、不起火苗地烧。

〔3〕狮仙斗糖：印着仙人骑狮子图样的糖，在元明时期比较常见。

馓枝：即馓子，系一种油炸的食品，在古代呈环钏形，现在细如面条，呈栅状。

三十日，悬先像拜祀，长幼诣诸尊长家拜之，曰"辞岁"。立桃符，贴春联、门神、挂钱，插芝麻秸，燃松枝于庭。撤祀余，阖家饮食之曰"守岁"。（《大兴县志》，传抄本）

岁暮，将一年食余药饵抛弃门外，并将所集药方拣而焚之，名"丢百病"。（《帝京岁时纪胜》，第四十四页，丢百病）

除夕为尊亲师长辞岁，归而盥沐，祀祖、祀神、接灶[1]。早贴春联、挂钱，悬门神屏对，插脂麻秸，立将军炭，阖家团拜[2]。更尽分岁，散黄钱、金银、锞锭。亲宾幼辈来辞岁者，留饮啜，答以宫制荷包，盛以金银锞饰。出门听人言之吉凶，卜来年之休咎，名曰"听谶语"[3]。炉内焚松枝、柏叶、南苍术、吉祥丹，名曰"熰岁"。阖家吃素细馅水饺儿，内包金银小锞，食着者，主来年顺利。高烧银烛，畅饮松醪，坐以待旦，名曰"守岁"，以兆延年[4]。（《帝京岁时纪胜》，第四十四页，岁暮杂务）

【注释】

〔1〕盥沐：沐浴，洗手洗脸。

〔2〕屏对：屏条和对联。

〔3〕谶语：事后应验的话，占卜预言。

〔4〕松醪：用松肪或松花酿制的酒。

都下寺院，每用岁除锻磨，是日作锻磨斋。（《僧园逸记》，见《日下旧闻考》卷一百四十八，第十二页）

京师谓除夕为三十晚上。是日清晨，皇上陛殿受贺，庶僚叩谒本管，谓之"拜官年"[1]。世胄之家，致祭宗祠，悬挂影像[2]。黄昏之后，合家团坐以度岁，酒浆罗列，灯烛辉煌，妇女儿童皆掷骰、斗叶以为乐[3]。及亥子之际，天光愈黑，鞭炮益繁，列案焚香，接神下界，合衣少卧，已至来朝；旭日当窗，爆竹在耳，家人叩贺，嘉气盈庭，转瞬之间，又逢新岁矣[4]。（《燕京岁时记》，第六十六页，除夕）

【注释】

〔1〕陛殿：殿阶。

庶僚：一般官吏。

叩谒：拜见。

〔2〕世胄：世家；贵族。

〔3〕斗叶：一种博戏，纸牌戏之一种。

〔4〕合衣：和衣，不脱衣服。

除夕自户庭以至大门，凡行走之处，遍以芝麻秸撒之，谓之"踩岁"。（《燕京岁时记》，第六十六页，踩岁）

年饭用金银米为之，上插松柏枝，缀以金钱、枣、栗、龙眼、香枝。破五之

十二月
三十日
《北平岁时志》注释
老北京岁时风物
353

后，方始去之。（《燕京岁时记》，第六十六页，年饭）

所谓"藏香"，乃西藏所制[1]。其味浓厚，得沉檀芸降之全[2]。每届岁除，府第朱门焚之彻夜，檐牙屋角，触鼻芬芳，真香中之富贵者也[3]。（《燕京岁时记》，第六十七页，藏香）

【注释】

〔1〕藏香：西藏地区所制之香，多数用于佛教祭祀活动，亦有少量家居用以辟邪。藏香由藏红花、雪莲花、麝香、藏寇、红景天、丁香、冰片、檀香木、沉香、甘松等几十种名贵藏药及香草手工制作而成，充分保留了药物的本质药性，极具药用价值。

〔2〕沉：沉香，是一种药材名，属于瑞香科类植物。

檀：即旃檀香，又名檀香、白檀，是一种古老的珍稀树种。檀香木香味醇和，历久弥香，素有"香料之王"之美誉。

芸：香草名，也叫"芸香"，多年生草本植物，其下部为木质，故又称"芸香树"。其叶互生，羽状深裂或全裂，花黄色，香气浓郁，可入药。

〔3〕檐牙：房屋之檐际翘出如牙的部分。

取松柏枝之大者，插于瓶中，缀以古钱、元宝、石榴花等，谓之"摇钱树"[1]。（《燕京岁时记》，第六十七页，摇钱树）

十二月
三十日
《北平岁时志》注释
老北京岁时风物
354

【注释】

〔1〕摇钱树：汉族民间传说中的一种宝树，摇摇它就会落下金钱来。

以彩绳穿钱，编作龙形，置于床脚，谓之"压岁钱"；尊长之赐小儿者，亦谓之"压岁钱"。（《燕京岁时记》，第六十八页，压岁钱）

钱铺取钱之帖，谓之"票子"[1]。每届岁除，凡富贵之家以银易钱者，皆用彩笺书写，谓之"红票儿"，亦取其华美吉祥之意。（《燕京岁时记》，第六十八页，红票儿）

【注释】

〔1〕钱铺：即钱庄，是明代中叶以后出现的一种信用机构，是银行的雏形。钱庄起源于银钱兑换，其后逐渐发展为办理存放款项和汇兑等金融业务的机构。

这类机构在不同区域名称不同，也根据规模的不同有其他称谓，如银号、钱店。

　　每届除夕，列长案于中庭，供以百分。百分者，乃诸天神圣之全图也[1]。百分之前，陈设蜜供一层，苹果、干果、馒头、素菜、年糕各一层，谓之"全供"。供上签以通草八仙及石榴、元宝等，谓之"供佛花"[2]。及接神时，将百分焚化，接递烧香，至灯节而止，谓之"天地桌"。（《燕京岁时记》，第六十八页，天地桌）

【注释】
〔1〕诸天：佛教众神。
〔2〕签：刺，插。
供佛花：亦称"供花"，即在祭祀时或节日里用来装点祭品、供品的剪纸。

　　凡除夕，穿蟒袍补褂，走谒亲友者，谓之"辞岁"。家人叩谒尊长，亦曰"辞岁"。新婚者必至岳家辞岁，否则为不恭。（《燕京岁时记》，第六十六页，辞岁）

　　除夕接神以后，即为新年，于初次出房时，必迎喜神而拜之。（《燕京岁时记》，第六十六页，迎喜神）

　　除夕夜多不寝，曰"守岁"。以芝麻秸散置中庭，往来践踏之，谓之"踏岁"。妇女多戴红石榴花，上缀小金元宝，则取吉祥发财之意也。市中更有贫儿，手持财神、纸马，分送商店民居而呼曰"送财爷"，来者皆以钱与之，取吉利也。（《北京指南》第二编，礼俗，第六页）

　　早年商店向主顾讨账，往往延至此，尚至未偿还欠债之家催迫，有由一次至数次，来索或坐索者。但一至其本柜放鞭接神时，即绝口不谈债事，虽再遇诸路途，亦和颜悦色，互道新禧。（《旧京风俗志》，稿本）

　　夕阳西下之际，市井穷苦儿童，有二三人一起者，有一人单独者，先在纸店购买印板纸财神像数十张，分赴各大街之商店，及胡同各住户，映门而喊曰："送财神爷来了。"各迷信者流，因其系属童男，仿佛能将财神爷真可送来者，与以铜元四五枚，换来纸像一张，伊辈即欢跃而去。最讨人厌者，则为此去彼来，为数

太多耳。若予以铜钱一二文，而不接受其纸像，告之曰"财神爷已经接了"，亦可满意而去。若并一二文钱亦不予之，此辈野童，原无教育，愤怒之余，即连喊两声："送阎王爷来了，送瘟神爷来了。"门内之人亦必震怒出门而逐之，遂急驰如鸟兽散，再绕赴旁家喊送矣。（《旧京风俗志》，稿本）

除夕之夜，北京商店，均终夜开门营业，即当铺亦然。自庚子年经过大抢，始有戒心，改为五点或六点上门。住户终夜不睡，尤以妇孺为最高兴，谓之"守岁"。接神以后，阖家包煮饽饽，更有暗置黄铜小钱一个于煮饽饽中，将此参置于众饽饽中，考验此带铜钱之饽饽为何人所食，即认其人本年福气命运均好矣。（《旧京风俗志》，稿本）

自除夕起，如房屋地面不洁，须自门外向里而扫，所有垃埃尘土，均不许撮诸门外，仍堆积门内，一切用过之水，亦不许向门外泼弃，因认水土两项，均属为财之故。（《旧京风俗志》，稿本）

凡有儿童之家，其父母尊长以及附近之亲族邻友，均赠予儿童压岁钱。如系铜钱，则以红绳串之；如系银锭，则以红绳或红纸包之，取吉利也。妇女戴红石榴花一枝，上嵌金纸元宝，亦取发财之意也。（《旧京风俗志》，稿本）

三十日即除夕，是晨在家祠上供，用素烛蓝棹围，以代上坟之典[1]。上灯后，换红棹围，燃红烛再上供。供品如年糕、苹果、橘子、柑蔗、香槟、香蕉、蜜供、馒首、茶、酒、饭、煮饽饽，供齐，由家长率全家大小男妇等叩首，行辞岁礼。礼毕，全家老少男女，齐至上房，请家长坐于中堂，受全家男女之辞岁叩首礼[2]。晚间，自街门以内无处不燃灯，纱灯则由廊房头条灯铺买之[3]。长辈受晚辈之叩首礼后，则给晚辈压岁钱。家中长幼辞岁之后，有到各本家中之祠堂，及向各长辈辞岁者，凡年在十六岁以内者，长辈仍给压岁钱、荷包等物[4]。到子刻出外辞岁者，一律回家张罗接神。是夕灯火辉煌，庭中设供，棹上供天道地道上下神纸，有用纸印成者，名曰"百分"。供时将百分供于正中，案上摆设蜜供五碗，馒首五碗，年糕、年元宝、苹果、橘子各五碟、花生、栗子、龙眼、荔枝、柿饼五碟，茶三碗、酒三杯，于灯下挂黄钱、元宝、千张，地下放芝麻秸、松枝。从子至卯四个时辰内，家家焚香上供，并有三牲及煮饽饽，择定何时即在何时，由家长具衣冠，沐手焚香，率子孙敬谨叩首迎神，焚百分钱粮时，并放鞭炮。又昔年除夕子刻后，百官入朝贺岁，民国则于元旦辰巳之间，始贺总统，但又有用阳历、阴历之不同，车水马龙，尚有气象。迁都之后，名虽废止阴历，而阳历年关毫无年意，旧历年则改名"春节"，百物仍然云集，四乡人民之来购年货者，仍如昔之纷纭。（《帝京岁时纪胜笺补》，稿本）

【注释】

〔1〕家祠：古代一个家族为祭祀祖先而修建的祠堂。

〔2〕中堂：正中的厅堂。

〔3〕廊房头条：即廊房头条胡同。参见注廊房头条胡同。

〔4〕祠堂：汉族人祭祀祖先或先贤的场所。祠堂有多种用途，除了"崇宗祀祖"之用外，各房子孙平时办理婚、丧、寿、喜等事时，也以祠堂作为活动场所。另外，族亲们有时为了商议族内的重要事务，也以祠堂作为会聚场所。

杂事

是月也，进暖洞，熏开牡丹等花。（《酌中志》卷二十，第十页）

是月，小儿及贱闲人，以二石球置前，先一人，踢一令远，一人随踢其一，再踢而及之，而中之，为胜。一踢即着焉，即过焉，与再踢不及者，同为负也。再踢而过焉，则让先一人随踢之。其法初为趾踞苦寒设，今遂用赌，如博然，有司申禁之，不止也。（《帝京景物略》卷三，第四十八页，春场十二）

腊月朔，街前卖粥果者成市，更有卖核桃、柿饼、枣、栗、干菱角米者，肩挑筐贮，叫而卖之。其次则肥野鸡、关东鱼、野猫、野鹜、腌腊肉、铁雀儿，徽架果罩、大佛花、斗光阡张、楼子庄元宝[1]。初十外，则卖卫画、门神、挂钱、金银箔、锞子、黄钱、销金、倒西、马子、烧纸、玻璃镜、窗户眼[2]。请十八佛天地百分，钱灶、银号兑换押岁金银小梅花海棠元宝[3]。廿日外，则卖糖瓜、糖饼、江米、竹节糕、关东糖[4]。糟草炒豆，乃二十三日送灶饷神马之具也。又有卖窑器者，铜银换瓷碗，京烧之香炉烛台。闷葫芦，小儿借以存钱；支煀瓦、灶口用为助爨[5]。至廿五日外，则脂麻秸、松柏枝、南苍术煀岁矣。腊月诸物价昂，盖年景丰裕，人工忙促，故有"腊月水土贵三分"之谚。高年人于岁逼时，训饬后辈谨慎出入，又有"二十七八，平取平抓"之谚。（《帝京岁时纪胜》，

第四十一页，十二月市卖）

【注释】

〔1〕铁雀儿：即铁爪鸥，属大型鸥类，多在地上活动。

傲架果罩：举办庆典宴席时放置傲子、果品的陈设之物。

〔2〕卫画：天津杨柳青年画，因天津在明清时期叫"天津卫"，故称"卫画"。

倒酉：新年期间民间粘贴的一种小吉祥物，俗称"小挂钱儿"。其上端是一涂以金粉的红色菱形方块，上印"福"字，倒着贴表示"福到了"。

〔3〕天地百分：用纸印刷的天地之间的神灵。

〔4〕竹节糕：形状像竹节的糕点。

〔5〕闷葫芦：此处指一种类似储钱罐的东西。

爨：烧火做饭。

岁暮官署封印，诸生散馆[1]。送灶神后，扫除祠堂舍宇，糊裱窗槅，贴彩画玻璃窗眼，剪纸吉祥葫芦，还账目，送节礼，谢先生，助亲友馈炭金[2]。整齐祭器，擦抹什物，蒸糕点，炸衬供，调羹饭，治祭品，摆供献，雕茶果，神堂悬影，院内设松亭，奉天地供案，系天灯，挂琉璃[3]。（《帝京岁时纪胜》，第四十四页，岁暮杂务）

【注释】

〔1〕诸生：指两学诸生。参见注两学诸生。

散馆：放假。

〔2〕炭金：古代称购炭取暖的礼金。

〔3〕什物：家庭日常用品。

衬供：古代祭祀时，以三牲（猪、牛和羊）为正当供品，而以蜜供、月饼相衬，谓之"衬供"。

影：图绘的佛像或人物肖像。

凌床，京师在处有之，一人挽行，滑如帆驶[1]。闻明时积水潭尝有好事者联十余床，携都蓝酒具，铺氍毹其上，聚饮冰凌中，亦足乐也。（《倚晴阁杂钞》，见《日下旧闻考》卷一百四十八，第十二页）

【注释】

〔1〕凌床：冰床。这一词语最初的记载见北宋科学家沈括所撰《梦溪笔谈·讥谑》。

京师腊月，河冰结时，水面多设冰床，往来络绎，以供行客，其捷如飞，较之坐骑乘车，远胜多矣。（《陈检讨集》，见《日下旧闻考》卷一百四十八，第十二页[1]）

【注释】

[1]《陈检讨集》：书名，清人陈维崧所撰骈文集。陈维崧（1625—1682），字其年，号迦陵，江苏宜兴人，自幼聪慧，博览群书，著作等身，散文、骈文、诗词无一不佳，为明末清初词坛第一人。

京师冬月，既以纸糊窗格，间用琉璃片画作花草人物嵌之。由室中视外，无微不瞩。从外而观，则无所见。此欧阳楚公十二月《渔家傲词》所云"花户油窗"也，盖元时习俗已尚之[1]。（《莼鲛词话》，见《日下旧闻考》卷一百四十八，第十二页[2]）

【注释】

[1] 欧阳楚公：即欧阳修（1007—1072），北宋政治家、文学家。欧阳修，字永叔，号醉翁、六一居士，吉州永丰（今江西吉安永丰县）人，因吉州原属庐陵郡，遂以"庐陵欧阳修"自居。欧阳修官至翰林学士、枢密副使、参知政事，谥号"文忠"，世称"欧阳文忠公"。后人又将其与韩愈、柳宗元和苏轼合称"千古文章四大家"。欧阳修与韩愈、柳宗元、苏轼、苏洵、苏辙、王安石、曾巩被世人称为"唐宋散文八大家"。欧阳修曾作《渔家傲·十二月鼓子词》，连用十二首《渔家傲》分咏十二个月的景色。

[2]《莼鲛词话》：书名。该书现已不存。

腊月束梅于盎，匿地下五尺许，更深三尺，用马通然火，使地微温，梅渐放，白纸笼之，鬻于市。小桃、郁李迎春皆然。（《北京岁华记》，见《日下旧闻考》卷一百四十八，第九页）

十二月卖像生花供佛，打太平鼓。（《郎潜纪闻》卷十二，第五页）

每至十二月，于十九、二十、二十一、二十二四日之内，由钦天监举择吉期，照例封印，颁示天下，一体遵行。封印之日，各部院掌印司员必应邀请同僚欢聚畅饮，以酬一岁之劳[1]。故每当封印已毕，万骑齐发，前门一带，拥挤非常，园

十二月

杂事

《北平岁时志》注释

老北京岁时风物

359

馆居楼，均无隙地矣。封印之后，乞丐无赖，攫货于市肆之间，毫无顾忌，盖谓官不办事也，亦恶俗也。（《燕京岁时记》，第六十三页，封印）

【注释】
〔1〕司员：即司官，为清代各部属官的通称，指各部内各司郎中、员外郎、主事及主事以下七品小京官。因其分司治事，各有专职，故通称"司官"。

封印之后，梨园戏馆，择日封台，八班合演。至来岁元旦则赐福开戏矣，亦所以歌咏升平也。（《燕京岁时记》，第六十三页，封台）

儿童之读书者，于封印之后，塾师解馆，谓之"放年学"〔1〕。（《燕京岁时记》，第六十四页，放年学）

【注释】
〔1〕塾师：古代私塾的教师。
解馆：此处指私塾休假。

春联者，即桃符也。自入腊以后，即有文人墨客，在市肆檐下书写春联，以图润笔〔1〕。祭灶之后，则渐次黏挂，千门万户，焕然一新。或用朱笺，或用红纸，惟内廷及宗室王公等，例用白纸，缘以红边、蓝边，非宗室者不得擅用。（《燕京岁时记》，第六十五页，春联）

【注释】
〔1〕润笔：古代人们用毛笔写字，用笔之前，通常会先用水泡一泡，把笔毛泡开、泡软，这样毛笔较易吸收墨汁，写字时会感觉比较圆润。因此，毛笔泡水这个动作就叫"润笔"。后来"润笔"被泛指为请人家写文章、写字、作画的报酬。这一词语最初的记载见唐代大臣魏征等所修《隋书·郑译传》。

每至腊月，繁盛之区支搭席棚，售卖画片，妇女儿童争购之，亦所以点缀年华也〔1〕。（《燕京岁时记》，第六十六页，画儿棚子）

【注释】
〔1〕年华：一年中的好时节。

卖年画者，卖花者，卖门神挂钱，卖松柏、芝麻秸者，卖陶瓷器者，叫呼络绎，不绝于门。街市则春联摊及年画棚，黍糕、馒首、鸡鸭鱼肉、花木果品，一切年货，无不具备。商家民居各于门前，纷贴挂钱（次年正月十五日，或二月初二日，以竹竿挑去，谓之"打挂钱"）对联，凡几案铜锡各器，皆拭拂一新。而沽酒市肉以治制肴馔，更有日不暇给之势[1]。（《北京指南》第二编，礼俗，第六页）

【注释】

〔1〕日不暇给：暇，空闲。不，没有。日不暇给的意思是天天没有时间，现比喻因事务所困而繁忙。这一成语最初的记载见西汉司马迁所作《史记·封禅书》。

每年腊月，如系大建，则于二十日封印，至明年正月二十日开印[1]。如系腊月小建，则于十九封印，至明年正月十九日开印[2]。封印时，本部满汉尚书二人，满汉侍郎各四人，即先后到部举行封印典礼。由司务厅特派声音洪亮之赞礼官一人，先高唱"请列位大人就位"，各尚书等依照位置，立于公案前，继唱"请宝印入匣"，掌印官预将堂印置于印匣以外，至此当众将印收入匣内，再用黄色包袱将印匣包裹，继再高唱"拜印，跪，叩首，再叩首，兴，三叩首"，连唱三次，合之为三跪九拜，继唱"封印大吉，各位大人禄位高升，礼成，退班"[3]。堂官先后退，各属人员亦纷纷而退。（若开印时之礼，亦与封印相同。惟唱至"开印大吉"后，照例司务厅拣择不甚重要之公事，先用印三颗。在未用时，赞礼官高唱"用印一颗，加官进禄，用印二颗，禄位高升，用印三颗，诸位大人连升三级"等吉利语。）于封印后，各部门门柱上，用极宽红纸黏之，上联书本部遵于某年月日时封印大吉，下联书本部遵于某年月日时开印大吉等字。京中所有大小文武机关，均如是办法也。（《旧京风俗志》，稿本）

【注释】

〔1〕大建：农历有三十天的月份，也叫"大尽"。

〔2〕小建：农历只有二十九天的月份。

〔3〕司务厅：官署名，为清代中央六部及理藩院、大理院等所属行政事务机构之一。

赞礼官：即赞礼郎，为古代文官官职名。赞礼郎通常负责宗教祭祀，为配置于太常寺（参见注太常寺）之基层官员。

公案：官吏审理案件时用的桌子。

堂印：官印。

禄位：俸禄和爵位，借指官职。

关东糖约分为二，一为糖瓜，一为糖块，以产于关东者为佳，以黄米制造，色白而微黄。早年腊月十五日左右，由关东客人贩运来京，寄存齐化门外之关东店，京中各小商纷赴该处趸买，设摊售之[1]。今则伪造者多矣，惟只售至二十三晚为止，二十四日虽有存货，亦不再卖矣。（《旧京风俗志》，稿本）

【注释】

〔1〕关东店：地名，位于今北京朝阳区西部。由于朝阳门外大街自西北向东南倾斜，故关东店地区呈三角形。一说因该店居朝阳门关厢以东，一说古代春节前夕贩卖关东糖的小贩多聚于此，故名"关东店"。

趸：一次购买多量的货品。

早年一至年终，有加庙联市之举，护国寺加增十五、六两日，隆福寺加增二十一、二两日，土地庙由二十三日起，花儿市由二十四日起，直接联至三十日止，较之平日，极为拥挤，其所与平日不同者，购物者多，游玩者少，大多皆为入城购买实用物品之四郊农民。（《旧京风俗志》，稿本）

旧时宪书，在腊月份内印有"土神用事"四字，盖言自是日起，即归土神管事，后此即不宜动土。若再扫房动土，必招土神之怒，不利也。故一至此日，即不能再事扫房，均须赶于此日以前扫之，亦有于进土以前一二日，预先扫除房之四角，嗣后无论何日补扫，即无禁忌矣[1]。（《旧京风俗志》，稿本）

【注释】

〔1〕嗣后：以后。

贫苦文人每届腊月之初，即预在各繁闹街市之铺门前，粘贴红黄纸帖，上书"书春""借纸学书""涂鸦"等字，并附注以"历年在此，有纸早送"等语，是即示"此地盘已预定，他人不能再占"之意。然大多须与铺店相熟，或有人为之介绍，该铺始能承认其门前设案也。书案多用八仙桌一张或二张，桌上铺红毯，旁置一小箱及罗圈、火盆与铁黑盆、大号笔筒（中置大小毛笔）[1]。又须在街市当众书写，闲人四面围观，始有生意；或在家写好，用绳相绊于铺店栏杆之上。为此项生意，须过二十五日，始见忙碌，乡农亦来京购卖，销路甚畅。故早年设案者虽多，比至三十日下午，必可售罄云[2]。（《旧京风俗志》，稿本）

【注释】

〔1〕八仙桌：汉族传统家具之一，指桌面四边长度相等的、桌面较宽的方桌。大方桌四边，每边可坐二人，四边围坐八人，犹如八仙，故汉族民间雅称之为"八仙桌"。

火盆：盛炭火等的盆子，用来取暖或烘干衣物。火盆是用泥做的，一般在秋天制作。

〔2〕比：及，等到。

年画多产于天津与杨柳青一带，每至腊月，即有大批乡人，趸贩来京，分赴各街叫卖，用芦苇小帘布色包袱一个，裹而背之，货多粗劣，价则稍廉。又有一种，系俟腊月十五日以后，在各闹市选一空闲地点，临时支搭席棚；或借歇业之铺店空房，将各画悬诸四壁，用一二人口唱歌词，以求畅卖，旧京谓之"画棚子"。此中之画，则较乡贩所售者为精，妇孺辈多成群而逛画棚子。近年画棚渐少，惟天桥左近，间一见之。（《旧京风俗志》，稿本）

神纸摊专售阎王爷、灶王爷、财神爷、门神爷、张仙爷诸神像[1]。又有佛花、供花之摊，分列街市。早年售佛花之最精致者，为大栅栏各戏园门道内，因此时各园均已封台休息矣。（《旧京风俗志》，稿本）

【注释】

〔1〕张仙爷：又称送子张仙，是汉族民间供奉的吉祥神。传说张仙系能够赐给世人儿女后代的道教男性神祇，类似于送子娘娘、鬼子母神。张仙的来源有多种说法。第一种说法认为张仙是后蜀君主孟昶。孟昶的贵妃花蕊夫人徐氏为纪念孟昶，故向宋太祖赵匡胤假称祭拜送子之神"张仙"。第二种说法认为张仙是指四川仙人张远霄，张远霄可为人消灾避邪且助人得子。第三种说法则认为张仙有以弹弓逐打凶神"天狗"，保护世人生儿育女的能力。第四种说法认为张仙是奉天帝指派为关帝君的属神。

引用书目

《辽史》，元脱脱等修，百衲本

《金史》，元脱脱等修，百衲本

《野获编》，万历三十四年沈德符著，扶荔山房本

《酌中志》，明刘若愚著，海山仙馆丛书本

《帝京景物略》，崇祯八年刘侗著，原刊本

《大兴县志》，康熙二十二年张茂节、李开泰合纂，传抄本

《宛平县志》，康熙二十二年王养濂、李开泰合纂，传抄本

《谈往》，康熙四十年花村看行侍者编，说铃本

《人海记》，海昌查慎行编，光绪七年重刊本

《帝京岁时纪胜》，乾隆二十三年潘荣陛著

《日下旧闻考》，乾隆二十九年官修

《宸垣识略》，乾隆五十三年吴长元著，光绪丙子宝林堂重刊本

《藤阴杂记》，嘉庆元年戴璐著，光绪三年重刊本

《梦厂杂著》，嘉庆六年俞蛟著

《燕京杂记》，道光朝，小方壶斋丛钞本

《郎潜纪闻》，光绪六年陈康祺著

《顺天府志》，光绪七年官修

《燕京岁时记》，光绪二十五年敦崇著，琉璃厂文德堂刊本

《天咫偶闻》，光绪三十三年震钧著

《北京辎轩录》，稿本

《北京指南》，民国十五年商务印书馆编

《旧京风俗志》，稿本，民国十七年旧吾著

《帝京岁时纪胜笺补》，稿本，民国十七年东岩居士著

《水东日记》，明叶盛著，见《顺天府志》及原刊本

《北京岁华记》，明陆启浤著，见《日下旧闻考》及《顺天府志》

《余氏辨林》，见《日下旧闻考》

《寓圃杂记》，明王锜著，见《日下旧闻考》

《宛署杂记》，见《日下旧闻考》及《顺天府志》

《燕都游览志》，明孙国敉著，见《日下旧闻考》

《甲乙剩言》，明胡应麟著，见《日下旧闻考》

《芜史》，明刘若愚著，见《日下旧闻考》

《事物原始》，见《日下旧闻考》

《柳堂□集》，见《顺天府志》

《居易录》，王士禛著，见《顺天府志》及原刊本

《都门杂记》，见《顺天府志》

《析津志》，见《日下旧闻考》及《顺天府志》

《璨谭》，高任重著，见《顺天府志》及《日下旧闻考》

《光禄寺志》，见《日下旧闻考》

《陈琮诗注》，见《日下旧闻考》

《燕石集》，宋褧著，见《日下旧闻考》

《秋涧集》，见《日下旧闻考》

《识小编》，周宾所著，见《日下旧闻考》

《西神脞说》，严绳孙著，见《日下旧闻考》

《戒庵漫笔》，明李诩著，见《日下旧闻考》

《隩志》，张远著，见《日下旧闻考》

《辛斋诗话》，陆嘉淑著，见《日下旧闻考》

《暖姝由笔》，徐充著，见《日下旧闻考》

《疆识略》，见《日下旧闻考》

《间史掇遗》，见《日下旧闻考》

《咏归录》，查容著，见《日下旧闻考》

《孤树哀谈》，赵可与著，见《日下旧闻考》

《元掖庭记》，见《日下旧闻考》

《燕北杂记》，见《日下旧闻考》

《月令广义》，冯应京著，见《日下旧闻考》及原刊本

《自得语》，见《日下旧闻考》

《僧园逸记》，见《日下旧闻考》

《倚晴阁杂钞》，魏坤著，见《日下旧闻考》

《陈检讨集》，陈维崧著，见《日下旧闻考》及原刊本

《莼鲛词话》，钱芳标著，见《日下旧闻考》

《明典故纪闻》，见《日下旧闻考》

图书在版编目（ＣＩＰ）数据

老北京岁时风物 ：《北平岁时志》注释 ／ 张次溪纂；
尤李注 . —— 北京 ：北京日报出版社，2018.12
ISBN 978-7-5477-2923-6

Ⅰ．①老… Ⅱ．①张… ②尤… Ⅲ．①节令－风俗习
惯－北京 Ⅳ．①K892.18

中国版本图书馆CIP数据核字(2018)第213798号

老北京岁时风物 ：《北平岁时志》注释

出版发行：北京日报出版社

地　　址：北京市东城区东单三条8-16号 东方广场东配楼四层

邮　　编：100005

电　　话：发行部： (010) 65255876
　　　　　总编室： (010) 65252135

印　　刷：廊坊市博林印务有限公司

经　　销：各地新华书店

版　　次：2018 年 12 月第 1 版
　　　　　2018 年 12 月第 1 次印刷

开　　本：710 毫米×1000 毫米　　1/16

印　　张：25.5

字　　数：450 千字

定　　价：128.00 元

鬼居 焚香放纸炮 跌千金 饮椒柏酒 吃水点心 银钱卜青 贺新年 百事大吉盒儿 嚼鬼 烧香东岳庙

琉璃厂店 白塔寺 倒掀气 天灯 焚香礼天地 祀祖考 簪闹蛾儿 卖瓜子、江米、白酒、桂花头油、合菜细粉

年糕 药王庙 看象舞 听韶乐 演教势 打秋千 跑兔儿山、大光明殿、刘元塑"元都圣境"望万善殿、五龙亭

食米饭 悬神荼郁垒 插芝棢柏叶 闹嚷嚷 接帖投剌 接神 白云观开庙 曹老公观开庙 火神庙开庙

大钟寺开庙 陈天地桌 吕祖祠香火 土地祠画画 压岁钱 三忠祠、铁路寺、三官庙、精忠庙均开庙 打金钱眼

财神财神庙报赛 借元宝灯 吃元宝汤 破五 不得以生米为炊 禁妇女往来 女子归宁 诸商亦渐开张 吃春酒 人日

薰天 吃春供和菜 东华门外灯市 走桥 摸钉儿 跳百索 耍大头和尚 商灯 放偷 散灯

圣祠悬灯 灯祭诸星 击太平鼓 弘仁寺打鬼 吃元宵 禁屠宰 建皇坛 设醮 斋戒 禁皇会演戏 黄河九曲灯

摸邾儿 正阳门外各灯市 陈百戏 内城衙署悬灯 试灯 黄寺打鬼 冰灯 麦灯 祀草姑娘 西苑张灯

满鱼 度厄 穿灯景补子蟒衣 灵佑宫前悬灯 放烟火 除杂戏 灯谜 东四牌楼及地安门、东安门、新街口、西四牌楼

部、兵部彩 西马市东及东四牌楼下灯棚 食元宵 中海冰上燃放烟火 摸门锁 烧石狮牙 撤灯 灯市撤灯

九 耍烟九 耍燕九 筵九 开印 黑寺打鬼 小填仓 进春书 迎春 跑马 咬春 春场 进春 鞭春 打春

圣诞 天赦 新坟不过赦 不迁居 不棚窗槅 卵壳灯 韂子 纸鸢 拔河 柘枝 烧索桵 祈谷 八生荷包

山庙会 上地庙会 花儿市 鹁市 小药王庙市 北药王庙市 耍耗子 耍猴儿 耍荷利于 跑旱船 妇女捣毂粘糊

锣敲锣击鼓 送供尖 元旦不化钱 年礼 鲜品 中和节 卖江米太阳鸡糕 焚五色挂钱 引龙回 太阳宫庙会

井泉龙王 犒劳水夫 熏虫 龙抬头 占鳌头 游卢师山 停止针线 吃龙耳、龙鳞、龙须 吃龙子、龙牙

文昌庙 涿州碧霞元君庙进香 悉达太子生日 花王诞日 花朝 赏牡丹 剪彩为花 护花铃、护花幡 忌针

棚 禁屠 大清观设醮 悬斋咸牌 正阳门观音庙香火 城内外庙宇诵经聚会 持斋 祭祠庙 花木放风 皮货收藏

河豚 饮芦葜汤 吃桃花饼 打枝枝 抽陀螺 放空钟 踢毽子聚燕台 惜字文昌会 踏青 斗草 菜秧千

梁桥踏青 万柳堂听莺声 涿州岳庙进香迎驾 卖乳鸡、乳鸭 鲜品 蟠桃宫庙会 东岳庙会 潭柘寺听泉

朋走马 栽壶芦 上巳 太平宫庙事 食碗豆黄 蓟菜生日 换罗衣 东岳庙掸尘会 太监会

台山香火戏子会 东岳庙香会末日 吃烧笋鸡 糕巴 雄鸭腰子 台阁 内宫安秋千架 内围制凉棚 赏海棠

柳 扫墓 赦孤济孤魂会 土谷祠 卖冰 花木出窖 植树 采食龙须菜 黄花鱼 韦公寺 慈仁寺赏海棠

部 赏藤花 换凉帽玉簪鲜品 吃鲜花糕 马驹桥浴佛会 丫髻山进香 万寿寺庙会 西顶庙会 妙峰山庙会

吊屏 换穿纱衣 赐京官绸扇 赏芍药 里二泗河神祠庙会 进不落来 进苇叶方包糯米 舍缘豆

屠 游钢忠寺 天仙山进香 食乌饭 赐麦饼汤 赶秋波 放生大会 游高梁桥、草桥、弘仁桥、里二泗

警山 上香药王庙 赏花白石庄、三里河、高梁桥 药铺减价 再舍缘豆 耍戒坛 游香山玉泉 北顶

顶庙会 城隍出巡 药王庙进香 稳转 造甲庙、看丹庙庙会 尝樱桃 吃笋鸡 吃白煮猪肉 吃煮儿饭

顶榆钱糕 金鱼池结棚列肆 丰台芍药 西山看李花 海棠院看海棠 吃桑椹 食凉炒面 鲜品 吃五毒艾虎补子

吊屏 女儿节 悬朱符、摘蒲龙艾虎 饮雄黄酒 避井毒 都城隍庙会 佑民观香会 龙舟 南顶庙会

师符 彩丝系虎 剪彩葫芦 城隍出巡 游酢佛寺 北顶庙会 送节帖子 卖粽子 艾叶和绵着衣

茧艾糕 合欢结 长命缕 射柳 击球 走骠骑、赐川扇香药 吃加蒜过水面 赏石榴花 佩艾叶 画治病符

坛避毒 婴金鱼池、高梁桥、松林、满井 捉蛤蟆 取蟾酥 端午索 天坛长垣下走缰 猴瑰赐果 进贡

新蒲鞋 中宫鹭紫金宝 写催生符 送青 都城隍诞香火 关帝庙会 进刀马于关帝庙 磨刀水 雍和宫祀神

龙兵 朝节 彩扇 松脂囊 吃长命菜 食冷淘面 祀方泽 恶五月 解厄 不剃头 登冢 天蓬鱼钓

榴树 五月先儿 鲜品 中顶进香 皇史戚藤宝 妇女沐发 浴猫犬 洗象 吃过水面 赐银苗药 晒銮驾

果寺晾经会 积水潭洗御马 祭马王 祭火神 祭关公 造曲 冰票 服乃丝帽葛袍 卖冰乳儿 海淀莲塘

十刹海 扫晴娘 酸梅汤 游二闸 洋涉潮 七里斗坛 乞巧山子 乞巧针 穿鹄桥补子 九引台 迎节

节、笑节 动汉乐 进波罗蜜 放河灯 做追荐道场 上坟 游水关 祭秋谷 燃莲花灯 烧法船

南城隍庙庙会 钓鱼台观灯 放路灯 栽楸叶 晒伏姜 卖头水 骑秋雨 斗促识 秋声 秋果 秋花 皂君庙会

台庙会 供月 团圆号 白玉兔 月宫符像 看甲会 果丁市 祭文庙 吃蟹 吃葡萄 秋社 鲜品 吃花糕

棉花补子 饮菊花酒 射虎 食兔肝、鹿肝 酒茱萸酒》 登万寿山、兔儿山、旋磨山 吃迎霜麻辣兔

山、法塔 显灵宫、报国寺登高 女儿节 九皇会 列花城 花糕宴 真觉寺登高 卖糕人带吉祥字 听夜八出

宁寺、陶然亭、龙爪槐登高 钓鱼台赛马 上城登高 北海登高 占晴雨 财神庙开庙 听夜八出

栽菊 看菊花山 看红叶 斗鹌鹑 腌菜 除凶秽 卜寒 鲜品 颁历 送寒衣 靴生日 添冰窖

院课经 仰山洼演操 永安寺燃灯祈福 白塔寺绕塔诵经 调鹰敌猎斗鸡 那贝子观 蛤蟆 汤羊 唱卖筅书

风筝 打太平鼓 卖走马灯 踢石球 栗子、白薯 冰糖壶卢 赤包儿 斗姑娘 禽鸟 进冬笋银鱼 牛鸡鱼酱鸭

莲子 月当头 穿阳生补子蟒衣 悬绵羊引子画 消寒图 妇制履靡 贺冬簿 吃馄饨 进历 头脑酒

大差 消寒会 吃辣汤 吃生焰肉、涫酒 溜冰 食兔羹 报娘恩 始击羯鼓 嚼鬼 开佛 吃腊八粥

灯起冰 送粥副菜 雍和宫煮粥熬粥听经 寺院与八大刹熬粥供佛 祀灶 换门神 女不祭灶 添点心

穿葫芦景补子 南人祭灶 接玉皇 禁妇孺詈骂 斋沐 迎年鼓 小除夕 拜别 天香 宜春贴

写字 辞岁 将军炭 草里金 送玉皇 迎灶君 藏鬼祟中 收瘟鬼 烧松盆 **枢岁** 悬亡影 辞岁 守岁

百病 听谶语 馈磨斋 踩岁 藏香 摇钱树 压岁钱 供佛花 天地桌 送财神爷 送顺花 送灶